사경인의 친절한 투자과외

내가 없어도
투자를 이어갈 가족을 위해
진심으로 전하는 투자 이야기

사경인, 이지영 지음

사경인의 친절한 투자 과외

여보, 나도
주식 좀 알려줘!

P page2

내가 없어도 투자를 이어갈 당신을 위해

아내에게 투자를 가르칠 수 있을까?

원래는 좀 더 있어 보이는 내용을 담은 멋진 투자 서적을 쓰려고 했다. 주식투자를 위해 알아야 하는 통계와 수학, 심리학, 과학적 접근과 데이터 분석, 나아가 투자 철학에 이르기까지 내가 가진 지식을 마음껏 뽐내며 '투자가 이렇게나 어렵고 대단한 것이다'라고 얘기하고 싶었다. 하지만 그 바람은 첫째 아이 앞에서 무너졌다. 다시 태어난다면 다섯 살 때부터 주식투자를 시작하고 싶다는 워런 버핏의 말을 받들어, 첫째가 다섯 살이 되자 엄마에게 맡긴 세뱃돈을 주식에 투자하도록 설득했다. 돈과 숫자에 눈을 뜨기 시작한 것 같아서 투자를 하면 돈이 더 많이 늘어나게 할 수 있다고 알려줬다. 물론 잘못 투자하면 돈을 모두 잃을 수도 있다는 '원금손실 가능성'에 대한 얘기도 빠뜨리지 않았다.

"다 잃을 수도 있다고? 그럼 나 주식투자 안 할래!"

그 뒤로 아무리 노력해도 아이의 마음을 돌릴 수가 없었다. 피터 린치가 투자 아이디어는 어린아이가 들어도 이해할 만큼 명확해야 된다고 했는데, 나는 투자 자체도 이해시키지 못했다. 그런 주제에 무슨 대단한 투자 지식을 뽐내겠는가? 더 큰 시련은 아내에게서 몰려왔다.

4

"나도 주식 좀 가르쳐줘."

부부 사이에 가장 하지 말아야 할 것이 뭔가 가르치는 것 아닌가? 운전연수를 하다가 이혼 위기에 처한 부부가 어디 한 둘인가? 가르치다 싸울 것도 겁났지만, 나의 투자방식을 아내가 배울 수 있을지 솔직히 의문이 들었다. 아무리 쉽게 설명해도 주식투자는 어렵다. 나도 10년 넘게 투자를 해오고 있고, 많은 사람에게 투자에 대한 강의를 해왔지만, 시간이 지날수록 나의 부족함만 깨닫게 되는 게 주식투자다. 그런데 숫자라면 '아, 몰라, 몰라!'를 외치고, 공부라면 손사래를 치는 아내에게도 과연 가르칠 수 있을까?

'뭐 그런 걸 신경 쓰고 배우려고 해? 내가 알아서 잘하고 있는데'라고 말할 수만은 없다. 지금 당장은 경제적인 걱정이 없다지만 주식은 물론이고, 우리네 인생도 미래까지 장담할 수는 없다. 만에 하나, 나에게 무슨 일이라도 생기면 아내가 우리 집 재산에 대해 책임을 지고, 두 아이를 키워내야 하기에 만약을 대비해 아내가 투자를 이어갈 수 있는 방법을 어떻게든 찾아야 한다. 투자에 정답은 없다. 달리 말하면 여러 가지 방법이 있다는 얘기다. 그러니 굳이 나의 방법을 아내에게 강요할 필요는 없다. 아내는 아내에게 맞는 방법을 찾으면 된다.

오프라인에서 강의를 하다 보면, '지금 상태로는 주식투자를 시작하면 안 될 것 같은데'라는 생각이 드는 분들을 만날 때가 많다. 이런 분들은 지금 주식투자를 시작해서는 안 되고, 주식에 대한 공부가 아닌 금융이나 투자의 기본, 나아가 기초 수학과 통계부터 익히는 게 먼저라는 생각이 든다. 하지만 주제넘게 투자를 해라, 말아라 얘기할 수가 없었다. 에둘러 『재무제표 모르면 주식투자 절대로 하지 마라』는 제목의 책을 내면서, 이 정도 내용이 소화가 안 되는 사람이라면 주식투자를 시작하지 않았으면 했다. 하지만 '왜 너는 하면서, 우리는 못 하게 하느냐'라는 항변에 답할 재간이 없었다. 그러나 이 책을 통해 이제는 자신 있게 말할 수 있을 것 같다.

이 책에서 소개하는 투자방법은 나의 투자방법이 아니다. 지금 나에게 경제적 자유를 가져다준 방법도 아니고, 나의 투자사례가 실려 있지도 않다. 스타강사 소리를 들으며 강의로 소개해 왔던 방법도 아니다. 하지만 내가 가장 사랑하는 사람에게 권하고 가르친 방법이다. '가상의 초보투자자'가 아닌, '내 아내'를 앞에 앉히고서야 깨닫고 인정한 방법이다. 그리고 처음 주식투자를 시작했던 15년 전의 사경인에게 주식투자를 가르칠 수 있다면, 이 방법대로 가르칠 것이다. 그 당시에는 이런 투자방법이 있는지도 몰랐고, 그렇게 가르쳐주는 사람도 없었지만, 이제는 모든 투자자가 시작을 이렇게 했으면 좋겠다.

이 책은 결국 단 한 사람, 내 아내를 위해 시작한 책이다. 그녀의 재산뿐만 아니라, 그녀의 삶에 작은 계기가 되어주기를 바라며 시작한 책이다. 하지만 아내와 함께 투자 공부를 한 석 달은 나에게도 많은 깨달음을 주는 시간이었다. 우리 부부에게 있었던 작은 기적들이 이 책을 함께 읽는 모든 연인과 부부, 가족들에게도 함께하길 바란다.

아빠가 강의를 하는 동안, 엄마가 원고를 정리하는 동안, 스스로 자기 할 일을 챙기고 동생까지 돌봐준 듬직한 첫째 이준, 애교 가득한 몸짓으로 온 가족의 피로회복제 역할을 해준 둘째 이담이에게 무한한 사랑을 전한다. 태어나 처음으로 독립한 딸을 걱정 반 기대 반으로 지켜봐주신 장인, 장모님 그리고 막바지 원고를 작업

하느라 찾아뵙지 못하는 불효를 용서해 주실, 나의 모든 것을 있게 한 어머니와 하늘에서 자랑스레 지켜보고 계실 아버지께 감사를 전한다.

제주에서

사경인

차례

2 일 차
투자의 가성비를 따져 보자

3 일 차
자산배분, 어떻게 할 것인가?

4 일 차
한 주만 사도 끝나는 자산배분 ETF

5 일 차

핵심자산과 주변자산은 다르게 접근하라

6 일 차

독이 되기도 하지만, 약이 될 수도 있는 레버리지 활용

7 일 차
투자의 세계에서 살아가는 방법은 스스로 정해야 한다

8 일 차
공부와 투자를 항상 연결하라

아내는 왜 주식투자가 배우고 싶어졌을까?

☑ 여보, 나도 주식 좀 가르쳐줘

☑ 1:1 원격 강의를 시작하다

☑ 투자의 단계와 방법은 다양하다!

하지만 투자를 잘하기 위해서는 많은 공부가 필요하다

☑ 투자에 사용하는 평균부터 다시 배우자

여보, 나도 주식 좀 가르쳐줘

어느 날, 아내가 나에게 말했다.

"여보, 나도 주식 좀 가르쳐줘!"

두 아들이 자라나면 당연히 아이들에게 투자를 가르칠 계획이었다. 지금 당장 가르치면 좋겠지만 유치원에 다니는 첫째는 아직 두 자릿수 셈이 서툴고, 네 살 더 어린 둘째는 말을 배우는 게 먼저다. 몇 년은 더 기다려야 시작할 수 있겠는데 한 가지 걱정되는 점이 있다.

'내가 과연 그때까지 살아 있다는 보장이 있을까?'

지금 나한테 지병이 있다거나 건강상 문제가 있는 것은 아니다. 다만, 내 아버지는 내가 대학시절 때 사고로 돌아가셨는데, 지금 내 나이보다 딱 네 살 많은 나이셨다. 내 아버지에게 일어난 일이 나한테 일어나지 말란 법이 없다. 그래서 만약의 경우를 대비해 원고를 썼다. 설사 내가 곁에 없더라도, 나의 투자법은 아이들이 배울 수 있도록 미리 책으로 남기고 싶었다. 초고를 출판사에 넘기고 아내에게 책을 쓴 이유에 대해 말했더니, 아내도 주식투자를 배우고 싶다고 했다. 정말로 나에게 무슨 일이 생기면, 내가 해왔던 투자를 자신이 이어가야 할 테니 방법을 알려달라는 것이었다. 그러면서 출판사에 넘긴 원고를 달라고 했다.

순간 아찔해졌다!

과연 내 아내가 나의 투자를 그대로 이어갈 수 있을까? 언젠가 아이들이 자라면 이해할 수 있기를 바라며 쓴 원고가, 지금 당장 아내에게도 통할까? 그렇지 않을 것 같다. 심지어 내가 지금까지 해온 강의를 아내가 듣더라도 내용은 이해하겠지만 실행은 어려울 것이라는 생각이 들었다. 지금까지 내가 전해온 책과 강의는 아내에게 너무 어려웠기 때문이다.

'혹시 다른 사람들에게도 마찬가지였던 건 아닐까?'

그리고 보면 사람들이 강의를 듣고 질문할 때 상당수가 '제가 너무 몰라서 그러는데'로 시작했다. 증권사 직원들을 대상으로 오랜 기간 강의를 해왔던 탓에 어쩌면 내 눈높이가 여의도 증권가 사람들에게 맞춰져 있는지도 모르겠다. 여의도를 떠나 일반 대중과 내 주변 사람들에게 금융 지식을 전하기로 했다면 무릎을 꿇고 눈높이를 낮춰야 한다. 그 눈높이를 찾는 데 있어 내 아내는 가장 좋은 모델이 되어줄 수 있을 것 같았다. 아내에게 투자를 가르칠 수 있다면, 아내와 비슷한 고민에 빠진 수많은 사람에게도 도움이 되지 않을까? 게다가 자기 아내에게도 제대로 전하지 못하는 지식이라면 감히 누구와 나눌 수 있겠는가?

'그래, 아내에게 주식을 가르치자!'

낮에는 내가 집에서 40분 거리에 있는 오피스텔에 머물다 보니, 밤에 아이들을 재우고 나서 한두 시간씩 가르치려 했다. 그런데 엄마가 침대를 비우면 귀신같이 깨어나는 둘째 때문에 엄두가 나지 않았다. 어떻게 할까 고민하다 원격 강의가 떠올랐다. 제주로 이사한 다음 종종 진행했던 원격 강의 프로그램을 이용하면 낮에 접속해서 가르칠 수 있겠다는 생각이 들어, 집에 있는 태블릿에 원격 강의 프로그램을 설치하고 아내에게 접속하도록 했다.

1:1 원격 강의를 시작하다

 안녕, 잘 들려요?

 응, 잘 들려. 그런데 너무 어색하네. 집에서 했으면 좋겠는데.

 처음이라 그래. 몇 번 해 보면 적응될 거야. 오늘은 그냥 원격 강의 잘 되는지 확인도 할 겸, 오리엔테이션 할 거야. 그냥 집에서 얘기하듯, 서로 궁금한 거 있으면 물어보고 답하면 돼. 가장 먼저 물어보고 싶은 건, 왜 주식투자가 배우고 싶어졌는지, 그게 궁금해. 왜 주식투자가 배우고 싶어졌을까?

 일단 요즘에 사람들이 주식투자에 관심이 많아졌는지 내 주변에 (주식투자) 잘 모르던 사람들도 관심을 갖기 시작하더라고. 그리고 남편이 유명하다 보니까, 나도 잘 알거라 생각하는지 가끔씩 물어보는데 그때마다 '나도 조금은 알아야 되지 않을까'라는 생각이 들었어. 그리고 당신하고 공감대가 생기는 부분이 더 생겼으면 했고.

또 당신이 평소에 경제적 자유나 시스템 수익 같은 걸 자주 얘기하다 보니까, 나한테도 자극이 된 것 같아. 지금은 은행에 맡겨놓고 받는 이자만으로는 살기 힘든 세상이다 보니까 그냥 많이는 아니더라도 조금씩 투자해 가면서, 또 세상 돌아가는 것에도 좀 더 관심 갖고 배워가고 싶어. 내 미래에 대해 스스로 계획을 세워가며 살고 싶고. 그런데 그렇게 하려면 일단 경제적인 부분을 알아야겠다는 생각이 들었어.

그래서 뭔가 이런 걸 배워봐야지 생각은 하면서도, 내 성격상 주식투자나 이런 게 너무 두렵고, 숫자에 대해서 얘기만 들어도 '하……… 이거는 정말 잘하는 사람들만 하는 거지, 나 같은 사람이 어떻게 그런 걸 할 수 있나' 이런 생각 때문에 계속 미뤄왔던 것 같아.

 일단 잘 생각했어. 정말 사람 인생이 어떻게 될지 모르는 거잖아. 예전이라면 나도 크게 신경을 안 썼을 것 같아. 지금까지 노력해서 구축해 놓은 것도 있고, 만약에 문제가 생길 경우를 대비해서 보험을 들어놓은 것도 있고, 당신 혼자 뿐이라면 살아가는 데 큰 어려움 없도록 대비를 해놨으니까. 그런데 우리는 애도 둘이나 있고, 이런 대비가 애들이 다 클 때까지 문제 없이 완벽하다고 확신하긴 어렵고. 어떻게 될지는 모르지만 두 아이한테 뭔가 좀 더 투자가 필요한 상황이 생길 수도 있잖아.

나는 애들이 자라면 꼭 투자를 배웠으면 좋겠어. 그래서 혹시나 내가 옆에 있지 못할 경우를 대비해서 어떻게 투자를 하면 좋을지 미리 원고를 써두고 그랬는데, 당신이 주식을 배우고 싶다고 하니까 생각이 바뀌더라고. 내가 써둔 원고를 읽어보고 싶다고 했을 때, 줄 수가 없었던 게 당신을 대상으로 쓴 내용이 아니거든. 당신을 무시하거나 그런 게 아니라, 사람마다 배워야 할 게 달라.

예를 들어 7살 된 이준이가 골프를 배우겠다고 하면, 나중에 선수가 될 가능성까지 열어둔 채 가르치는 거잖아. 물론 아직 어리니까 재미가 붙도록 천천히 쉽게 가르치겠지만, 혹시 선수가 될 가능성을 생각하면 공들여 가르치겠지. 그런데 지금 당신이 골프를 배운다고 하면, 프로선수가 되려고 배우는 게 아니잖아. 지금은 선수가 됐어도 은퇴할 나이에 더 가깝잖아. 그러니 가르치는 게 다르겠지. 마찬가지로 이준이나 이담이에게 가르치는 투자랑 당신에게 가르치는 투자도 달라야겠다는 생각이 들더라고.

사실 주변 사람들이 나한테 주식 알려달라고 하면 얘기 잘 안 해. 보통 차 한잔 마실 때나, 아니면 대부분 술자리에서 편하게 물어보거든. 그런데 투자라는 게 그렇게 어렴풋이 농담처럼 주고받아서 배울 수 있는 게 아냐. 당신이랑도 차 한잔 마시며 편하게 투자에 대해 얘기할 수도 있지만, 그렇게 하지 않고 책상 앞에 앉아 화상으로 진행하는 이유는 이렇게 정자세로 제대로 들어야 집중할 수 있고, 제대로 배울 수 있기 때문이거든.

그래서 가까운 선후배나 친척들이 나한테 주식을 배우고 싶다고 그러면, 그냥 강의를 들으라고 해. 내가 말하는 내용은 다를 게 없지만, 듣는 자세가 다르니까. 그런데 당신한테는 내 강의를 들으라고 얘기 못 하겠어. 가만 생각해 보면, 내가 했던 강의들을 지금 당신이 따라가기에는 어렵고 벅찰 것 같아. 그래서 어떻게 할까 고민을 해봤는데…… 그러고 보니 나한테 강의를 들었던 사람들, 내 책을 읽었던 사람들도 당신이랑 비슷한 수준이었어.

그분들이 질문하는 걸 듣고, 어떤 느낌이 들 때가 많았냐면 '아, 지금 주식 하시면 안 되겠는데', '지금 이 상태로는 결과가 안 좋을 텐데', '그냥 다른 투자를 했으면 좋겠는데' 이런 생각이 드는 거지. 우리가 투자할 수 있는 건 주식 말고도 많이 있거든. 대다수가 주식하고 부동산, 기껏해야 비트코인 정도를 생각하는데, 그것 말고도 투자할 수 있는 대상도 많고, 투자하는 방법도 여러 가지가 있어. 사실 주식투자는…… 그런데 주식투자가 정말 하고 싶어?

응. 배워서 해 보고 싶어.

 그래? 왜 해 보고 싶어?

 물론 투자하는 데, 주식만이 답은 아니라고 생각해. 부동산도 생각해 볼 수는 있지만, 그건 큰돈이 있어야 되잖아. 나는 큰 욕심은 없고, 그저 주식이 어떻게 돌아가는지, 재무제표를 어떻게 볼 수 있는지, 그런 게 궁금해. 또 엄마로 안주하는 게 아니라 좀 더 성장하고 싶은 욕심도 있어. 나중에 아이들이 자라면 당신이 투자나 주식, 경제에 대해 자연스럽게 알려줄 거잖아. 그때 나도 빠져 있지 않고 같이 하고 싶어.

투자의 단계와 방법은 다양하다
하지만 투자를 잘하기 위해서는 많은 공부가 필요하다

 일단, 너무 큰 걱정은 안 해도 될 것 같아. 투자를 하고 돈을 버는 방법은 다양하거든. 여러 단계가 있고, 여러 수준이 있어. 나도 높은 수준이라고 얘기할 수는 없어. 보통 사람들이 보기에는 내가 공부도 많이 했고, 아는 것도 많아 보이겠지만 나 스스로는 아직 멀었다고 생각하거든. 물론 나는 회계사라는 배경이 있어서 재무제표나 숫자에 대해서는 부담감이 없고, 감사를 하면서 여러 회사를 겪어보고 들여다본 경험이 있지. 금융권과 같이 일도 해 보고, 가치평가 업무도 많이 해봤으니 조금은 쉽게 남들보다는 높은 수준까지 도달했던 것 같아. 그런데 꼭 그런 수준에 도달하지 않더라도 쉽게 투자할 수 있는 방법은 많이 있어.

가장 쉬운 방법은 은행에 예금하는 것처럼 누군가에게 맡기는 거야. 대신 누구에게 맡길 것인지 정도는 판단할 수 있어야겠지. 거기서 시작해서 공부해 나가면, 점점 수준을 높여갈 수 있어. 진짜 중요한 건 내 실력이 어느 정도인지 아는 거야.

만약 투자의 수준이 1단계부터 10단계까지 있다면, 내가 지금 2~3단계 수준이라는 걸 알고 그 수준에 맞는 투자를 하면 돼. 그런데 상당수의 사람들이 2~3단계에 있으면서 7~8단계의 투자를 하고 있어. 그 상태에서도 운이 좋으면 돈은 벌 수 있지. 비트코인이 뭔지 몰라도, 그냥 몇 년 전에 사놓고 잊어버린 사람들이 큰돈을 벌었어. 문제는 '나는 비트코인이 이렇게 될 줄 알았어', '나는 투자에 대한 감이 있어'라고 착각에 빠지는 것이지.

실력을 늘려가는 것도 중요하지만, 현재 내 실력이 낮다고 해서 겁먹을 필요는 없어. 수준이 2단계밖에 안 된다면 거기 맞춰서 투자하면 되는 거야. '나는 아직 실력이 없으니까, 어려운 건 안 할래. 비트코인이나 테슬라는 쳐다보지 않을래. 나는 그냥 안전한 곳에 투자할래.' 이런 식으로 맞추면 돼. 그러니 내가 아는 게 적다고 너무 걱정하진 마.

그래도 공부는 해야 하는 거지?

물론이야. 투자도 공부 잘하는 사람이 유리해. 사람들이 '투자가 꼭 머리 좋다고 잘하는 건 아니더라, 서울대생도 깡통 차는 게 주식시장이더라'라고 많이들 얘기하는데, 그건 사례일 뿐이고, 실제로 전 세계적으로 성공하고 유명한 투자자들은 상당수가 머리 좋고 공부 잘한 사람들이야.

투자에는 여러 가지 지식이 필요한데, 내가 보기에 그중 하나가 숫자에 대한 감각이야. 그런데 숫자에 대해 뛰어날 필요까지는 없어. 이게 마트에 가서 물건값 계산할 때 천천히 하느냐 빨리 하느냐 정도의 차이인데, 천천히 해도 계산을 할 수만 있으면 돼. 그리고 요즘은 계산기로 다 하니까. 나도 투자할 때 엑셀 돌려서 하지, 머릿속 계산만으로 결정하지는 않아. 오히려 당신한테 걱정되는 점이 이 부분이야. 엑셀이나 컴퓨터를 다룰 수 있는 능력은 좀 필요해.

 맞아, 걱정이야.

 그리고 데이터를 다룰 수 있어야 돼. 이때 수학이나 통계적 지식이 좀 필요해. 의사결정을 할 때 이런 과정이 들어가거든. 이런 부분은 어렵게 느껴질 수 있으니 중간중간 설명을 좀 더 자세히 할 거야. 한 가지 더 꼭 필요한 건, 과학적인 생각을 할 수 있어야 된다는 거야.

과학적인 생각? 하, 과학도 약한데…….

 그 과학적 생각이라는 게 뭐냐 하면 학교에서 배웠던 학문보다는 사고방식에 가까워. 투자의 세계에는 미신이 많아. 어떤 식이냐면, 옛날에는 머리 깨지면 된장 바르라고 했잖아. 투자에서도 어떻게 하면 사고, 어떻게 하면 팔라는 얘기들이 거의 머리 깨지면 된장 바르라는 얘기 수준인 경우가 많아. 그런데 사람들은 그걸 믿지. 그래서 그런 미신에서 벗어나려면 실제로 그런지 확인하는 과정이 필요해. 그러려면 과거의 통계나 데이터를 가지고 미신 같은 얘기들을 깨나갈 수 있어야 되거든. 그것 때문에 중간에 어려울 수도 있어. 그럴 때는 잠깐씩 건너뛰어도 괜찮아. 결론만 챙기면 돼. 뭔지 잘 모르겠지만, 결국 된장은 먹기만 하고 바르지 않아야 되는구나만 생각하면 돼. 대신 중간 과정을 계속 보는 건, 어떤 식으로 그걸 확인해 가는지 그 과정, 과학적인 사고를 익혀가는 거지.

쉽게 말해 과학적 사고라는 게 뭐냐면, 일단 가설을 세워보는 거야. '비트코인을 사면 돈을 벌 것이다'라는 가설을 세워보는 거지. 그리고 진짜 그런지를 검증해 가는 거야. 그걸 검증할 수 없다면 버리는 거고. 그런 과정들을 배워가면 되는 거야. 그런데 당신 고스톱은 칠 줄 아나?

 자세히는 잘 몰라. 그림 맞추기라는 것만 알지!

 사실 고스톱 같은 도박에서 나오는 개념이 주식에도 적용되는 게 있어. 주식이 도박이라는 얘기가 아니라, 우리가 얘기하는 도박 말고 진짜 프로 도박사들은 수학적으로 계산해서 접근하거든. 이런 패를 들고 있으면, 승리할 확률이 몇 프로인지, 이 상황에서 이렇게 하면 확률이 얼마나 올라가고, 저렇게 하면 확률이 어떻게 되는지 머릿속에서 계산해 가며 접근해. 주식에도 그런 부분들이 있어. 머릿속으로 빨리 해야 되는 건 아니고, 이런 과정은 엑셀로 하면 돼.

오늘은 이 정도만 하면 되겠다.

벌써 끝이에요?

응. 이런 식으로 부담 없이 할 거야. 대신에 앞으로 생각하는 시간이 많아질 거야. 뭔가 배우면 그걸 계속해서 머리 한 켠에 두는 시간이 필요하거든. 골프를 배우기 시작하면 그게 자꾸 생각나듯이, 투자도 거기에 대해 자꾸 생각해 볼 필요가 있어. 그러다 궁금한 게 생기면 메모해 둬. 난 항상 핸드폰에 메모하는 습관이 있거든. 당신도 투자 관련해서 메모할 파일이나 페이지 하나 만들어두고 생각날 때마다 적어둔 다음에 궁금한 게 있으면 나한테 질문해요.

그런데 아무것도 모르는 상태에서는 질문도 할 수 없지 않을까? 궁금한 게 생겨날 수는 있는데, 지금은 아무것도 모르는 상태라 뭘 궁금해해야 하는지도 잘 모르겠더라고.

그래도 의문점이 조금이라도 생기면 바로바로 얘기해 줘. 지금까지 내가 강의를 통해 만났던 사람들 대부분은 아무것도 모르는 상태로 오지는 않아. 강의료가 싼 것도 아니니까. 비싼 돈을 내고 강의를 들으러 올 때는, 어디서 책도 좀 읽어보고, 공부를 하다가 강의도 들어보려고 왔기 때문에 어느 정도는 기초 지식이 있지. 그런데 최근에는 주식을 처음으로 접하는 사람들이 가장 먼저 집어 든 책이 내 책인 경우도 있단 말이지. 입문자를 위한 책을 따로 써야겠다고 생각했던 게 그것 때문이고. 그런데 내가 생각하는 입문자의 수준이 실제 입문자의 수준과 다를 수도 있겠다는 생각이 들더라고. '그래도 이 정도는 알겠지' 했다가, '이것도 모르는구나?'라는 경험이 종종 있었어.

강의 중에 사람들 표정만 봐서는 헷갈릴 때가 있어. 이해가 안 되고 어려워서 짓는 표정인지, 아니면 다 아는 내용을 왜 쓸데없이 길게 얘기하냐는 표정인지 헷갈리더라고. 하지만 당신한테는 솔직한 피드백을 받을 수 있지. 그러니까 수업 중에 '나도 그건 알아'라고 얘기해 주거나, '이해가 잘 안 돼'라고 그때그때 얘기해 줘.

예를 들어 평균에 대한 것도 많이 배우고 얘기할 거거든? 그런데 이 평균도 어려워.

 평균이 어렵다고?

투자에 사용하는 평균부터 다시 배우자

 응. 우리가 알고 있는 평균을 뜻하는 단어도 사실 여러 가지가 있어. 영어로 'average'라는 것도 있고, 'median'이라는 것도 있어. '산술평균'하고 '기하평균'도 있지.

그런데 이 단어들의 차이를 아는 사람도 있고, 모르는 사람도 있어. 누군가한테는 상식에 해당하는 내용이 다른 사람한테는 처음 듣는 얘기일 수 있으니까. 그러니까 당신은 모르면 모르겠다고 얘기해 주면 돼.

뭐든지 처음에는 잘 모르는 게 당연해. 내가 당신한테 요가를 배운다고 생각해 봐. 사실 난 요가에 대해 아무것도 모르지. 그런데 그게 창피한 건 아니잖아. 요가를 하는 사람한텐 상식에 해당하는 내용이라고 해서, 모든 사람들이 그걸 알고 있어야 하는 건 아니잖아. 투자도 그래. 그러니 걱정 말고 물어봐 줘.

내가 수학이나 숫자에 약하니까 계속 겁이 나는 것 같아.

 음…… 그렇다고 해서 막 어려운 수학이 나오는 건 아니야. 미적분 같은 게 등장하지는 않아. 그냥 우리가 알고 있는 평균인데, 금융에서 조금 다르게 사용하는 게 있어. 우리가 알고 있는 평균은 그냥 다 더해서 나누는 거잖아? 그런데 아까 말한 median이라는 평균은 그것과는 달라. median은 다른 말로 중앙값이나 중간값이라고 부르는데, 이건 숫자를 다 더해서 나눠주는 것이 아니라, 값을 순서대로 쭉 세운 다음에 한 가운데에 있는 숫자가 얼마인지를 보는 거야.

만일 숫자가 다섯 개 있는데, 1, 2, 3, 4, 5라면 우리가 일반적으로 생각하는 평균은 다 더해서 5로 나눈 3이 되지. 그런데 다섯 개의 숫자가 1, 2, 3, 4, 100이라면? 이때 평균은 22가 돼. 100이라는 숫자 하나 때문에 완전히 달라져 버리지. 평균이 22지만 막상 22 근처인 숫자는 하나도 없어. 가장 평균과 가까운 숫자는 4 아니면 100이지. 이런 평균을 기준으로 무언가를 판단하게 되면 잘못 판단하게 돼. 이런 오류의 대표적인 예시가 평균 연봉이야. 직원 4명의 연봉이 각각 2,000만 원인데, 사장 혼자 10억을 가져가. 이걸 일반적인 평균으로 계산하면 평균 연봉이 2억이 넘는 회사가 돼버려. 남들이 엄청 부러워할 거야. 사실은 2,000만 원밖에 못 받는데 말이지. 평균값이 사실을 잘 나타내지 못하는 거야. 그런데 median 평균을 사용하면 다섯 명 중 세 번째로 많은 연봉인 2,000만 원이 평균값(중간값)이 돼. 그래서 이런 경우(값들의 분포가 좌우대칭이 아니라 한쪽으로 쏠린 경우)에는 평균으로 median을 사용하는 게 더 좋아.

 응, 이해했어. 연봉 얘기하니까 쉽게 알겠다.

mean, median, mode는 우리말로 각각 평균, 중앙값, 최빈값으로 구분되는 명칭으로 사용됩니다. 따라서 median은 평균이 아닌 중앙값이라고 표현할 수 있으나, 어떤 분포의 중심을 나타낸다는 측면에서는 이 셋이 상황에 맞게 모두 사용될 수 있습니다. Mean은 다시 계산 방식에 따라 Arithmetic Mean, Geometric Mean, Harmonic Mean으로 나뉩니다. 각각 산술평균, 기하평균, 조화평균이라고 하는데 우리가 흔히 사용하는 Average는 Arithmetic Mean을 의미합니다.

앞서 아내에게 설명한 median은 수학적으로는 틀린 얘기지만, 세세하게 접근하면 아내가 투자 공부를 한 시간 만에 포기할 것이기에 구분하지 않고 누구나 충분히 받아들일 수 있는 일상의 용어를 사용했습니다. 삶에 있어서는 정밀함보다 어림짐작이 유용한 경우가 더 많다고 생각합니다.

투자에 있어서도, ○○ 종목에 투자한 사람들이 평균 2억을 벌었다고 하면, 다들 나도 해야겠다고 뛰어들겠지. 그런데 알고 보니 한 사람만 10억 넘게 벌고 나머지 네 사람은 모두 손실이 난 거라면? 평균만 보고 뛰어들면 이렇게 잘못된 결정을 할 수도 있어. 그래서 이런 경우에는 median을 봐야지. 내가 말하는 수학은 이런 식의 수학이야. 막 추상적인 개념의 수학이 필요한 건 아냐. 투자는 현실이고, 현실과 연결되는 수학이니까 너무 겁먹지 않아도 될 것 같아요.

네…….

오케이. 오늘은 여기까지 합시다!

내가 잘 배울 수 있을까?

뭔가를 배우거나 도전할 때면 항상 겁부터 나고 걱정이 앞선다. 주식투자도 마찬가지다. 괜히 시작했다가 오히려 큰 손해만 보는 것은 아닐까, 안전하게 예금에 넣어두거나 부동산에 투자하는 게 더 좋지는 않을까 자꾸 마음이 오락가락한다. 정말 내가 제대로 잘 배워서 투자할 수 있을까?

돌이켜 보면, 가족들과 제주로 이사를 할 때도 온갖 걱정이 앞섰다. 여행으로 제주를 오갔을 때는 막연하게 '제주에 살면 참 좋겠다'는 마음이었지만, 막상 이주를 결심하고 나니 현실적인 고민에 부딪혔다. 경제적인 문제, 육아, 생활 환경, 미래에 대한 걱정 등 하나하나 따져가며 주저하게 되었다. 잘 하는 결정인지 확신이 들지 않았고, 괜히 후회만 남을까 두려웠다. 온갖 고민들에 둘러싸여 망설이다 보니 실제 이사를 하기까지 3년이나 걸렸다.

이주하고 1년이 지난 지금은 고민했던 기간이 무색할 만큼 잘 지내고 있다. 무엇 때문에 그렇게 걱정했는지 기억도 안 난다. 물론 몇 가지 불편한 점들이 있고, 예상하지 못했던 어려움도 있지만, 새로 얻게 된 행복이 더 많다. 두 아이는 유치원과 어린이집에 금방 잘 적응했고, 첫째에게 '서울과 제주 중 어디가 더 좋아?'라고 물어보면 망설임 없이 제주라고 답한다. 일에 지쳐 있던 남편도 훨씬 건강해졌고, 즐거워 보인다. 나도 이제는 새로운 친분을 쌓아가며, 제주의 자연을 즐기고 있다.

행동으로 옮기지 않고, 머릿속으로 상상만 할 때가 가장 두려웠다. 막상 몸을 움직이기 시작하면 닥친 것들을 해치우느라 겁을 낼 시간도 없는데, 해 보지 않고 머리로 상상만 하니 온갖 걱정들이 꼬리에 꼬리를 물고 이어져 나를 괴롭혀 왔던 것 같다. 투자도 그렇게 되지 않을까?

　시작하기 전에는 그렇게도 두렵던 것이, 막상 해 보고 나면 별 거 아니더라는 생각은 운전을 하면서도 느꼈다. 서울에 살 때는 운전을 못했다. 운전면허를 딴 지는 10년이 넘었지만, 실제 운전을 하지 않으니 말 그대로 '장롱면허'였다. 필요할 때는 남편이 운전을 하니 굳이 내가 운전대를 잡을 일이 없었다. 하지만 제주에 오고 나서는 어쩔 수 없이 운전을 해야 하는 상황이 됐다. 제주는 버스나 지하철 같은 대중교통이 발달해 있지 않아서 차가 없거나 운전을 못하면 여러모로 불편함이 따른다. 게다가 신랑이 육지에 출장이라도 가는 날에는 혼자서 두 아이의 등하원을 도맡아야만 했다. 큰 아이의 유치원이 집에서 30분 거리라 운전은 제주 생활에서 반드시 넘어야만 하는 첫 번째 과제이자 도전이었다. 초반에는 사고가 날까 두렵고 걱정됐지만, 매일 하다 보니 생각보다 빨리 익숙해졌다. 1년 동안 거의 하루도 빠짐 없이 운전을 했음에도 단 한 번의 사고도 없었다. 두려움을 넘어서고 마음대로 이동할 수 있게 되니, 제주 이곳저곳을 누릴 수 있게 되었다. 도전의 과정은 걱정했던 것보다 수월했고, 그 결과는 기대했던 것보다 달콤했다.

　새로운 것에 도전하고, 그 결과 변화하는 내 모습을 보게 되니, 또 하나의 도전 과제가 떠올랐다. 오래 전부터 기회가 되면 꼭 해 보고 싶었던 것, 바로 '남편에게 주식 배우기'다. 서울에서 남편이 운전을 하는 동안 굳이 내가 운전석에 앉을 필요가 없었던 것처럼, 우리집 재산은 남편이 알아서 잘 투자하고 있으니 내가 굳이 투자를 고민할 필요가 없다. 하지만 남편은 종종 자기가 없으면 재산을 어떻게 관리하고 투자할 것이냐고 묻는다. 아버님을 사고로 일찍 여의게 된 상처 때문인지, 우리 가족에게도 그런 일이 일어날 수 있다는 얘기를 종종 한다. 상상하고 싶지 않은 상황이지만, 만에 하나 그런 일이 생긴다면 가장 후회할 것 중 하나가 바로 주식투자를 배워놓지 않았던 점이 아닐까? 남겨진 재산을 옛날처럼 은행에만 넣어도 이자를 충분히 준다면 모르지만, 지금은 이자율이 너무 낮다. 투자할 방법을 모른다면 재산을 까먹기만 할 것이다. 어쩌면 주식투자는 '한번 해볼까' 생각하는 대상이 아니라, '재산을 지키려면 반드시 해야 하는 것'이 아닐까.

며칠 뒤, 남편에게 용기를 내어 "나도 주식 좀 가르쳐줘!"라고 말했다. 남편은 흔쾌히 허락했고, 나만을 위한 맞춤 강의를 해주기로 했다. 동시에 강의 내용을 원고로 적어 함께 책으로 출간하자고 제안했다. 이전에 6개월간 공들여 써서 출판사에 넘긴 원고를 다시 회수하면서까지, 나의 눈높이에 맞는 진짜 초보자들을 위한 책을 새로 쓰겠다니 일이 너무 커져버렸다. 분명히 좋은 기회이고 좋은 생각임은 분명하지만, 나로 인해 남편에게 피해가 가지 않을까 하는 부담감, 경험도 없는 내가 책을 쓸 수 있을까 하는 막막함과 두려움에, 괜히 주식을 알려달라고 했나 하는 후회가 들기도 했다.

하지만 분명 내가 좋아하는 일을 찾고, 내 삶을 풍부하게 하는 과정이 될 것이라는 확신이 들었다. 겁이 나던 운전이었지만 도전을 통해 이동의 자유를 얻었던 것처럼, 주식투자를 배운다는 것 역시 두려움을 넘어서고 나면 나와 우리 가족의 미래를 좀 더 밝게 비춰주지 않을까? 지금의 두려움도 언젠가는 '그땐 뭐가 그렇게 걱정되고 겁이 났을까? 그때 용기 내어 도전하길 정말 잘 했어'라고 하는 때가 올 것이라고 기대한다.

워런 버핏은 왜 아내에게
자신의 유산을 인덱스펀드에 맡기라고 했을까?

사실 아내의 얘기를 듣고 조금 당황한 부분도 있다. 주식투자를 배우고 싶은 이유 중 하나가 '소외되지 않고, 나와 얘기가 통하면서 공감대가 생겼으면 좋겠다'라니. 내가 쓴 전작 『재무제표 모르면 주식투자 절대로 하지 마라』에 다음과 같은 내용이 등장한다.

주식투자가 무슨 교양이나 자기만족은 아닐 텐데, 결국에 수익률을 올릴 수 없다면 그 모든 게 무슨 소용이란 말인가?

내가 쓴 전작은 역시나 아내에게 어려웠나 보다. 안 읽은 게 분명하다. 물론 소외되지 않고 있다는 소속감은 안도와 행복을 느끼게 한다. 무언가를 알아간다는 것역시 때로는 중독성이 느껴질 만큼 기쁨을 준다는 것도 인정한다. 그런데 그게 굳이 투자 공부일 필요가 있을까? 아내의 바람대로 이익도 나면서 만족감도 느껴진다면 다행이지만, 계좌의 손실이 늘어만 가는데 그래도 재밌는 공부했다며 자조하기를 바라진 않는다. 재미를 느끼고 지적 갈증을 채우는 건 아내의 몫이지만, 나는 아내가 재산을 지켜내도록 해야 한다. 그러기 위해서는, 기업에 대해 공부하고 어떤 회사의 주식을 사야 할지 알아가고 싶다며 두 눈을 반짝이는 아내를 어떻게든 말려야 했다.

왜냐면 지금 상태로는 돈을 잃을 것이 분명하기 때문이다!

내가 저잣거리에서 만나본 투자자들 대부분이 아내와 비슷했다. 오랫동안 증권가에서 강의도 하고 종종 TV나 라디오, 유명 유튜브 채널에도 출연하다 보니 나에게 주식투자를 물어오는 지인들이 많아졌다. 장이 좋아져서 주식으로 재미를 본 사람들이 주변에도 생겨나니 대뜸 나에게 "뭐 사면 돼요? 괜찮은 종목 있으면 좀 나눠주고 그래요"라고 물어온다. 그리고 이런 질문을 들을 때마다 목구멍까지 올라오는 답은 하나다. 바로 "뭘 사도 잘 안 될 거야"다. 절대 상대방을 무시해서가 아니다. 나보다 훨씬 똑똑한 의사나 변호사 선배가 물어도 답은 같다. 같이 부자가 되고 싶지 않아서도 아니다. 피붙이인 가족이 물어도 같은 대답이 나온다. 상대방이 누구이든, 그런 자세로는 잘되기가 힘들기 때문이다.

주식투자에 대해서 초보자가 가장 많이 착각하는 것이 주식투자를 '종목 선택'으로 생각하는 것이다. 오를 만한 좋은 종목을 잘 골라서 사는 것이 투자라고 생각한다. 그래서 모든 질문이 '뭐 사야 돼요?'로 시작하고 끝난다. 책을 읽어도, 강의를 들어도, 뭘 사야 하는지 얘기를 안 해주면 답답해한다. 밥을 떠서 입에 넣어주기를 바라는 격이다. 내 입맛에 맞는 반찬도 알아서 골라 넣어주기를 바란다. 그러다 보니 결국 찾는 곳은 '내일 급등 할 종목'을 알려준다는 소위 말하는 '리딩방'이다. 나는 리딩 '받고' 부자가 된 사람을 아직 보지 못했다. 리딩을 '해주고' 부자가 된 사람은 몇 명 알고 있다. 그중에 상당수는 감옥에 있거나, 소송이 진행 중이다.

한번 생각해 보자. 삼성전자는 좋은 회사다. 주가도 꾸준히 상승했다. 10년 전보다 5배, 20년 전보다 20배, 30년 전보다는 100배가 올랐다. 그럼 삼성전자에 투자했던 사람은 다 부자가 됐을까? 우리나라에서 주식투자하는 사람치고 삼성전자를 안 사봤던 사람이 얼마나 될까? 전체 주식투자인구 10명 중 1명이 보유한 주식

34

이다. 우량주에 투자하겠다, 망하지 않을 회사에 투자하겠다고 생각하면 가장 먼저 떠올리는 주식이 삼성전자다. 하지만 어째서인지 삼성전자 주식에 투자해서 부자가 됐다는 사람을 찾아보기가 쉽지 않다. 왜 삼성전자라는 좋은 종목을 선택해 놓고도 부자가 되지 못하는 것일까? 주식투자는 종목 선택에서 끝나는 게 아니다. '뭐 사면 돼요?'라는 질문에 '뭘 사도 안 될 거야'라고 답을 하는 이유다. 그런데 대부분이 종목 선택에만 관심을 갖는다. 그러나 모든 사람을 부자로 만들어줄 종목은 없다.

실제로 개인의 주식투자 성과는 좋지 못하다. 사실 개인투자자들의 성과를 직접적으로 확인할 방법은 제한돼 있다. 여러 증권사에 흩어져 있는 개인의 계좌를 전부 확인하기도 힘들고, 일정 금액 이하의 시세차익은 과세되지 않기 때문에 국세청에 신고되는 자료도 없다. 그래서 언론에서는 개인들의 순매수가 많은 종목의 수익률을 바탕으로 개인투자자의 수익률을 추정하는 기사가 많이 나오는데, 나중에 언급하게 될 이유 때문에 그건 좋은 추정 방법이 아니라고 생각한다(개인의 순매수가 많은 종목은 결국, 기관이나 외국인의 순매도가 많은 종목일 뿐이다). 이와 관련된 흔치 않은 자료가 하나 있는데, 2005년에 발표된 「개인투자자의 주식투자 성과 분석[*]」이라는 논문이다. 증권사로부터 1만 개의 개인투자자 계좌에 대한 6년(1998년~2003년)간의 거래 내역을 제공 받아 분석한 것인데, 거래 비용을 고려하지 않은 총 수익률은 연 12.3%로 그 기간의 코스피 수익률인 연 13.6%보다 못한 결과가 나왔다. 거기에 거래 비용을 고려한 순수익률은 연 8.3%로 크게 낮아졌다. 15년 전의 자료이긴 하지만 그 사이에 개인투자자들의 성과가 얼마나 좋아졌을지는 의

---

[*] 변영훈, 「재무관리연구」 22권 2호

문이다.

논문 자료는 아니지만 최근에 언론에서 발표한 자료도 있다. 주식투자 소득에 대한 과세를 위해 조세재정연구원이 11년간 11개 금융투자회사가 보유한 개인 증권계좌를 분석한 결과 600만 명 가운데 40%인 240만 명이 원금 손실을 기록한 것으로 나타났다.* 나머지 360만 명 중 300만 명은 1년에 1,000만 원 이하의 수익을 기록했고, 1,000만 원 초과 2,000만 원 이하의 수익을 낸 사람이 30만 명, 그리고 전체의 5% 수준인 나머지 30만 명이 2,000만 원 넘게 벌었다. 그러니 주식투자에 뛰어들어 손해를 볼 확률은 40%에 달하고, 1년에 1,000만 원이 넘는 수익을 낼 확률은 10%밖에 되지 않는다.

40%가 손실을 기록했다는 것을 뒤집어 생각해 보면, 60%는 어쨌든 돈을 벌었다는 얘기가 된다. 이 조사 결과는 최소한 내 예상(손실을 보는 개인이 더 많을 것이라는)보다는 양호하다. 하지만 돈을 잃은 사람들의 손실 규모가 확인이 되지 않는다. 60%가 평균 1,000만 원을 벌고, 40%가 평균 2,000만 원을 잃었다면 기대값이 0보다 낮은[1,000만×60%+(-)2,000만×40%=600만-800만=(-)200만] 불리한 게임이 된다. 수익과 손실의 평균액이 주어지지 않았기에 아직 결론을 내릴 수는 없다. 다만, 주식투자로 1년에 1,000만 원 벌기가 쉽지 않다는 것은(10% 확률) 알 수 있다. 나는 지금까지 운이 좋게도 90%의 확률을 이겨내고 10% 안에 속할 수 있었다. 그런데 아내도 똑같은 결과를 얻도록 할 수 있을까?

아내에게 주식투자를 어떻게 가르칠까 고민하다 떠오른 것이 바로 워런 버핏의 유언이다. 워런 버핏은 매년 자신이 운영하는 투자회사인 버크셔 해서웨이의 주주

---

* 정수연 기자. 「11년간의 주식투자 성적…개인 10명 중 4명 손실 봤다」 연합뉴스. 2020-06-28

들에게 주주서한을 보낸다. 그중 2013년 주주서한에서 버핏은 자신의 유서에 쓴 지시 사항을 공개했는데, 자신의 유산 중 현금은(자신이 가진 버크셔의 지분 등 나머지 대부분의 재산은 자선단체에 기부하도록 했다) 아내에게 전달하되, '10%는 단기 국채에 넣고, 90%는 저비용 S&P500 인덱스펀드에 넣으라'* 라고 했다는 내용이었다. 자신이 죽더라도 여러 가지 이유로 버크셔가 '아주 오랜 기간 틀림없이 초과 실적을 유지할 것'이라고 얘기하는 버핏이 왜 자신의 아내에게는 유산을 버크셔에 투자하지 말고, 인덱스펀드에 넣으라고 했을까? 주주총회에서 이에 대한 질문이 나오자 버핏은 자신이 원하는 것은 아내의 재산을 극대화하는 것이 아니라, 아내의 마음이 평화로운 것이라고 말했다.

"재산을 모두 버크셔 주식으로 보유하고 있다면, 주위 사람들은 아내에게 버핏이 살아 있으면 이런저런 말을 했을 것이라고 조언할 것입니다. 심지어 버크셔 주식을 한 주만 갖고 있더라도, 이웃과 친구와 친척들의 조언 탓에 아내가 마음의 평정을 상실할 가능성이 있습니다"

버핏은 의심할 여지가 없는 세계 최고의 투자가다. 주식투자로 그보다 돈을 더 많이 번 사람이 있을까? 그럼에도 버크셔의 성과가 나빠지면 온갖 조롱을 듣는다. 소위 말하는 '워런 버핏 때리기'가 주기적으로 등장한다. 그는 2000년대 초반 IT버블 시대에 "워런 버핏의 시대는 끝났다"는 얘기를 들었고, 버크셔의 수익률이 시장을 밑돌 때마다(대략 3년에 한 번 꼴로) 더 이상 과거의 방식을 고집하지 말고, 변해야

---

* 워런 버핏, 『워런 버핏 바이블』, 에프엔미디어, 2017, 80쪽

한다는 충고를 들었다. 최근에도 90세가 넘은 그의 나이를 지적하며, 바뀐 세상에 적응하지 못하고 있다는 얘기를 듣고 있다. 그런데 '버핏의 시대가 끝난 것이 아닌가?'라는 질문을 가장 많이 던진 사람이 누굴까?

혹시 버핏 자신은 아닐까?

나는 내 자신의 투자방법에 대해 항상 의문을 던지고 고민한다. 이 방법이 과연 언제까지 통할까? 계속해서 초과 수익을 낼 수 있을까? 최근에 성과가 나빠진 것은 일시적인 흔들림일까, 아니면 세상이 변한 걸까? 스스로에게 계속해서 이런 질문을 던질 수밖에 없다. 버핏도 자신에 대해 계속해서 의문을 가지고 고민을 해오지 않았을까? 그리고 그 고민을 아내에게는 넘기고 싶지 않았던 게 아닐까?

아내가 나와 같은 투자를 하려면, 공부하고 배워야 할 게 많다. 경기나 금리, 환율 등 경제학에 대한 이해부터 투자와 관련한 수학과 통계, 재무관리, 각종 이론들을 섭렵해야 한다. 그리고 실제 산업을 분석하고 개별 기업에 대해 속속들이 파헤쳐야 한다. 그나마 나는 수년간 회계사 공부를 하면서 경제학, 경영학, 재무관리, 회계학, 세법, 상법에 대한 지식을 습득했다. 회계사 시험에 합격하고 나서는 수많은 회사를 감사하며 기업이 어떻게 돌아가는지, 돈을 어떻게 버는지 살펴볼 수 있었다. 분명히 그런 배경지식이 현재의 투자 성과에 도움이 되었음을 부인할 수 없다. 그리고 단순히 배우는 것이 아닌, 내가 가진 지식을 남에게 전달하는 강의를 통해서 10년 넘게 계속 발전할 수 있었다. 과연 내 아내도 이 과정을 해낼 수 있을까?

불가능에 가깝다는 게 내 결론이다!

어쩔 수 없이 아내에게는 다른 방법을 권해야 한다. 다행히 투자의 세계에는 하나의 방법만이 있는 것은 아니다. 가치투자는 유일신을 믿는 종교와 같다. 다른 방법들은 인정하지 않고 오직 가치투자만이 정답이라고, 그 어려운 길을 수행하는 마음으로 걸어가야 한다고 하지만, 내 생각은 좀 다르다.

나는 내가 하지 않는 방식을 다른 사람들에게 상의하는 것은 옳지 않은 일이라고 생각했다. 자기는 주식투자를 하지 않으면서, 남들에게는 투자하라고 조언하는 게 말이 되지 않는다고 생각했다. 마찬가지로 자신은 좋은 회사를 직접 골라 집중투자하면서 다른 사람들에게는 분산투자와 간접투자를 권하는 것은 왠지 꺼려졌다. 하지만 주식투자를 가르쳐달라는 아내의 요청을 받고 나서야 내 생각을 깨고 나올 수 있었다. 정말 아내를 위한 방식이 무엇인지 찾아야 한다. 그것이 내가 하는 방식이냐 아니냐는 중요하지 않다. 내가 아는 사람 중에 닭고기를 먹지 못하지만, 닭요리를 잘 해내는 쉐프가 있다. 그는 자신이 먹지 못하는 음식을 잘 해내는 비결에 대한 질문에 아내가 닭요리를 좋아하기 때문이라고 답했다. 나도 아내를 위해서, 내가 쓰지 않는 투자방법이더라도 아내에게 적합한 방법을 찾아야 한다.

실젠! 나의 첫 투자 숙제 주식투자 전 마음 다잡기

Q 주식투자를 하고 싶은 이유는 무엇인가요?

Q 지금 본인의 투자 수준이 어느 정도라고 생각하시나요?

Q 투자 경험이 있다면, 가장 높은 수익률과 가장 낮은 수익률은 얼마였나요?

사경인의 친절한 투자 과외

1 일 차

주식과 부동산,
뭐가 더 좋을까?

☑ 강남 아파트 대신 삼성전자 샀으면, 타워팰리스가 3채?

☑ 우량주를 사서 장기투자하라는 미신

☑ 사례가 아닌 통계를 봐라

☑ 코스피지수와 아파트가격지수를 비교해 보자

☑ 다 더해서 나누는 산술평균, 다 곱해서 나누는 기하평균

☑ 더하기 평균의 단리수익률과 곱하기 평균의 복리수익률

☑ 자료의 둔갑술에 속지 마라

☑ 주식과 부동산, 180번의 진검승부

☑ 하지만 이겨도 이긴 게 아니다

☑ 수익률만 쫓다 놓치게 되는 중요한 한 가지

강남 아파트 대신 삼성전자 샀으면 타워팰리스가 3채?

 자, 오늘부터 본격적으로 투자 얘기를 할 건데, 주식투자에 대해 바로 얘기하기 시작하면 좀 어렵게 느껴지는 것들이 있을 거야. 수학도 등장하고 여러 가지 생소한 용어도 등장하니까 쉽지 않아. 그래서 바로 주식 얘기를 하는 것보다는 부동산과 비교하면서 시작하려고 해. 주식은 회사에 대해서도 알아야 하고, 차트도 막 등장하고, 이것저것 생소한 것들이 많은데 부동산은 그래도 조금 쉽잖아. 토지가 뭔지, 아파트가 뭔지 알고 있는 것들이니까. 그래서 둘을 비교하면서 시작해 볼게.

오늘부터는 자료를 화면에 띄워놓고 얘기할 거야. 먼저 당신 생각에는 주식과 부동산 중에 뭐가 더 좋은 것 같아?

음…… 부동산은 일단 투자 비용이나 이런 게 크니까 좀 더 쉽게 접근할 수 있는 건 주식인데, 집값 오르는 거 보면 몇 억씩 오르니까 부동산이 더 좋아보이기는 해.

 오케이. 주식이 좋냐, 부동산이 좋냐를 얘기할 때 어떤 게 더 많이 오르느냐를 가지고 얘기하거든. 주식이 더 많이 올랐냐, 부동산이 더 많이 올랐냐, 뭐가 더 수익률이 높냐 등 신문기사에 이런 얘기들도 많이 나와.

Ⓗ www.hankyung.com › finance
강남 아파트 vs 삼성전자 주식…어디에 투자하는 게 유망할까 | 한경닷컴

최만수 기자, 「한경닷컴」, 2019-02-07

강남 아파트가 더 많이 올랐을까, 삼성전자가 더 많이 올랐을까? 당신 생각엔 어느게 더 많이 올랐을 것 같아?

 강남 아파트!

 강남 아파트? 그런데 실제로 확인해 보면 삼성전자가 훨씬 낫대. 검색해 보면, 신문기사에 이렇게 나와.

한경 증권

"삼성전자 투자수익률 강남아파트보다 월등"

신호경 기자, 「한경증권」, 2003-11-12

기사를 보면 서울 아파트값 20% 오르는 동안 삼성전자는 100% 넘게 올랐다고 말해. 그래서 16년 전, 2017년 기사니까 2000년에 강남 아파트 안 사고 그 돈으로 삼성전자 샀으면 지금 타워팰리스 3채가 생겼을 거야!

 헉~!

 사람들은 부동산이 최고라고, 게다가 강남 아파트면 수익률이 훨씬 더 좋을 거라고 생각해. 그런데 알고 보면 삼성전자가 더 올랐다는 거지.

 그러네?

 그러니까 부동산이 아닌 주식에 투자해야 한다고 얘기를 하는데 이거 조심해야 돼.

 응? 조심하라고? 왜?

 왜 그런지, 어떻게 해야 하는지, 바로 답을 알려줄 수도 있지만 지금부터 그 이유를 하나씩 뜯어가며 살펴볼 거야. 투자를 하고 있으면 사람들의 말이 계속 바뀌거든. 어떤 때는 주식이 좋다고 했다가, 또 다른 때는 금을 사라고 하고, 또 갑자기 비트코인이 뜨고, 그럼 헷갈려. 다들 말이 다르기도 하고. 그럴 때 스스로 판단할 수 있어야 돼. 뭘 가지고 판단을 내릴지 살펴보자고.

내가 TV를 잘 안 보잖아. 유명인들이 TV에 나와서 하는 얘기 중에 잘못된 얘기들도 되게 많아. 그래서 신문 기사에 나오는 얘기들도 진짜인지 한 번 확인해 보고 검증해 보는 게 좋아.

일단 저 기사에서 삼성하고 강남 아파트를 비교했는데, 왜 삼성이냐는 거지. 단순히 강남 아파트보다 삼성전자를 샀으면 더 좋았다, 그러니 주식이 더 좋다고 얘기해버리면 안 돼. 상장주식이 2,000개가 넘는데 삼성전자 하나만 가지고 주식이 더 좋다고 얘기할 수는 없지. 부동산에 비해 주식은 가격이 천차만별로 움직여. 하루에 30%까지도 오르고 내리는 게 주식이야. 아파트 사서 진짜 많이 올라봐야 1년에 2~3배잖아. 하지만 주식은 1년에 20배도 올라. 아래에 있는 표의 종목들이 최근 1년 동안 가장 많이 오른 다섯 종목이야.

● 최근 1년 동안 상위 급등 종목 5

순위	종목코드	종목명	시장구분	시작일기준가	종료일종가	대비	등락률(%)
1	270660	에브리봇	KONEX	1,356	29,000	27,644	2,038.64
2	080580	오킨스전자	KOSDAQ	1,315	25,200	23,885	1,816.35
3	227420	도부마스크	KONEX	355	6,600	6,245	1,759.15
4	019170	신풍제약	KOSPI	8,020	101,500	93,480	1,165.59
5	194480	데브시스터즈	KOSDAQ	5,940	68,700	62,760	1,056.57

2021년 3월 17일 장중 기준

표에서 1등 종목을 보면 1년 전에 1,300원 정도 하던 게 1년 만에 29,000원이 됐잖아. 자그마치 20배가 올랐어. 이렇게 10배 넘게 오른 종목들만 골라서 보여주면서 부동산보다 주식이 훨씬 좋다고 얘기할 수는 없지. 반대로 떨어진 것들도 보자고.

순위	종목코드	종목명	시장구분	시작일기준가	종료일종가	대비	등락률(%)
1	224760	엔에스컴퍼니	KONEX	83,900	4,745	-79,155	-94.34
2	045890	GV	KOSDAQ	2,420	315	-2,105	-86.98
3	225850	미애부	KONEX	2,175	292	-1,883	-86.57
4	095270	웨이브일렉트로	KOSDAQ	15,953	3,095	-12,858	-80.60
5	038340	UCI	KOSDAQ	3,500	789	-2,711	-77.46

2021년 3월 17일 장중 기준

 표를 보면 80,000원 넘던 게 1년 만에 4,000원대로 90% 넘게 하락했어. 이것만 보면 또 주식은 절대 해서는 안 되는 게 맞아. 그러니까 어떤 종목 하나를 가지고 주식 전체에 대한 얘기를 하면 안 돼. 삼성전자가 우리나라 주식을 대표하는 것 같지만, 사실 삼성전자도 2,000개가 넘는 종목 중에 하나일 뿐이거든.

 그래도 잘 모르는 나 같은 사람들은 삼성전자나 우량주라고 하는 유명한 회사들에 투자하잖아.

 이상한 잡주 말고, 그런 우량한 종목들 사서 오래 묻어두면 부동산보다 낫다고 얘기하지. 그런데 그것도 그냥 미신이야.

 좋은 주식 사서 오래 기다리는 게 미신이라고?

우량주를 사서 장기투자하라는 미신

 웅. 무조건 1등 주식을 사면 된다고, 1등을 하는 데는 그럴 만한 이유가 있는 거라고 얘기해. 업종 1위 주식만 골라서 사라고도 하고. 그런데 삼성전자가 지금은 1등이지만 30년 전에는 아니었어.

● 시대별 대한민국 시가총액 상위 종목 10

(단위: 조원)

순위	1990년말		2000년말		2010년말		2020년말	
	종목	시가총액	종목	시가총액	종목	시가총액	종목	시가총액
1	한국전력	9.9	삼성전자	23.9	삼성전자	139.8	삼성전자	483.6
2	POSCO	2.1	SK텔레콤	22.6	POSCO	42.5	SK하이닉스	86.3
3	한일은행	1.6	KT	20.9	현대차	38.2	LG화학	58.2
4	제일은행	1.6	한국전력	15.1	한국조선해양	33.7	삼성바이오로직스	54.7
5	조흥은행	1.6	POSCO	7.4	현대모비스	27.7	셀트리온	49.4
6	우리은행	1.6	KTF	4.7	LG화학	25.9	NAVER	48.0
7	하나은행	1.6	국민은행	4.5	신한지주	25.1	삼성SDI	43.2
8	삼성전자	1.3	KT&G	3.6	KB금융	23.2	현대차	41.0
9	신한은행	1.2	기아차	3.2	삼성생명	20.5	카카오	34.4
10	대우	1.1	주택은행	3.1	기아차	20.1	삼성물산	25.8

표를 보면 30년 전에 우리나라 시가총액 1등은 삼성전자 아니라 한국전력이었어. 그 당시 한국전력의 시가총액이 9.9조였는데 지금(2021년 7월 기준)은 17.6조야. 30년 동안 2배 오른 건데, 그 기간에 짜장면값은 5배 올랐어. 30년 전에는 한국전력을 사느니, 그 돈을 그냥 은행에 넣어두는 게 몇 배 더 이익이었지. 대우를 한번 볼까? 30년 전에는 삼성전자나 대우나 큰 차이가 없었어. 만약 삼성전자를 안 사

고 대우를 샀다면 전 재산이 사라졌을 거야.

1등 주식이라 올랐다기보다는 그냥 삼성전자가 오른 거야. 2000년에 삼성전자보다 시가총액이 1조 작아서 2등 한 SK텔레콤이 시총 22.6조였는데, 지금은 19.2조로 하락했어. 3등인 KT는 20.9조에서 6.3조로 고꾸라졌고. 2010년에 2등 했던 POSCO도 42.5조에서 지금은 23.7조로 반토막 났지. 우리나라 역사에 삼성전자가 없었다면 '우량주에 장기투자하면 된다'는 얘기를 함부로 할 수 있을까?

우리가 사례를 접할 때는 조심해야 될 게 있어. 나도 그렇지만, 많은 사람들이 이해를 쉽게 하기 위해서 사례를 들거든. 분명히 좋은 사례를 이용하면 이해하는 데 도움이 돼. 하지만 사례를 일반적인 사실이라고 주장해서는 안 돼. 일반화시키려면 통계가 있어야 돼. 삼성전자와 강남 은마아파트라는 사례만 가지고 주식이 좋다, 부동산이 좋다는 결론을 내려서는 안 되고, 주식과 부동산 전체에 대한 통계를 봐야 한다는 거지.

사례가 아닌 통계를 봐라

 사례가 아닌 통계를 봐야 된다?

 그렇지. 코스피랑 아파트에 대한 통계자료를 보자는 거지. 그런데 당신 코스피가 뭔 줄 아나?

 주식…… 같은 거?

주식 같은 거? 음…… 코스피랑 또 뭐가 있지?

…….

코스피가 있고 코스닥이란 게 있어.

코스닥? 비슷한 건가?

비슷하긴 한데 달라. 어떻게 다른지 알아?

잘 모르겠네.

주식에 상장주식과 비상장주식이 있어. 상장이 뭔 줄 알아?

주식을 살 수 있게끔 회사가 커지는 거 아냐?

어…… 맞아. 비슷해. 여기서 상(上)이 올린다는 의미고, 장(場)이 시장, 그래서 시장
에 올려놓은 주식을 말해. 상장주식은 시장에서 사고파는 주식이지. 비상장주식도
사고팔 수는 있는데, 시장에서 사고파는 게 아니라 개인들이 1:1로 만나서 사고팔
아. 물건으로 비교해 보면 우리 '당근마켓'에서 중고 물건 사고팔 수 있잖아. 비상
장주식은 그거랑 비슷해. 따로 점포나 가게에 물건을 올려놓고 파는 게 아니지. 그
런데 상장주식은 백화점이나 쇼핑몰 같은 데 입점해서 올려놓고 파는 거야.
백화점에서 아무 브랜드나 입점시켜 주진 않잖아. 가방이나 옷 같은 것들 보면 자기들이 유명백화점 입점 업체라고 자랑도 하잖아. 백화점이 아무 물건이나 가져다 놓고 팔진 않아. 여러 가지 기준을 정해놓고 그걸 통과해야 백화점에서 팔 수 있지. 주식도 그래. 개인적으로 만나서 사고팔 수도 있지만, 백화점에 입점하듯이 코스피라는 시장에 입점해서 사고팔 수도 있어. 그런데 코스피에 입점하려면 심사를 통과해야 돼. 상장심사라고 하는데, 매출도 얼마 이상 돼야 하고, 주식이나 주주들 숫자도 많아야 되고, 이런 것들을 모두 따져봐서 통과하면 코스피라는 시장에서 사고팔 수 있도록 올려줘. 그걸 '상장한다'고 해. 그런데 우리가 백화점에서도 물건을 살 수 있지만, 이마트에서도 살 수 있잖아.

 그게 코스닥이야?

 어, 맞아. 코스피가 백화점이라면 코스닥은 약간 이마트 같은 거야. 백화점에서 파는 물건과 할인점에서 파는 물건이 조금 다르잖아. 그렇다고 이마트에서도 아무 물건이나 갖다 놓고 팔지는 않지. 마찬가지로 심사를 통과해야 되는데, 그래도 코스피보다는 조건이 덜 까다로워. 그래서 더 작은 회사들도 상장할 수 있지.
그런데 막상 우리가 주식에 투자하다 보면 코스피랑 코스닥 잘 구분 안 하게 돼. 어차피 살 때는 한 곳에서 같이 사. 코스피는 A증권사 가서 사고, 코스닥은 B증권사에서 사는 게 아니라 그냥 다 섞여서 사고팔아. 뭐랑 비슷하냐면 'ssg.com' 쇼핑몰 들어가 봤나?

 어, 몇 번 들어가 봤지.

 거기 들어가서 물건 검색하면……

다 이어져 있어.

 맞아. 신세계백화점 물건도 검색되고, 이마트 물건도 같이 검색되잖아. 그것처럼 주식도 증권사 프로그램 깔고 검색하면 코스피 것도 검색되고, 코스닥 것도 검색돼서 한 번에 다 사고팔아. 그래서 이 종목이 코스피인지, 코스닥인지 구분하지 않고 투자하거든? 그런데 알고 보면 두 시장이 다른 시장이고, 적용되는 규정도 달라.
코스피에는 지금 900개 정도 종목이 있고, 코스닥에는 1,500개 정도 있어서 합치면 2,400개 정도 돼(2021년 7월 기준).

코스피는 회사 수로만 따졌을 때는 800개 정도이지만, 한 회사가 우선주와 보통주 2가지 종류의 주식을 발행하는 경우가 있어서 900개 정도로 표기했습니다.

 코스닥이 더 많네?

 응. 백화점보다 이마트에 물건 종류가 더 많잖아. 그거랑 비슷해. 어쨌든 코스피란 시장이 있고, 코스닥이란 시장이 있는데 삼성전자는 코스피에 있거든. 그런데 코스피 종목이 900개나 되니까, 삼성전자 하나만 가지고 주식이 부동산보다 더 좋다, 나쁘다 얘기할 수는 없는 거지. 삼성전자는 올랐지만, 나머지 899개는 떨어졌을 수도 있잖아. 그래서 한두 종목이 아니라 코스피에 있는 전체 종목 주가를 합쳐서 보는 게 '코스피지수'라는 거야.

코스피지수와 아파트가격지수를 비교해 보자

 백화점에서 파는 채소도 종류가 여러 가지잖아. 그런데 오이값은 어제보다 오르고, 상추값은 떨어지고, 깻잎은 그대로면 이게 채소값이 올랐다고 해야 할지, 떨어졌다고 해야 할지 헷갈리잖아. 그래서 전체 채소값의 통계를 보는 거지. 주식도 마찬가지로 매일매일 어떤 종목은 오르고, 어떤 종목은 떨어지니까 이걸 전부 더해서 코스피지수, 코스닥지수를 만든 다음에, 그 지수가 올랐는지 떨어졌는지를 보고 주식시장이 좋다, 나쁘다를 얘기하는 거야. 자, 그럼 코스피지수를 한번 보자고. 아래 그래프에서 맨 위에 있는 파란선이 코스피지수야.

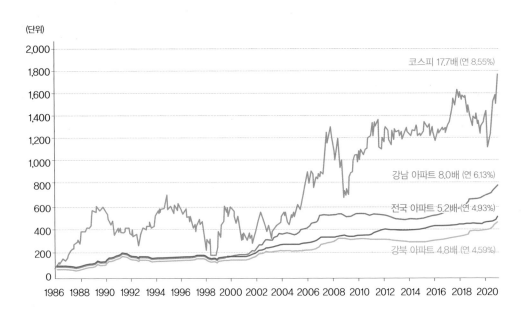

1986년의 코스피지수를 100이라고 했을 때, 2020년에는 1,769가 됐어. 18배 가까이 오른 거지. 다시 말해서 1986년에 코스피지수를 1억 사뒀으면 2020년에

17.7억이 되는 거야.

 와~ 많이 올랐네!

 그런데 아파트는 얼마나 올랐나 보면, 전국에 있는 아파트를 기준으로 5.2배가 올랐어. 서울 강북은 4.8배가 올랐고, 가장 많이 올랐다는 강남이 8배가 올랐지.

 생각보다는 많이 안 올랐네?

 뭐, 8배도 나쁘지는 않지. 30년 넘게 걸리긴 했지만, 그래도 1억에 산 아파트를 8억에 팔았다고 하면 사람들은 투자 잘했다고 하잖아. '8배 올라서 팔았대'라고 하면 대박이라고 얘기하지. 그런데 막상 그 돈을 강남 아파트가 아닌 주식에 투자했으면 8배가 아니라, 18배가 올랐어. 그래서 이걸 보고 얘기하는 거야. 주식이 아파트보다 수익률이 더 좋다고. 그런데 이 말에도 속아선 안 돼!

 응? 또? 이번에도 뭐가 또 있어?

 코스피지수랑 아파트수익률을 비교해 보면 이렇게 나와.

● **코스피지수와 아파트가격지수 수익률 비교**

구분	기준시점	지수	비교시점	지수	연간상승률(CAGR)
코스피지수	1986-01-15	155.86	2020-12-15	2756.82	8.58%
아파트가격지수	1986-01-15	20.973	2020-12-15	109.346	4.84%

코스피지수는 1980년부터 나와 있어. 그런데 부동산가격지수는 1986년부터 만들어서 발표했어. 예전에 주택은행이 이걸 만들어서 발표했는데, 지금은 국민은행이랑 합병돼서 KB국민은행에서 계속 발표해. 그래서 둘이 같이 비교하려면 1986년부터 봐야 돼.

같은 기간을 놓고 보면 코스피는 1년에 8.6%씩 올라 18배가 됐고, 아파트는 4.8%씩 올라 5배가 된 것으로 나와. 그런데 여기서 수익률을 어떻게 계산하는 건지 알아야 돼. 지난번에 평균에는 두 가지가 있다고 그랬지? 뭐랑 뭐였지?

 …….

 하나는 우리가 일반적으로 사용하는 Average가 있었고.

 아, 맞다! Average. 그리고 딴 거는 가운데만 고르는 거.

 응. 중간값이라고 부르는 Median.

그런데 이것 말고 또 다른 평균들이 있어. 이게 말이 좀 어려운데. 앞의 표에서 보면 연간상승률 옆 괄호에 CAGR이라고 적혀 있지? 그게 뭔지 얘기하려는 거야. 저기서 코스피가 연 평균 8%씩 올랐다고 얘기하는데, 그게 우리가 알고 있는 일반적인 평균(Average)이 아냐. 금융 쪽에서 주로 사용하는 평균은 우리가 알고 있는 평균하고 달라. 평균에 산술평균이라는 게 있고, 기하평균이라는 게 있거든?

 산술, 기하? 말이 어렵네.

56

다 더해서 나누는 산술평균, 다 곱해서 나누는 기하평균

 산술평균은 우리가 일반적으로 알고 있는 그 평균이야. 다 더해서 나눠주는 거. 그런데 금융 쪽에서 수익률을 얘기할 때는 기하평균을 써. 산술평균이 '더하기 평균'인 데 반해 기하평균은 '곱하기 평균'이야. 보통 반에 아이들이 10명 있을 때, 평균 성적을 구하려면 10명 성적을 모두 더한 다음에 10으로 나누잖아? 그게 더하기 평균인 산술평균이야. 그런데 기하평균은 10명 성적을 모두 곱한 다음에 나눠. 정확히 설명하자면 모두 곱한 다음에 루트($\sqrt{}$)를 씌워서 나눠.

 하하하하…….

 (웃음) 어렵지? 그런데 왜 이걸 구분할 필요가 있냐면…… 한번 이걸 보자고. 여기 내기가 있다고 가정해 보자. 돈을 걸고 가위바위보를 하는데, 이기면 내깃돈만큼 따게 되고, 지면 그 돈을 잃게 돼. 만 원을 걸고 이기면 만 원을 받고, 지면 만 원을 뺏기는 거지. 우리 네 식구가 유원지에 갔는데 이 게임을 하는 거야. 네 명이 각각 만 원을 걸고 한 판씩 가위바위보를 했는데, 나랑 당신이랑 이준이는 이기고 마지막에 이담이만 졌어. 이렇게 되면 우리 식구가 가진 돈은 이제 얼마가 되지?

 6만 원.

 그러면 우리가 가진 돈은 4만 원에서 6만 원이 되니까 1.5배가 됐지. 이게 더하기 평균이야. 3명은 2배가 됐고, 1명은 0이 돼서 모두 더하면 2+2+2+0=6이 되고, 이걸 4명으로 나누면 6÷4=1.5배가 되지. 이렇게 모두 더해서 나눠주는 게 산술평균이야.

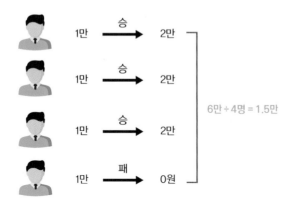

그런데 기하평균은 어떤 때에 쓰냐면, 4명이 다 하는 게 아니라 나 혼자 게임을 했을 때야. 나 혼자 4게임을 하는 거지. 결과는 똑같이 4번 중 3번을 이기고, 한 번은 졌다고 할게. 그럼 처음 이겼을 때 1만 원이 2만 원이 되고, 두 번째는 4만 원, 세 번째는 8만 원이 된 다음에 마지막에 지면 0원이 되는 거지.

● **곱하기 평균**(기하평균, 복리)

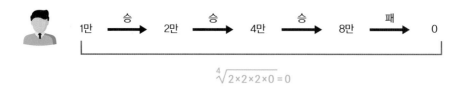

다 날렸네?

그렇지. 마지막에 진 걸로 0원이 되는 거야. 그런데 이걸 그냥 더하기 평균인 산술평균을 내면, 3번은 2배가 됐고, 마지막은 0이니까 더해서 4로 나누면 $(2+2+2+0)\div$ 4=1.5배가 돼. 그런데 정말 1.5배가 됐나? 내가 가진 돈은 0원이 돼버렸는데? 그래서 이럴 때는 더하기 평균을 쓰면 안 되고, 곱하기 평균을 써야 돼. 넷을 다 곱하면 $2\times2\times2\times0=0$이 되니까, 여기에 4 루트를 씌워서 $\sqrt[4]{0}=0$이 되는 거지. 산술평균은 1.5배가 되고, 기하평균은 0이 되는 거야.

우리가 투자를 할 때는 결과가 대부분 기하평균으로 나와. 예를 들어 주식투자를 시작했는데 처음 고른 종목이 2배가 되고, 그걸 팔아 두 번째 산 종목도 다시 2배가 되고, 이렇게 3번 연속 2배씩 올랐는데, 마지막에 고른 종목이 상장폐지가 돼서 휴지 조각이 되면 가진 돈은 0이 돼버리는 거지. 이렇게 뭔가가 시간이 지남에 따라 반복되는 경우에는 더하기가 아닌 곱하기 평균을 써야 돼.

당신이 이걸 계산하는 것까지는 아직 알 필요 없어. 그리고 곱하기 평균(기하평균)은 웬만한 계산기로도 계산이 안 돼. 그냥 루트값은 구할 수 있지만 4루트($\sqrt[4]{}$)나 10루트($\sqrt[10]{}$) 같은 것은 구할 수가 없다고. 물론 엑셀을 잘 사용할 줄 알면 함수로 쉽게 구할 수 있지만 아직은 몰라도 돼. 대신에 계산은 못하더라도 그 차이가 뭔지 개념은 알고 있어야 돼. 이 더하기 평균(산술평균)과 곱하기 평균(기하평균)의 개념은 내가 앞으로 몇 번 더 반복해서 얘기할 거야. 이게 투자에 있어서 가장 중요한 수학 중 하나야. 이걸 이해해야지 '아, 사람들이 이래서 투자를 이렇게 하라고 하는구나' 납득할 수 있게 돼. '단타하지 말라'는 말 들어봤어?

 응. 들어봤어.

 단타하지 말라고 하고, 분산투자는 또 하라고 그러거든. 이게 그냥 단타는 나쁜 거니까 하지 말고, 분산투자는 좋은 거니까 하라는 얘기가 아냐. 이게 수학적으로 설명이 돼. 산술평균과 기하평균의 개념을 이해하면, 다른 이유가 아니라 수학적으로 단타는 불리하고, 분산투자는 유리하다는 걸 알 수 있어. 나중에 내가 다시 한 번 얘기해 줄 거야. 지금은 그냥 산술평균은 더하기 평균이고, 기하평균은 곱하기 평균이구나 정도만 기억해. 그리고 이걸 수익률로 바꾸면 산술평균은 단리수익률, 기하평균은 복리수익률이 돼.

 어! 나도 지금 얘기 들으면서 이게 복리인 것 같았어. 계속 늘어나니까!

더하기 평균의 단리수익률과 곱하기 평균의 복리수익률

 맞아. 마지막에 0원 되기 전에 세 번째 8만 원 될 때까지를 보자고.

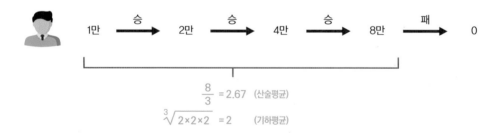

3번 해서 8배가 됐잖아. 이걸 3으로 나누면 8배÷3=2.67배가 되거든. 그럼 게임할 때마다 2.67배가 늘었냐, 아니잖아? 게임할 때마다 2배씩 늘었지. 그러니까 이럴 때는 더해서 나누는 게 아니라 곱해서 나눠야 돼. 2를 세 번 곱하면 8이 되고 여기에 3루트를 씌우면($\sqrt[3]{8}$) 2가 되거든. 그래서 투자를 할 때는 곱하기 평균을 적용해야 되고, 이렇게 곱하기 평균으로 계산해서 나온 게 복리수익률이 돼.

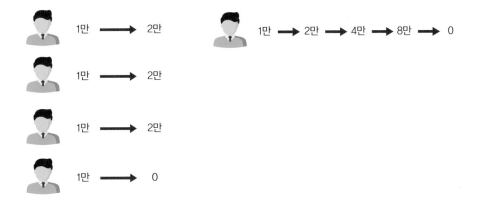

● **더하기 평균**(산술평균, 단리)   ● **곱하기 평균**(기하평균, 복리)

1만 ➡ 2만   1만 ➡ 2만 ➡ 4만 ➡ 8만 ➡ 0

1만 ➡ 2만

1만 ➡ 2만

1만 ➡ 0

위의 그림을 보면 왼쪽은 게임을 각각 한 번씩 하잖아. 그래서 단리가 돼. 더하기 평균(산술평균)이고, 단리수익률이 되는 거지. 오른쪽은 게임을 반복해서 여러 번 하니까 곱하기 평균(기하평균)이고, 복리수익률이 돼. 결국 복리로 계산해야 하는 이자율이나 투자수익률은 기하평균으로 구하게 돼. 앞에서 코스피랑 아파트 비교할 때 썼던 수익률도 다 기하평균으로 구한 복리수익률이었어. 코스피가 35년 동안(1986년 초~2010년 말) 약 18배가 올랐다고 했잖아? 이걸 단리로 계산하면 대략 50% 수익률이 나와. 다 더해서 나누니까 '17.7배÷35년' 하면 0.5 정도가 나오거든. 그럼 단리로는 1년에 50%씩 오른 게 되는 거지. 50%씩 35년이면 0.5×35=17.5배가 되니까.

그런데 이렇게 계산해서 코스피의 연 수익률이 50%라고 얘기하면 안 돼. 해마다 50%씩 계속해서 35년 동안 오르면 결국 100만 배를 훨씬 넘게 되거든. 하지만 35년 동안 17.7배 오른 걸 복리수익률로 계산하면 매년 8.58%씩 오른 게 돼. 1.0858을 35번 곱하면(1.0858×1.0858×1.0858 … ×1.0858) 17.7이 되거든(참고로 이 계산의 기준시점은 1월 15일이고, 비교시점은 12월 15일이기 때문에 35년에서 조금 모자란다. 따라서, 실제 계산해 보면 약간의 차이가 생긴다). 저 8.58%를 구하는 방법이 바로 기하평균이야. 다시 코스피지수랑 아파트가격지수를 보자고.

● **코스피지수와 아파트가격지수 수익률 비교**

구분	기준시점	지수	비교시점	지수	연간상승률(CAGR)
코스피지수	1986-01-15	155.86	2020-12-15	2756.82	8.58%
아파트가격지수	1986-01-15	20.973	2020-12-15	109.346	4.84%

 여기서 마지막에 적힌 연간상승률이 바로 기하평균으로 구한 복리수익률(Compound Annual Growth Rate)이야. 코스피 연간상승률이 아파트 연간상승률의 2배가 안 되지? 아파트는 4.8%인데 코스피는 8.6%니까. 연간상승률은 2배 차이가 안 나는데 35년간의 수익률 결과는 3배 넘게 차이가 나. 코스피는 18배 가까이 됐고(17.7배), 아파트는 6배가 안 되니까(5.2배). 이게 복리효과 때문이야. 복리는 시간이 지날수록 점점 더 큰 차이를 보이거든. 결국 35년 동안 아파트보다 코스피가 3배 넘게 더 올랐어.

그런데 하나 더 생각해 봐야 할 게, 아까 얘기한 대로 주식시장이 코스피 말고 코스닥도 있거든. 일반투자자 입장에서 어차피 이 둘을 크게 구분하지 않고 투자하는 경우가 많기 때문에 코스닥도 살펴볼 필요가 있어. 코스닥수익률도 한번 보자고.

● **코스닥지수 수익률 비교**

구분	기준시점	지수	비교시점	지수	연간상승률(CAGR)
코스닥지수	1996-07-01	1000.00	2020-12-15	931.27	-0.29%

확인해 보면 코스닥은 수익률이 마이너스야!

헉! 그러네?

 그러니까 코스피만 가지고 주식이 아파트보다 좋다고 얘기하는 건, 코스피랑 코스닥 구분하지 않고 투자하는 사람들에게는 조금 무리가 있어. 주식이 아파트보다 낫다고 하려면, 코스피에만 투자해야 돼.

자료의 둔갑술에 속지 마라

 게다가 코스피에만 투자한다고 가정하더라도, 몇 가지 더 생각해야 될 것들이 있어. 35년 동안 투자했을 때 코스피가 아파트보다 좋은 결과를 얻게 되는데, 이걸 한번 연대별로 끊어서 확인해 보자고. 1986년부터 80년대, 90년대, 2000년대 이런 식으로 10년 단위로 끊어서 보는 거야.

● **코스피지수와 아파트가격지수 10년 단위 비교**

기준일	코스피지수			아파트가격지수		
	시작지수	최종지수	CAGR	시작지수	최종지수	CAGR
1986~1989	163.37	909.72	53.62%	20,973	31,711	10.89%
1990~1999	909.72	1028.07	1.23%	31,711	39,281	2.16%
2000~2009	1028.07	1682.77	5.05%	39,281	77,973	7.10%
2010~2019	1682.77	2197.67	2.71%	77,973	99,726	2.49%

결과를 보면 80년대에 주가지수가 엄청 올랐어. 80년대 초반만 해도 우리나라에 주식투자를 하는 사람이 많지 않았어. 그러다가 86아시안게임이랑, 88올림픽 치르면서 주식투자 붐이 일었거든. 그래서 그때는 주가가 1년에 50%씩 올랐어. 아파트가 10%씩 오를 때 주식이 50%씩 오르니까 여기서 엄청난 차이가 났지. 코스피가 35년 동안 18배 올라서 아파트보다 3배 넘게 올랐는데, 그 차이가 대부분 80년대에 생겼어. 1986년 초부터 1989년까지 4년 동안 아파트는 50% 올랐는데 주식은 450%로 9배 차이가 났으니까.

 그러네. 그때 주식을 샀어야 했네.

 80년대에 엄청난 차이를 보인 다음에, 90년대에는 아파트가 2%씩 오르는 동안 주식은 1%씩밖에 안 올랐어. 2000년대에도 아파트가 7%씩 오르는 동안 주식은 5%씩밖에 안 올랐고. 2010년대 아파트는 2.49%, 주식은 2.71%니까 별로 차이가 없지. 결국 1980년대를 빼버리면?

 아파트가 더 좋은데?

 우리가 피부로 느끼기에는 아파트가 더 많이 오른 것 같은데, TV에 나오는 전문가들은 주식이 더 많이 올랐다고 하거든. 그러면 '어? 주식이 더 많이 올랐어? 우리가 주식에 대해 잘 몰랐구나. 주식이 더 좋네'라고 생각하는데, 사실은 데이터를 어떻게 보느냐에 따라 얘기가 다 달라지는 거야.

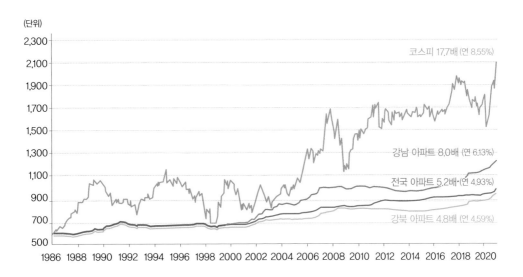

앞서 보여줬던 그래프(실제로 신문기사나 증권사 발간 리포트에서 많이 사용하는 그래프다)는 1986년을 기준으로 해서 비교하니까 코스피가 엄청 오른 것처럼 보이는데, 1990년부터 시작해서 비교한다고 생각해 봐. 그럼 이렇게 돼.

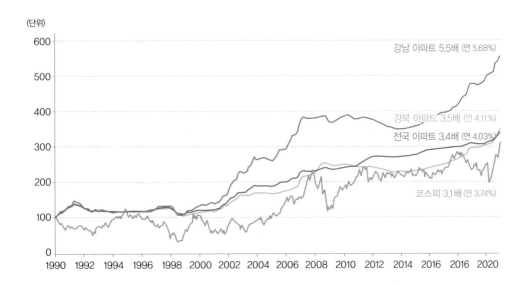

어머! 주식이 꼴등이네?

 1등이었던 코스피가 갑자기 꼴등이지. 강남아파트 5배 넘게 오르는 동안 코스피는 3배밖에 못 올랐어. 연 수익률이 4%가 안 되는데, 90년대에 이자율이 10% 수준이었고, 2000년대에도 4%를 넘었으니까 그냥 은행에 넣어두는 것보다 나을 게 없지. 코스피는 1990년부터 15년 지나 2005년이 되도록 본전 수준이었어. 대신에 2005년을 기준으로 비교해 보면 결과가 또 달라지겠지. 이렇게 언제를 기준으로 비교하느냐에 따라서 주식이 좋아보이기도 하다가, 부동산이 좋아보이기도 해. 2000년대부터 최근 20년을 한번 비교해 볼까? 2000년 초부터 2019년 말까지 20년을 보면 코스피보다 아파트가 더 상승률이 높아. 코스피가 약 3.9%씩 올랐고, 아파트는 4.8%씩 올랐거든.

● **2000년 초~2019년 말 코스피지수와 아파트가격지수 비교**

20년 수익률 비교	코스피지수			아파트가격지수		
	시작지수	최종지수	CAGR	시작지수	최종지수	CAGR
2000년 초~2019년 말	1028.07	2197.67	3.87%	39.281	99.726	4.77%

그런데 이게 웃긴 게 연도를 한 해만 옮겨보면 완전히 달라져. 2020년에 20년 수익률을 비교하기 위해서 2000년 초부터 2019년 말까지 수익률을 보면 아파트가 0.9% 정도 높았지? 그런데 1년 지나 2021년이 돼서 2001년 초부터 2020년 말까지의 20년 수익률을 업데이트하면 이렇게 달라져. 아파트수익률은 1년 더 업데이트한다고 해서 크게 바뀌지 않고 4.77%에서 5.18%로 조금 올라가. 그런데 주식은 어떻지?

● 2001년 초~2020년 말 코스피지수와 아파트가격지수 비교

20년 수익률 비교	코스피지수			아파트가격지수		
	시작지수	최종지수	CAGR	시작지수	최종지수	CAGR
2001년 초~2020년 말	504.62	2873.47	9.09%	39.822	109.346	5.18%

응? 너무 크게 바뀌었는데?

3.87%이던 수익률이 9.09%로 두 배 넘게 오르면서 갑자기 코스피가 아파트보다 훨씬 좋아져버렸어. 전체 20년 자료 중에서 1년만 업데이트해서 바꿨는데 갑자기 전혀 다른 결과가 나와.

2020년에 주식이 많이 올라서 그런가?

그런 것도 있긴 해. 지수가 2,200에서 2,900으로 30% 정도 올랐으니까. 그런데 그것보다 더 큰 이유는 다른 데 있어. 시작시점의 지수를 봐. 2000년 그해에 코스피가 반토막이 났어. 2000년 초에는 1,000이 넘었는데 2001년에는 500이 됐지. 시작시점이 2배나 차이가 나니까 수익률이 확 달라져.

결국 짧은 기간을 비교하는 게 아니라, 20년이나 되는 긴 기간을 비교하는데도 1년 사이에 결과가 확 달라지는 거지.

좀 이상하게 느껴지네?

20년 수익률 비교	코스피지수			아파트가격지수		
	시작지수	최종지수	CAGR	시작지수	최종지수	CAGR
2000년 초~2019년 말	1028.07	2197.67	3.87%	39.281	99.726	4.77%
2001년 초~2020년 말	504.62	2873.47	9.09%	39.822	109.346	5.18%

 맞아. '지난 20년간 비교했을 때 코스피보다 아파트가 더 좋았습니다'라는 얘기가 2019년에는 맞았는데, 1년 만에 거짓말이 돼버리는 거지. 20년 중 19년을 이겼더라도 마지막 1년 때문에 결과가 바뀔 수 있어. 시작점하고 끝점만 가지고 계산하기 때문이야. 그래서 조심해야 되는 게, 이런 식의 비교를 할 때는 시작점과 끝점을 어느 시점으로 잡느냐에 따라 얼마든지 원하는 결과를 만들어낼 수 있다는 거야. 그럼 사람들이 어떻게 할까? 이렇게 되면 자기가 하고 싶은 얘기에 따라 얼마든지 거기에 맞는 데이터를 골라서 보여줄 수 있어. 당신이 증권사 직원이라면 저둘 중에 어떤 걸 보여주겠어?

 두 번째(2001년 초~2020년 말) 걸 보여주겠지.

 그렇지? 그걸 보여주면서 주식이 더 좋으니 주식에 투자하라고 얘기할 거야. 만약 공인중개사라면 어떤 걸 보여줄까?

 위에 것(2000년 초~2019년 말).

 그러겠지? 그러니까 TV에 나오거나 유튜브에 나오는 유명한 사람들이 하는 얘기라고 무조건 믿을 수는 없다는 거지. 거짓 데이터가 아니고 계산이 틀리지도 않았

68

지만, 말하는 사람이 의도를 가지면 자기한테 유리한 사실만을 보여줄 수 있어. 당신 시장 가면 이 질문 많이 하지? "요새 어떤 과일이 맛있어요?"

하하하하하!

과일가게에 가서 이거 많이 물어보잖아? (웃음) 필요한 질문이고 좋은 질문이긴 해. 요새 어떤 과일이 제철이고 어떤 게 맛있는지 잘 모르니까. 이왕이면 맛있는 제철 과일을 먹는 게 낫겠지. 그런데 과일가게 주인한테 어떤 게 맛있냐고 물어보면 절대 "요새 맛있는 과일이 없어요. 그냥 생선가게 가서 꽃게 사서 드세요. 꽃게가 제철이에요"라는 대답은 못 듣잖아.

그렇지. 그냥 자기네 과일은 맨날 다 맛있다고 하지.

금융도 마찬가지야. 우리가 뭘 잘 모르니까 전문가의 도움을 받고 싶어하잖아. 그럴 때 한 가지 문제가 뭐냐 하면, 그 전문가라는 사람들은 대부분 어딘가에 소속되어 있어.

음……(끄덕끄덕).

증권사에 소속되어 있는 증권사 직원한테 어디에 투자하는 게 좋냐고 물어보면?

주식 하라고 하겠지.

맞아. 은행 직원한테 물어보면 적금 들라고 해. 보험사 직원한테 물어보면 보험 들라고 하고. 다들 전문가이고 공부를 많이 한 사람들인데, 자기가 파는 것 중에서만 얘기를 해줘. 과일가게 주인이 과일 중에서만 골라주지, 생선은 추천하지 않는 것처럼.

그러네.

그래서 자신이 스스로 정할 수 있는 실력이 필요해. 지금 계절에는 과일이 별로 맛있는 게 없고, 생선이 맛있다는 걸 스스로 알고 과일가게가 아닌 생선가게로 가야 하는 거지. 집을 나서면서 내가 과일가게로 가야 할지, 생선가게로 가야 할지, 이걸 누구에게 물어볼 수는 없잖아. 과일가게 도착해서 어떤 과일이 맛있는지, 생선가게 도착해서 어떤 생선이 맛있는지 물어볼 수는 있지만 말이야.

투자도 그래. 그냥 잘 모르니까 전문가한테 물어보고 맡기면 되지 않을까 생각하는데, 우선 내가 증권사에 맡길지, 은행에 맡길지, 보험에 맡길지는 스스로 정해야 하는 거지. 그럴 때 스스로 데이터들을 보고 판단할 수 있어야 해.

주식과 부동산, 180번의 진검승부

이제 데이터를 다시 확인해 보자. 일단 주식의 대표는 코스피지수로 보고, 부동산의 대표는 아파트로 볼게. 앞에서 했던 대로 20년 수익률을 비교할 경우에는 처음하고 끝을 언제로 잡느냐에 따라 결과가 매번 달라져. 2000년부터 2019년이냐, 2001년부터 2020년이냐에 따라 승부가 완전히 바뀌니까 결론 내기가 어렵지. 그

70

래서 지난 20년을 비교해 보되 5년 단위 투자수익률을 볼 거야.

 그런데 5년도 언제 투자했는지에 따라 매년 달라지잖아.

 맞아. 그래서 어떻게 할 거냐면, 매달 투자한 걸로 비교할 거야. 예를 들어서 2000년 1월에 주식(코스피)을 샀을 경우와 아파트를 샀을 경우, 2000년 2월에 주식을 샀을 경우와 아파트를 샀을 경우, 이런 식으로 매월 주식을 샀을 경우와 아파트를 샀을 경우를 비교해 보는 거지. 그렇게 매달을 비교해 보는데, 사고 나서 5년 뒤에 팔았을 때의 수익률을 가지고 비교해 보는 거야. 2000년 1월에 산 주식과 아파트를 5년 뒤인 2005년 1월에 팔았을 때 주식이 더 많이 올랐는지, 아파트가 더 많이 올랐는지를 보는 거지. 이렇게 하면 1년에 12번을 비교해 볼 수 있겠지.

 매일매일 비교할 수도 있겠네?

 그건 안 되는 게, 코스피지수는 매일 나오지만 부동산가격지수는 조사하는 게 쉬운 일이 아니라서 한 달에 한 번만 나와. 매달 15일을 기준으로 나오니까, 코스피지수도 매달 15일 지수를 가지고 비교할 거야.

그렇게 1년에 12번씩, 20년을 비교하면 240번 비교해 볼 수 있겠지? 그런데 5년 수익률을 비교하려면 사고 나서 60개월이 지나야 돼. 작년에 샀던 사람들은 아직 5년이 안 됐으니 결과를 알 수 없지. 그래서 20년(240개월) 중에 마지막 5년(60개월)의 결과는 아직 안 나왔어. 그래서 240번 중 60번을 뺀 180번의 비교가 가능해. 내가 이걸 지난해에 2000년 초~2019년 말까지의 결과(2000년 초~2014년 말까지 투자를 시작한 결과)를 가지고 비교해 봤는데 이렇게 나와.

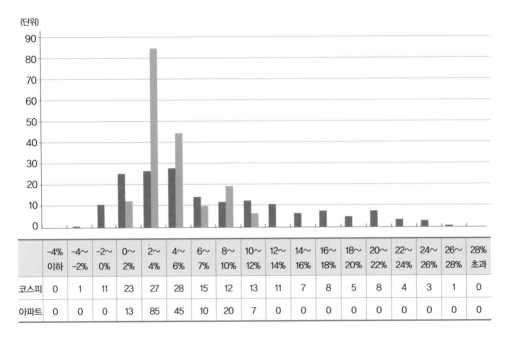

	-4% 이하	-4~ -2%	-2~ 0%	0~ 2%	2~ 4%	4~ 6%	6~ 7%	8~ 10%	10~ 12%	12~ 14%	14~ 16%	16~ 18%	18~ 20%	20~ 22%	22~ 24%	24~ 26%	26~ 28%	28% 초과
코스피	0	1	11	23	27	28	15	12	13	11	7	8	5	8	4	3	1	0
아파트	0	0	0	13	85	45	10	20	7	0	0	0	0	0	0	0	0	0

■ 코스피　　■ 아파트

	5년 수익률		연 환산 수익률(CAGR)				승리횟수
	평균값	중간값	평균값	중간값	최댓값	최솟값	
코스피	52.57%	32.11%	7.89%	5.73%	26.45%	-2.28%	133회
아파트가격	25.01%	18.39%	4.44%	3.43%	10.30%	1.68%	47회

코스피 연 환산 수익률(CAGR)을 보면 평균값이 7.89%가 나오고, 중간값은 5.73%가 나와. 둘 중에 평균값은 지난번에 말한 것처럼 왜곡될 수 있어. 다들 연봉이 3,000만 원인데 한 명이 10억을 받으면 평균값이 확 올라가 버리듯이, 코스피가 맨날 마이너스 수익률이고 안 좋았는데, 단 한 번 수익률이 높게 나오면 평균값은 좋게 나와버릴 수 있거든. 그래서 중간값을 보는 게 좋아. 중간값이 5.73%라는 건, 지난 20년 동안 코스피에 180번 투자했을 때, 5년 수익률이 이것보다 높게 나온

게 90번, 낮게 나온 게 90번이라는 얘기지. 아파트는 이 중간값이 3.43%야. 그래서 코스피가 더 높게 나오지.

 그러네.

 둘이 180번 붙어봤잖아? 그중에 133번은 코스피가 이기고, 47번은 아파트가 이겼어. 4번 중에 3번은 코스피가 더 좋았다는 얘기지. 물론 코스닥은 빼고 하는 얘기지만, 코스피랑 아파트를 비교해 보면 지난 20년을 봤을 때, 5년 보유 수익률(가격 상승률)은 코스피가 더 좋아.

하지만 이겨도 이긴 게 아니다

 그런데 막상 우리 주변을 보면 아파트로 부자 된 사람이 많나, 주식으로 부자 된 사람이 많나?

 나는 일단 내 주변에, 엄마 친구들이나 나이 드신 분들 얘기를 많이 듣다 보니까, 주식보다는 아파트 얘기를 많이 들은 것 같아. 누구 엄마가 어디 아파트 샀는데, 집값이 엄청 올랐다더라. 이런 얘기를 많이 들었지. 내 주변에는 주식 하는 사람들이 많지 않았기 때문에, 아파트가 되게 매력 있어 보였어. 그래서 우리도 무리를 해서 샀어야 했나 생각을 많이 했지.

 당신 주변에만 그런 게 아니라, 내 주변에도 부동산으로 부자 된 사람이 많아.

그렇지? 부동산으로 부자 된 사람이 더 많이 보여.

 그런데 이게 왜 그러냐면, 주식이 상승률이 높더라도 그걸 못 가져가. 이게 5년 보유 수익률이란 말이야.

 아…… 단타 때문에?

 맞아. 아파트는 사면 몇 년씩 들고 있잖아.

 그치, 그치, 그치. 깔고 있지.

 아파트를 사서 다음 달에 바로 팔고 이러지는 않잖아. 그런데 주식은 5년 들고 있는 사람이 별로 없어. 이걸 한번 봐봐. 이게 뭐냐면, 저 180번을 비교한 20년의 기간 동안 보유기간에 따라 코스피지수가 상승할 확률과 하락할 확률이야.

● **보유기간에 따른 코스피지수 상승&하락 확률**

	1일	1달	3달	6달	1년	3년	5년
상승	53.21%	56.07%	60.76%	56.84%	64.04%	80.39%	93.33%
하락	46.79%	43.93%	39.24%	43.16%	35.96%	19.61%	6.67%

주식(코스피지수)을 사서 하루 있다가 팔면, 오를 확률이 53%고 떨어질 확률은 47%야. 거의 뭐 반반이지. 주식을 샀다 한 달 뒤에 팔아도 56 대 44. 석 달 뒤에 팔면 오를 확률이 조금 높아져서 60% 정도 돼. 6개월 들고 있으면 확률이 다시 57대 43으로 떨어져. 1년 정도 들고 있잖아? 올라갈 확률이 2배 정도 높아.

어, 그러네?

 그리고 주식을 3년 뒤에 팔면 오를 확률은 80%야.

 웬만하면 오르네?

 5년 있다 팔면 90% 넘게 올라. 물론 이게 개별 주식이 아니고 코스피지수야. 개별 주식이 아니라 지수를 살 수도 있거든. 어쨌든 지수를 사서 5년 기다리면 올라갈 확률이 90% 이상이야.
지난 20년 동안 우리나라 주식시장이 제일 안 좋았을 때가 언제인지 알아?

 하락했을 때? 글쎄?

 2008년이야. 그때 금융위기라는 게 있었어. 미국에서 서브프라임 모기지론이라는 게 터져가지고, 전 세계가 난리가 났지. 그때 주가가 반토막 났거든. 2,000포인트 갔던 코스피지수가 900까지 떨어졌어.

 허, 난리 났겠네.

 나도 이때 투자하고 있었지.

 망했나?

 어, 이때 망해서 한동안 주식 안 했잖아. (웃음) 그리고 나서 당신 만나 연애했지.

1년 사이에 반토막 났으니까 엄청 떨어진 거거든. 이게 1년 내내 계속 떨어졌어. 2020년에도 코로나 유행으로 주가가 많이 떨어지긴 했는데, 그래도 이때는 2~3달 확 떨어진 다음에 금방 다시 올라왔거든. 그래서 2020년에 주식시장 들어온 사람들이 겁이 없어.

그런데 2008년 저 때를 봐봐. 1년 동안 계속해서 자기 계좌가 쪼그라드는 거지. 그걸 1년 동안 지켜보고 있으면 정말 사람 돌아버려. 저 때가 최근 20년 중에는 최악이었지.

그런데 심지어 최악이었던 저 때도, 5년 투자한 사람들은 손해가 아니었어. 2008년에서 5년 전인 2003년하고 비교해 봐. 그래도 오른 거야.

그래서 5년 정도 투자하면 수익 날 확률이 무척 높은 거지. 그런데 우리나라 사람들이 주식을 얼마나 오래 들고 있는지 볼 수 있는 지표로 '회전율'이라는 게 있거든? 회전율은 사람들이 얼마나 주식을 빨리빨리 사고파는지를 보여주는 거야. 음식점에도 테이블 회전율이라는 게 있잖아. 회전율이 높다는 건 그만큼 손님이 빨리 바뀐다는 얘기지. 주식도 마찬가지로 회전율이 높다는 건 샀다가 빨리 팔고 나간다는 거야.

우리나라가 특히 이 주식회전율이 높아. 이 회전율을 가지고 보유기간도 계산해볼 수 있거든. 얼마나 오랫동안 주식을 들고 있는지 볼 수 있어. 코스피랑 코스닥 회전율하고 보유기간이 이렇게 나와.

● **코스피와 코스닥의 회전율과 보유기간**

상장주식 회전율(%)		평균 보유기간(월)	
코스피	코스닥	코스피	코스닥
246.51	579.09	5.04	2.13

표를 보면 코스피는 평균 보유기간이 5달이고, 코스닥은 2달이야. 앞에서 보여줬던 보유기간에 따른 코스피지수 확률표를 다시 볼까?

● **보유기간에 따른 코스피지수 상승&하락 확률**

	1일	1달	3달	6달	1년	3년	5년
상승	53.21%	56.07%	60.76%	56.84%	64.04%	80.39%	93.33%
하락	46.79%	43.93%	39.24%	43.16%	35.96%	19.61%	6.67%

5달이면 상승확률이 약 50% 정도라고 볼 수 있는데, 다들 확률이 반반인 곳에서 놀고 있는 거지. 확률이 80% 넘는 곳(3~5년)에서 놀아야 하지 않겠어? 그래서 단타하지 말고 장기투자하라는 거야. 물론 장기투자한다고 무조건 돈을 버는 건 아냐. 이건 나중에 내가 다시 한 번 수학적으로 얘기할 거야. 어쨌든 보유기간이 짧다 보니까 주식으로 부자 된 사람이 별로 없는 거지.

그래서 일단 한 가지 정리하자면, 주식투자에서 수익 낼 확률이 생각보다 나쁘지 않다, 뭐하면?

 장기투자하면!

 나는 보통 주식투자하면, 내가 투자하는 방법이 여러 가지 있지만, 그중에 메인으로 들고 가는 종목은 보통 5년 생각하고 투자해. 5년 안에 2배 정도 가면 괜찮다고 보고 투자하는 거지. 그런데 우리는 주식 사놓고 매일매일 보고 있잖아.

 그렇지.

그것 때문에 망하는지 모르고 말이야. 그런데 장기로 투자해야 된다는 얘기를 듣고, 배워서 알더라도 실제로 그렇게 투자하는 게 힘들어. 왜냐면 그때까지 기다리는 게 너무 괴롭거든.

사람들이 어디에 투자하는 게 좋겠냐고 물어보는 건 결국 뭐가 많이 오를지를 물어보는 거야. 결국 답은 수익률인데, 수익률로만 보면 주식이 나쁘지 않아. 그런데 투자를 할 때는 수익률만 따져서는 안 돼.

수익률이 높으면 좋은 거 아냐?

수익률만 쫓다 놓치게 되는 중요한 한 가지

 일단 투자가 뭔지부터 확인해 보자고. 투자가 뭘까?

 글쎄…… 뭔가 사서 기다린 다음에 팔아서 돈 버는 거?

 자, 일단 사전에 나온 정의를 한번 보자. 이게 사전에 적힌 투자의 정의야.

이익을 얻기 위하여 어떤 일이나 사업에 자본을 대거나 시간이나 정성을 쏟음

저걸 잘 보면, 이익을 얻기 위해서 쏟아붓는 게 자본도 있지만, 시간이나 정성도 있어. 그러면 우리가 지금 공부하는 것도 투자야. 나중에 주식투자로 돈을 벌려고 지금 시간과 정성을 쏟아붓고 있잖아. 학생이 학교 다니면서 공부하는 것도 마찬가지로 좋은 직장 들어가서 돈을 벌기 위해 시간하고 정성을 쏟는 투자고. 이걸 가만히 들여다보면 투자를 위해서 쏟아붓게 되는 건 돈뿐만 아니라, 시간과 정성도 있어. 우리가 물건 살 때 가성비를 따지잖아?

 그렇지.

 물건을 살 때 무조건 좋은 것, 성능만 보고 사는 게 아니라 가격 대비 성능을 따져 보잖아. 마찬가지로 투자할 때도 가성비를 따져봐야 하는데, 어떤 게 더 수익률이 높은지 보는 건 자본에 대한 가성비만 따져보는 거야. 쏟아부은 자본 대비 얼마의 이익을 냈는지만 계산하는 거지. 그런데 시간이나 정성 대비 이익이 얼마인지도

따져봐야 돼.

예를 들어 A라는 방법으로 투자했을 때 수익률이 10% 나오고, B라는 방법으로 투자했을 때도 수익률이 10%가 나와. 그런데 A는 일주일에 1시간만 신경쓰면 되는 방법이고, B는 매일 8시간씩 컴퓨터 앞에 앉아서 끙끙대야 돼. 하루 종일 다른 건 못 해. 둘 중에 어떤 투자가 더 좋겠어?

 A!

 그렇지. 당연히 A가 더 좋겠지. 이렇게 시간이나 정성 대비 수익도 따져봐야 된다고. 그리고 하나 놓치지 말아야 할 게, '마음고생'이야.

 큭큭, 마음고생?

투자를 할 때는 마음고생이 뒤따르는데, 어떤 방법을 선택하느냐에 따라 마음고생이 달라져. 사람들이 주식투자로 제대로 성과를 못 내는 건, 이 마음고생을 못 견디기 때문이야. 장기간 투자하면 수익이 난다는 걸 알아도, 그 기간 동안 마음고생이 심하거든. 부동산에 투자한 사람들은 크게 마음고생 안 해. 아파트 사놓고 잠 못 자는 사람들은 별로 없잖아. 매일매일 가격 쳐다보면서 팔아야 하나 말아야 하나 머리 싸매지도 않고.

 잘 안 떨어지니까.

 떨어진다 해도 뭐 1~20%니까. 주식처럼 하루에 30%씩 떨어지고, 며칠 만에 반토막 나고 이러지는 않거든.

 그렇지, 그렇지.

 주식은 5년 기다리면 수익이 나긴 하는데, 그 사이에 오르락 내리락 난리가 난단 말이야. 그것 때문에 마음고생을 심하게 하게 되는데, 그렇게 마음고생을 심하게 하고 나서 수익률 1% 더 나오면…… 나 같으면 안 할 것 같아.

 나 같아도 안 해!

 수익률이 한 5배 정도 나온다, 그러면 마음고생이 되더라도 참겠는데 수익률 차이가 겨우 1~2%야. 그걸 위해서 마음고생을 2~3배 해야 되면, 과연 그게 좋은 투자일까? 그래서 뭘 따져봐야 되냐면, 수익률을 봤을 때 주식이 좋더라도 거기에 쏟아야 하는 시간이나 정성, 마음고생이 많다면 다른 선택을 할 수 있거든.

그런데 그걸 어떻게 계산해?

그렇지. 수익률은 %(퍼센트)로 5%, 7% 이렇게 계산해서 비교가 되는데, 마음고생은…… 그 기간에 살 빠진 걸로 계산할 수도 없고.

그러니까.

그래서 그걸 배울 거야. 물론 느낌은 있지. 금방 얘기한 대로 부동산보다는 주식이 더 마음고생이 심할 것 같고. 그런데 금(Gold)은 마음고생이 어떨까?

안 심할 것 같아.

그래서 그걸 수치화해 보자고. 정말 당신 생각대로 금은 마음고생이 없는 자산인지, 비트코인에 투자하면 주식보다 마음고생이 심한지, 덜한지 이걸 숫자로 나타내서 비교해 볼 수 있다면 좋겠지. 오늘은 여기까지 하고, 다음번에 마음고생을 어떻게 따져볼지 배워봅시다.

걱정보다는 훨씬 재미있고, 이해가 쉽네

오늘 남편의 수업을 듣기 전까지, 주식에 비해 부동산이 훨씬 안정적이고 수익률도 높을 것이라고 생각했다. 어른들의 얘기를 들어보면 대부분 부동산으로 돈을 많이 벌었고, 지금도 주변에서는 아파트값이 많이 올랐다고 뿌듯해하는 사람이 많다 보니, 부동산으로 돈을 번 사람들이 부러웠다. 나 역시도 큰돈이 있다면 부동산에 투자하고 싶은데, 당장 목돈이 없으니 쳐다만 볼 뿐이다. 끝없이 오르는 아파트값을 보면서, 점점 더 접근하기 어려워진다는 생각에 마음이 씁쓸해지곤 했다. 사실, 남편과 가끔 주식이나 부동산에 대한 이야기를 나누면 속으로 '그래도 결국 부동산이 답인 것 같은데…… 남편은 주식 분야에 전문가다 보니 아무래도 주식이 좋다고 얘기하는 게 아닐까' 하는 생각도 했다.

여태까지 나만의 기준을 가지고, 데이터에 근거해서 제대로 판단할 생각은 해보지 못했다. 그저 언론이나 주변에서 하는 "이제는 주식에 투자해야 돈을 번다더라" 혹은 "집값은 오르면 올랐지, 떨어지지 않기 때문에 무조건 돈 생기면 부동산에 묻어둬야 한다"라는 얘기만 듣고 그때그때 휘둘리며 불안해했다. 되돌아보면 참 어리석었다는 생각이 든다. 이제부터라도 정확한 데이터를 제대로 해석하고, 일부분의 사례가 아닌 전체를 보며 객관적인 판단을 내릴 수 있어야겠다. 물론 그러려면 좀 더 많은 공부를 통해 현명해져야겠다. 그런데 나뿐만 아니라 많은 사람들이 비슷하지 않을까? 자료나 데이터는 살펴보려 하지 않고, 그저 누군가 좋다고 얘기하니까, 아무런 기준도 없이 남이 일러준 대로만 투자를 하고 있는 건 아닐까?

'코스피'나 '코스닥'이라는 용어를 들어보기는 했지만, 직접 투자를 하지 않았기 때문에 막연히 비슷한 거 아닌가라는 생각만 했다. 이름도 거의 비슷해서 헷갈리는 수준이니, 어떤 차이가 있는지 알지도 못하고, 남들이 얘기하거나 뉴스에 나오면 끄덕거리기만 했다. 남편이 해준 '코스피는 백화점이고 코스닥은 동네 마트랑 비슷하다'는 설명을 듣고 나니 그제서야 차이가 느껴진다. 뭐, 일단은 그 정도만 알고 있어도 괜찮겠지? 필요하다면 더 자세한 설명도 해주겠지? 주식을 처음 배워가는 입장에서, 처음부터 하나하나 세세히 알아보고 머릿속에 우겨넣으려 하면, 정말 어렵고 재미없어서 조만간 포기할지도 모르겠다.

투자를 할 때도 가성비를 따져보아야 한다는 것, 이익을 얻기 위해서는 돈뿐만이 아니라 시간과 마음고생도 필요하다는 것을 알게 됐다. '마음고생'이라는 단어가 왠지 모르게 짠하고 안타깝고 두렵다. 주식투자를 하려는 내 머리와 마음속에 계속해서 그 단어가 다가와 부딪힌다. 내가 주식투자를 시작하게 되면, 어느 정도의 마음고생을 받아들이고 견뎌낼 수 있을까? 수익률이 다시 회복될 거라는 믿음을 가지고 마음고생을 이겨낼 수 있을지, 앞으로 남은 수업을 들으면서 내 마음을 잘 들여다보며 기준을 세워야겠다. 투자를 하기 위해 알아야 할 것, 생각해 봐야 할 것들이 참 많구나.

오늘 수업은 생각했던 것보다 훨씬 재미있었다. 이제야 시작이기는 하지만, 잘 몰랐던 영역이나 지식에 대해 두려움과 거부감이 생겨나진 않을까 걱정했는데, 조금씩 알아가는 과정이 재미있고 뿌듯하다. 내 눈높이에 맞춰서 쉽게 설명해 줘서 그런가? 남편이 '명강사', '스타강사' 소리를 듣는 이유를 조금은 알 것 같다. 갈수록 수업 내용이 어려워지겠지만, 포기하지 않고 잘 배워나갈 수 있기를 바란다. 다음 수업이 기다려지는 게 신기하다.

사례와 통계를 구분하는 습관이 필요하다

'통계'보다는 '이야기'가 쉽다. 사례를 바탕으로 한 스토리텔링은 이해도 쉽고 기억에도 오래 남는다. 이 때문에 스토리텔링은 훌륭한 마케팅 수단일 뿐만 아니라, 효과적인 강의 기법이 된다. 하지만 대부분의 미신이나, 잘못 알려진 상식 역시 스토리텔링을 바탕으로 한다.

고백하건대 나는 꽤 경험 많은 스토리텔러다. 여의도에서 '스타강사' 소리를 듣게 된 이유도 바로 적재적소에 이해하기 쉬운 사례들을 찾아 활용한 덕분이다. 애초에 강의를 기획하는 담당자들이, 회계는 어려운 주제이기 때문에 다양한 사례를 통해서 이해하기 쉽게 구성해 달라고 부탁한다. 15년 넘는 강의 경험에 비추어볼 때, 내가 하려는 주장의 99%는 사례를 찾아 설명할 수 있다. 주식이 부동산보다 나은 사례도 얼마든지 찾아낼 수 있고, 반대로 부동산이 더 좋았던 사례도 얼마든지 찾아낼 수 있다. 완전히 반대되는 두 가지 주장에 대해 근거가 되는 사례를 얼마든지 제시할 수 있다. 이 때문에 나는 다른 사람이 제시하는 사례를 의식적으로 구분해서 받아들인다. 사례는 어떤 현상을 이해하는 도구가 되지만, 그 주장을 받아들이는 근거가 되지는 못한다. 사례가 주장을 받아들이기 위한 필요조건은 되지만, 충분조건은 되지 못한다는 얘기다.

누군가 재무제표를 보고 투자해서 큰돈을 번 사례가 있다고 하자. 어떤 회사의 재무제표에서 어떤 계정과목을 보고 투자했는지 듣게 되면, 의사결정 과정을 쉽게 이해할 수 있다. 예를 들어 A라는 회사의 재무제표에 현금이 100억이나 있고, 부동산은 400억이나 되는데 시가총액은 300억밖에 되지 않으니 너무 저평가되어 있다고 판단해서 샀다가 1년 뒤 주가가 2배나 올라서 팔았다는 얘기가 있다고 해보자. 이 사례를 통해 '재무제표를 보며 자산가치보다 저평가된 기업에 투자하는 방법'을 쉽게 이해할 수 있다. 사례의 역할은 거기까지다. 과정과 방법에 대한 이해를 돕는 데만 활용해야 한다. 하지만 사람들은 여기서 한 단계 더 나아가는 실수를 한다(그렇게 하도록 스토리텔러가 유도하는 경우도 많다). 바로 현금과 부동산 보유액이 시가총액보다 많은 회사를 찾아내서 투자하는 실수다.

아마 '배웠으면 활용을 해야지'라고 생각하는 사람들도 많을 것이다. 실제로 배운 걸 행동으로 옮겨보는 건 정말 좋은 습관이다. 하지만 우리가 배운 건 사례지 통계가 아니다. 사례가 있다는 건 그런 식의 투자가 통한 경우가 있었다는 하나의 케이스일 뿐, 그 방식으로 돈을 벌 수 있다는 충분한 증거가 되지는 못한다. 그 방법이 주식투자에 적합하다는 주장을 하기 위해서는 통계적인 근거가 필요하다. 예를 들어 매년 재무제표가 공시되는 시점을 기준으로 '현금+부동산 > 시가총액'이라는 조건을 만족하는 모든 회사에 투자했을 경우 수익률이 얼마나 되는지를 확인해 봐야 한다. 조건을 만족하는 회사가 여러 기간에 걸쳐 충분히 존재하고, 실제 해당 기업들의 주가 상승률이 시장수익률을 초과한다는 통계적인 확인을 거쳤을 때 비로소 그 투자방법을 받아들일 수 있게 된다(물론, 이해를 돕기 위해 간단히 설명했을 뿐 실제 투자에서는 이조차도 충분한 조건이 되지 못한다).

언론에서 대중에게 주식투자를 권하는 사람들의 얘기를 들어보면, 사례에 그치는 경우가 많다. '어떻게 부자가 됐느냐'는 질문에, 과거 특정시점에 특정종목을 얼마에 사서 얼마에 팔아 부자가 됐는지 얘기한다. 언론이나 방송이, 또 그걸 보고 듣는 시청자가 그런 사례에 관심을 갖기 때문에 그런 얘기들이 많이 알려진다. 하지만 보다 중요한 건 그런 사례들을 통해 일반화시킬 수 있는 투자의 원칙을 발견해 내는 것이다. 그 원칙을 적용하여 투자를 실행했을 때 시장을 이겨내는 성과를 얻는다는 점을 통계적으로 검증할 수 있는지 확인해 봐야 한다.

투자에 성공하기 위해서는 자신만의 원칙을 세우고 이를 검증하는 과정이 필요하다. 그러한 과정의 시작은 우선 남의 얘기를 검증해 보는 것이다. 누군가의 투자 사례를 접하면, 그걸 검증해 보는 연습이 필요하다. 아내에게 주식과 부동산 중 어떤 것이 더 좋은지, 내가 추천하는 것이 무엇인지 쉽게 결론을 제시할 수도 있었다. 하지만 그렇게 하지 않고, 언론이나 유명인사의 주장을 먼저 확인한 다음, 그걸 따로 검증해 본 이유가 바로 이 때문이다. 다른 이의 주장을 검증해 보는 습관이 들기를 바랐던 것이다.

과거와 지금의 수익률을 비교해 보자

Q 평소 관심 있었던 부동산의 10년 전 가격과 지금의 가격을 찾아서 적어보세요.

부동산명	10년 전 가격	현재 가격

Q 평소 관심 있었던 주식 종목의 10년 전 가격과 지금의 가격을 찾아서 적어보세요.

종목명	10년 전 주가	현재 주가

2 일 차

투자의
가성비를 따져보자

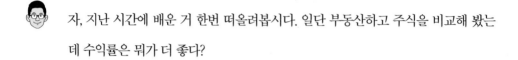

가격의 변동성은 왜 위험이 될까?

자, 지난 시간에 배운 거 한번 떠올려봅시다. 일단 부동산하고 주식을 비교해 봤는데 수익률은 뭐가 더 좋다?

주식!

그래. 어떻게 비교하느냐에 따라 다 달라질 수 있다고 했지. 기간을 어떻게 잡느냐, 시작과 끝을 언제로 하느냐에 따라 다 달라질 수 있는데, 지난 20년의 기간 동안 5년 보유 수익률을 비교해 보면 주식이 더 좋게 나왔어. 그런데 그것만 봐서는 안 된다고 했지?

응, 가성비를 따져봐야 한다고.

투자의 가성비를 따져봐야 하는데, 전통적으로 가성비를 따져보는 방법은 위험대비수익을 따져보는 거야. 같은 수익이라면 적은 위험을 부담하는 게 더 좋다는 거지. 그리고 이 위험을 '변동성'으로 측정해. 예를 들어 주식은 수익률이 10%가 나오고, 부동산은 8%가 나오는데, 주식의 변동성은 30%고 부동산의 변동성은 5%라면 위험대비수익은 부동산이 더 낫다는 거지.

$$\frac{주식}{10\%} < \frac{부동산}{8\%}$$
$$\frac{10\%}{30\%} < \frac{8\%}{5\%}$$

실제로 이런 데이터들도 있어. 아래 표는 뉴스에 첨부된 자료인데, 위험대비수익률을 보여줘.

● 기업의 위험대비수익률 예시

기업명	표준편차	수익률	위험대비수익률
현대엘리베이터	4.0%	36.1%	9.0
두산인프라코어	3.5%	-5.3%	-1.5
현대건설기계	2.8%	4.5%	1.6
LIG넥스원	2.8%	1.8%	0.6
한온시스템	1.8%	-6.9%	-3.8
코스피지수	1.0%	1.9%	1.9

표를 보면 현대엘리베이터라는 종목이 수익은 36%가 났지만, 위험(표준편차)은 4%야. 그래서 위험대비수익률은 36%÷4%=9.0이 나오는 거지. 그런데 현대건설기계는 수익률이 4.5%인데 위험은 2.8%라서 위험대비수익률은 1.6이야. 이렇게 따져서 비교해 보니 현대엘리베이터가 낫다는 거지. 그런데 왜 변동성(표준편차)이 위험일까?

 응? 글쎄…….

 변동성이라는 건, 오르기도 많이 오르고 떨어지기도 많이 떨어져서 크게 왔다 갔다 한다는 거거든? 왜 이게 위험이 되는지를 보자고.

A, B, C 세 가지 종류의 가위바위보 게임이 있다고 가정할게. 이기면 돈을 받고, 지면 돈을 잃는 게임인데, 잃고 얻는 금액이 달라. A게임은 이겼을 때 자기가 건 돈(베팅액)의 20%를 받고, 지면 10%를 잃어. 예를 들면, 10,000원을 걸고 이기면

2,000원을 받고, 지면 1,000원을 줘야 돼. B게임은 이기면 30%, 지면 20%로 이기면 3,000원 받고, 지면 2,000원 잃어. C게임은 40%, 30%로 이기면 4,000원, 지면 3,000원. 어쨌거나 세 게임이 모두 참가자한테 유리하지. 이겼을 때 1,000원씩 더 받으니까.

 그러네.

 가위바위보에서 이길 확률은 반반, 50%라고 할게. 이때 A, B, C 모두 한 번은 이기고, 한 번은 지면…….

 1,000원씩 남겠지.

 한 번 이기고, 한 번 지는 거니까 결국 2게임에 1,000원씩 남는 거지. 게임 2번에 10%를 버는 거니까 결국 한 게임에 5%씩 남기는 거야. 결국 A, B, C 모두 평균은 5%로 같아. 가위바위보에 이기고 지는 확률이 모두 50%라는 걸 어려운 말로 기댓값이 모두 (+)5%가 된다고 해. 그러니 세 게임 중에 뭘 해도 결과가 차이가 없고, 같을 거라고 생각하게 돼. 그런데 실제로 해 보면 결과가 다 달라.

● A, B, C 가위바위보 게임 예상 승률

구분	A게임	B게임	C게임
이겼을 때	(+)20%	(+)30%	(+)40%
졌을 때	(-)10%	(-)20%	(-)30%
평균	(+)5%	(+)5%	(+)5%

왜?

 10,000원을 가지고 한 번 이기고, 한 번 진다고 생각해 볼게. A게임을 보자고. 10,000원을 걸어서 이기면 20%가 늘어나니까 12,000원이 돼. 그다음에 지게 되면 10%를 잃는데, 이 때 1,000원이 아니라 1,200원을 잃게 되지.

주식에 투자한다고 생각해 봐. 삼성전자를 10,000원 주고 샀는데 20% 올라서 12,000원에 팔았어. 그런 다음 그 돈을 LG전자에 투자하면, 10,000원이 아니라 12,000원을 투자하게 되지. 그렇게 산 LG전자가 10% 떨어지면 1,200원을 잃어서 10,800원이 되는 거야. 결국 A게임은 게임을 이기고 지고 두 번 하고 나니 10,000원이 10,800원이 돼서 8% 수익이 나.

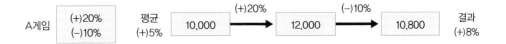

이기고 지는 순서는 바뀌어도 상관없어. 첫째 판을 지고, 둘째 판을 이겨도 결과는 10,800원이야. 10,000원이 10% 하락하면 9,000원이 됐다가, 거기서 20%가 오르면 10,800원이 되니까.

그런데 B게임은 첫 판에서 30%가 올라서 13,000원이 돼. 둘째 판에서 지면 20%가 줄어드는데 2,600원이 줄어들어 결국엔 10,400원이 되고. 그래서 이건 결과를 보면 4%가 오르지.

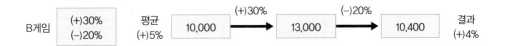

C게임은 어떻게 되냐면, 40%가 올라 14,000원이 된 다음에, 30%가 떨어지면 4,200원이 줄어서 9,800원이 돼버려. 오히려 2% 손해가 나!

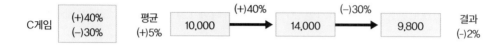

| C게임 | (+)40% (-)30% | 평균 (+)5% | 10,000 | (+)40% | 14,000 | (-)30% | 9,800 | 결과 (-)2% |

 어! 그러네? 40% 오르고 30% 떨어지면 10% 이익일 줄 알았더니 2% 손해네?

 처음에 봤을 때는 분명 셋 다 이겼을 때랑 졌을 때 평균이 (+)5%로 같다고 생각했는데 막상 게임을 해 보면 결과가 다 다르게 나와. 심지어 C게임은 이길 때 40%를 얻고, 질 때 30%를 잃으니까 유리할 것 같은데 막상 해 보면 마이너스로 손해가 나.

 다 다르구나.

 예전에 이걸 가지고 한 교수가 장난친 적 있어. 학생들한테 이기면 40% 따고, 지면 30% 잃는 게임인데 하겠냐고 했어. 이길 때 10% 더 주니까 자기들이 이익이라고 생각해서 전부 달려들었지. 그래서 학생들 돈 몽땅 뺏어버린 적이 있어.

 크크크.

 그러니까 왜 변동성이 위험이 되냐면, 세 게임 모두 평균은 5%로 같은데, 변동성은 다르잖아. A보다 B가 변동성이 크고, B보다는 C가 변동성이 커. A는 이겼을 때와 졌을 때 (+)20%와 (-)10%로 30%밖에 차이가 안 나는데 C는 (+)40%랑 (-)30%

로 70%나 차이가 나지. 이렇게 변동성이 크면 마지막에 얻게 되는 수익은 점점 나빠지는 거야.

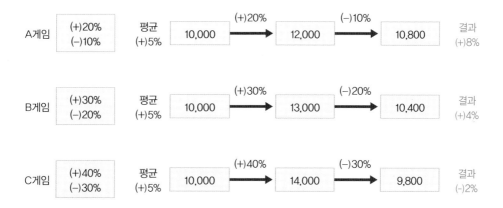

그러니까 변동성이 크면 위험하다, 수익률이 나빠질 수 있다고 얘기하는 거야. 이게 사실 저번에 말했던 산술평균하고 기하평균의 차이야.

 어어, 그런 것 같아. 나도 지금 그 생각하고 있었어.

 위의 도해에서 왼쪽에 평균이라고 나와 있는 건 산술평균이고, 오른쪽에 결과라고 나와 있는 것에 루트를 씌우면($\sqrt{1.08}-1 = 3.92\%$, $\sqrt{1.04}-1=1.98\%$, $\sqrt{0.98}-1=(-)1.00\%$) 그게 기하평균이 되는 거지. 산술평균(더하기 평균)은 이겼을 때와 졌을 때의 결과를 더해서 둘로 나누니 5%로 같고, 기하평균(곱하기 평균)은 이겼을 때와 졌을 때의 결과를 곱해서 루트를 씌워 나누니 모두 달라지는 거야.

복잡하고 어려운 기하평균을 알려줬던 이유가, 주식투자를 하면 보통 산술평균이 아니라 기하평균 결과를 얻거든. 한 종목 투자해서 40% 이익 난 다음에, 두 번째 종목에서 30%만 손실 나도 결과가 (+)5%가 아닌 (-)2%가 돼. 게임에서 얻는 결과들이 더해지는 게 아니라, 곱해지는 거야.

그래서 결국 변동성이 크면 '아, 이건 위험하다. 똑같이 평균이 5%라도 변동성이 크면 결국에 수익률이 나빠지더라'라고 얘기하는 거야.

 응. 알겠다.

 자, 그런데…… 한 가지 문제가 있어. 변동성이 크면 위험하다는 건 알겠는데, 변동성을 어떻게 표시하냐면, 표준편차라는 걸로 표시를 해. 앞에서 봤던 것도 위험대비수익률을 계산하는데 수익률을 표준편차로 나눴다고. 표준편차가 4.0%다, 2.8%다 얘기하는 거지.

우리가 펀드를 고를 때도 앞에서 본 위험대비수익률 자료를 볼 수 있어. 펀드도 수없이 종류가 많으니까, 어떤 펀드를 골라야 할지 모를 때 이걸 비교해 주는 사이트들이 있어. 들어가서 보면 자료가 이렇게 나와. 펀드 과거수익률이 어땠나 보여주면서 '최근 3개월 동안 14% 올랐고, 6개월 동안 28%, 1년 동안 67% 올랐습니다. 그리고 이 펀드의 위험 수준은 이 정도입니다'라고 보여줘.

과거 수익률은 어땠나요?　　　　　　　　　　　　　펀드 설정일　2016.08.31

▶ 기간수익률　수익률 계산기　　　　　　　　　　　기준일 : 2021.03.17

구분	1개월	3개월	6개월	1년	2년	3년	5년	설정후
수익률	-2.93%	14.43%	28.23%	66.71%	23.28% (연11.03%)	12.46% (연4.00%)	-	34.40%

이 펀드의 위험 및 성과수준은?

변동성 지표

기준일 : 2021.03.15 (최근 3년 기준)

표준편차 20.15%

20.15%

LOW HIGH

표준편차는 펀드의 변동성을 의미하며, 수익률이 평균에서 이탈하는 정도를 측정합니다. 표준편차가 작을수록 변동성이 작은 것을 의미하므로 안정적으로 투자할 수 있는 확률이 높다고 볼 수 있습니다.

이 펀드의 표준편차는 **20.15%**로 동일유형 내에서 타 펀드에 비해 **작은 변동성을 보였습니다.**

여기서 표준편차 20.15% 아래에 '다른 펀드에 비해서 작은 변동성을 보였습니다' 라는 문구가 적혀 있어. 그런데 문제가 뭐냐면, 표준편차가 20%라는 게 무슨 얘기냐는 거야. '표준편차가 20%다'라는 게 뭘까? 무슨 의미 같아?

글쎄…….

우리 학교 다닐 때 표준편차라는 걸 배우긴 했거든?

맞아. 수학시간에 배우기는 했지.

학교 다닐 때, 평균, 표준편차, 분산 이런 거 배우긴 했어. 그런데 배웠는데도 지금 모른다는 건, 다시 배워도 또 모를 거라는 얘기야.

크크크크,

그럴 확률이 높아. 왜 그러냐면 표준편차라는 게 우리에게 쉽게 와닿고 이해되는 개념이 아냐. 예를 들어 수익률이 30%일 때 표준편차가 20%라면 평균에서 20%까지 차이가 날 수 있다는 말인가? 그럼 최대 50%(30%+20%)도 될 수 있고, 10%(30%-

20%)도 될 수 있나? 아니면 30%를 기준으로 거기에 20%를 곱한 6%(= 30%×20%) 만큼 차이가 날 수 있다는 건가? 이런 뜻이라면 쉬울 텐데, 그렇지가 않거든. 표준편차 20%가 어떻게 나왔는지 계산할 수 있고, 표준편차가 크면 변동성이 크다는 것도 알겠는데, 20%라는 숫자가 어떤 의미인지 와닿지가 않아.

수익률이 20%라고 하면, '아, 10,000원 넣어서 2,000원 버는 거구나' 하고 딱 느낌이 오잖아. 그런데 표준편차가 20%라고 하면? 얼만큼 위험한 거지? 내 돈이 20% 만큼 날아갈 수 있다는 건가? 20%만큼 위험하다는 게 뭐지? 이게 와닿지가 않아. 그래서 나는 위험 측정하는 데 표준편차보다 다른 걸 더 좋아해. 원래 학교나 책에서는 위험을 변동성, 표준편차, 아니면 베타 뭐 이런 걸로 보여주거든? 그런데 어려워. 이해도 안 되고. 특히 투자를 처음 시작하는 사람들한테는 쉽게 와닿지가 않아. 오히려 내가 보기에 가장 좋은 지표는 이거야. 마음고생!

 마음고생?

투자할 때 겪는 마음고생을 가늠하는 지표

 예를 들어 둘이서 투자를 했는데 결과가 이렇게 나왔다고 할게. A와 B 둘 다 20% 수익이 났어. 둘 다 결과적으로는 20% 수익이 났는데, A는 투자하고 나서 꾸준히 계속 올라 20% 수익이 났어. B는 중간에 50%까지 빠졌다가 다시 올라와서 20%로 끝났단 말이야. 어떤 게 더 좋겠어?

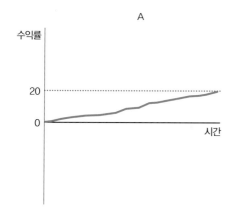

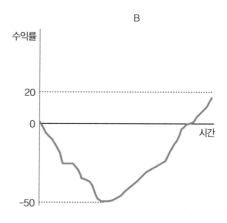

🙍‍♀️ A가 더 좋을 것 같아. B는…… 어후, 싫어. 중간에 50%나 손해 나면 마음고생 심했겠네.

🙍‍♂️ 그렇지. 결국 둘 다 똑같이 20% 수익이 났지만, A는 투자하면서 마음 편하게 지냈을 거고, B는 중간에 (-)50% 찍었을 때 어떤 맘이었을지 생각해 봐.

🙍‍♀️ 엄청 속상하지.

🙍‍♂️ 내가 주식을 왜 했을까 싶어진다고. 당신이 1억 들고 시작했는데 5,000만 원이 날아갔다고 생각해 봐.

🙍‍♀️ 끔찍해!

🙍‍♂️ 가만히 뒀으면 1억인데 괜히 주식 시작해서 5,000만 원 날렸잖아. 내가 직장생활 하면서 월급으로 5,000만 원 다시 모으려면? 다시 또 가기 싫은 회사를 몇 년 더 다녀야 되잖아. 주식 시작한 게 얼마나 후회되겠어. '왜 시작했을까, 다시는 안 해!'

하면서 마음고생이 심하다고.

 그러네.

 이번엔 다른 걸 봐볼게. C하고 D야. 아까와는 다르게 둘 다 20% 손해를 봤어.

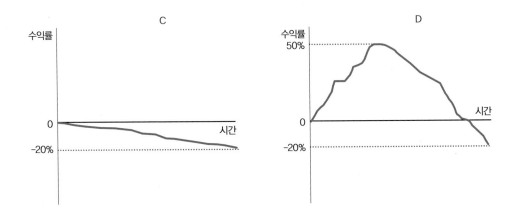

둘 다 20% 손해로 끝났는데, C는 그냥 쭉 빠져서 20% 손해를 봤고, D는 중간에 50%까지 올라갔었어. 50%까지 벌었다가 다 까먹고 (-)20%로 끝난 거야. 어떤 게 더 마음이 안 좋을 것 같아?

 50% 올라갔던 거!

 그치? C같은 경우에는 그냥 20% 손해 본 거야. 투자했다가 그냥 20% 손해 보고 끝났다고 생각해. 그런데 D는?

70% 손해!

 맞아. 20% 손해 봤다는 생각이 드는 게 아니라 꼭대기에서 팔았으면 50% 이익이 났을 텐데, 그때 안 팔아가지고 70% 손해가 났다고 생각한다고. 10,000원에 샀던 게 15,000원까지 갔으니까, 그때 내 재산은 15,000원이 된 거지. 그런데 그게 결국 8,000원으로 끝나면 15,000원에서 8,000원까지 7,000원 손해 봤다고 생각해. 2,000원 손해라고 생각 안 한단 말이야. 손실은 똑같이 (-)20%인데, D가 훨씬 마음고생이 심해.

그래서 사람들이 마음속으로 생각하는 손해는 꼭대기에서 바닥까지야. 15,000원 갔던 게 8,000원까지 떨어지면 이 7,000원을 자기 손해라고 생각해. 이게 크면 그만큼 마음고생이 심한데, 이걸 뭐라고 부르냐면 MDD라고 해.

 M.D.D?

 영어로는 Maximum Draw Down이라고 하는데, draw down은 '낙폭'. 떨어진 폭이 얼마인지를 나타내는 수치인데 앞에 Maximum이 붙으니까 '최대 낙폭'을 의미해. 최대한 얼마까지 떨어져 봤냐는 거지. 쉽게 말해서, 제일 꼭대기에서 제일 바닥까지가 얼마나 되냐는 건데 이게 크면 마음고생이 심하지.

만약 내가 투자를 했는데 그 기간 동안 MDD가 20%다? 그럼 중간에 한 번은 내가 가진 재산의 20%가 날아간 거야. MDD가 40%라면, 내 재산이 제일 많았을 때에 비해 40%까지 줄어든 적이 있다는 거지. 표준편차가 30%라고 하면 그게 어떤 의미인지 잘 와닿지 않는데, MDD가 30%라고 하면 '아, 중간에 한 번 최대 30%까지 손실이 날 수 있겠구나'라는 각오를 할 수 있게 되지. 1억 투자했다가 3,000만 원

까지도 날아갈 수 있겠구나 생각하면 쉬워. 정확히는 1억이 됐다가 30%까지 날아
간다는 개념이긴 한데…… 어쨌거나 MDD가 크면 중간에 마음고생이 심해. 그래
서 수익률이 같더라도 MDD가 크면 그건 별로 안 좋은 투자가 될 수 있어.

원래 MDD는 마이너스(-) 부호를 붙여 표시하지만, 언제나 마이너스가 붙기 때문에 이 책에서
는 편의상 마이너스를 붙이지 않고 얘기하고 있습니다. 마이너스 표시가 자꾸 등장하면 글을
읽는 데 오히려 방해가 되기 때문에 생략했으므로, MDD에 마이너스를 붙여 말하지 않더라도
이해해주시기 바랍니다.

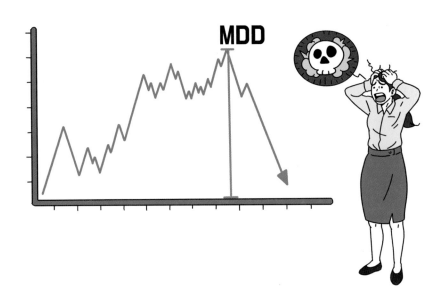

 자, 그럼 주식하고 부동산 MDD를 비교해 보자고. 지난번 봤을 때 주식하고 부동
산에 각각 5년 투자하면 수익률 어땠지?

주식이 조금 더 높았어.

 그랬지? 그런데 MDD는 어떠냐면, 결과가 이렇게 나와.

● **코스피지수와 아파트가격지수의 MDD 비교**

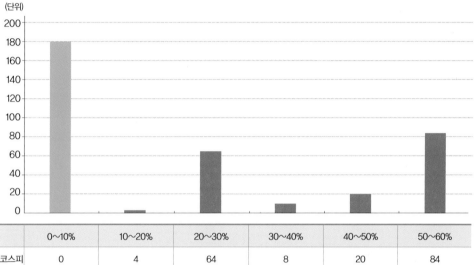

(단위)

	0~10%	10~20%	20~30%	30~40%	40~50%	50~60%
코스피	0	4	64	8	20	84
아파트	180	0	0	0	0	0

■ 코스피 ■ 아파트

MDD	평균값	중간값	최댓값	최솟값
코스피	40.78%	47.60%	54.54%	17.91%
아파트	1.91%	1.88%	2.65%	0.28%

 그때 우리 180번을 비교했지? 20년 동안 한 달에 한 번씩 240번 비교 가능한데, 5년 수익률을 보려면 60개월은 아직 결과가 안 나왔으니까 나머지 180번 비교가 가능하다고 했었어. 그 180번의 결과를 보면 아파트는 MDD가 모두 10% 미만이

야. 언제 투자했든지 단 한 번도 꼭대기에서 바닥까지 10% 이상 떨어진 적이 없다는 뜻이야. 즉, MDD 최댓값이 2.65%니까, 중간에 3% 이상 빠진 적이 없었다는 얘기지. 1억짜리 아파트가 300만 원도 떨어진 적이 없다고 생각하면 쉬워. 그래서 아파트는 '사면 안 떨어진다', '언제나 지금이 제일 싸다' 이런 얘기가 계속 나오는 거야.

 투자하기 편했겠네.

 그런데 주식은 어땠냐면, MDD가 최소한 약 18%(정확히는 17.91%)야.

 크네?

 언제 투자했느냐에 따라 다르지만, 중간에 최소한 18%는 빠지고 평균이 40%, 중간값이 47%야. 둘 중에 한 번은 MDD가 47%라는 얘기지. 쉽게 말해서 주식은 5년 정도 투자하면 중간에 한 번은 무조건 반토막이 난다고 생각하면 돼. 분포도 그래프를 보면 코스피 MDD가 가장 많이 위치하는 곳이 50~60% 구간이야. 180번 중에 84번은 MDD가 50%를 넘었어.

결국 코스피에 투자해서 5년을 기다리면 수익률이 6% 가까이 나와. 5년을 기다리면 되긴 하는데, 그 중간에 한 번은 반토막이 났다가 오른다는 거지. 그래서 주식 투자로 부자 됐다는 사람들 얘기 들어보면 대부분 중간에 한 번은 깡통차고 고생했다는 얘기가 나와.

평균하고 중간값을 정리해 보면 다음의 표와 같아. 수익률은 주식이 5.7%로 3.4%인 아파트보다 높게 나오는데 MDD를 보면 주식은 중간에 40%가 넘게 빠져. 아파트는 2%가 안 빠지지.

코스피지수와 아파트가격지수의 평균값과 중간값

	코스피지수		아파트가격지수	
	평균값	중간값	평균값	중간값
수익률(CAGR)	7.89%	5.73%	4.44%	3.43%
MDD	40.78%	47.60%	1.91%	1.88%

결국, 중간에 마음고생(MDD 47%)을 하고 5.7% 수익을 얻을 거냐, 아니면 마음고생 없이(MDD 2%) 3.4% 가져갈 거냐. 둘 중에 선택하는 거지.

 음…… 수익률만 높다고 주식에 투자할 게 아니네.

가격지수의 상승률만 비교해서는 안 된다

 심지어…… 저 수익률 잘못됐어.

 응? 왜?

 저게 지금 가격이 올랐냐, 떨어졌냐만 따진 거거든? 아파트를 내가 1억에 샀는데 1억 1,000만 원에 팔았다면 수익률이 10%가 돼. 그게 저기서 말하는 가격지수야.

 그게 맞는 거 아냐? 10% 수익 낮잖아?

그런데 아파트는 뭐가 있냐면…… 예를 들어 내가 5억짜리 아파트를 사서 다시 5억에 팔아.

 그럼, 본전이네?

 본전이 아냐! 10년 전에 아파트를 5억에 샀다가 10년 지나 다시 5억에 팔잖아? 그럼 그 10년의 기간 동안 내가 아파트에 공짜로 산 게 되잖아.

 잠깐만요

물론, 추가로 화폐의 시간가치나 기회비용도 생각해야 합니다. 5억을 안전하게 은행에 맡겼어도 이자만큼 불어났을 테니, 같은 가격에 팔면 이자만큼 손해입니다. 그렇더라도 이자보다는 임차비용이 더 큰 것이 일반적입니다.

 아……! 월세를 안 내고?

 맞아. 만약 그 아파트가 없었다면 다른 데서 살았어야 하잖아. 월세가 나가든, 전세 이자가 나가든지 했겠지. 그걸 아낀 거야.

 맞네. 그런데 사람들이 보통 그런 거 생각 안 하잖아.

 맞아. 그걸 놓치고 얘기를 해. 만약 내가 집이 두 채여서, 하나는 내가 살지 않고 월세를 내주면?

월세만큼 벌겠네.

 그렇지. 5억에 사서 5억에 팔았다고 하더라도, 그 10년 동안 월세를 한 달에 100만 원씩 받았다면 1년에 1,200만 원씩 번 거지. 10년이면 1억 2,000만 원을 번 거야. 그러니까 뭘 따져봐야 하냐면, 들고 있는 동안 내가 받는 돈도 저 계산에 넣어야 돼. 있어 보이는 말로 보유수익이라고 하거든. 이걸 포함해서 수익률을 따져 봐야 하는데 이와 유사하게 주식도 들고 있는 동안 받는 돈이 있어.

 배당금?

 그렇지. 배당을 받지. 저 코스피지수란 것도 알고 보면 주식 가격이 얼마나 올랐냐, 그것만 따지는 거야. 그 사이에 배당 받은 건 포함이 안 돼 있어. 그러니 지수상승률에다가 배당수익률을 더해줘야 진짜 우리가 얻을 수 있는 수익률이 돼. 그런데 배당수익률이 보통 어느 정도 나오냐면 이게 최근 10년 주식 배당수익률이거든?

● **2010~2019년 주식 배당수익률**(단위: %)

2010	2011	2012	2013	2014	2015	2016	2017	2018	2019	평균값	중간값
1.12	1.54	1.33	1.14	1.13	1.33	1.52	1.36	1.93	2.02	1.442	1.345

1% 초반이다가, 최근에는 2% 가까이 올라왔어. 평균은 1.4% 정도가 돼. 그러면 아파트는 받을 수 있는 월세수입이 아파트 가격의 몇 %나 될까?

 글쎄…… 3%?

이걸 어떻게 추정해 볼 수 있냐면, 다달이 발표되는 자료 중에 '매매가대비전세가'라는 데이터가 있어. 아파트 전세가격이 매매가격의 몇 % 정도나 되냐는 건데 만약 이게 70%면, 아파트 가격이 1억일 때, 전세는 7,000만 원 정도 한다는 거지. 그리고 '전월세전환율'이라는 것도 있어. 세 들어 살 때, 전세를 월세로 돌릴 수도 있는 것인데, 예전에 우리 사당에 살 때 집주인이 보증금 낮추는 대신 월세 올려달라 했잖아.

 맞아, 짜증 났어.

 그때 전세보증금 낮춰주는 대신 올려줘야 하는 월세 비율이 전월세전환율이야. 이게 만약 6%라면 전세보증금 1,000만 원 깎아주는 대신 월세를 1년에 60만 원(한 달에 5만 원) 올려주는 거지. 결국 이 매매가대비전세가랑 전월세전환율로 임대수익률을 추정할 수 있어. 매매가대비전세가가 70%라면, 1억짜리 아파트의 전세보증금이 7,000만 원이 되잖아? 거기에 전월세전환율이 6%라면? 전세보증금 7,000만 원을 깎아주는 대신 그 금액의 6%만큼을 월세로 받는 거지. 그래서 1년 동안 받는 월세가 7,000만 원×6%=420만 원이 돼. 결국 1억짜리 아파트에 1년간 월세를 420만 원 받게 되니까 임대수익률은 4.2%가 되지. 이렇게 매매가대비전세가(70%)와 전월세전환율(6%)을 곱하면 임대수익률(4.2%)이 돼. 이 자료가 2016년부터 발표됐는데 2019년 말까지 계산해 보면 중간값이 3.69%야.

● 매매가대비전세가와 전월세전환율로 추정하는 임대수익률

	2016년 1월	2016년 2월	~	2019년 10월	2019년 11월	2019년 12월	평균값	중간값
매매가대비전세가	74.1	74.4	~	70.5	70.5	70.2	73.5	74.2
전월세전환율	5.5	5.5	~	5	5	4.9	5.1	5
추정 임대수익률	4.09	4.08	~	3.51	3.51	3.47	3.73	3.69

결국 주식은 보유하고 있으면 배당수익으로 1.44%를 더 받고, 아파트는 월세수익으로 3.69%를 더 받지. 이걸 지수 상승률에 더해주면 보유손익률을 포함한 합계 수익률이 나와. 코스피는 7.08%고, 아파트는 7.12%야.

● 코스피지수와 아파트가격지수의 수익률 비교

	코스피지수		아파트가격지수	
	평균값	중간값	평균값	중간값
지수 상승률(CAGR)	7.89%	5.73%	4.44%	3.43%
보유손익률	1.44%	1.35%	3.73%	3.69%
합계수익률	9.33%	7.08%	8.17%	7.12%

 비슷하네?

 거의 똑같지. 결국 수익률은 별 차이가 없는데, 마음고생은?

 주식이 훨씬 심하네.

주식보다 부동산이 낫다! 하지만……

 결국 주식에 투자하면 수익률은 같은데, 마음고생은 훨씬 심하게 해야 돼. 그래서 누가 나한테 주식과 부동산 중 뭐가 낫냐고 물어보면, 나는 부동산이 더 낫다고 그래.

 음…… 그러네.

 이렇게 비교해 보면 분명 부동산이 더 낫잖아. 언론에서는 자꾸 저 지수상승률(주식 5.73% vs. 부동산 3.43%)만 비교해서 주식이 더 좋다, 장기보유하면 주식수익률이 더 높다고 얘기하는데, 내 기준에서는 아니야. 보유손익을 같이 고려해야 되고, 특히 마음고생 생각하면 부동산이 훨씬 좋아.

실제로 투자해 보면 저 MDD라는 게 정말 영향이 커. 만약에 1억을 투자했는데 중간에 50% 빠져서 5,000만 원이 되면 대부분은 투자를 안 하게 돼. 팔고 나가서 투자를 포기하게 된다고. 많은 사람들이 장기투자하라고 얘기하고, 그렇게 해야 한다고 생각은 하는데, 못 하게 되는 이유도 이것 때문이야. 1억 투자해서 5,000만 원 날렸는데, 거기다 대고 '아니야, 5년 채워서 기다려 봐. 결국에는 5% 수익 날 거야'라고 말해봐야 못 기다린다고. 그냥 털고 끝내버리지. 그래서 주식이 어려워.

정말로 당신이 가진 돈을 주식에 넣을까, 부동산에 투자할까, 둘 중에 하나를 선택해야 한다고 하면…….

 부동산?

 어, 부동산이야.

그럼, 주식 공부할 필요 없네? 그냥 부동산 투자하고, 수업 여기서 끝이야?

 크크크. 아냐. 기다려봐.

모든 투자는 장점하고 단점이 있어서 일방적으로 좋은 하나의 답은 없어. 일단 부동산하고 주식을 비교해 보자고. 여러 가지 장단점이 있는데, 부동산은 말한 것처럼 변동성이 낮다는 게 장점이야. 일단, 우리나라 부동산은 그래 왔어. 그래서 마음고생이 적어. 그런데 주식은 변동성이 높아서 마음고생이 심하지. 또 주식은 사고 파는 게 자유롭다는 게 장점이기도 한데, 또 단점이기도 해.

 왜? 팔아버리니까?

 맞아. 주식은 돈이 필요하면 언제든 팔아서 2~3일 안에 현금화할 수 있어. 그런데 부동산은 그렇게 쉽게 팔리지가 않지. 하지만 이게 주식의 단점이 되기도 하는 게, 쉽게 팔 수 있기 때문에 오래 기다리지 못하고 팔아버려서 문제야. MDD가 50%라서 중간에 반토막이 나더라도 오래 기다릴 수 있어야 하는데, 날름 팔아버린다고.

그리고 세금 부담은 주식이 유리해. 아직까지 우리나라는 대주주가 아니라면 주식 팔아서 이익 나도 세금 거의 안 내. 그런데 부동산은 세금이 많지. 요 몇 년 사이 법이 바뀌어서 부담도 더 커졌고. 거래 수수료도 주식이 훨씬 싸. 부동산은 중개사한테 주는 복비가 꽤 부담되잖아. 거기에 비하면 주식은 수수료가 낮지. 또 유지보수도 필요 없어. 부동산은 물 새면 수리해야 되고, 보일러 고장 나면 고쳐줘야 하고, 세입자 구하는 것도 일이지.

그런데 내가 보기에 주식과 부동산의 장단점 중에서 제일 중요한 건 따로 있어. 다음 표에 별표로 강조한 부분이야.

	주식	부동산
장점	· 장기보유 시 높은 기대수익 · 소액으로 투자 가능(★) · 낮은 세부담과 수수료 유지보수가 필요 없음 · 매매가 자유로움	· 상대적으로 높은 보유이익 · 낮은 변동성 · 적극적으로 수익성 개선 가능(리모델링 등)
단점	· 높은 변동성으로 인한 고통 · 매매가 자유로움	· 종잣돈이 있어야 투자 가능(★) · 매매가 자유롭지 못함 · 상대적으로 높은 세금부담

 소액으로 투자 가능, 종잣돈이 있어야 투자 가능. 맞아!

 부동산은 꼭 큰돈이 있어야만 투자가 가능하다는 얘기는 아니야. 5억짜리 아파트를 사기 위해서 꼭 5억이 있어야 하는 건 아니니까. 대출 받거나 전세 끼고 사면 좀 더 적은 돈으로 투자가 가능해. 그런데 그런 문제가 아냐. 대출 받아서 부동산 살 정도의 자금이 있다면 부동산에 투자하는 게 좋을까? 내 생각은 달라.

 분산투자!

 맞아. 역시 사경인 와이프네. 나눠서 투자해야 돼. 어느 한 자산에 올인하는 건 안 좋아. 우리나라 사람들 자산에서 부동산이 차지하는 비중이 높다고 해. 미국이 금융자산과 부동산 비율이 7:3이라면, 우리나라는 거꾸로 3:7이야. 그래서 선진국에 비해 부동산 비중이 높아서 문제라고 하는데, 내가 보기에는 부동산 의존도가 높아서 문제라기보다는, 어느 자산이든 한 자산에 올인되어 있다는 게 문제야. 미국은 금융자산 비중이 높지만, 그 금융자산이 여러 자산으로 구성되어 있는데, 우리나라 사람들이 가진 부동산은 대부분 집 한 채거든. 가지고 있는 재산이 집 한 채가 전부인 경우가 많아.

나눠서 투자하면 좋은 수학적인 이유

왜 나눠서 투자해야 좋은 건지 수학으로 설명할 수 있어. 자산이 두 개 있다고 할 게. A와 B라는 자산이 있는데, 이 중에 하나는 10%씩 오르는 자산이야. 한 달에 10%씩 상승할 거고, 다른 하나는 한 달에 10%씩 떨어질 거야. 어떤 게 올라갈 자산이고, 어떤 게 떨어질 자산인지는 몰라. 그럼 이 상황에서 어떻게 해야 할까?

그러면, 둘 다 사야 되나?

어떤 게 올라갈 지 알면, 거기에 전부 집어넣으면 되지.

그렇지. 하지만 그걸 모르니까 반반 해야지.

어떤 자산이 앞으로 오를지 누구도 알 수 없어. 주식이 오를지, 부동산이 오를지 아니면 비트코인이 오를지 모르는 것처럼, 저 A와 B중에 어떤 게 오를지 모르니까 그냥 반반씩 넣어보는 거지. A랑 B를 10,000원씩 산다고 생각해 보자고. 그런데 하나는 10%씩 오르고, 하나는 10%씩 떨어지면 결국에는?

합쳐서 똑같겠네. 본전이고만.

그럴 것 같지. 그런데 본전이 아냐.

 어…… 왜?

 자, A와 B에 10,000원씩 투자했는데 A가 한 달에 10%씩 오르고, B는 10%씩 떨어진다고 볼게. A가 첫 달에 10%가 오르면 11,000원이 되지. 그리고 그다음 달에도 10% 오르면?

 12,000원.

 12,000원이 아냐. 11,000원에서 10%가 오르니까 1,100원이 올라서 12,100원이 돼.

 아, 그러네.

 B는 어떻게 되냐면, 10,000원이던 게 10% 떨어지면 9,000원이 되지. 그리고 9,000원에서 다시 10%가 떨어지면 8,000원이 되는 게 아니라, 9,000원의 10%인 900원이 떨어져서 8,100원이 돼.

그럼 합쳐서 20,200원이 되지. 하나는 10%씩 오르고, 하나는 10%씩 떨어졌는데 본전이 되는 게 아니라 200원이 늘어난거야.

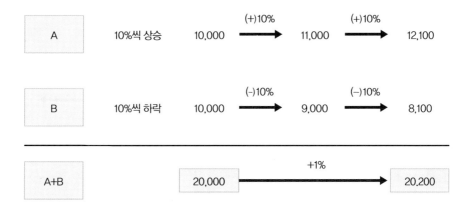

 어, 신기하네.

 그래서 이렇게 나눠서 투자하면 똑같은 비율로 하나는 오르고, 다른 하나가 떨어져도 전체 자산은 늘어나. 그런데 이걸 나눌 때 다른 방향으로 나눌 수도 있어. 돈을 나누는 게 아니라 시간을 나누는 거야.

 어떻게?

 방금은 돈을 반씩 나눠서 A와 B에 두 달 투자했지. 그런데 시간을 나누는 건 전체 투자기간인 두 달을 한 달씩 나누는 거야. 투자기간을 반으로 쪼갠 다음에 한 달은 A에 전액 투자하고, 다음 달은 B에 전액 투자하는 거지.

 첫째 달에 20,000원을 A에 넣었는데 10% 오르면 22,000원이 돼. 그런 다음 이 22,000원을 둘째 달 B에 넣었는데 10% 떨어지면 2,200원이 떨어져서 19,800원이 되지. 결국 20,000원 투자해서 200원 손해를 보게 돼. 순서를 바꿔도 마찬가지야. 첫 번째 달에는 B에 넣고 두 번째 달에 A에 넣어도 결과는 19,800원이야.

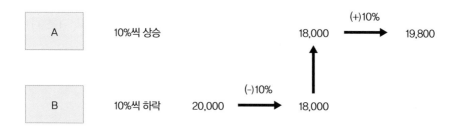

결국 같은 비율로 오르고 하락하는 두 자산에 돈을 나눠서 투자하면 이익이 났고, 시간을 나눠서 투자하면 손해가 났어. 어떻게 나누냐에 따라 결과가 달라지는 거지.

돈을 나누는 것과 시간을 나누는 것의 차이

 우리가 투자할 때 투자금(돈)을 일정 시간(투자기간) 동안 투자하게 되거든. 예를 들어 1억 원을 1년간 투자하는 거지. 이때 두 가지 기준에 따라서 나눠 투자할 수 있어. 아래의 그림처럼 가로로 나누는 방법과 세로로 나누는 방법이 있는데, 먼저 돈을 나눠서 투자할 수 있어. 1억 원을 2,500만 원씩 가로로 나눠서 주식, 채권, 부동산, 비트코인에 투자하는 거지. 이렇게 나눠서 투자하는 걸 '분산투자' 라고 해.

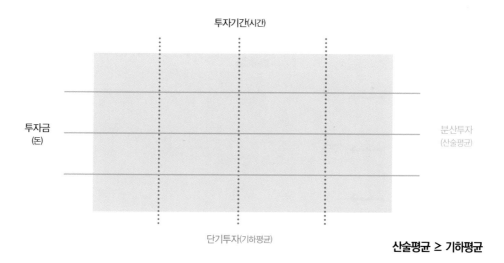

산술평균 ≥ 기하평균

그렇지 않고 세로로 나누는 방법도 있어. 1년이라는 시간을 넷으로 나눠서 3개월 씩 투자하는 거지. 이렇게 시간을 나누면 단기투자가 돼. 이렇게 돈을 나누는 분산 투자와 시간을 나누는 단기투자가 있을 때, 사람들이 둘 중 하나는 추천하고, 하나 는 말리지?

 분산투자는 추천하고, 단기투자는 하지 말라고!

 맞아. 그런데 그 이유가 뭔지 수학적으로 설명할 수 있어. 돈을 나눠서 분산투자하면 수학적으로 산술평균이 적용돼. 각 자산에서 생긴 이익을 더해서 나눠. 그런데 시간을 나눠서 단기투자하면 기하평균이 적용돼. 각 시간마다 나온 결과를 곱해서 평균을 내. 지난번에 우리 식구 넷이서 가위바위보 게임 하는 거 얘기했던 거 기억하지?

● **더하기 평균**(산술평균, 단리)   ● **곱하기 평균**(기하평균, 복리)

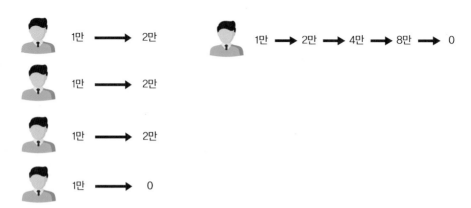

 4명이 나눠서 가위바위보를 하면, 1명이 져도 3명이 이겨서 이익이었잖아. 그런데 한 명이서 돈을 다 갖고 4번 게임을 하는 경우에는 3번 이기고도 마지막 한 번 지는 순간 가진 돈이 0원이 됐잖아. 4명이 나눠서 게임하는 건 산술평균이 적용되고, 혼자 4번 게임을 하면 기하평균이 적용됐던 것처럼, 분산투자를 하면 산술평균이 적용되고 단기투자를 하면 기하평균이 적용돼. 그런데 산술평균이 항상 기하평균보다 높거나 같아. 수학적으로 기하평균은 산술평균을 이길 수가 없어. 그러니 돈을 나누는 분산투자가 시간을 나누는 단기투자보다 좋은 결과가 나오지. 아까 변동성이 클수록 왜 더 결과가 안 좋은지 봤던 거 있잖아? (+)20%와 (-)10%, (+)30%와 (-)20%, (+)40%와 (-)30% 비교했던 거.

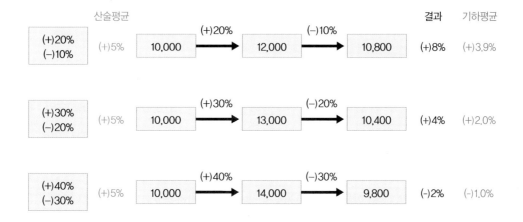

	산술평균					결과	기하평균
(+)20% (−)10%	(+)5%	10,000	(+)20%→ 12,000	(−)10%→ 10,800		(+)8%	(+)3.9%
(+)30% (−)20%	(+)5%	10,000	(+)30%→ 13,000	(−)20%→ 10,400		(+)4%	(+)2.0%
(+)40% (−)30%	(+)5%	10,000	(+)40%→ 14,000	(−)30%→ 9,800		(−)2%	(−)1.0%

 이게 산술평균을 내면 다 똑같아. 두 결과를 더해서 2로 나누면 다 5%야. 그런데 두 결과가 연속해서 나오면 결과가 다 달랐잖아. 그게 곱해서 나오는 결과기 때문에 그래. 이럴 때는 기하평균이 수익률이 돼. 첫 번째 (+)20%와 (−)10% 나올 때 산술평균하고 기하평균 구하면 이렇게 나와.

$$\left(\frac{1.2+0.9}{2}\right)-1=1.05-1=0.05$$

20% 상승하면 1.2가 되고, 10% 하락하면 0.9가 되는데, 산술평균은 1.2와 0.9를 더한 다음 2로 나눠. 그럼 1.05가 되지. 거기서 1을 빼면 0.05 즉, 5%가 돼.

기하평균은 1.2와 0.9를 곱해. 그럼 1.08이 되는데 거기에 루트(√)를 씌운 다음 1을 빼. 그럼 대략 3.9%가 나와.

$$\sqrt{1.2\times0.9}-1=\sqrt{1.08}-1=1.03923-1=0.03923$$

오…… 더 적게 나오네?

 그렇지. 산술평균 5%보다 더 적게 나와. 정확히는 3.923%인데, 10,000원에다가 1.03923을 두 번 곱하면(10,000×1.03923×1.03923) 약 10,800원이 돼. 20% 수익 나고 10% 손실 나서 10,800원 되는 게, 3.9%씩 두 번 수익 나는 거랑 같다는 거지. 이렇게 기하평균을 구해 보면 (+30%, −20%) 쌍은 2%가 나오고, (+40%, −30%) 쌍은 (−)1%가 나와. 산술평균은 5%로 다 똑같은데, 기하평균은 다 다르게 나오지. 그리고 어떻게 하든 산술평균이 5%이면 기하평균은 5%보다 커질 수가 없어. 지금 3.9%까지밖에 안 나오잖아. 기하평균이 언제 제일 높게 나오냐면, 모든 경우의 결과가 똑같을 때야.

산술평균이 5%가 나오는데, 이 5%가 나오는 조합은 여러 가지야. 지금처럼 (+20%, −10%)의 경우에도 평균이 5%가 나오지만, (+10%, 0%)도 5%가 나와. 이게 (+9%, +1%)도 평균이 5%가 되고, (+8%, +2%)도 5%, (+7%, +3%)도 5%가 되는데, 기하평균은 어느 때 가장 높냐면 (+5%, +5%)일 때야. 이때 기하평균이 5%로 가장 높게 나와.

그래서 기하평균은 잘해야 산술평균하고 똑같이 나와. 각각의 결과가 5%로 모두 같을 때 산술평균하고 같은 가장 높은 값이 나오고, 결과값들이 차이가 나면 날수록 점점 낮아져. 이게 앞에서 얘기했던 변동성이 위험이 되는 이유랑 같은 얘기야. 결과값들의 차이가 곧 변동성이고, 이게 커질수록 기하평균 수익률이 낮아지

는 거지.

결국 산술평균이 기하평균보다 항상 크거나 같기 때문에, 우리가 투자를 할 때는 산술평균이 나오도록 구성해야 돼. 돈을 나누는 분산투자를 하면 산술평균에 가까운 결과를 얻게 되고, 시간을 나누는 단기투자를 하면 기하평균에 가까운 결과를 얻게 돼. 그래서 분산투자는 권장하고, 단타(단기투자)는 말리는 거야. 투자할 때 수학지식이 필요하다고 하는 게 이런 부분들 때문이야. 이유를 이해하기 위해서. 사실 산술평균이나 기하평균이 쉬운 내용은 아니거든. 막 루트도 나오고 어려워. 그럼에도 불구하고 지난번부터 여러 번 얘기했던 게 바로 이런 이유를 알기 위해서야. 산술평균이 뭐고, 기하평균이 뭔지는 이제 잊어버려도 괜찮아. 몰라도 돼. 하지만 분산투자가 유리하고, 단기투자가 불리하다는 건 챙겨가야지. 왜 그런지 이유를 알기 위해 수학이 필요했던 거니까.

아, 그런 거였구나.

왜 그런지 이유를 제대로 이해하지 못하면 흔들리거든. 분산투자하라고 하는데, 누군가 한 군데 몰빵(집중투자)해서 성공하는 걸 보면 마음이 흔들려. 왜 분산투자하라고 하는지 모르겠고. 누가 또 단타로 돈을 벌면 대한민국은 장기투자가 안 통하나 보다 싶어지고. 분명히 그런 사례들이 있음에도, 되도록 하지 말라고 말리는 이유가 뭔지 정확히 이해해야 흔들리지 않고 자기 투자를 해나갈 수 있어. 물론 제일 좋은 건 분산투자하지 않고, 가장 많이 올라갈 것들만 딱딱 맞춰서 그때그때 갈아타는 거야. 가장 많이 오를 자산에 단기간 집중투자하고, 그다음 오를 자산으로 갈아타는 거지.

그런데 그걸 모르잖아. 어떻게 알아.

 맞아. 알 수가 없지. 그런데 결과만 놓고 누가 제일 돈을 많이 벌고 부자가 됐나를 보면 집중투자한 사람이야.

 오르는 걸 아는 사람?

 아니. 우연히 맞춘 사람!

 어…

 어느 한 자산에 몰빵(집중투자)을 했는데, 우연히 맞추면 크게 불릴 수 있어. 사람들이 모여서 가위바위보를 하면 연속해서 이기는 사람이 나오잖아. 예를 들어 1,000명이 모여서 가위바위보를 하면 10번 연속 이기는 사람이 꼭 나온다고(참고로 10번 연속 가위바위보에서 이길 확률은 $\left(\frac{1}{2}\right)^{10} = \frac{1}{1,024}$이다). 투자자들 1,000명이 모여서 찍으면 10번 연속 맞추는 사람도 나오게 돼 있어. 그리고 그 사람이 가장 부자가 돼.

 그렇지.

 분산투자한 사람들이 집중투자한 사람들에 비해서 평균적으로는 더 결과가 좋아. 그런데 가장 좋은 결과를 내는 건 집중투자한 다음에 연속해서 적중한 사람들이야. 물론 집중투자했다가 망한 사람들이 훨씬 많기는 하지. 이때 문제가 생기는 게,

사람들은 크게 돈을 번 부자들에게만 관심을 가져. 큰돈을 번 사람들에게 어떻게 해서 부자가 됐냐고 물어봤더니 모두 집중투자했다고 하는 거지. 그래서 집중투자를 해야 부자가 되는구나 생각하는 거야. 사실은 그보다 훨씬 많은 사람들이 집중투자 때문에 망했는데, 망한 사람들은 눈에 보이지 않지. 망한 사람한테 어떻게 망했냐고 물어보지는 않으니까. 또 망한 사람들이 나 이렇게 집중투자해서 망했다고 자랑하지도 않고. 내가 앞에서 사례를 보지 말고 통계를 보라고 했던 거 기억나?

어, 기억나.

이게 바로 그런 내용이야. 부자들의 사례를 보면 모두 집중투자한 사람들이야. 하지만 전체 투자자들의 통계를 보면 분산투자한 결과가 집중투자한 결과보다 평균적으로 더 좋아. 이런 걸 있어 보이는 말로 '생존편향'이라고 해. 살아남은 사람들, 부자가 된 사람들의 통계만 뽑아서 보면 잘못된 결론을 내리게 된다는 거야.

아~ 어떤 의미인지 조금 알겠다.

거꾸로 하는 잘못된 투자

결국 분산투자는 유리하고, 단기투자는 불리한 건데 실제 우리는 어떻게 투자하고 있을까? 부동산을 먼저 볼게. 사람들이 부동산에 투자할 때는 어떻게 할까? 분산투자를 할까, 단기투자를 할까?

부동산은 분산투자를 하기가 힘들지. 목돈이 들어가니까.

 맞아. 어지간한 부자가 아니고서는 이 아파트, 저 아파트 나눠서 투자하기가 힘들지. 분산투자는 안 해. 대신에 기간은 어떨까? 단기투자를 할까?

 아니지. 오래 들고 가지.

 그렇지. 부동산은 분산투자를 하기 힘든데, 다행인 건 단기투자도 못해. 오래 투자해. 그래서 분산투자를 못 한다는 단점을 장기투자가 커버하는 거지.
그에 비해 주식투자가 가진 장점은 분산투자가 쉽다는 거야. 주식은 어느 정도까지 나눠서 투자할 수 있냐면⋯⋯ 대한민국에 상장된 주식이 2,000개가 넘거든? 2,000개가 넘는 모든 주식을 다 나눠서 살 수도 있어.

 그래? 하나(한 주)씩만 사더라도 돈이 많이 필요할 것 같은데?

 아니, 그렇게 많이 필요하지 않아. '인덱스펀드'라는 걸 사면 돼.

 그게 뭔데?

 펀드인데, 사람들 돈을 모아서 전체 주식을 다 사버리는 펀드야.

 잠깐만요

아내의 이해가 쉽도록 전체 주식이라고 표현했지만, 실제 대부분의 인덱스펀드는 지수를 구성하는 대표적인 종목들을 매수합니다.

나 혼자서 전체 주식을 사려면 삼성전자 한 주만 사더라도 몇만 원이 필요하잖아. 당신 말대로 한 주씩만 사려고 해도 돈이 많이 필요하다고. 그래서 혼자 사는 게 아니라 사람들 돈을 모아. 수천 명의 돈이 모이면 모든 주식을 살 수 있지.

오~ 그런 방법이 있네.

보통의 펀드들은 펀드매니저가 괜찮다고 생각하는 회사만 골라서 사거든? 그런데 인덱스펀드는 그냥 다 사버려. 그래서 내 돈을 인덱스펀드에 맡기면 모든 주식을 다 나눠서 사게 돼. 부동산은 이게 안 되지. 아무리 돈을 많이 모아도 모든 부동산을 조금씩 다 살 수는 없잖아. 조금씩 나눠 팔지 않으니까. 그런데 주식은 적은 돈으로도 여러 주식에 나눠서 투자할 수가 있지. 이게 주식이 부동산에 비해 가지고 있는 장점이야. 나눠서 산술평균이 나오게 할 수 있다는 거. 앞에서 우리가 코스피랑 아파트 수익률 비교해 봤잖아.

● 코스피지수와 아파트가격지수 수익률과 MDD

	코스피지수	아파트가격지수
수익률	7.08%	7.12%
MDD	47.60%	1.88%

코스피가 7.08% 나오고, 아파트가 7.12%가 나온다고 했는데, 이건 코스피를 다 샀을 때, 아파트를 다 샀을 때 얘기거든. 코스피는 다 살 수 있어. 인덱스펀드를 사면 돼.

그런데 아파트는 안 되지?

맞아. 아파트는 저게 가상의 숫자일 뿐이지 실제 저걸 살 수는 없고, 어떤 특정 아파트 한 채를 찍어서 사야 돼. 만약 저 7% 수익률에 만족해서 그 수익률을 내고 싶다면 코스피는 인덱스를 사면 되는데, 아파트는 방법이 없어.

주식이 가진 가장 큰 장점이 바로 소액으로 분산투자가 가능하다는 점이야. 그런데 막상 주식투자하는 사람들이 어떻게 투자하고 있을까? 분산투자는 유리하고, 단기투자는 불리하다고 했잖아?

 응.

 그런데 실제로 사람들이 주식을 어떻게 투자하고 있냐 하면, 계좌를 확인해 봤더니 전체 계좌의 40%에 1종목만 들어 있더래.

 어…….

 70%는 3종목 이하!

 거의 몰빵이네?

 분산투자를 안 하고 있지. 주식이 가진 장점이 분산투자가 가능하다는 건데, 그 장점을 활용하지 않고 있는 거야. 거기다가 투자기간은 어떨까? 단기투자는 불리하잖아?

 그런데 단타하고 있지?

맞아. 저번에 보여준 대로 코스피는 5달, 코스닥은 2달 만에 갈아탄다고.

● **코스피와 코스닥 평균 보유기간**

평균 보유기간(월)	
코스피	코스닥
5.04	2.13

결국 해야 되는 분산투자는 하지 않고 있고, 하지 말아야 될 단기투자는 열심히 하고 있는 거지. 돈은 나누고(분산투자), 시간은 나누면 안 되는데, 반대로 시간은 나누고(단기투자) 돈은 안 나누고 있는 거야. 사람들이 주식투자해서 망하는 가장 큰 이유가 이것 때문이야. 주식투자하면 큰일난다, 망한다 생각이 드는 게 주식에 문제가 있어서가 아니라 거기에 투자하는 사람들이 문제가 있어서야. 거꾸로 하고 있는 거지.

 아…… 그러네.

 한 가지 더 알아야 될 게, 아파트는 주식보다 MDD가 훨씬 낮게 나오잖아?

 어, 그랬지. 그게 장점이지.

 그런데 그게 최근 20년만 따졌을 때 얘기야. 최근 20년은 MDD가 3%도 안 나오는데, 그전에도 그랬던 건 아니야. 아파트지수가 1986년부터 발표됐으니까 그때부터 MDD를 계산할 수 있는데, IMF를 겪었던 90년대에는 아파트 가격이 많이 떨어졌어. MDD가 20% 넘게 나왔지.

● 아파트지수 그래프

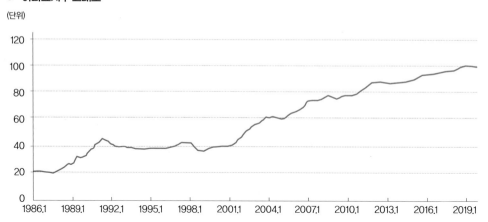

(단위)

● 아파트지수 MDD 그래프

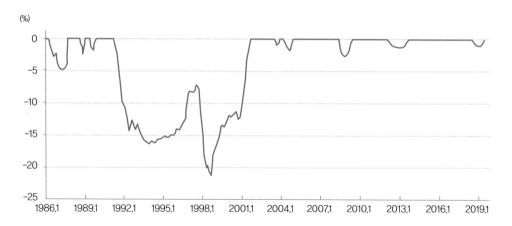

(%)

 1991년 4월에 아파트 가격이 꼭지 찍은 다음, 1998년까지 20% 넘게 빠졌어. 그런

다음 본전 된 게 2001년이야. 91년에 아파트 산 사람은 10년 기다려서 본전 됐어.

 허…… 진짜? 그랬었네.

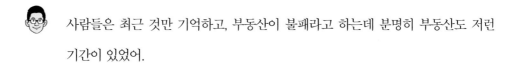

사람들은 최근 것만 기억하고, 부동산이 불패라고 하는데 분명히 부동산도 저런 기간이 있었어.

나도 아파트는 계속 올랐다고만 생각했는데…

그래서 어느 한 자산에 올인하는 건 안 좋아. 최근 20년 동안은 분명 MDD가 낮 았고, 또 저 당시에 20% 넘게 빠졌다고는 하지만 주식에 비하면 양호하지. 그래도 10년 넘게 본전을 못 찾고 기다려야 되는 상황은 겪어보면 무척 괴로워. 그러니까 나눠서 투자하는 게 좋은데, 아까 말한 대로 부동산은 나눠서 투자하기가 힘들어.

그럼 어떻게 해야 되지?

그래서 가장 좋은 건, 여러 가지를 섞어서 부동산보다 더 좋은 걸 만들어보는 거야. 몇 가지를 섞었더니 부동산보다 더 좋아진다면 그게 제일 좋겠지.

주식을 섞어서 그게 돼?

주식만 가지고는 힘들어. 주식 말고 다른 것들을 섞어서 만들어볼 수 있어.

아…….

누가 나한테 주식하고 부동산, 둘 중 뭐가 더 좋냐고 물어보면 내 대답은 부동산이야. 하지만 둘 중 꼭 하나를 선택해야 할 필요는 없지.

섞어라?

 그렇지. 당신한테 알려주고 싶은 건 뭐냐 하면, '주식 해야 돼, 부동산 해야 돼?'가 아니라 몇 가지 자산을 섞으면 이 둘보다 더 좋은 걸 만들 수 있다는 거야. 그걸 해!

 오호~!

 사람들은 자꾸 '이게 좋아, 저게 더 좋아?'라고만 묻잖아. '주식 해야 돼? 부동산 해야 돼? 어떤 게 더 좋아?' 이렇게만 생각한다고. 그런데 둘 다 안 좋아. 하나만 선택하는 건 좋은 답이 아니고, 분산해서 투자해야 돼.

손실게임을 수익게임으로 바꾸는 도박사의 공식

 왜 섞어서 투자해야 하는지 예시를 하나 더 보여줄게. 아까 봤던 것 중에 한 번은 40% 오르고 한 번은 30% 떨어지면 결국 2%가 손해였잖아? 그런데 이걸 수익 나게 바꿔버릴 수 있어.

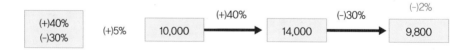

 어떻게?

 내가 저번에 당신한테 카지노 가본 적 있냐고 물어봤지? 도박사들은 이걸 수익 나

132

게 바꿔버려. 딱 하나만 바꿔서 수익 나게 하거든?

 뭘 바꾸는데?

 베팅액!

 베팅액?

 투자하는 금액을 바꾸는 거야. 내가 가진 돈을 전부 투자하지 않고, 항상 가진 돈의 절반만 투자하는 거야.

 그럼 5,000원만?

 응. 처음에 5,000원만 투자하고 5,000원은 현금으로 갖고 있는 거지. 만약 투자해서 12,000원이 되잖아? 그럼 이제는 6,000원만 투자하는 거야. 항상 그렇게 가진 돈의 절반만 투자하면 한 번 이기고, 한 번 졌을 때 결과가 이렇게 돼.

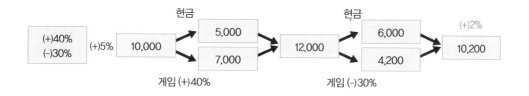

처음에 10,000원 중 5,000원만 게임에 투자하고 나머지 5,000원은 현금으로 남겨 둬. 투자한 5,000원이 40% 오르면 7,000원이 돼서 합하면 12,000원이 되지.

이제 절반인 6,000원은 남겨두고 6,000원만 투자해. 투자한 돈이 30% 하락하면 4,200원이 돼서 현금 6,000원이랑 합하면 10,200원이 돼. 결국 10,000원이 10,200원으로 200원 늘어나지. 2% 손해이던 게, 2% 이익으로 바뀌게 돼.

 오, 신기하네?

 이게 두 번 하니까 400원 차이밖에 안 나지. 카지노에서 이런 게임을 계속 반복하면 어떻게 될까? 만약 돈을 나누지 않고 게임을 100번 하잖아? 돈을 전부 걸어서 한 번은 이기고, 한 번은 지고 이렇게 100번을 반복하고 나면 10,000원이 3,600원이 돼버려. 게임을 계속하면 할수록 돈을 점점 더 잃지.

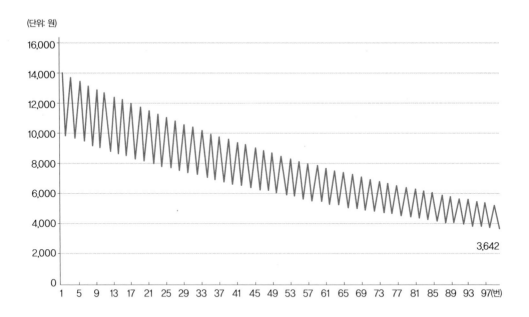

(단위: 원)

그런데 가진 돈의 절반씩만 투자하잖아? 그럼 100번 했을 때 결과가 이렇게 돼.

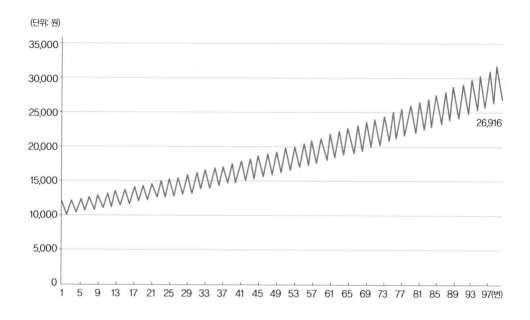

(단위: 원)

26,916

 우와!

 똑같은 게임을 했는데 약 27,000원이 됐어. 결과가 8배나 차이 나지. 왜 이렇게 되냐면 변동성이 줄어서 그래. 아까 '+20%, −10%'일 때 결과가 이익이었고, '+30%, −20%'일 때도 조금 이익이었는데, '+40%, −30%'가 되니까 손실이 됐잖아?

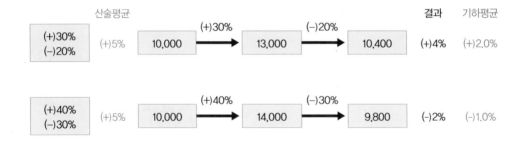

산술평균이 같더라도 두 값의 차이가 크면 변동성 때문에 기하평균이 떨어져. 그런데 내가 베팅을 절반만 하면 '+40%, -30%' 게임이 '+20%, -15%' 게임으로 바뀌게 돼. 변동성을 줄여서 이익 나는 게임으로 바꿔버리는 거지.

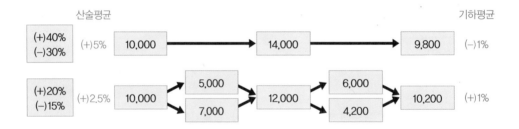

 가진 돈의 절반만 투자하면 40% 올랐을 때 20%만 증가하고, 30% 떨어졌을 때 15%만 감소하거든. '+40%, -30%'였던 게임이 '+20%, -15%'로 바뀌는 거지. 이렇게 되면 산술평균은 줄어들어. $\frac{(40\%-30\%)}{2} = 5\%$ 에서 $\frac{(20\%-15\%)}{2} = 2.5\%$ 가 되니까 평균이 절반으로 줄어드는 거지. 그 대신 변동성이 작아지니까 기하평균은 (+)1%까지만 줄어드는 거야. 산술평균을 떨어뜨리는 대신 기하평균을 높이는 거지.

그래서 이렇게 투자하는 걸 '균형복원 포트폴리오'라고 불러. 어려운 얘기야. 여기서 더 공부하다 보면 '켈리 방정식'이라는 것도 나와. 이게 원래 도박할 때 쓰는 공식이거든.

진짜?

 켈리 방정식은 어떤 거냐면, 내가 가진 돈의 몇 %씩을 투자해야 제일 좋은 결과가 나오는지를 계산하는 공식이야. 지금은 그냥 가진 돈의 50%씩만 투자한다고 그랬 잖아? 그런데 가진 돈의 40%씩만 계속 투자할 수도 있고, 아니면 60%씩을 투자할 수도 있거든. 그게 결과가 다 달라져. 그래서 내가 가진 돈의 몇 %씩을 투자했을 때 가장 좋은 결과를 얻을 수 있냐를 구하는 게 켈리 방정식인데, 도박사들은 이런 걸 공부해서 베팅해.

 아…… 도박도 공부해서 하는구나.

 대부분의 사람들은 카지노에 가서 '+40%, -30%' 게임을 해. 그리고 자기가 10% 유리하다고 착각하지만 결국에는 10,000원이 3,642원이 돼. 그런데 프로들은 베 팅금액을 조정해서 '+20%, -15%' 게임으로 바꾼 다음 돈을 따는 거지.
지금 두 사람이 다른 게임을 한 게 아냐. 똑같이 이기면 40%를 벌고, 지면 30%를 잃는 게임을 한 거야. 게임 결과도 같지. 한 번 이기고, 한 번 지는 걸 반복했어. 프 로 도박사가 더 많이 이긴 게 아냐. 둘이서 똑같이 이기고 똑같이 졌는데 결과는 완전히 다르다고.

 그러네.

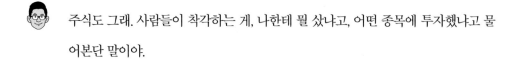

고수와 똑같이 투자해도 나만 손해가 나는 이유

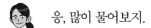

주식도 그래. 사람들이 착각하는 게, 나한테 뭘 샀냐고, 어떤 종목에 투자했냐고 물어본단 말이야.

응, 많이 물어보지.

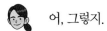

물어보는 이유가 자기도 똑같이 사려고 하는 거지. 주식 잘하는 사람이 사는 거, 예를 들어 워런 버핏이 사는 거 똑같이 사고팔면 나도 부자가 될 거라고 생각하잖아.

어, 그렇지.

그런데 이거 봐봐. 지금 두 사람이 똑같이 사고판 거라고. 일반인하고 프로 도박사가 똑같은 게임을 한 것처럼, 초보 투자자가 고수하고 똑같은 종목을 똑같이 사고 팔 수 있어. 그저 초보는 가진 돈 전부를 주고 산 거고, 고수는 가진 돈의 절반만 투자를 한 거지. 그런데 초보는 가진 돈을 70%나 잃었고(10,000원 → 3,642원), 고수는 3배로 늘었어(10,000원 → 26,916원). 똑같은 종목을 사고팔아 봐야, 투자금액을 조정하는 베팅방법을 모르면 완전히 다른 결과가 나오거든. 그러니 투자방법(베팅방법)을 모르는 사람한테 투자종목 얘기해 줘봐야 별 의미가 없어.

이걸 베팅방법이라고 하니까 도박 같은데, 저게 투자에서는 자금관리나 포트폴리오라 부르는 거야. 포트폴리오라는 건 내 자산을 어디에 얼마씩 배분할 것인지 정하는 건데, 초보는 주식에 100% 몰빵해서 집중투자하는 포트폴리오를 짠 거고, 고수는 섞어서 투자한 거지. 얼핏 보면 고수도 주식에만 투자한 것 같지만 분산해서 섞은 거야. 뭘 섞은 거냐면, 주식하고 현금을 섞은 거지. 주식에 절반, 현금에 절반 투자하는 포트폴리오를 만든 거야. 그렇게 섞어서 분산투자하니까 결과가 좋아지잖아.

아, 현금하고 주식에 분산투자한 거구나.

그래서 주식에 투자하기 전에 뭐부터 정해야 하냐면, 주식에 얼마를 투자할지, 내가 가진 자산 중에 몇 %를 투자할지부터 정해야 돼. 이걸 먼저 정한 다음에, 어떤 종목에 투자할지를 고민해야 하는 거지. 그런데 대부분의 사람이 이걸 빼고 시작해. 주식에 자산의 몇 %를 배분할지 정하지 않고 뛰어든다고. 당신은 지금 주식에 얼마를 집어 넣을지, 자산의 몇 %를 투자할지 정했나?

아니…… 나도 안 정했네. 일단 작은 돈으로 조금씩 배워가면서 해봐야겠다고만 생각했지.

그렇게 시작하면 안 돼. 자산배분 비율을 정하지 않고 시작하면, 좋은 종목을 좋은 타이밍이나 좋은 가격에 사고팔더라도 결국 손실로 끝나는 경우가 많아. 고수한테 배운 종목을 같은 가격에 사고팔았는데도 베팅이 잘못돼서 손해로 끝나게 된다고. 그러고 나서는 고수를 욕하게 되는 거야. 알려준 대로 했는데 손해 봤다고.
나한테 자꾸 종목을 물어도 알려주지 않는 이유가 뭐냐면 알려줘도 돈을 잃어서야. 자산을 배분하는 방법이나, 투자의 원리 같은 기본적으로 알아야 될 것들을 모르는 상태에서는 십중팔구 돈을 잃을 수밖에 없어. 산술평균과 기하평균의 차이를 구분하지 못하고, 돈을 나누면 산술평균, 시간을 나누면 기하평균이 된다는 게 무슨 얘기인지 모르는데 종목을 얘기할 수 없지. 당장에 돈을 벌고 싶은 급한 마음은 이해하지만, 그 상태에서 음식을 삼키면 체하게 되어 있어. 체할 걸 아는데 음식을 나눠줄 수는 없잖아.

그런데 안 알려주면, 혼자만 돈 번다고 뭐라 하잖아.

어렸을 때는 알려준 적이 있었어. 그런데 내가 알려준 종목으로 나는 돈을 벌었는데, 그 사람은 돈을 잃더라고. 그러고는 뒤에서 욕한 걸 알았어. 알려준 종목 샀는데 잃었다고. 강의는 잘하는지 몰라도 말만 번지르한 사기꾼이라고. 나는 그 종목 떨어졌을 때 싸졌다고 더 샀는데 그 사람은 떨어지니까 겁나서 팔아버린 거야.

차라리 그럴 때는 그럼 돈을 맡기는 게 낫겠네?

맞아. 정말 이런 기본적인 걸 모르고, 공부할 생각도 없다면 그냥 펀드나 전문가한테 맡기는 게 나아. 이 상태에서는 아무리 좋은 종목을 소개해 줘봐야 결과가 안 좋거든.

자산배분이 먼저다

당신이 주식투자 어떻게 하는지 배우고 싶다고 했는데, 궁금한 주식 얘기는 안 해주고, 머리 아픈 산술평균이나 기하평균 같은 얘기만 하고 있는 이유가 이것 때문이야. 어떤 주식을 살 것이냐 배우기 전에, 얼마를 투자할지 정해야 해.

주식에 얼마나 투자할 것이냐……

 그리고 나머지 돈은 어디에 투자할 것이냐. 오늘은 그냥 이해를 시키려고 절반은 현금, 절반은 주식에 투자하는 얘기를 했는데, 사실 현금에 절반을 넣어두는 건 좋은 방법은 아냐. 그래서 현금 말고 다른 데 넣어둘 걸 찾으면서 주식하고 현금 말고 섞기 좋은 자산이 뭐가 있는지, 얼마씩 넣을 건지 배워갈 거야. 이걸 뭐라고 부르냐면 '자산배분'이라고 하거든?

 어, 들어봤어.

 투자방법 중에 '자산배분투자'라는 게 있어. 진짜 돈 많은 부자들은 이 자산배분투자로 돈을 벌어. 내 자산을 어디에 얼마씩 둘 거냐. 이걸 있어 보이는 말로 '포지션을 노출시킨다'고 하거든? 재산을 주식하고 채권에 투자하고 있는 사람은 주식하고 채권에 포지션이 노출되어 있다고 하는 거야. 내 재산이 어떤 포지션에 노출되어 있냐에 따라서 수익률이 크게 달라져.

일기예보를 보면 매일매일 기온이 다르잖아. 오늘 기온이 몇 도냐고 할 때, 비가 오는지, 바람이 부는지, 구름이 꼈는지, 날씨에 따라 달라지지? 그런데 기온에 가장 큰 영향을 주는 건 그날의 날씨가 아니라, 내가 어디에 사는지야. 하와이에 사는지, 북극에 사는지에 따라 기온이 완전 다르잖아.

그것처럼 내 자산이 어디에 살고 있냐, 즉 어떤 포지션에 노출되었냐가 더 중요해. 작년에 돈을 번 사람들은 주식을 가지고 있었던 사람들이야. 작년 3월부터 주식시장이 두 배 가까이 올랐으니까, 어떤 종목을 가지고 있었는지보다 주식을 갖고 있었냐 아니냐가 더 중요했지. 주식을 가지고 있는 사람은 '나, 30%밖에 못 먹었어'

라고 얘기했어. 남들 50%, 100% 오를 때 자기는 종목을 잘못 골라서 30%밖에 못 올랐다고 슬퍼했지. 그런데 주식투자 안 하고 예금에 넣어둔 사람에 비하면? 훨씬 좋았던 거지.

 그래서 주식 안 했던 사람들이 많이 뛰어들었잖아.

 어떤 자산군에 투자할 것이냐가 먼저, 그리고 난 다음 그 안에서 어떤 종목을 고를 것이냐를 정하는 거야. 어떤 종목을 고를 것이냐는 어려워. 공부를 많이 해야 해. 그런데 어떤 자산에 배분할 것이냐를 정하는 것은 훨씬 쉽거든. 그래서 이것(자산 배분)부터 공부하는 거야. 지금까지는 주식하고 부동산만 얘기했는데, 그것 말고도 투자할 수 있는 것들이 많이 있거든. 앞으로 어떤 것들이 있는지 그리고 거기에 얼마씩 투자하는 게 좋을지 배워가 봅시다. 자, 오늘은 여기까지 하고 혹시 질문 있어요?

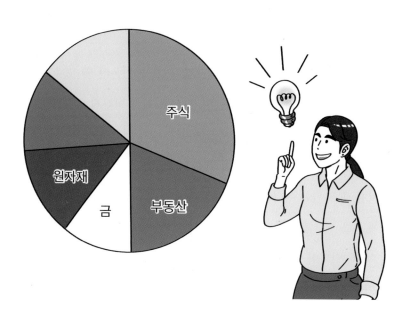

뭐, 질문까지는 아니고 궁금해서 그러는데…… 작년(2020년)에 주식시장이 좋아서 아예 잘 모르는 사람들도 주식에 투자해서 재미를 봤잖아. 그런데 어느 순간에 확 떨어질 수 있는 거잖아, 그치?

 맞아. 아까 본 대로 주식시장은 중간에 한 번 50%까지 떨어지잖아. 지금은 사람들이 주식에 투자해서 성과가 많이 올라와 있어. 작년에 투자 시작해서 수익이 많이 났단 말이야. 그럼 사람들이 어떻게 하냐면, 돈을 더 집어넣어. 작년에 1,000만 원 넣고 500만 원 번 사람들은 무슨 생각하냐면, 1억 넣었으면 5,000만 원 벌었을 거라는 생각을 한다고. 더 많이 집어넣지 않은 게 후회돼서 그때서야 돈을 더 넣는 거지. 주식시장이 상승해서 꼭지에 갈 때까지 돈을 계속 더 집어넣어. 거기서 이제 반토막 나는 거야.

 허, 큰일이네.

 그럼 이제 후회가 밀려와. 그때 거기서 팔 걸, 괜히 욕심 부렸다는 생각이 들고, 그때의 수익이 자기 실력이 아니라 운이었다는 게 느껴지지. 사실 내가 실력이 없었구나, 아직 주식투자를 하기에는 부족하구나 하는 생각이 들어. 그래서 반토막 난 상태에서 투자를 그만두게 돼! 나 같은 사람은 주식투자 하는 게 아니었는데, 괜히 남 따라서 했다가 손해만 봤다고 후회하고 그만두지. 그런데 우리가 봤던 대로 주식시장이라는 게 중간에는 50% 떨어졌지만, 거기서 버티고 기다리면 다시 올라가거든.

 응, 그랬지.

그런데 주식이 올라서 꼭대기 찍을 때까지는 돈을 더 집어넣고, 바닥 찍을 때는 후회하면서 돈을 다 빼버리지. 괜히 주식했다고 후회하면서, 나는 주식이랑 안 맞는다고, 이제부터는 착실히 적금만 하겠다고 남은 거 다 팔아서 은행에 넣지. 비싸지면 더 사고, 싸지면 팔아버리는 거야. 비쌀 때 팔고, 쌀 때 사야 하는데 거꾸로 하는 거지. 작년 3월에 내가 주식 엄청 샀잖아.

 그랬지.

 그때가 주식시장이 반토막 난 때였거든. 그때 빚 내서 샀지. 방송 나가서 그 얘기 했더니 댓글이 난리도 아니었어. 이런 상황에서 주식을 사는 게 맞냐고. 사경인 회계사는 안전하게, 보수적으로 투자하는 줄 알았더니 지금 같은 시기에 어떻게 빚을 내서 투자하냐고, 저러다 큰일 날 거라고. 코로나 터지고 주식시장 폭락해서 사람들이 주식투자한 거 다들 후회하고 있을 때였거든. 주식시장 쳐다보기도 싫고 뉴스 보기도 무서워서 그냥 다 팔고 그만둘까 싶은데, 그 상황에 산다고 하니까 제정신인가 싶은 거지. 이미 반 날렸는데 또 사? 이렇게 생각하는 거지.

사람의 습성, 본성이란 게 주식시장하고 안 맞게 돼 있어. 그냥 마음 가는 대로 하면 돈을 잃어. 그걸 통제할 수 있어야 돼. 애들도 그러잖아. 몸에 안 좋은 과자나 음료수 같은 걸 본능대로라면 닥치는 대로 먹게 되잖아. 자기 것인지, 남의 것인지 구분도 하지 않고 눈에 보이는 대로 먹어서는 안 되겠지. 갖고 싶은 게 있다고 그냥 함부로 집어가거나 뺏어서는 안 되잖아. 그래서 그렇게 하지 않도록 가르치고 배우잖아. 본능에 지배당하지 않도록, 참고 기다리고 분별하도록 하잖아. 주식도 마찬가지야. 본능대로 하면 안 돼. 본능은 사지 말아야 할 때 사고, 팔지 말아야 할 때 팔고 싶어 해. 욕심이 날 때 사지 않고, 두려울 때 팔지 않으려면 배워야 돼. 투

144

자를 하기 전에 공부를 해야 한다는 게 그런 이유들 때문이야.

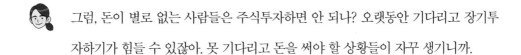

그럼, 돈이 별로 없는 사람들은 주식투자하면 안 되나? 오랫동안 기다리고 장기투자하기가 힘들 수 있잖아. 못 기다리고 돈을 써야 할 상황들이 자꾸 생기니까.

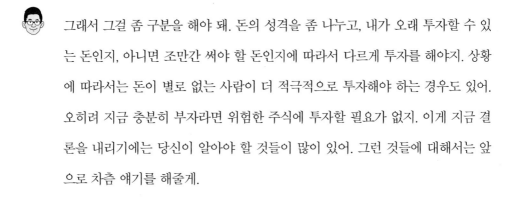

그래서 그걸 좀 구분을 해야 돼. 돈의 성격을 좀 나누고, 내가 오래 투자할 수 있는 돈인지, 아니면 조만간 써야 할 돈인지에 따라서 다르게 투자를 해야지. 상황에 따라서는 돈이 별로 없는 사람이 더 적극적으로 투자해야 하는 경우도 있어. 오히려 지금 충분히 부자라면 위험한 주식에 투자할 필요가 없지. 이게 지금 결론을 내리기에는 당신이 알아야 할 것들이 많이 있어. 그런 것들에 대해서는 앞으로 차츰 얘기를 해줄게.

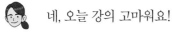

네, 오늘 강의 고마워요!

조급해하지 말고, 하나씩 천천히 배워가자

이번 강의는 처음 들어보거나 낯선 용어들이 많은 데다, 좋아하지 않는 숫자들이 자꾸 등장하다 보니 초반부터 겁이 났다. 하지만 계속 듣다 보니, 다행히도 내 눈높이에 맞춘 설명 덕분에 걱정보다는 쉽게 이해하며 따라갈 수 있었다. 평소 궁금했거나 의문을 가지고 있었던 부분들에 대해 수학적인 근거를 바탕으로 설명해 주니, '아~ 그래서 그런 거구나!' 고개가 절로 끄덕여지고, 하나씩 알아가는 즐거움도 느껴졌다. 앞으로 남은 수업들에 대해서도 두려움은 조금 내려놓고, 끝까지 즐거운 마음으로 잘 배워나갈 수 있겠다는 자신감도 조금씩 생겨난다.

산술평균과 기하평균에 대한 설명은 특히나 흥미로웠다. 내가 살아생전 수학에 흥미를 느끼는 날을 맞이하게 될 줄이야. 지금까지 내가 알고 있던 평균은 산술평균이었고, 주식투자에서 사용하는 평균은 이것과 다른 기하평균이라니 신기했다. 두 평균에 대해 정리하고 차이를 구분하고 나니, 결국 주식에 투자할 때 왜 장기투자와 분산투자를 해야 하는지 비로소 이해할 수 있었다. 지금까지는 그저 남들이 그렇게 해야 된다고 하니 그런가 보다 했지, 왜 그래야만 하는지 그 원리에 대해서는 미처 생각하지 못했다. 그러다 보니 장기투자가 맞다는 얘기를 들어도, 마음속으로는 단기간에 운 좋게 높은 수익을 얻기를 원했고, 그러면 참 좋겠다는 기대를 한 것 같다. 잘못된 욕심을 갖고 있었고, 그런 자세로 투자를 시작했다면 결과가 뻔했을 거라는 생각이 든다. 어느 순간 갑자기 큰 손실을 입고서 '역시 주식은 하면 안 되는 거였어', '다시는 안 할 거야'라고 하지 않았을까? 그런 시행착오를 겪지 않기 위해 욕심부리지 않고 하나하나 천천히 제대로 배워나가야겠다.

절대 초심을 잃지 말자!

조금씩 어려운 내용이 등장하더라도, 처음 배우는 과정이니 당연한 일이라 생각하고 조급해하지 않으려고 한다. 생소한 용어들도 하나씩 익숙해질 것이고, 왜 그렇게 해야 하는지 이유를 알고 나니 굳이 억지로 외우거나 하지 않아도 자연스럽게 받아들여지는 것 같다. 오르락내리락 변동성이 크면 결과가 나빠진다는 것, 나눠서 투자하되 시간을 나누면 불리해지고 돈을 나눠야 유리해진다는 것만 기억해도 큰 수확이 아닐까? 남편의 말대로 돈을 어떻게 나눌지, 그것부터 고민해야겠다. 내가 주식투자를 하게 된다면 어떤 종목에 투자할지만 상상해 봤지, 얼마를 투자할지는 생각해보지 않은 것 같다. 자산배분비율부터 정하자!

도박과 투자는 한 끗 차이

투자에 관한 얘기를 할 때, 도박에서 사용하는 용어를 사용하면 불쾌해하거나, 잘못됐다고 지적하는 사람들이 있다. 내 유튜브 영상에도 댓글로 이러한 점을 나무라는 사람들이 있었다. 물론 나도 똑같은 내용을 전달할 수 있는 다른 용어가 있다면 군이 도박에서 사용하는 단어를 사용하고 싶지는 않다. 하지만 내용을 이해하기 어렵게 만드는 금융용어와 쉽게 이해할 수 있는 도박용어가 있다면 후자를 사용할 것이다. '시세차익을 얻었다'라고 얘기하기보다는 차라리 '돈을 땄다'고 표현하는 게 편하고 듣는 사람도 이해하기 수월하다. 물론 '돈을 벌었다'는 표현으로 대체하는 게 가장 좋을 것이다. 하지만 '포지션 크기의 결정'이라고 하면 어떤 의미인지 거리낌 없이 이해가 되는가? 반면에 '베팅액'은 어떤가? 물론 '1회 투자금액'이라고 표현할 수도 있지만 베팅액만큼 이해하기 쉽고 직관적이지는 않다. 그래서 아내에게 '포지션 크기'나 '1회 투자금액'이라고 하지 않고 '베팅액'이라는 도박용어를 사용해 설명했다.

물론 주식을 이해하는 데 자꾸 도박용어를 사용하면 주식투자를 마치 도박처럼 여기게 된다는 우려도 이해한다. 하지만 그건 투자에 대한 이해가 너무나도 얕아서 생기는 문제다. 투자의 본질을 이해하고 원칙을 세우는 게 우선이다. 그리고 투자는 도박과 맞닿아 있는 부분이 분명히 있다. 흔히 도박으로 취급되는 포커는 수학적 확률이 승패에 영향을 미치는 카드게임이며 일종의 마인드 스포츠로 분류된다. 주식투자 역시 확률과 통계를 비롯한 여러 가지 지식을 필요로 하며, 심리(마인드)를 다스리는 것이 중요하게 작동한다.

148

'퀀트투자의 아버지'라고 불리운 에드워드 소프는 원래 수학자였다. 그는 MIT에서 수학강사를 하던 시절, 블랙잭이라는 카드게임에서 승률을 높일 수 있는 이론적인 방법(카드 카운팅)을 찾아냈고, 실제 이를 이용해 라스베이거스의 카지노를 누볐다. 카지노 블랙리스트에 오른 그는 주식시장에 뛰어들어 자신이 가진 지식을 바탕으로 최초의 퀀트펀드를 설립해 19.1%의 수익률(CAGR)을 기록했다. 아내에게 잠깐 얘기했던 켈리 방정식을 만든 사람이 바로 에드워드 소프이다.

도박이든 주식이든 피상적인 겉모습에 현혹되면 큰 손해를 보고 결국 후회하게 될 확률이 높다. 하지만 그 근본을 들여다보고 그 안에 숨어 있는 수학적인 원리와 인간의 심리를 이해할 수 있다면 위험을 낮추고 수익률을 높이는 데 도움이 된다. 워런 버핏 역시 카드게임인 브리지를 즐기는데, 에드워드 소프와 함께 브리지 게임을 즐기면서 확률에 관한 많은 얘기를 나눈 것으로 알려져 있다.

나는 도박용어를 사용해서는 안 된다고 스스로 금기를 만들기보다는, 도박이든 게임이든 투자에 필요한 요소가 있다면 기꺼이 배워나가겠다는 마인드를 가지고 있다. 그리고 나의 아내 역시 확률과 통계, 심리에 관한 지식을 배운다는 자세를 잊지 않고 보드게임과 카드게임을 즐겼으면 한다. 그리고 보드게임 마스터가 되어가고 있는 7살 아들한테 뒤지지 않기를 바란다.

투자성과를 비교하는 지표는 다양하다. 투자에서 가성비를 측정하는 위험대비 수익률은 위험과 수익률로 각각 어떤 값을 사용하느냐에 따라 샤프지수, 트레이너비율, 소르티노지수 등으로 존재한다.

● **위험대비수익률을 나타내는 지표들**

지표	수익률	위험
샤프지수	초과수익률	표준편차
트레이너비율	초과수익률	체계적 위험
소르티노지수	초과수익률	손실의 표준편차

대표 지표인 샤프지수는 투자안의 초과수익률을 표준편차로 나누어 계산한다.

$$S_p = \frac{R_p - R_f}{\sigma_p} = \frac{\text{포트폴리오 수익률} - \text{무위험수익률}}{\text{포트폴리오 수익률의 표준편차}}$$

예를 들어보자. 은행예금에 대한 이자율(무위험수익률로 가정)이 2%인 상황에서 A투자안의 수익률은 7%, B투자안의 수익률은 11%라 하자. 이때 투자안의 표준편차는 A가 5%, B가 10%라고 하면 샤프지수는 다음과 같이 계산된다.

● **샤프지수를 활용한 투자수익률 비교**

	초과수익률	표준편차	샤프지수
A투자안	7% - 2% = 5%	5%	5% ÷ 5% = 1.0
B투자안	11% - 2% = 9%	10%	9% ÷ 10% = 0.9

B투자안의 수익률이 높지만 위험(표준편차)도 높기 때문에 샤프지수를 비교한 결과 A가 더 우월한 투자안이 된다. 가성비가 더 뛰어난 것이다. B가 A보다 더 높은 성과를 보인 것은 단지 B가 더 높은 위험을 부담했을 뿐, 변동성이 크기 때문에 A보다 훨씬 나쁜 결과를 얻게 될 가능성도 높다고 해석한다. 샤프지수는 널리 사용되는 유용한 지표지만 몇 가지 한계도 있다. 먼저 수익률은 무위험수익률을 넘어서는 초과수익률을 사용하지만(은행에 넣어두기만 해도 얻게 되는 이자율보다는 더 벌어야 수익이 아니겠는가), 위험은 포트폴리오에 포함된 전체위험을 사용한다는 문제점이다. 아무것도 안 해도 얻을 수 있는 무위험수익률을 전체수익률에서 차감한 것처럼, 아무것도 안 하더라도 시장에 속해 있으면 부담하게 되는 시장위험을 전체위험에서 차감할 필요가 있다. 이것을 반영해서 계산한 것이 바로 트레이너비율이다.

샤프지수의 또 다른 문제점은 위험을 계산할 때 모든 변동성을 동일하게 취급한다는 데 있다. 수익률이 하락하는 것뿐만 아니라, 수익률이 상승하는 것조차도 동일한 위험으로 취급한다는 것이다. 이를 보완한 것이 소르티노지수다. 소르티노지수는 변동성에 해당하는 표준편차를 계산할 때 수익률이 마이너스일 때의 변동만을 고려한다. 즉, 가격이 하락한 날의 변동성만 고려하고, 가격이 상승한 날의 변동은 계산에 포함하지 않음으로써 가격이 하락하는 하방위험만 고려한 것이다.

전통적인 위험대비 성과(수익률)지표는 여러 가지 투자대안을 비교하기 쉽도록 해준다. 포트폴리오 A의 샤프지수가 0.8이고, 포트폴리오 B의 샤프지수가 0.75라면 A를 선택하면 된다. 트레이너비율이나 소르티노지수도 값이 높은 투자안이 더 좋은 투자안이 된다. 이렇게 상대적인 비교가 쉬운 반면에, 절대적인 의미는 모호하다. 샤프비율이 0.8이라면 표준편차 1%에 해당하는 위험을 부담하는 대가로 0.8%의 초과수익을 얻었다는 것이다.

이게 도대체 무슨 말인지 직관적으로 이해가 되는가? 손실의 표준편차 1% 대비 0.8%의 초과수익을 얻었다고 해도 마찬가지로 이해가 쉽지 않다. 그 의미가 직관적으로 이해가 되지 않고, 그저 A가 더 좋다는 결론만 얻을 수 있을 뿐이다. 이런 식의 비교를 통해 의사결정을 하는 경우, 실제 투자를 하게 되면 문제점이 생긴다. 바로 자신이 내린 선택이 무엇을 의미하는지 모른다는 점이다. 샤프지수 0.8인 A를 선택했다면 무엇을 기대할 수 있을까? 위험 1%에 대한 대가로 0.8%의 수익률을 선택했으니 이제부터 나는 어느 정도의 수익률을 기대할 수 있고, 어느 정도의 위험을 부담하는 걸까? 내가 한 투자의 결과는 어떻게 될까? 샤프지수 0.8이 의미하는 결과가 그려지는가? 초과수익률 8%에 표준편차가 10%라고 풀어서 이해하더라도, 그 의미가 크게 명확해지지는 않는다. 은행이자보다 8% 정도 더 수익이 날 것 같다는 것은 알겠지만, 표준편차 10%는 무슨 의미일까? 기대수익을 달성할 확률이 10%라는 건지, 아니면 그렇게 되지 않을 확률이 10%라는 건지, 그것도 아니면 예상하는 수익률에서 10% 정도 벗어날 수 있다는 의미인지 모호하다.

기대수익률 10%에 표준편차가 5%인 경우, 그 의미를 제대로 따져보자면 이렇다. 일단 투자결과가 정규분포를 따른다고 가정할 때(실제 금융시장에서 투자결과는 정규분포와 차이가 있다), 실제 내가 얻는 투자수익률이 기대수익률에서 표준편차 이내로 들어올 확률(10% ± 5% 즉, 5%에서 15%가 될 확률)이 68.26%이고, 이를 벗어날 확률은 31.84%라는 얘기다. 추가로 투자수익률이 기대수익률에서 표준편차의 2배 이내가 될 확률(10% ± 5%×2 즉, 0%에서 20%가 될 확률)은 95.44%, 표준편차의 3배 이내(-5% ~ 25%)가 될 확률은 99.74%가 된다. 최대한 쉽게 이해하도록 해 보자면 기대수익률에서 표준편차 이상으로 벗어날 확률은 대략 30%, 표준편차의 2배를 벗어날 확률은 5%, 3배를 벗어날 확률은 거의 없다고 생각하면 된다. 나의 능력으로는 이 이상 쉽게 이해시킬 수가 없다. 그럼에도 수학이라면 고개를 젓는 아내나 보통의 사람들이 직관적으로 이해하고 의사결정을 할 수 있을 것 같지는 않다. 기대수익률 6%에 표준편차 4%인 투자안과 기대수익률 8%에 표준편차 6%인 투자안 중 어느 것을 선택할지 판단이 서는가?

내가 아내에게 전통적인 위험대비 성과지표가 아닌, 수익률과 MDD를 사용하여 설명하는 이유가 바로 이 때문이다. 수익률(CAGR) 10%에 MDD가 (-)30%라고 하면, 연 수익률 10%를 기대하되 중간에 30%까지도 하락한 적이 있음을 의미한다. 내가 무엇을 기대할 수 있고, 어디까지 각오해야 하는지 수학적인 배경지식이 없더라도 좀 더 직관적으로 알 수 있다. 물론 과거의 수익률이나 MDD가 미래에도 반복된다는 얘기는 절대 아니다. 다만, 과거 경험상 어느 정도의 하락폭이 발생할 수 있는지, 그 이상의 하락폭이 발생한다면 과연 내가 견뎌내며 기다릴 수 있을지 등을 상상해 볼 수 있다. 아내와 같은 초보 투자자들에게는 샤프비율보다 MDD가 투자의 잔혹한 현실을 직시하는 데 도움이 된다고 판단했기에 이를 주요지표로 사용하였다.

대신에 이러한 방식이 가지는 단점도 존재한다. 일단 MDD는 분석기간이 달라지면 동일한 기준으로 해석할 수 없다. 예를 들어 수익률이나 표준편차는 연 단위로 환산할 수 있다. 과거 3년치 데이터도 연으로 환산하고, 10년치 데이터도 연으로 환산해서 동일하게 비교할 수 있다. 3년간 20% 상승했다면 연 환산 수익률은 6.27%가 되고, 10년간 80% 상승했다면 연 환산 수익률은 6.05%가 된다. 3년간 20% 상승한 경우의 수익률이 더 높은 것이다. 이렇게 연 단위로 동일하게 놓고 비교가 가능하다. 표준편차도 연 단위로 환산하여 계산할 수 있다. 하지만 MDD는 연 단위로 환산할 수 없다. MDD는 전체 분석기간에 있었던 낙폭(Drawdown)의 최댓값을 나타낼 뿐이다. 3년간 MDD가 20%인 경우와 10년간 MDD가 40%인 경우 어느 것이 더 낫다고 얘기할 수 없다. 동일한 단위기간으로 환산이 안 된다. 어떤 자산이 지난달에 전례 없는 70%의 폭락을 기록했다면, 지난 1년간의 MDD

도 70%고, 3년간의 MDD도 70%, 100년간의 MDD도 모두 70%가 된다. 최댓값인 MDD는 분석기간이 길어지면 절대 작아지지 않고 커지기만 할 뿐이다. 이 때문에 운용한 지 3년 된 펀드와 10년 된 펀드에 대해 샤프지수를 통한 비교는 해 볼 수 있지만, MDD를 통한 비교는 어렵다.

설사 동일한 기간을 두고 투자대안을 비교하더라도 MDD를 통한 비교는 우위가 명확하지 않다. 샤프지수 같은 경우에는 결과값이 크면 더 좋은 대안이 된다. 같은 위험에 대해 주어지는 보상이 크기 때문이다. 하지만 MDD 대비 수익률은 이러한 비교를 어렵게 한다. MDD는 낙폭(Drawdown) 중 최댓값이기 때문에 꾸준히 안정적인 수익을 보였더라도, 단 한 번의 폭락으로 값이 결정된다. 수익률 5%에 MDD 5%인 A와 수익률 9%에 MDD 10%인 B를 비교해서 A가 더 좋은 투자안이라고 할 수 있을까?

● **A와 B의 수익률과 MDD 비교**

	수익률	MDD	수익률/MDD
A투자안	5%	5%	5%÷5%＝1.0
B투자안	9%	10%	9%÷10%＝0.9

당신이라면 A와 B 중 어떤 투자안을 선택하겠는가? 중간에 5%까지 하락할 수 있지만 최종 5% 정도의 수익률이 기대되는 A와, 10%까지 하락할 수도 있지만 9% 정도의 수익률이 기대되는 B 중 어떤 투자안이 더 매력적으로 보이는가? 나라면 B를 선택하겠다. 투자를 하면서 10% 정도의 MDD는 사실 커다란 부담이 안 된다. 어차피 내가 충분히 감당해 낼 수 있는 수준의 MDD라면 MDD와 상관 없이 수익률이 높은 쪽을 선택할 것이다.

결국 MDD와 수익률을 통해 투자의 가성비를 생각해 보는 것은 투자안을 직관적으로 이해할 수 있는 반면에, 하나의 정해진 답을 주지는 않는다. 자신이 감당할 수 있는 MDD 수준에서 가능한 한 수익률이 높은 대안을 선택하기 때문에, 분석하는 사람마다 선택이 모두 달라질 수 있다. 따라서 수익률과 MDD 외에도 샤프지수나 소르티노지수 같은 전통적인 지표도 함께 살펴보기를 권한다. 뒤에서 다루게 되는 '포트폴리오 비주얼라이저'의 화면을 보면 CAGR, MDD와 함께 표준편차(Stdev), 샤프지수(Sharpe Raio), 소르티노지수(Sortino Ratio)도 함께 보여주니 이후 살펴보자.

실전! 나의 첫 투자 숙제 직접 MDD를 계산해 보자

Q 투자 경험이 있거나 관심 있는 종목의 10년 주가 그래프를 대략 그려보세요.

Q 그래프의 주가를 표시한 후 10년 기간 동안의 MDD를 대략 계산해 보세요.

사경인의 친절한 투자 과외

3 일 차

자산배분,
어떻게 할 것인가?

얼마까지의 MDD를 견뎌낼 수 있는가?

 자, 지난번에 했던 거 중요한 것만 복습해 봅시다. 이거 기억나죠?

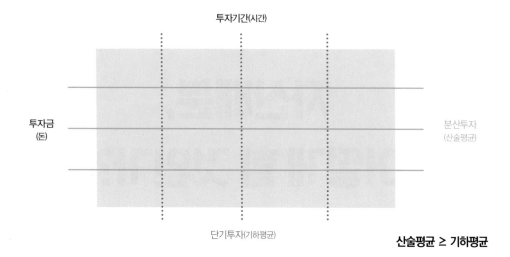

복습하자면 투자를 할 때, 가로로 돈을 나눠 투자할 수도 있고, 세로로 시간을 나눠서 투자할 수도 있어. 돈을 나누면 분산투자가 되고 산술평균이 적용되는데, 시간을 나누면 단기투자가 되고 기하평균이 적용되는 거지. 그런데 산술평균이 항상 기하평균보다 더 좋거나 같기 때문에 분산투자가 유리하고, 단기투자는 불리해.

자, 그래서 오늘은 분산투자를 할 때 어떤 자산에 나눠서 투자할 거냐, 섞을 만한 것들이 뭐가 있냐를 볼 거야.

 네~!

 그 전에 하나 생각해 보고 갈 게 있어. 우리 수익률과 MDD 배웠잖아. MDD가 뭐였지?

 꼭대기에서 바닥까지 얼마나 떨어졌는지!

 어, 맞아. 꼭대기에서 바닥까지 얼마나 떨어져 봤는지를 나타내는 수치야. 주식하고 부동산이 수익률은 비슷한데, MDD는 주식이 훨씬 커서 마음고생을 견디기가 힘들다고 했잖아.

 응, 그게 문제지.

 그럼 어디에 투자할지 알아보기 전에, 당신이 MDD를 얼마까지 견뎌낼 수 있을지 생각해 보자고. 당신은 투자한 돈이 몇 %까지 떨어져도 버틸 수 있을 것 같아?

 음…….

 그 전에 투자금액 규모는 정했나? 그것도 안 정했지?

 그치, 안 정했지.

 그럼 일단 1,000만 원으로 시작해 봅시다. 거기에 당신이 받는 월급 있잖아. 월급 중에 얼마나 투자가 가능한지, 종자돈 1,000만 원이랑 매월 투자 가능한 금액 이 두 가지를 가지고 계획을 세워보자고. 자, 이 돈을 가지고 투자했을 때 몇 %까지는 떨어져도 버틸 수 있겠어? 천천히 생각해 봐.

(고민 후) 음…… 50%는 힘들 것 같고, 한 40% 정도?

 오케이. 40%까지는 견딜 수 있겠다? 그럼, 수익률은 어느 정도를 생각하고 있어?

 어…….

 물론 많이 나면 날수록 좋겠지만, 나는 이 정도 수익률이 나오면 만족할 수 있겠다 하는 목표가 어느 정도일까?

 1,000만 원으로 생각해 보면?

 응.

 한 300만 원?

 1년에 300만 원? 그럼 수익률로 30%네?

 30%는 너무 높은가? 그럼 1년에 최소 20%?

 오케이. MDD 40%에 수익률 20%. 이걸 목표로 해서 달성할 수 있는 방법들을 찾아보자고.

큰 욕심 안 부리고 1년에 20% 수익 내고 싶다?

 자…… 그런데! 수익률 목표를 보통 이렇게 얘기들 해. 1년에 한 20%에서 30% 정도, 큰 욕심 안 부린다고. 혹시 전 세계에서 주식투자 제일 잘하는 사람들이 수익률 몇 % 정도 나오는지 알아?

 설마, 20%? 크크.

 (웃음) '피터 린치(Peter Lynch)'라는 사람이 있어. 미국의 펀드매니저인데, 유명한 책 『전설로 떠나는 월가의 영웅』도 쓰고, 마젤란 펀드라고 미국에서 제일 잘나갔던 펀드를 운용했어. 펀드에 공모펀드가 있고, 사모펀드가 있거든? 공모는 공개모집이라고 해서 누구나 다 돈만 내면 가입할 수 있어. 사모펀드는 사적으로 모집한 펀드여서 아무나 가입하지는 못 하고 몇몇 사람끼리, 주로 돈 많은 사람들이 모여서 만든 펀드거든. 누구나 가입할 수 있는 공모펀드 중에서는 제일 수익률 좋았던 걸로 유명한 게 바로 마젤란 펀드야. 그래서 피터 린치는 펀드매니저 중에서는 제일 유명하고, 제일 잘했던 사람으로 꼽혀. 그런데 이 사람 수익률이 몇 %냐면 29%야. 29%! 13년 동안 연 29.2% 수익을 냈거든? 그니까 당신이 처음에 30%라고 얘기한 건, 전 세계 최고보다 조금 더 잘하고 싶다고 얘기한 거지. 반에서 1등이나 전교 1등이 아니라 전 세계 1등!

 크…… 너무 높았구나?

 그런데 29% 수익을 냈을 때 어떻게 되냐면…… 1,000만 원 투자해서 300만 원 버는 것 같잖아?

 응.

별거 아닌 것 같은데, 그게 아니야.

그럼?

저기에 1억을 투자했을 때, 13년 뒤에 얼마가 되냐면…….

복리?

맞아. 1년에 29%씩 13년 복리로 수익을 내면 1억이 28억이 돼.

헉, 그렇게 많아진다고?

30%도 안 되는 수익인데 13년 만에 28배가 된 거야. 매년 30%씩 수익을 내면 13년 뒤에 28배로 뛰어.

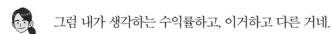 그럼 내가 생각하는 수익률하고, 이거하고 다른 거네.

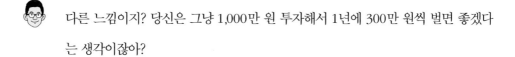 다른 느낌이지? 당신은 그냥 1,000만 원 투자해서 1년에 300만 원씩 벌면 좋겠다는 생각이잖아?

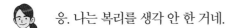 응. 나는 복리를 생각 안 한 거네.

맞아. 그렇게 생각하는 건 단리 개념이야. 1,000만 원에 대해서 매년 300만 원씩 단리를 생각한 거지. 피터 린치 수익률을 단리로 따져볼까? 13년 동안 1억이 28억이 된 거니까 총 27억을 번 거지. 그럼 13년 동안 27억을 번 거니까, 1년에 2.1억씩 번 거랑 마찬가지야. 1억 넣고 매년 2배가 넘는 2.1억씩 벌었으니까 단리로는 210% 수익률이야!

 오~~~!!!

이게 복리의 마법이라고 부르는 거지. 내가 자꾸 당신한테 산술평균, 기하평균, 단리수익률, 복리수익률, CAGR 이런 거 구분해서 얘기하는 게 각각의 수치마다 차이가 실제로 어마어마하거든.

 그러네.

주식투자로 제일 유명한 사람이 누구지?

존 리?

(웃음) 존 리 선생님도 유명하신데, 우리나라 사람 말고 전 세계적으로 제일 유명한 사람.

버핏!

맞아, 워런 버핏. 버핏이 전 세계에서 주식투자로 가장 많은 돈을 번 사람이지. 어마어마한 돈을 벌었어. 그런데 버핏의 수익률은 23%밖에 안 돼. 버핏은 54년 동안 23% 수익을 냈어.

와, 54년?

응. 54년 동안 복리로 연 평균 23% 수익을 냈거든? 그럼 1억 투자했을 때, 54년 동안 23% 수익을 꾸준히 내면 그게 얼마나 될까? 셋 중에 골라봐. 100억, 1,000억, 1조!

(씨익) 가장 많은 거!

(웃음) 제일 큰 거? 눈치는 빨라 가지고. 맞아, 1조에 가장 가까워. 그런데 정확히는 1조보다 10조에 가까워. 1억이 7조가 됐어.

 7조? 어머!

워런 버핏 (버크셔 해서웨이)	23% (54년)

1억   54년 뒤   →   7조 1,594억(연 1,326억)

 1억 가지고 7조를 만들었으니, 세계 최고 부자가 될 수밖에 없겠지. 그런데 이게 복리수익률로 23%밖에 안 된다고. 1억이 7조 1,594억이 됐으니까, 결국 원금 1억 빼고 54년 동안 7조 1,593억을 벌었지? 그럼 단리로 1년에 1,326억씩 번 거랑 똑같아. 1억 넣고 1년에 1,326억씩 벌었으니 단리로는 13만 2,600%인 거지. 복리가 기간이 길어지면 이렇게 무서워. 버핏이 투자를 중학생 때부터 시작했는데 후회가 된다고 했어. 더 일찍 시작해야 했는데 너무 늦었다고. 그래서 다시 태어나면 5살 부터 시작하고 싶대.

 우리 이준이(첫째 아들)도 늦었네? (웃음)

 피터 린치가 버핏보다 수익률이 높잖아. 그런데 버핏은 그 수익률을 오랫동안 유지했어. 더 높은 수익률을 낸 피터 린치가 1년에 2억 벌었는데, 버핏은 1,300억을 벌었으니까. 그래서 오랜 기간 꾸준한 수익을 내는 게 중요해.
자, 그런데 당신은 처음에 30% 얘기했다가, 좀 낮춰서 소박하게 20%를 목표 수익률로 잡은 거지. 소박하게 큰 욕심 안 부리고, 버핏 정도만 벌겠다고. 별 욕심 없이 전 세계 1등 하고 싶다는 얘기야! 대부분의 사람들이 이렇게 잘못 생각하고 있어. 너무 높은 목표를 잡는 거지. 당신이 지금 골프 배우면서 프로대회에 나가 우승하겠다, 타이거 우즈나 박세리처럼 전 세계 1등이 되겠다는 목표를 잡고 연습하는 건 아니잖아?

 그쵸.

 그저 동네에서, 친구들 사이에서 잘하는 수준이 현실적인 목표잖아. 투자도 현실적으로 동네 수준의 목표를 세워보자고. 이걸 엑셀을 이용해서 계산해 볼게. 내가 미리 만들어놓은 엑셀 파일이 있는데 여기다 숫자를 바꿔가면서 현실적인 목표를 세워보자.

 QR코드로 연결된 페이지2북스 블로그를 통해 목표 수익률을 계산할 수 있는 엑셀 파일을 무료로 다운로드받을 수 있습니다. 이번 장 마지막 부분에 엑셀 수식에 대한 추가 설명을 해놨으니 직접 따라하며 익히시길 권합니다.

자, 엑셀 파일을 다운 받아서 수익률 칸에 목표하는 복리수익률을 적고 그 옆에 원하는 기간을 입력하면 투자금 1억이 얼마로 늘어나는지, 그리고 그걸 단리수익(산술평균수익)으로 바꾸면 1년에 얼마씩 버는 거랑 같은지 나와. 버핏은 23% 수익률을 54년간 내니까 71,593.9억이 되고 단리수익으로는 1년에 1,325.8억씩 벌어들인 게 돼. 피터 린치는 29.2%씩 13년 벌어서 1억이 28억이 되고, 매년 2.1억씩 번 거랑 같아지지. 그럼 그 밑에 당신은 몇 %씩, 몇 년을 투자할 건지 목표를 세워보자고.

● 워런 버핏과 피터 린치의 수익률 비교(단위: 원)

대가	수익률	기간(년)	투자금	결과	연 (산술)평균수익
워런 버핏	23.0%	54	1억	71,593.9억	1,325.8억
피터 린치	29.2%	13	1억	28.0억	2.1억
이지영	?	?	1억	1.0억	?

 일단 투자기간부터 생각해 봅시다. 몇 년 정도 투자할 수 있지?

 나는 길게 할 수 있어요. 5년, 10년? 장기투자하라고 했으니까.

 장기로 5년, 10년? 그래…… 5년, 10년이 장기로 느껴지지? 자, 일단 한번 해 보자고. 초기 투자금은 1,000만 원으로 정했으니까 1,000만 원으로 시작해서 처음 목표였던 30% 수익 낸다고 생각해 보자. 전 세계 1등 수익률!

 아이고…… 죄송했습니다.

 크크, 일단은 한번 계산해 보자고. 30% 수익을 5년, 10년 동안 내면 결과가 이렇게 돼.

● 1,000만 원으로 30% 수익을 5년, 10년 동안 냈을 경우 비교(단위: 원)

수익률	기간(년)	투자금	결과	연 (산술)평균수익	월 수익
30%	5	1,000만	3,713만	543만	45만
30%	10	1,000만	13,786만	1,279만	107만

계산했을 때 5년이면 약 3,700만 원이 되고, 10년이면 1억 3,700만 원이 넘어. 단리로는 1년에 543만 원(5년), 1,279만 원(10년)씩 버는 거랑 똑같지. 그런데 문제는

이건 전 세계 1등이나 가능한 결과고. 우리가 낼 수 있는 결과는 아니야. 만약 30% 수익을 계속해서 내게 되면 어떨까? 지금 투자기간으로 5년, 10년 얘기를 했는데 사실 그 정도는 장기가 아니야. 당신은 이제 투자를 시작하면 몇 년을 해야 하냐면 죽을 때까지 평생 해야 돼. 우리가 수익률로는 투자 대가들을 따라갈 수가 없어. 대신에 투자기간은 따라가 볼 수 있지. 건강관리 잘하면 우리가 더 오래 살 확률은 있으니까. 당신이 앞으로 40년은 더 살 테니까 투자기간이 10년, 20년, 30년, 40년이 되면 어떤 결과가 나오는지 보자고. 자, 이게 30% 수익률로 40년 투자했을 때의 결과야. 얼마가 되지?

● 1,000만 원으로 30% 수익을 40년 동안 냈을 경우 비교(단위: 원)

수익률	기간(년)	투자금	결과	연 (산술)평균수익	월 수익
30%	10	1,000만	13,786만	1,279만	107만
30%	20	1,000만	190,050만	9,452만	788만
30%	30	1,000만	2,619,996만	87,300만	7,275만
30%	40	1,000만	36,118,865만	902,947만	75,246만

 어머, 안 세어져.

 나도 단위가 헷갈리네. 일, 십, 백, 천, 만…… 천억이네. 3,611억!

 허~~~ 말도 안 되게 많네.

 1,000만 원 투자해서 1년에 9억…… 이 아니라 90억씩 버는 거고, 한 달에 7억 5,000만 원씩 버는 거야. 1,000만 원 가지고 한 달에 7억 5,000만 원! 단돈

1,000만 원 가지고 30% 수익을 40년 동안 내면 한 달에 7억 5,000만 원씩 버는 거랑 같은 결과가 나오잖아. 이준이랑 나랑 40살 차이인데, 지금 이준이한테 1,000만 원을 주고 30%씩 수익을 내게 하면, 내 나이 됐을 때 3,600억을 갖게 된다는 얘기야. 2,000만 원 주면 7,200억이 되고. 3,000만 원이면 1조가 넘지. 복리가 얼마나 무서운 건지, 처음에 세웠던 목표가 얼마나 말도 안 되게 큰 욕심이었는지 이제 알겠지? 내가 보기에 30% 목표는 말도 안 돼.

 10%? 아님 5%? 그래, 5%!

복리라면 5%도 결코 나쁘지 않다

 5%도 나쁘지 않아. 한번 계산해 보자고. 5% 수익 내면 이렇게 돼.

● **1,000만 원으로 5% 수익을 40년 동안 냈을 경우 비교**(단위: 원)

수익률	기간(년)	투자금	결과	연 (산술)평균수익	월 수익
5%	10	1,000 만	1,629 만	63 만	5 만
5%	20	1,000 만	2,653 만	83 만	7 만
5%	30	1,000 만	4,322 만	111 만	9 만
5%	40	1,000 만	7,040 만	151 만	13 만

1,000만 원이 40년 뒤에는 7,000만 원이 되는 거지. 1,000만 원 투자해서 1년에 151만 원, 한 달에 13만 원씩! 투자금을 1억으로 계산해 보면 1억 투자해서 한 달에 126만 원씩 버는 거야.

● 1억 원으로 5% 수익을 40년 동안 냈을 경우 비교(단위: 원)

수익률	기간(년)	투자금	결과	연 (산술)평균수익	월 수익
5%	10	1억	1.6억	629만	52만
5%	20	1억	2.7억	827만	69만
5%	30	1억	4.3억	1,107만	92만
5%	40	1억	7.0억	1,510만	126만

 지금 내가 사무실로 쓰는 오피스텔이 시세가 1억 정도 하거든? 그런데 한 달에 월세 50만 원씩 내고 있어. 오피스텔 1억 투자해서 한 달에 50만 원 버는데, 주식에 1억 투자해서 126만 원씩 받는 거면 나쁘지 않지. 30년 투자한다고 해도 한 달에 92만 원씩 나오는 꼴이고. 그러니 5%도 나쁘진 않아. 조금 더 욕심내 볼까? 만약 6%면 이렇게 돼.

● 1,000만 원으로 6% 수익을 40년 동안 냈을 경우 비교(단위: 원)

수익률	기간(년)	투자금	결과	연 (산술)평균수익	월 수익
6%	10	1,000만	1,791만	79만	7만
6%	20	1,000만	3,207만	110만	9만
6%	30	1,000만	5,743만	158만	13만
6%	40	1,000만	10,286만	232만	19만

6%의 수익률로 20년 투자했을 때 1,000만 원 투자하면 1년에 110만 원씩 버는 거고, 30년 투자하면 158만 원씩 버는 거야. 1억 투자하면 매년 1,100만 원, 1,580만 원씩 버는 거지. 8%면 어떨까?

수익률	기간(년)	투자금	결과	연 (산술)평균수익	월 수익
8%	10	1,000 만	2,159 만	116 만	10 만
8%	20	1,000 만	4,661 만	183 만	15 만
8%	30	1,000 만	10,063 만	302 만	25 만
8%	40	1,000 만	21,725 만	518 만	43 만

8% 수익률로 20년이면 매년 183만 원씩, 30년이면 302만 원씩 버는 거지. 처음에 당신이 생각했던 게 300만 원이었잖아? 1,000만 원 가지고 1년에 300만 원씩 벌면 좋겠다고 생각해서 30% 얘기한 거잖아. 그게 8% 수익률로 30년 투자하면 되는 거야. 30% 수익을 내는 건 어렵지만, 8% 수익은 도전해 볼 만하거든. 대신에 평생에 걸쳐 꾸준히 투자하는 게 더 어렵지. 만약 40년 투자한다면 단리 수익률로 50%가 넘는 거야.

수익률 8%면 괜찮은 목표가 될 거야. 아파트랑 비교해 보자고. 지금 5억짜리 아파트 사면 20년 뒤에는 얼마나 오를 것 같아? 요새 서울에 5억짜리 아파트 구하기도 어렵지만, 있다고 가정하고 이게 20년 뒤에 팔 때 얼마 정도가 되면 괜찮은 투자일까?

모르겠어. 아파트를 사본 적이 없어서 감이 없네! (웃음)

5억에 산 아파트를 24억에 팔면 어때? 5배 올라서 파는 거야. 나쁘지 않지?

5배나 올랐으면 엄청 좋지.

그게 8%야. 1년에 8%씩 오르면 20년 뒤에 5배 정도가 돼. 5억이 23.3억이 된다고 하면 나쁘지 않잖아.

● 5억 원으로 8% 수익을 40년 동안 냈을 경우 비교

수익률	기간(년)	투자금	결과	연 (산술)평균수익	월 수익
8%	10	5 억	10.8 억	5,795 만	483 만
8%	20	5 억	23.3 억	9,152 만	763 만
8%	30	5 억	50.3 억	15,104 만	1,259 만
8%	40	5 억	108.6 억	25,906 만	2,159 만

 그러네~!

 만약 10%씩 올라버리면 5억짜리 아파트가 20년 뒤에 33억이 되는 거거든? 그러니까 복리로 10%면 어마어마한 거고, 8%도 대단한 거야. 자, 다시 한번 정해보자. 목표 수익률 몇 %로 할래?

 8%!

 기간은?

 일단 20년!

 오케이. 그럼 일단 수익률 목표는 20년간 연 8%, MDD는 40%로 정해봅시다. 쉽지 않은 목표긴 해. 그래도 어떻게든 달성할 방법을 한번 찾아보자고!

목표 수익률 8%,
MDD 40%

자산배분의 3가지 요소

 지난번에 몇 가지 자산을 섞어서 자산배분 투자를 해야 한다고 했잖아. 자산배분 투자를 하기 위해서는 세 가지를 정해야 돼. 첫 번째는 '어디에 투자할 것이냐'야. 뭘 섞을 건지 정하는 거지. 예를 들어 '주식하고 부동산에 투자할 거야' 아니면 '주식하고 채권에 투자할래' 이런 식으로 정하는 거야.

두 번째는 '얼마씩 배분할 거냐'를 정해. 주식하고 부동산에 배분한다고 하면, 주식에 얼마를 투자하고 부동산에 얼마를 투자할지 금액이나 비율을 정하는 거야.

마지막으로 '리밸런싱을 어떻게 할지' 정해야 돼. 리밸런싱은 뭐냐면, 가격이 바뀌었을 때 비율을 다시 맞춰주는 거야. 예를 들어 주식하고 부동산에 반반, 50%씩 투자하기로 정하고 500만 원씩 투자했는데 주식이 오르면 비중이 커지게 돼. 주식은 600만 원으로 오르고, 부동산은 500만 원 그대로면 이제는 비율이 반반이 아니잖아. 그럼 주식을 50만 원 덜어낸 다음 부동산에 투자해서 다시 반반 맞춰주는 걸 리밸런싱이라고 해.

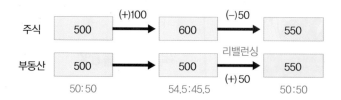

이 리밸런싱을 얼마나 자주 할지, 6개월에 한 번 할 건지, 1년에 한 번 할 건지, 어떻게 할지를 정하는 거지. 이렇게 배분할 자산, 배분비율, 리밸런싱 주기 세 가지를 정해서 자산배분을 할 거야.

어떤 것들을 섞어야 하는가?

 먼저, 어디에 배분할 거냐, 주식하고 부동산 말고도 투자할 만한 게 뭐가 있나를 보자고. 이걸 생각해 보기 위해서는 우리가 학교 다닐 때 배운 자본주의의 원리를 떠올려봐야 해. 자본주의에서 돈 벌기 가장 좋은 방법은 사실 사업이야. 투자를 하는 것보다, 내가 내 사업을 해서 성공하는 게 가장 많은 돈을 벌 수 있지. 나 역시도 지금까지 투자로 꽤 많은 돈을 벌었지만, 아직까지는 회사를 세워 사업해서 번 돈이 더 많아. 강의나 교육 비즈니스로 번 돈이 아직은 더 많단 말이야. 버핏이 주식투자로 가장 많은 돈을 벌었다고 했는데, 버핏보다 돈 더 많이 번 사람들도 있어.

 사업하는 사람들?

그렇지. 마이크로소프트를 창업한 빌 게이츠나, 아마존을 세운 제프 베조스 같은 사람들 재산 순위가 버핏보다 높아. 오히려 투자자인 버핏이 부자 순위 10위 안에 들어가 있는 게 특이한 케이스지. 나는 이준이(첫째)나 이담이(둘째)가 사업을 했으면 좋겠어. 물론 투자를 가르치긴 하겠지만, 그건 사이드로 가져가는 거고 메인은 사업을 했으면 하는 마음이야. 사업을 하는 게 돈 벌기는 가장 좋지만, 사업은 아무나 쉽게 할 수 있는 건 아니잖아? 사업을 할 만한 아이템이 있어야 하고.

 투자금도 있어야 하지.

 맞아. 그리고 여러 가지 능력도 있어야 하고. 그렇다면 사업을 할 수 있는 능력이나 여건이 안 되는 사람들은 어떻게 할거냐…… 그럴 때는 사업을 하는 사람을 도와 주면 돼. 사업하는 데 내가 도움을 주고 그 결과를…….

 나눠가져?

 그렇지. 그럼 우리가 도와줄 수 있는 거, 사업할 때 필요한 게 뭐가 있냐면, 학교 다닐 때 '경영의 3요소'라고 배운 게 있거든? 혹시 뭔지 기억나나?

 (단호하게) 아니!

 (웃음) 사업할 때 필요한 세 가지가 있어. 뭐가 필요할까?

 돈!

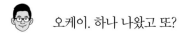 오케이. 하나 나왔고 또?

인력. 사람!

어, 맞아. 나머지 하나는?

음……. 있을 공간?

그렇지. 3개 다 맞췄네!

그래? 크크크

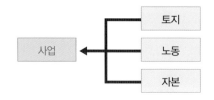

있을 공간이 토지, 인력이 노동, 돈이 자본! 그래서 이 세 가지 토지, 노동, 자본을 경영의 3요소라고 해. 그래서 내가 직접 사업을 하지 못하면 토지를 제공하거나, 노동을 제공하거나, 아니면 자본을 제공해서 사업에 간접적으로 참여할 수 있는 거지.

아하!

이때 참여한 대가를 받게 되거든? 땅을 빌려주면 임대료를 받고, 노동을 제공하면

급여를 받는데, 이 대가를 고정금액으로 받을 수도 있고, 변동금액으로 받을 수도 있어. 변동금액으로 받기로 했다면 사업 성과에 따라 받는 돈이 달라지지. 사업이 잘되면 많이 받고, 안되면 적게 받아.

땅을 빌려주고 임대료를 받을 때는 대부분 고정으로 받아. 임대료가 한 달에 얼마 이런 식으로 정해져 있잖아? 그런데 그걸 변동으로 받을 수도 있어. 임대료를 변동으로 받는 곳이 대표적으로 백화점이야. 백화점은 매장에 들어온 입점 업체들한테 임대료를 받거든? 백화점은 자기들이 직접 물건을 파는 게 아니라(직매장이 있긴 하지만 전체 매장에서 차지하는 비중이 낮다), 그 공간을 업체들한테 빌려줘. 자기 건물에 들어와서 물건 팔아보라고 한 다음에 임대료를 어떻게 받냐면, 거기서 나오는 매출의 몇 % 이렇게 받아. 매출액의 30%를 임대료로 내라고 하는 거지. 그래서 장사가 잘되는 매장에서는 임대료를 많이 받게 돼.

아, 그래?

다른 걸로 뭐가 있냐면 스타벅스 알지?

잘 알지.

스타벅스가 가맹점 안 받잖아.

맞아, 전부 직영이야.

스타벅스가 프랜차이즈 가맹은 안 받는데, 그 대신 스타벅스한테 건물을 빌려줄 수 있어. 내 건물에 들어와서 직영해 보지 않겠냐고 제안할 수 있는데, 이때 임대료를 변동임대료로 받을 수 있어. 스타벅스 홈페이지를 보면 '입점 제의'라고 있는데 거기서 신청을 하는 거야. 예전에 ○○아빠가 그거 신청했다고 했잖아?

 어, 맞아. 그런데 안 됐다고 했어.

 그 입점 제의를 할 때 월세를 고정으로 할지, 변동으로 할지 선택할 수 있어.

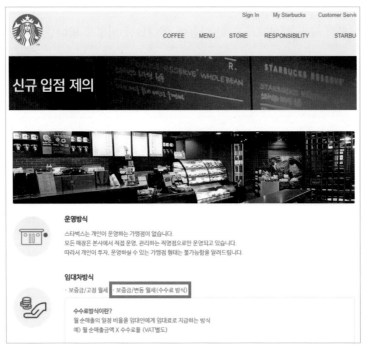

출처: 스타벅스 공식 홈페이지

만약 변동임대료로 계약하면 매장 매출의 일정 비율을 월세로 받는 거야. 스타벅스가 직영점만 운영하기 때문에 가맹점을 내서 사업을 할 수 없는 대신에, 변동임대료로 건물을 빌려주면 장사가 잘됐을 때 내 소득도 늘어나니까 사업에 간접적으로 참여하게 되지.

아, 그런 거였어?

응. 일을 하고 받는 대가도 변동으로 받는 게 가능해. 우리가 보통 받는 월급(급여)은 고정금액이지? 그런데 성과급이나 보너스 같은 건 실적에 따라 변동으로 받잖아. 아니면 스톡옵션이라는 게 있어. 저번에 나한테 ○○회사에서 같이 일해 보자고 제안 왔는데 스톡옵션도 준다고 했잖아? 스톡옵션은 일한 대가로 회사 주식(stock)을 살 수 있는 권리(option)를 주는 건데, 회사가 잘돼서 주가가 오르면 내가 일하고 받는 대가가 커지는 거지.

돈, 자본을 제공하고 고정대가를 받는 건 이자를 받는 거야. 돈을 빌려주고 정해진 이자를 받지. 사업이 잘되냐 안되냐에 따라 변동으로 받는 건 배당이야. 그래서 사업을 직접 하지 못할 때, 간접적으로 참여하고 받는 게 임대료나 월급, 이자, 배당이야.

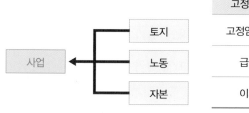

	고정대가	변동대가
토지	고정임대료	변동임대료
노동	급여	스톡옵션
자본	이자	배당

우리가 이런 걸 받기 위해 어디에 투자하냐면, 임대료를 받기 위해 부동산에 투자해. 이자를 받기 위해 투자할 수도 있는데, 은행에 넣는 예금은 직접 이자를 받기 위해 투자하는 건 아냐. 우리가 받는 대부분의 이자는 은행에서 받는데, 은행에 맡

기는 건 간접에 다시 간접투자(재간접투자)를 하는 거지. 은행에 예금을 맡기면, 은행이 이 돈을 사업하는 사람들한테 다시 빌려주는 거잖아. 그럼 사업하는 사람이 은행한테 이자를 주고, 그 이자 중에 일부를 예금주인 우리한테 주는 거지. 그런데 은행을 거치지 않고 회사에 직접 빌려주고 이자를 받을 수도 있어. 그게 채권이야! 내가 삼성전자 채권을 사면, 삼성전자에 직접 돈을 빌려주고, 삼성전자한테 직접 이자를 받게 돼. 그리고 배당을 받기 위해 투자하는 게 뭐지?

 주식!

 그래서 자산배분을 할 때 어떤 자산에 나눠서 투자해야 하냐, 어떤 것들을 섞어야 하냐고 할 때 나오는 가장 대표적인 세 가지가 부동산, 채권, 주식이야. 이 세 가지를 가지고, 예를 들어 부동산에 1/3, 채권에 1/3, 주식에 1/3 하는 식으로 투자할 수 있는 거지.

그런데 우리가 부자가 되고 싶으면, 부자가 될 가능성을 열어놓으려면 대가를 고정으로 받아야 할까, 변동으로 받아야 할까?

 변동!

그렇지! 고정된 급여, 고정된 임대료, 고정된 이자를 받아서 부자가 되려면 억대 연봉을 받는 능력자거나 아니면 이미 돈이 많아야 돼! 이자만 받고 살 수 있거나 임대료만 가지고도 살 수 있다면 이미 부자인 거지.

변동대가를 받아야 부자가 될 가능성이 열리는데, 대부분의 사람들은 고정급여만 받고 있어.

 (끄덕끄덕) 맞아.

 사실은 고정대가도 필요하고, 변동대가도 필요해. 모든 대가가 다 변동이면 삶이 안정되지 않거든. 만약 우리 식구가 살아가는 데 한 달에 최소 200만 원은 필요하다면, 그 금액까지는 매달 고정적으로 들어와 줘야 생계에 대한 걱정을 안 하잖아. 대신에 그 금액을 넘어서는 건 변동으로 받아야 부자가 될 가능성이 열리지. 그런데 대부분의 사람들은 고정급여만 받고 나머지 소득이 별로 없어.

고정급여를 받는 월급쟁이는 세 가지 변동 대가(변동임대료, 스톡옵션, 배당) 중 하나라도 추가가 돼야 부자가 될 가능성이 열리지. 그런데 스톡옵션은 내가 받고 싶다고 그냥 주는 게 아니고, 변동임대료를 받는 부동산을 사는 것도 쉽지 않지. 그렇다면 남은 건 배당을 받을 수 있는 주식뿐이야. 그래서 보통 사람들에게는 주식이 부자가 될 가능성을 열어주는 수단이 되는 거지.

반대로…… 내가 사업을 한다? 사업을 하는 사람들은 소득이 어떻겠어?

 들쑥날쑥 변동이 심하지.

 그러니까 오히려 사업하는 사람들은 고정대가가 나오는 자산에 투자하는 게 좋아.

안정적인 이자가 나오는 채권을 사거나 정해진 임대료가 꼬박꼬박 나오는 부동산을 사는 거지.

 아하, 그러네.

 만약 내가 일해서 버는 소득이 변동이다, 그러면 투자해서 나오는 소득은 고정으로 두는 게 좋고, 일해서 버는 게 고정이면, 투자는 변동으로 열어두는 게 좋은 거지. 그런데 우리 대부분은 어떻게 하냐면, 월급 고정으로 받고, 돈은 은행에 예금으로 넣어둔단 말이야? 은행에서 받는 이자는 아까 말한 대로 사업하는 사람에게 직접 받는 게 아니라, 은행을 한 번 더 거쳐서 받는 거야. 그래서 직접 빌려주는 것보다 이자가 더 적어. 고정으로 받는 급여랑, 은행 한 번 거쳐서 받는 이자, 이 두 가지만 의존해서 부자가 되려고 하면 쉽지 않지. 그러고는 고민 끝에 주식투자를 하는데, 이것도 직접 하는 게 아니라 펀드에 가입하지. 은행하고 마찬가지로 펀드도 한 단계를 더 거치기 때문에 받는 돈은 줄어들어.

결국 급여랑 예금, 펀드에만 의존해서는 돈 벌기가 쉽지 않으니 부동산이나 채권, 주식에 투자할 필요가 있는 거지.

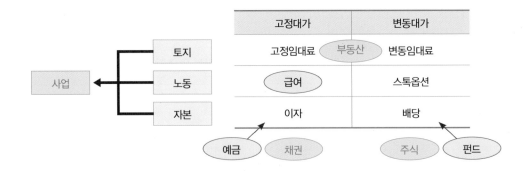

> 대부분의 사람은 검은색 동그라미에 의존하고 있으나,
>
> 부자가 되기 좋은 건 붉은색 동그라미다.

언제, 어떤 자산이 투자하기 좋을까?

 부동산이나 채권, 주식에 투자할 때 언제 투자하는 게 좋은지에 대한 고민도 있어. 언제 주식이 좋고, 언제 부동산이 좋은지, 어떨 때 채권에 투자하는 게 좋은지 판단하는 거지. 이걸 고민한 결과들이 여러 가지가 있는데, 당신이 이해하기 가장 쉬운 건 아마 '코스톨라니의 달걀'일 거야. 코스톨라니라는 사람도 되게 유명한 사람이야. 헝가리 유대인 출신의 투자가인데, '유럽의 워런 버핏'이라고 불려.

지금 보여줄 건 코스톨라니가 자기 책에다 쓴 달걀 모형을 우리나라에서 박경철(시골의사)이라는 분이 응용해서 만든 건데[*], 일단 두 가지 관점이 필요해. 첫 번째는 경기야. 경기가 뭐지?

 글쎄…… 변동하는 거?

 어, 맞아! 변동하는 건데, 뭐가 변동하는 거지?

 음…

---

[*] 박경철, 「시골의사의 부자경제학」, 리더스북, 2011

경기가 좋아졌다거나 나빠졌다는 얘기를 많이 하잖아. 뭔지는 어렴풋이 아는데 막상 입이 잘 안 떨어지지? 경기라는 건 쉽게 말해서 경제의 기운 같은 느낌이야.

 어어, 그래.

 경제의 기운이라는 게, 뭔가 막 장사도 잘되고 이것저것 경제적으로 잘 풀릴 때 경기가 좋다고 하잖아. 반대로 장사도 안되고, 돈도 없어서 힘들 때 경기가 안 좋다고 하지. 그런데 경기가 당신 말대로 변동을 해. 좋아졌다 나빠졌다, 좋아졌다 나빠졌다를 반복한다고.

그리고 또 하나 중요한 건 금리야.

 금리라면, 이자?

 지금 어디에 투자하는 게 좋냐, 어떤 게 전망이 밝냐 이걸 결정할 때 확인해야 할 두 가지가 경기가 좋은지 나쁜지, 그리고 금리가 높은지 낮은지야(사실 금리보다 물가를 축으로 삼는 게 더 유용하지만, 일단 전통적인 견해에 따라 금리를 바탕으로 설명했다). 금리라는 건 우리가 보통 얘기하는 이자율인데, 이 이자율이라는 건 결국 '돈의 가격'이거든?

돈에도 가격이 있어. 예를 들어 내가 차를 빌려 쓸 수 있지? 차를 사는 게 아니라 리스나 렌탈로 빌려서 이용할 수 있는데, 비싼 차를 빌리면 리스료나 렌탈비를 많이 내야 하잖아.

 그렇지.

 리스료나 렌탈료가 차를 빌려서 쓰는 데 내야 할 가격이라면, 돈을 빌렸을 때 내야 하는 가격이 바로 이자잖아.

 어, 비슷한 거네.

 그래서 돈이 귀하고 비쌀 때는 이자를 많이 줘야 돼. 반대로 돈이 넘쳐나고 쌀 때는 이자를 조금만 줘도 되지. 이렇게 금리가 돈의 가격이다 보니까, 돈을 벌기 위해서는 그 가격을 잘 봐야 돼. 주식투자 할 때 주식의 가격인 주가가 중요하듯이, 돈 벌려고 할 때 돈의 가격도 중요해.
금리도 경기처럼 올라갔다 내려갔다 하는데, 경기가 나빠지면 금리는 올라갈까, 내려갈까?

 음…… 올라가!

 경기가 나빠질 땐, 금리가 떨어져!

 아, 그래? 떨어져? 왜?

경기가 나빠지면 사람들이 돈을 가져다 투자하려고 할까?

 아니, 안 하지!

 그치? 지금 투자할 데도 없고, 장사도 잘 안 되는데 돈을 가져다 쓰거나 투자하려고 하지 않겠지? 그러니까 돈을 빌려다 쓰려고도 안 해. 은행에서 이자 10%로 빌려주겠다 하면, '이자, 10%? 그 돈 가져다 장사해 봐야 10% 못 버는데, 이자를 어떻게 내?' 하면서 안 빌려가겠지. 그럼 은행 입장에서는 9%에 줄 테니 빌릴래? 8%? 5%? 하면서 점점 이자를 낮추는 거지. 어떻게든 돈을 빌려줘야 은행도 이자를 받아먹고 살기 때문에. 안 팔리고 남는 재고 싸게 넘기고 정리하듯이, 안 빌려가고 남는 돈을 싸게 빌려주려고 하는 거야. 반대로 경기가 좋아지면?

 그럼, 올라가겠네.

 그렇지. 경기가 좋아지면 사람들이 '어? 장사 잘되네. 그럼 나 저거 한번 해 볼까? 이 사업 한번 해 볼까?' 하게 되는데 그럼 돈이 필요하니까 은행에 빌리러 가지. 그럼 은행은 서로서로 빌려달라고 하니까 금리를 올리는 거고.

그래서 경기가 나빠지면 금리는 내려가고, 경기가 좋아지면 금리는 올라가. 그런데 이게 경기보다 대부분 늦게 움직여. 경기가 나빠지면, 사람들이 돈을 안 쓰기 시작하니까 뒤늦게 금리를 내리고, 경기가 좋아지면 돈을 서로 쓰겠다고 하니까 돈이 부족해져서 뒤늦게 금리를 올리는 거지(물론, 경기가 나빠질 것을 예상해서 미리 정책적으로 금리를 낮추거나 반대의 경우 미리 높이는 '선제적 대응'을 하는 경우도 있다). 그래서 금리가 경기보다 약간 늦게, 이렇게 움직이지.

금리

경기

저 선을 보면 경기가 바닥까지 떨어졌을 때, 금리는 아직 바닥이 아냐. 경기가 바닥을 찍고 올라오는데도, 금리는 계속 떨어지지.

그런데 가만 보니 사람들이 이제 점점 돈을 빌려쓰는 거야. 경기가 좋아지니까 돈의 수요가 늘어나고 점점 은행이 가진 돈이 바닥을 보이니까, 그제서야 이제는 더이상 금리를 낮추지 않아도 되겠다, 오히려 높여야겠다 하면서 뒤늦게 올리는 거야. 그래서 금리를 후행(後行)지수라고 해.

보통 선행지수가 있고, 후행지수가 있는데, 선행지수는 경기보다 먼저 움직이는 걸 말해. 주가지수가 대표적인 선행지수야. 경기가 좋아질 것 같으면 주가는 미리 올라. 앞으로 뭐가 좋아질 거다, 전기차가 좋아질 거다, 바이오가 좋아질 거다 하면, 그럼 그와 관련된 미리 주식을 사놓아야겠다는 생각이 드니까 주가가 먼저 움직이지. 그런데 금리는 경기보다 늦게 움직이는 후행지수야.

자, 그래서 금리와 경기를 가지고 언제 부동산에 투자하고 언제 주식이나 채권에 투자하는 게 좋을지를 정한 게 코스톨라니의 달걀이거든. 달걀 모양이 있는데, 이 달걀을 금리와 경기로 나누는 거야. 먼저, 가로는 경기를 가지고 나눠. 경기냐 좋아지는 호황이냐, 나빠지는 불황이냐. 그리고 세로는 금리가 높냐 낮냐로 나눠. 그러고 나면 달걀이 4조각으로 나눠지지.

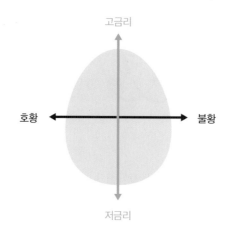

 이렇게 네 가지 조각, 네 가지 경우로 나누고 시기마다 어떤 자산에 투자하는 게 좋을지를 정할 수 있어. 그런데 투자할 수 있는 자산 종류도 일단 네 가지가 있어. 앞에서 봤던 부동산, 주식, 채권 이 세 가지에 그냥 예금에 넣어두는 방법도 추가해서 총 네 가지 후보 자산을 각각의 조각에 집어넣은 게 시골의사 박경철이 변형한 코스톨라니의 달걀이야.

자, 그럼 첫 번째 조각을 보자고. 첫 번째는 경기가 나빠져서 결국 바닥을 찍고, 금리는 꼭대기에서 중간까지 내려오는 구간이야. 달걀에서도 금리가 고금리에서 중간까지 내려오고 경기는 중간에서 불황까지 가는 12시에서 3시까지의 구간이지. 이때는 채권에 투자하는 게 좋아.

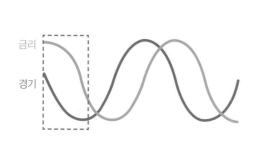

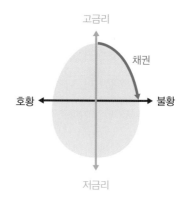

아, 그렇게 연결하는 거야? 그런데 왜 채권이 좋아?

채권은 어떻게 투자하는 걸까?

 그걸 알려면 채권에 대해서 공부할 필요가 있어. 채권이 뭘까?

 빌려주는 거라며?

 맞아. 우리가 부동산이라고 하면 그래도 뭔지 잘 알고, 주식도 어느 정도 감이 있는데 채권은 익숙하지가 않아. 부동산이나 주식을 사고파는 건 주변에서 좀 보는데 채권을 사고파는 사람은 일반인 사이에서 보기가 힘들거든. 채권은 아까 말한 대로 돈을 빌려주는 거야. 우리가 돈을 빌려줄 때, 은행한테 빌려주는(맡기는) 게 예금이고, 회사한테 직접 돈을 빌려주는 게 채권이야.

 응, 은행 말고 회사한테…….

 우리가 보통 돈을 빌려주면 뭐 쓰지? 그냥 말로만 끝낼 수는 없잖아.

 각서?

 크크, 그건 잘못했을 때 쓰는 거고. 차용증 같은 거 쓰지.

아, 차용증!

 은행에 돈을 빌려주면 통장에다가 얼마 맡겼는지 적어주고, 회사에 돈을 빌려주면 차용증 같은 걸 써주는데 그게 바로 채권이야. '내가 지금 이 사람한테 돈을 얼마 빌렸는데, 언제까지 갚을 거고 그 기간 동안 이자는 얼마를 줄게' 이런 걸 적어서 만들어주는 게 채권이야.

채권을 왜 만드냐면, 은행에 돈을 빌려주면(예금을 맡기면) 이자가 적어. 그런데 회사에 직접 빌려주면 이자를 좀 더 많이 받을 수 있지. 대신에 문제가 하나 있어. 회사에 직접 빌려주면 높은 이자를 받을 수 있기는 한데, 회사는 그 돈을 빌려서 기계나 공장, 설비 같은 곳에 장기로 투자해. 그 돈으로 이익을 내서 갚으려면 시간이 좀 오래 걸리니까 돈을 빌릴 때도 장기로 빌리지. 그래서 이자를 많이 주는 대신 3년 뒤에 갚거나, 5년, 10년 뒤에 갚아주는 거야. 돈을 빌려주는 입장에서 은행에 예금으로 맡기면 이자가 적은 대신 필요할 때 언제든 찾을 수 있잖아. 돈이 필요해지면 바로 꺼내서 쓸 수 있다고. 하지만 채권은 그게 안 돼. 10년 뒤에 갚기로 하고 빌린 거면, 그 10년이 될 때까지는 달라고 하지 못해.

 아, 그래?

 회사는 10년이라는 기간 동안 돈을 쓸 수 있게 해준 대가로 높은 이자를 주는 거라서(이렇게 원금의 독촉을 받지 않을 수 있는 권리를 '기한의 이익'이라고 한다) 중간에 갑자기 달라고 해서는 안 된다는 거지.

 그럼 빌려주면 안 되겠는데?

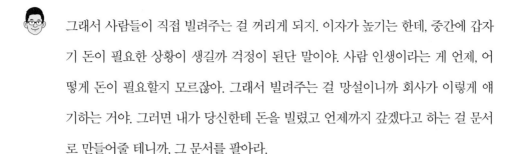 그래서 사람들이 직접 빌려주는 걸 꺼리게 되지. 이자가 높기는 한데, 중간에 갑자기 돈이 필요한 상황이 생길까 걱정이 된단 말이야. 사람 인생이라는 게 언제, 어떻게 돈이 필요할지 모르잖아. 그래서 빌려주는 걸 망설이니까 회사가 이렇게 얘기하는 거야. 그러면 내가 당신한테 돈을 빌렸고 언제까지 갚겠다고 하는 걸 문서로 만들어줄 테니까, 그 문서를 팔아라.

 팔아?

팔아? 중간에 돈이 필요해지면 그 문서를 다른 사람한테 팔아라. 그럼 그 문서를 사서 가지고 있는 사람한테 돈을 갚아준다는 거야.

아, 그러면 되겠구나. 회사한테 갚으라고 하는 대신에 다른 사람한테 팔면 되네.

그래서 저 차용증을 서로 사고팔 수 있게 만들어준 게 채권이야. 이렇게 돈을 주고 사고팔 수 있는 문서를 '증권'이라고 하거든. 주식도 증권이고 채권도 증권이야.

증권이란 게 그런 거야?

개인끼리 돈을 빌려주고 쓴 차용증은 사고팔지를 못하지. 내가 당신한테 돈 빌려주고 차용증 받았다 하더라도 그걸 어디 가서 팔지는 못하잖아? 그런데 회사한테 돈을 빌려주고 받은 차용증은 다른 사람한테 팔 수 있도록 증권으로 만들어준 게 채권이야. 그래서 중간에 돈이 필요해지면 다른 데 팔아서 돈을 마련할 수 있게 해준 거지.

예를 들어 내가 삼성한테 돈을 1,000만 원 빌려 줬어. 그런데 중간에 돈이 필요해지면, 다른 사람한테 가서 1년 뒤에 삼성이 나한테 1,000만 원 갚기로 돼 있는데, 내가 지금 돈이 좀 필요하니까 900만 원에 사라고 하는 거야. 그럼 상대방은 지금 900만 원 주고 사서 1년 뒤에 1,000만 원 받으니까 100만 원 벌 수 있지. 1년에 10% 벌면(정확히는 100만 원/900만 원=11.11%) 나쁘지 않잖아? 그래서 서로 사고팔게 되는 거지. 발행하는 증서는 이렇게 생겼어.

요새는 실물을 발행하지 않는데, 위 사진은 오래 전에 발행됐던 삼성전자 채권이야. 가운데 1,000,000원이 갚기로 한 돈(액면금액)이고, 잘 안 보이지만 오른쪽에 보면 발행일하고 상환일도 적혀 있지. 뒷면(이면)에는 이자율이랑 언제 이자를 주는지도 적혀 있어. 그래서 이걸 사고파는 걸 채권투자라고 해.

 우리도 이런 거 살 수 있어?

 응. 주식처럼 HTS에서 사고팔 수 있어. 은행에서 계좌 만드는 것처럼 증권사에서 계좌 만든 다음에 인터넷뱅킹으로 입출금 하듯이 인터넷으로 사고파는 건데. 인터넷으로 주식이나 채권을 사고팔 수 있는 프로그램을, 집에서 거래하는 시스템이라고 해서 홈트레이딩시스템(Home Trading System, HTS)이라고 부르거든? 그 프로그램에 주식을 사고파는 메뉴도 있지만 이렇게 채권을 사고파는 메뉴도 있어.

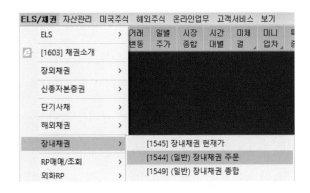

 오, 그러네?

 자, 그런데 채권가격이 어떻게 움직이는지를 알아야 돼. 채권가격도 올랐다 떨어졌다 하거든? 이게 뭐에 따라 움직이냐면 이자율의 영향을 받아. 은행에 예금을 하는 입장에서는 은행이자율이 낮아지면 좋을까, 나쁠까?

 나쁘겠지.

 그치? 은행에 예금을 하는데 이자를 조금밖에 안 준다고 하면 별로겠지. 예전에는 이자 10%씩 주다가, 요새는 1%밖에 안 주니까 예금 안 하려고 하잖아. 그런데 채권은 어떨까? 채권은 이자율이 떨어지면 좋을까, 나쁠까?

음…… 좋을 것 같아.

 왜 좋을까?

 채권을 갖고 있는 동안에는 회사가 계속 이자를 많이 주잖아.

 맞아! 채권도 돈 빌려주고 이자 받는 거니까 이자율이 떨어지면 예금처럼 나쁘다고 생각할 수 있는데, 그 반대야. 예금은 금리가 떨어지면 이자를 적게 주지만, 채권은 미리 이자를 얼마 주겠다고 약속이 돼 있어. 몇 % 주겠다고 정해져 있단 말이야. 이자율이 떨어져도 거기 적혀 있는 이자를 계속 줘야 되는 고정금리야(간혹 변동금리부 채권이 발행되기도 하지만, 일반적인 경우는 아니다). 나는 채권에 투자해서 10%씩 이자를 받기로 되어 있는데, 은행이자는 1%로 떨어지면 기분이 좋지. 예금에 넣었으면 이자율 떨어져서 1%밖에 못 받을 텐데, 채권을 사둬서 10%씩 받을 수 있으니까 얼마나 좋아. 다른 사람들이 부러워해. '나도 예금하지 말고 채권 사둘걸.' 이렇게 생각한다고. 그래서 지금이라도 사려고 하지. 나한테 그 채권 팔면 안 되겠냐고. 그렇게 웃돈을 주고 서로 사려고 하니까 채권가격이 올라가.

 아…… 그래서 비싸게 팔리겠구나.

 얼핏 보면 돈을 빌려준 거니까 이자율이 떨어지면 안 좋겠다고 생각하는데, 채권은 받기로 한 이자가 미리 정해져 있기 때문에 이자율이 떨어지면 더 매력적이 되는 거야. 반대로 채권이자가 10%인데, 은행에서는 20%를 주면?

그럼 굳이 채권 살 필요가 없지.

 그렇지. 그래서 금리가 올라가면 채권은 매력이 없어져서 가격이 떨어져. 이렇게 채권가격은 금리랑 반대로 움직여. 금리가 올라가면 채권가격은 떨어지고, 금리가 내려가면 채권가격은 올라가지.

 아, 반대로 움직이는구나.

 숫자로 한번 보자고. 쉽게 이해하기 위해 이자율이 0%인 채권이라고 할게. 할인채라고 해서 실제 이자를 안 주는 채권도 있어. 삼성전자 채권이 있는데 액면금액은 100만 원이고 만기는 1년 뒤라고 가정해 볼게. 그리고 이자율은 0%야. 이걸 갖고 있으면 1년 뒤인 2021년 12월 31일에 삼성전자한테 100만 원을 받게 되는 거지. 그런데 이자율이 0%면, 사람들이 사려고 할까?

삼성전자 채권

₩ 1,000,000

상환일 2021.12.31
(액면)이자율 0%

 안 살 것 같은데?

 그치? 100만 원 빌려줬다가 이자 한 푼 없이 원금만 100만 원 받는다면 아무도 안 사겠지? 그래서 뭘 하냐면 100만 원짜리 채권을 100만 원에 팔지 않고 싸게 할인해서 파는 거야. 만약 100만 원짜리 채권을 90만 원에 팔면, 그럼 나는 90만 원에 사서 1년 뒤에 100만 원을 받는 거니까, 10만 원을 버는 거지. 그 10만 원이 이자가 되는 거야. 이렇게 미리 이자를 떼고 빌려주는 걸 '선이자 뗀다'고 그러거든. 사채업자들한테 돈 빌리면 이렇게 선이자 떼고 줘. 100만 원 빌리는 데 미리 이자 떼고 90만 원만 주는 거지.

아, 그렇구나.

이렇게 채권에 적용되는 이자율을 '할인율'이라고 불러. 만약 이 할인율이 10%라면 이자를 따로 안 주는 대신 10%만큼 할인해서 싸게 파는 거지. 쉽게 말해 10%인 10만 원 빼고 90만 원에 파는 거야. 그런데 이자율이 5%로 떨어지면 어떻게 될까? 그럼 5%만 할인해서 팔면 되니까 95만 원에 팔아. 결국 이자율이 10%에서 5%로 떨어지니까, 10% 할인해서 90만 원에 팔던 걸 5%만 할인해서 95만 원에 팔아. 이자율이 떨어지니까 채권가격은 올라가게 되지. 사실 이걸 정확하게 계산하면 900,000원에서 950,000원이 되는 게 아니라 909,091원에서 954,545원이 되는 건데 개념을 이해하는 데 방해되니까 무시하고 말한 거긴 해.

일단 이자율을 할인율이라고 생각하면 편해. 마트에서 종종 세일하잖아? 그때 20% 세일하는 것보다는 30% 세일 할 때 더 싸지잖아. 그래서 이자율이 커지면 할인율이 커지는 거고 더 많이 할인해서 세일하니까 싸지는 거지. 반대로 이자율이 낮아지면 할인율이 더 낮아지는 거고, 세일을 적게 해주니까 더 비싸지는 거고. 결국 이자율은 채권을 세일하는 할인율이기 때문에, 이자율이 커지면(할인을 많이 하면) 채권가격은 싸지고, 이자율이 작아지면(할인을 조금만 해주면) 채권가격은 비싸진다고 기억하면 좋아.

잠깐만요

앞의 예시는 사채업자들이 선이자를 떼는 이유입니다. 100만 원을 빌려주면서 선이자 10% 떼고 90만 원을 빌려주는데, 이렇게 되면 이자율은 10%가 아니고 더 높습니다. 90만 원을 빌린 대가로 10만 원의 이자를 부담하기 때문에 이자율은 10%가 아닌 100,000/900,000=11.11%가 됩니다. 10%인 척, 11%의 이자를 떼가는 거죠. 이자율이 10%가 되려면 선이자 90,909원을 떼고 909,091원을 빌려줘야 합니다. 그래야 90,909/909,091=10%가 됩니다.

 자, 다시 돌아와서 달걀을 보자. 우리가 봤던 12시에서 3시까지 구간은 이자율이 어떻게 되고 있지?

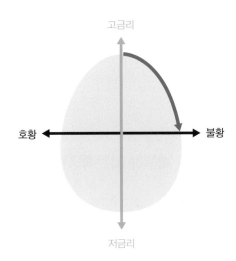

 내려가고 있어.

 그렇지, 이자율이 떨어지고 있지? 이자율이 떨어지면 어떤 가격이 올라간다?

 채권!

그래서 이때는 채권에 투자하는 게 좋다는 거야. 이 구간에서 주식이나 부동산은 별로 안 좋은 게, 경기가 나빠지는 중이잖아? 경기가 바닥을 향해서 불황으로 가고 있거든. 그렇게 경기가 나빠지는 동안은 주식이나 부동산은 매력이 없지. 그래서 경기가 나빠지면서 금리가 하락하는 동안은 채권에 투자하는 게 좋아. 그다음 3시 부터 6시 구간을 보자고.

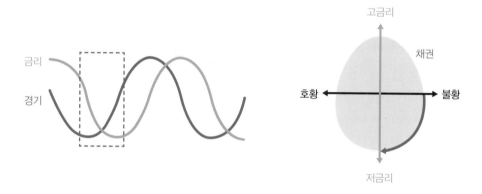

계절에 따른 투자방법

 금리는 계속 떨어져서 바닥까지 가. 하지만 경기는 바닥에서 올라와 슬슬 좋아져. 이때는 예금, 부동산, 주식 중에 뭐가 좋을까?

 음 경기는 좋아진다…… 주식?

 주식하고 부동산 다 좋긴 한데, 이때는 이자가 쌀 때거든? 그럼 돈을 싸게 빌릴 수 있겠지?

200

아, 그럼 부동산!

 맞아, 부동산이 좋아. 부동산은 큰돈이 필요하기 때문에 장기로 대출을 받아서 투자하잖아. 이자가 쌀 때 빌려서 투자한 다음, 경기가 좋아져서 가격이 오르면 파는 거지. 금리가 바닥을 찍으러 가면 채권은 꼭지로 가는 거니까, 많이 오른 채권을 팔아서 부동산으로 갈아타는 거야. 세 번째 구간인 6시부터 9시까지는 어떨까?

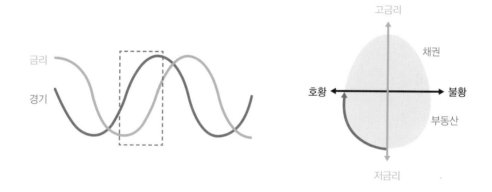

금리는 바닥 찍은 다음 올라가고, 경기는 가장 좋아질 때야. 이때는 남아 있는 예금하고 주식 중에 뭐가 좋을까?

 주식!

 맞아. 경기가 좋아지면서 주식이 많이 오르지. 그래서 부동산을 팔고 주식으로 갈아타는 거야. 그리고 마지막 단계 9시부터 12시는?

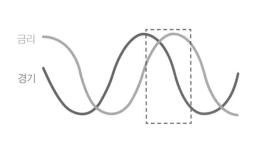

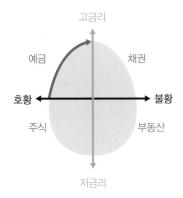

 경기는 다시 나빠지는데 금리는 계속 올라가.

 예금이네?

 그렇지. 경기가 나빠지면 주식과 부동산 모두 안 좋겠지? 그리고 금리가 올라가면 채권도 할인이 많이 되니까 값이 점점 떨어져. 주식, 부동산, 채권 모두 안 좋아. 그런데 금리가 높아서 예금이자는 많이 주지. 그러니까 모두 팔고 그냥 은행에 넣어두는 게 좋다는 거야.

결국 코스톨라니의 달걀이라는 건, 경기가 좋아졌다 나빠졌다 반복하면서 금리도 따라서 움직이는데 그 진행 단계에 따라서 '채권 → 부동산 → 주식 → 예금'을 갈아타면서 타이밍에 맞게 투자하라는 거지. 이걸 계절로 비교하기도 해. 3시부터 6시 사이를 보면 경기가 바닥을 찍고 가장 추웠다가 조금씩 따뜻해지기 시작하지?

 봄이야?

 맞아. 그래서 봄에는 부동산이 좋다고 해. 그리고 경기가 꼭대기까지 가면서 뜨거

워지는 6시에서 9시가 여름이지. 여름에는 주식이 좋아. 다시 추워지기 시작하는
가을에는 예금이 좋고, 겨울에는 채권이 좋지.

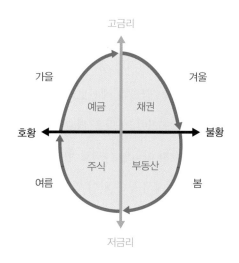

 진짜 그래?

 대체로 그런 편이야. 그런 편이긴 한데 이게 한 가지 문제가 있어.

 어떤 문제?

 지금이 어떤 계절일까? 2021년 3월 기준으로 봤을 때 지금은 저 중에서 어떤 계절
일까?

 음…… 봄 아니에요?

 봄 느낌이야. 맞아. 경기가 분명 좋지는 않지? 금리는? 요새 이자가……

낮아!

 그치? 경기는 안 좋고 금리는 계속 내렸으니까 내가 보기에도 봄인 것 같기는 해. 저 이론에 따르면 부동산이 좋았고 차츰 주식으로 갈아탈 준비를 할 때 정도로 보이지. 그런데 문제는 이걸 판단하려면 경기가 어떻고 금리가 어떤지 공부하고 알아야 해. 지금(2021년 3월 기준) 금리가 예전보다 낮다는 건 알겠는데, 문제는 지금이 바닥인지도 알 수 있냐는 거야. 바닥을 찍고 나야 계절이 여름으로 바뀔 텐데, 여기서 금리가 다시 올라갈지 아니면 아직도 한참 더 내려가야 하는지 알 수가 있을까? 실제로 일본이나 유럽에서 무슨 일이 있었냐면, 이제 금리가 내릴 만큼 내려서 거의 0%가 됐기 때문에 더 이상 내려갈 수 없다고 생각했는데 금리가 0% 밑으로 떨어져서 마이너스로 가버린 거야. 이자율이라는 건 0%가 바닥이라고 생각했는데, 마이너스까지 가버리니까 다들 멘붕이 온 거지.

이런 것처럼 사실 지금이 어느 계절인지 판단하는 게 쉽지가 않아. 2020년에도 어땠냐면 이제 좀 따뜻해지나 싶었는데 갑자기 코로나 터지면서 추워졌거든. 계절에 따라서 투자하면 좋기는 한데, 지금이 어느 계절인지 판단하는 게 쉽지는 않아. 경제에 대해서 잘 알고 공부가 많이 된 상태라면 계절을 판단하고 그 타이밍에 맞게 투자하라고 하겠지만 그 공부가 쉽지는 않거든. 우리가 경제를 공부하고 알아야 된다고 하고, 방송이나 뉴스 보면 이번에 미국에서 금리를 올리네 마네 이런 얘기들이 자주 나오거든? 그런 공부를 하고 방송을 듣는 건, 그냥 내가 똑똑해지려고 하는 게 아니야. 경기가 지금 바닥을 찍었는지 안 찍었는지, 앞으로 살아날 것인지 아닌지, 금리가 높아질 것인지 낮아질 것인지, 이런 것들을 파악해서 결국엔 내가 어떤 자산에 투자해야 할지를 판단하기 위해 보고 듣고 공부하는 거지. 그런데 아직은 당신한테 쉽지 않지.

응…… 말만 들어도 어렵네.

어느 계절인지 알 수 없다면 이렇게 투자하라

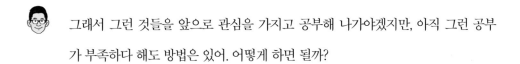 그래서 그런 것들을 앞으로 관심을 가지고 공부해 나가야겠지만, 아직 그런 공부가 부족하다 해도 방법은 있어. 어떻게 하면 될까?

음…… 다른 사람한테 부탁해? 전문가한테?

어, 그것도 방법이긴 해. 그런데 어떤 방법도 있냐면 그냥 다 사버리는 방법도 있어.

오오……!

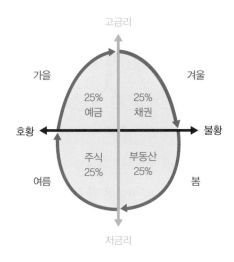

봄인지 여름인지 가을인지 겨울인지 모르겠다 싶으면 넷을 다 사버리는 거야. 1/4씩! 이걸 '영구 포트폴리오'라고 하거든? '그때그때 계절이 바뀌는 걸 확인하면 서 매번 어떻게 바꾸면서 사, 나 그렇게 못해, 회사 다니며 일하는 것도 바빠!'라고 생각하면 그냥 1/4씩 사서 놔두는 것도 방법이야. 25%씩 사두면, 겨울에는 채권이 좋아지고, 봄에는 부동산, 여름하고 가을에는 또 주식, 예금이 좋아지지 않겠어? 그럼 골고루 돌아가면서 올라가겠네? 이렇게 생각하고 투자하는 게 '영구 포트폴 리오'야.

 음…… 그런데 돌아가면서 나빠지기도 하잖아?

 맞아. 그렇게도 생각되지. 채권 좋을 때 주식이 나빠져서 깎아먹고, 예금 좋아질 때 반대 계절에 있는 부동산은 나빠지니까 결국 본전 아닌가 생각할 수 있어. 그런데 이 게 어떻게 되냐면, 저 네 가지 자산이 이 그림처럼 움직이면 결과가 0이 될거야.

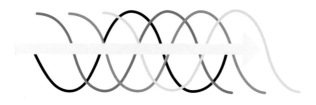

네 가지 자산이 하나 좋아질 때, 다른 하나가 그만큼 나빠지면 서로 다 상쇄가 돼 서 0이 되겠지. 그런데 실제로는 어떻게 되냐면 이렇게 돼.

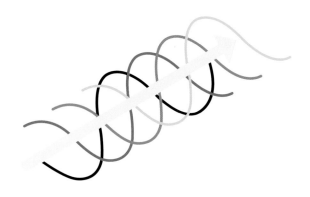

넷 중에 하나는 좋고, 하나는 나쁘고 나머지 둘은 그저 그렇게 가는데 그러면서 조금씩 우상향해. 경기가 좋아졌다 나빠졌다 하면서도 차츰 경제가 발전하는 것처럼, 자산가격도 오르락내리락 하면서도 추세는 점점 좋아져. 그러니 네 가지 자산을 다 사놓고 기다려도 재산은 점점 불어나는 거지. 그래서 지금 계절이 어디인지, 어떤 자산이 좋을지 공부하고 고민할 시간에 다른 일 해서 버는 게 더 낫겠다 싶으면 이렇게 투자하는 것도 방법이야.

자동차 타이어도 사계절 타이어가 있고, 계절용 타이어가 있거든? 원래 겨울에는 눈길에 미끄러지지 않게 겨울용 타이어로 갈아야 돼. 그런데 만약 사계절용 타이어가 다 따로 있다고 생각해 봐. 그럼 이걸 그때그때 계절이 바뀔 때마다 갈아줘야 해. 그러려면 집에 타이어 따로 보관해 둘 공간도 필요하고, 갈 때마다 정비소에 돈도 줘야 하거든? 돈도 많이 들고 귀찮단 말이야. 그럼 그냥 사계절용 타이어 하나 사서 1년 내내 끼고 다니는 것도 방법이지. 물론 눈길에 조금 더 미끄럽긴 하고 여름에 성능이 좀 떨어지긴 해. 그래도 신경 안 써도 되고 편하잖아. 나쁘지 않은 선택이 될 수 있지. 그것처럼 투자도 계절 신경 쓰지 않고 사계절 내내 유지할 수 있는 방법을 선택할 수도 있어.

실제로 이렇게 1/4씩 투자해서 돈을 벌 수 있냐⋯⋯ 만약 이렇게 투자해서 당신 목표였던 8% 수익률을 얻을 수 있다면? 그러면서도 MDD가 40%가 안 된다면?

그럼 굳이 다른 거 할 필요 없겠지.

 그렇지. 그럼 됐지.

 그래서 이렇게 투자하면 수익이 얼마나 나오고, MDD는 얼마나 되는지 볼 거야. 그런데 그걸 확인해 볼 때, 한 가지 문제점이 있어. 주식, 채권, 부동산, 예금 네 가지 에 투자했을 때 과거 결과가 어땠는지를 볼 건데, 예금은 시중금리를 확인하면 돼. 은 행마다, 상품마다 이자율이 다르긴 하지만 크게 차이가 안 나. 그런데 나머지 주식이 나 채권, 부동산은 종류가 너무 많거든. 주식에 25%를 투자하겠다고 하는데, 어떤 주 식을 살 거냐는 거지. 지금 우리나라에 상장된 주식만 해도 2,400개가 넘어.

 어…… 그렇게 많아?

 응. 보통주만 해도 2,400개가 넘고 우선주라는 것도 있는데 그것까지 합하면 2,500개가 넘어. 채권은 이것보다 종류가 많을까, 적을까?

 적을 것 같아.

 훨씬 많아. 15,000개가 넘어.

 헉!

 왜 그러냐면, 주식은 회사가 발행하는 종류가 대부분 한 가지야. 삼성전자가 발행하는 주식(보통주)은 한 종류지.

그런데 채권은 한 회사가 여러 가지 채권을 발행할 수 있어. 내년에 갚을 채권, 3년 뒤에 갚을 채권, 5년 뒤에 갚을 채권, 이렇게 만기가 다른 여러 개의 채권을 발행할 수 있지. 이자율도 1% 주기로 한 거, 3% 주기로 한 거, 5% 주기로 한 거 다 다르게 발행할 수 있거든. 그러다 보니 채권의 종류가 주식보다 훨씬 많아. 부동산은 얼마나 많을까?

 훨씬 많겠지. 다 다르니까.

 응. 셀 수가 없어. 이렇게 되니 주식, 채권, 부동산에 투자를 하더라도 어떤 종목을 사야 할지 결정하는 게 힘들고, 결과도 천차만별이지. 이렇게 뭘 사야 할지 모를 때 쓸 수 있는 방법이 하나 있어.

 어떤 방법?

잘 모를 땐 세트메뉴가 답

 우리 처음 가본 음식점에서 메뉴 고르기 힘들 때 어떻게 해? 예를 들어 고깃집 갔는데 메뉴판에 이렇게 여러 가지 종류가 있어. 이 중에 뭘 주문해야 돼?

흑돼지 오겹살	16,000/150g
흑돼지 목살	16,000/150g
흑돼지 생갈비	16,000/150g
흑돼지 항정살	16,000/150g

지금은 우리가 좋아하는 부위가 생기고, 취향이 있지만, 만약 태어나서 처음으로 흑돼지를 먹으러 간 사람이라면? 뭘 시켜야 될지 고민되겠지? 그런데 메뉴판을 넘겼더니 뒤에 이런 메뉴가 있어.

 오, 하하하!

 이렇게 골고루 조금씩 맛볼 수 있는 세트메뉴가 있으면 이걸로 시켜보겠지? 마찬가지로 주식이나 채권에도 이런 세트메뉴가 있어. 여러 가지를 조금씩 골고루 섞어서 파는 건데 그걸 보통 '인덱스'라고 해.

 인덱스?

원래 'Index'는 영어로 목차나 색인을 말하는데 이게 '지수'라는 의미도 있어. 우리가 책에서 중요한 내용이나 키워드로 목차나 색인을 만들어두면 그것만 봐도 대강 어떤 내용이 적혀 있는지 파악할 수 있잖아. 마찬가지로 어떤 투자상품의 가격이 올랐는지 떨어졌는지 궁금할 때, 아까 말한 2,000개가 넘는 주식이나, 15,000개가 넘는 채권의 가격이 궁금할 때 일일이 모든 종목을 확인해 보는 게 아니라 지수(인덱스)를 보면 파악할 수 있어. 앞에서 주식과 부동산을 비교해 볼 때, 코스피지수랑 부동산가격지수를 비교해 본 것도 지수가 주식이나 부동산을 대표하기 때문에 그런 거야. 지수는 종류가 되게 많아. 코스피 200이라는 지수도 있어. 700개가 넘는 코스피 종목 중에서 비중이 높고 중요한 200종목을 뽑은 건데, 그 200종목이 코스피에서 80% 정도를 차지해. 굳이 700종목 다 볼 필요 없이 200개만 봐도 어느 정도 감이 잡힌다는 거지. 코스피 100도 있고, 코스피 50도 있어. 미국은 우리나라보다 상장된 주식 수가 훨씬 더 많아. 다우지수라고 들어봤어?

들어본 거 같기도 하고…… 잘 모르겠네?

100년도 더 전인 1880년대에 찰스 다우라는 사람이 만든 지수야. 미국에 주식이 워낙 많아서 전체 주식시장이 올랐는지, 떨어졌는지 헷갈리니까 이 사람이 가장 대표적인 종목 30개만 가지고, 그 30개 종목이 평균적으로 올랐는지 떨어졌는지 계산해서 매일매일 보여줬어. 30개만 봐도 대강 분위기를 안다는 거지. 100년도 더 전에 계산기도 없던 시절에 만들어진 건데 아직도 많이 사용해. 미국에서 많이 쓰는 걸로 S&P500이라는 지수도 있어. S&P라고 '스탠다드앤푸어스'라는 신용평가 회사가 고른 500종목을 가지고 만든 지수야. 이렇게 대표하는 몇 종목을 골라서 만들어진 지수가 많아.

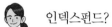 아니면 업종별 지수도 있어. 'KRX 자동차'라는 지수가 있는데 이건 한국거래소 (KRX)라는 데서 자동차 산업을 대표하는 종목들(현대차, 기아차 등 17종목으로 구성됨, 2020년 말 기준)을 모아서 지수로 만든 거야. 반도체 지수도 있고, 헬스케어 지수도 있어. 그리고 이렇게 만들어진 지수(인덱스)에 투자할 수 있게 만든 걸 '인덱스 투자 상품'이라고 해. 대표적인 게 인덱스펀드야.

인덱스펀드?

응. 만약 코스피 200 인덱스펀드에 투자하면, 내가 투자한 돈을 가지고 코스피 200지수를 구성하는 200종목에 골고루 투자해 줘. KRX 자동차 인덱스펀드에 투자하면, 마찬가지로 그 지수를 구성하는 17종목에 골고루 투자해 주고. 그래서 인덱스펀드에 투자하면, 그 지수가 오른 만큼 이익이 나는 거야.

아, 세트메뉴처럼 골고루 투자되는 거네?

맞아. 그리고 인덱스펀드를 좀 더 사고팔기 쉽게 만든 게 ETF라는 거야. ETF는 들어봤어?

어, 그것도 얼핏 어디서 들은 것 같긴 해.

펀드는 원래 가입하려면 증권사나 은행에 찾아가서 가입신청서를 써야 돼. 보험 가입하듯이 펀드도 가입하는 절차가 있어. 그런데 ETF는 펀드를 그냥 사고팔 수 있게 해주는 거야. 아까 채권이라는 게 돈 빌려 준 차용증을 다른 사람한테 팔 수 있도록 증권으로 만든 거라고 했잖아? ETF도 비슷하게, 내가 펀드 가입한 문서를 다른 사람한테 팔 수 있도록 해준 거야. 굳이 신청서 쓰고 복잡하게 새로 가입하는 게 아니라 다른 사람이 가입한 펀드를 그냥 사는 거지. 원래 펀드 가입했다가 중간에 돈이 필요해서 해지하면 해지수수료도 떼고, 또 돈 받을 때까지 오래 걸리거든? 채권이 중간에 돈 필요하면 다른 사람한테 팔 수 있도록 해준 것처럼, ETF도 중간에 돈이 필요하면 다른 사람한테 팔 수 있도록 해준 거야. 그럼, 해지수수료도 없고 또 팔아서 금방 돈으로 만들 수 있지. 얘기가 많이 돌아왔는데, 결론적으로 ETF를 사면 쉽게 인덱스에 투자할 수 있어. 세트메뉴 같은 거지.

 아하~!

 예를 들어 'ARIRANG 코스피(종목코드 227830)'라는 ETF가 있어. 앞에 붙은 ARIRANG은 브랜드 이름이야. 냉장고도 삼성이 만든 건 '지펠'이라는 브랜드를 쓰고, LG는 '디오스'라는 브랜드를 쓰잖아? 마찬가지로 ARIRANG은 한화(한화자산운용)가 만든 ETF 브랜드야. 삼성(자산운용)은 KODEX라는 브랜드를 쓰고, 미래에셋(자산운용)은 TIGER라는 브랜드를 쓰는 식이야.

ARIRANG 코스피	KODEX 삼성그룹	KBSTAR 우량업종	TIGER 반도체

브랜드 뒤에 나오는 건, 어디에 투자하는지 나타내는 거야. 'ARIRANG 코스피'는 한화에서 만든 건데, 코스피 전체에 투자한다는 거지. 그래서 이걸 사면 코스피 주식 전체를 사는 효과가 있어. 'KODEX 삼성그룹'이라는 것도 있는데, 이 안에는

삼성전자도 있고, 삼성물산, 삼성전기, 호텔신라 같은 삼성그룹 주식이 다 들어 있어. 그래서 이걸 사면 삼성그룹 전체에 투자하는 것과 같아.

'KBSTAR 우량업종' 같은 ETF도 있어. 이건 'MKF 우량업종대표주 지수'를 추종한다고 되어 있는데, MKF는 매경 에프엔가이드 인덱스(Maekyung FnGuide Index)라고 해서 신문사인 매일경제랑 에프엔가이드(Fnguide)라는 신용정보 회사가 같이 만든 지수야. 거기서 꼽은 좋은 회사(우량업종대표주)들에 투자하는 거지. 나는 우량주에 투자하고 싶은데, 어떤 종목이 우량주인지 잘 모르겠으면 그냥 우량업종 ETF를 사면 돼.

와, 좋네?

만약 특정 업종이 잘될 것 같다, 앞으로 '반도체가 잘될 거야, 자동차가 잘나갈 거야'라는 생각이 든다면 'TIGER 반도체'나 'KODEX 자동차' 같은 ETF를 사면 돼. 이렇게 쉽게 다양한 상품에 투자할 수 있기 때문에, 당신같이 아직 어떤 종목을 사야 할지 잘 모르겠다는 사람들은 ETF로 시작하는 게 좋아. 그리고 채권도 ETF가 있어.

KODEX 단기채권	TIGER 국채3년	KINDEX 국고채10년	KBSTAR 우량회사채

아, 그럼 채권에 투자하고 싶으면 저거 사면 되겠네?

맞아. 채권도 종류가 다양한데, 단기채권이나 국채에 투자하는 ETF도 있고, 우량회사채에 투자하는 ETF도 있어. 저기에 투자하면 여러 채권에 분산투자가 돼. 그리고…… 부동산도 ETF가 있어.

 아, 진짜?

 부동산에 투자하는 ETF가 있어서 저걸 사면 부동산에 투자하는 효과가 있어. 냉정하게 따져서 우리나라 부동산 ETF는 부동산에 투자하는 게 아니라, 리츠회사나 부동산이 많은 회사의 주식을 사는 거긴 해. 그래도 어쨌거나 부동산에 간접적으로 투자하는 효과가 있어.

잠깐만요

사실 부동산 ETF를 통한 부동산 투자는 부동산과 주식의 성격을 동시에 지닙니다. 작은 금액으로 순수하게 부동산에 분산투자하는 것은 쉽지 않기 때문에 자산배분투자에서 부동산은 투자 대상에서 제외되는 경우가 많습니다.

이런 것뿐만 아니라 금도 ETF로 살 수 있고, 은이나 구리, 심지어 콩에도 투자할 수 있어.

 콩에 투자해?

 어. 콩이 되게 중요한 곡물이야. 콩을 우리가 직접 먹기도 하지만, 이게 또 가축들 사료로 사용되거든. 콩값이 오르면 사료값이 올라서 고기값도 오르게 돼. 그래서 콩을 거래하는 시장(선물시장)도 되게 커.

이렇게 되게 다양한 ETF가 있는데, 여기서 또 문제가 되는 게 어떤 ETF를 골라야 할지 고민이 된다는 것이야. 지금 우리나라에 있는 ETF도 500개 정도 되거든. 500개에서 고르는 것도 쉽지는 않잖아? 메뉴판을 열었는데, 세트메뉴가 500개가 있는 거지. 어떤 세트를 골라야 할까?

 그러게…….

투자실력, 단숨에 50등 올리는 방법

 이걸 한번 생각해 보자고. 당신이 지금 전체 주식투자자 중에 몇 등인 것 같아?

 음…… 꼴찌지…….

 (웃음) 그래. 사실 거의 꼴찌에 가까워. 그래도 내가 보기엔 꼴찌는 아냐. 그래도 100명 중에 90등은 할 걸? 왜냐면 이상한 사람들이 있거든. 하지 말아야 할 투자, 엉망인 투자를 하는 사람들이 10%는 깔리기 때문에.

 크크크.

 지금 실력 가지고 투자를 하면 90등 하겠지? 그런데 90등이면 돈을 잃겠지? 시장

216

에서 절반 정도가 돈을 벌고, 절반이 돈을 잃는다고 가정하면 90등 해서는 돈을 잃을 일만 남았지. 그런데 지금 당장 당신 실력을 50등으로 올려버릴 방법이 있어.

 (눈이 휘둥그래지며) 어떻게?

 내가 보기엔 50등이 아니라 40등, 아니면 30등 안에 들어갈 수 있을 걸? 그게 뭐냐면 아까 보여준 코스피를 그냥 다 사버리는 거야. 코스피 ETF를 사는 거지.

 아…….

 그러면 내가 시장 중간, 평균은 할 수 있잖아. 내가 공부를 해서 시험을 보는 게 아니라, 우리 반 평균점수가 내 점수가 되도록 해버리는 거지. 그러면 단숨에 90등에서 50등으로 올라가잖아. 그래서 나는 당신이 아직 개별주식은 사지 말고, 시장 전체 ETF를 샀으면 좋겠어. 앞에서 보여준 것처럼, 나는 삼성그룹에 투자할래, 앞으로 반도체가 좋을 것 같아, 헬스케어에 투자할래라고 판단해서 투자할 수도 있는데, 그것조차도 쉬운 건 아니거든. 그래서 공부가 필요한데 아직 그런 공부가 안 되어 있고, 경험도 없으니까 일단은 시장 전체를 사는 ETF에서 시작했으면 좋겠어. 나중에 투자에 경험이 쌓이고 지식이 늘어나면 다른 투자를 늘리더라도 우선은 전체를 사. 그리고 한 가지 더! 군이 한국에 투자를 해야 할까?

 음…… 다른 나라? 미국?

 코스피 ETF를 사면 코스피에 있는 700개 종목을 사게 돼. 여러 종목에 분산되는 것 같지만 그 700개 종목을 1/700씩 똑같은 금액을 사지는 않아. 코스피에도 큰 회사가 있고, 작은 회사가 있잖아. 삼성전자처럼 엄청 큰 회사도 있고, 들어보지 못한 작은 회사도 있거든. 다 똑같은 금액을 사는 게 아니라 큰 회사는 많이 사고, 작은 회사는 적게 사. 그래서 실제 KODEX 코스피 ETF를 보면 그 안에 회사들이 이렇게 들어 있어.

● **KODEX 코스피 ETF 구성 종목(2020년 말 기준 751개)**

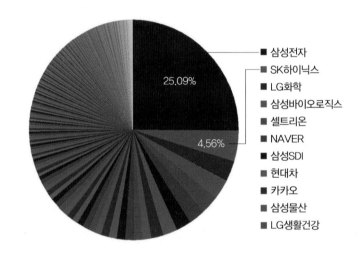

 삼성전자가 되게 많네?

 응. 25%나 차지해. 나는 코스피에 있는 750개 종목에 다양하게 분산투자를 했다고 생각했는데, 알고 보니 전 재산의 1/4이 삼성전자 한 종목에 투자가 된 거지. 우리나라 코스피지수 보면, 삼성전자가 올라가면 올라가. 삼성전자가 떨어지면 떨어지고. 나머지 750 종목이 아무리 움직여 봐야 지수에 크게 영향을 못 줘. 거기다 2등은 하이닉스거든? 삼성전자랑 하이닉스 공통점이 뭔지 알아?

글쎄, 잘 모르겠네?

 하이닉스가 반도체를 만드는 회사야. 삼성전자도 가전제품이나 휴대폰을 팔지만 반도체가 비중이 크고. 그래서 코스피는 반도체 산업이 좋아지면 올라가. 반도체가 나빠지면 떨어지고. 2020년에 미국 주식보다 한국 주식이 더 많이 올랐거든? 그건 반도체 경기가 좋았던 이유가 커.

 오……!

 그래서 한국 주식에 골고루 투자한다고 코스피를 샀는데, 알고 보니 반도체 회사에 투자한 게 돼버려. 이러면 제대로 분산투자가 안 돼. 그리고 또 하나 문제가 있는데……. 미국 주식시장이 좋아져. 그럼 한국은 어떻게 될까?

 좋아져?

 좋아질 수도 있고, 나빠질 수도 있어. 같이 좋아지는 편이긴 한데, 미국이 좋을 때 한국이 나쁜 경우도 있거든? IMF때 생각해 보면 미국은 별 문제 없이 좋았는데 우리나라는 난리가 났거든. 그런데 미국 주식시장이 나빠지면 한국은 어떻게 될까?

 같이 나빠질 것 같아.

 맞아. 미국시장이 망가지는 데 한국이 오르지는 않아. 억울한 게 뭐냐 하면, 나쁠 때 같이 나쁜데, 좋을 때는 같이 좋을 수도 있고 나쁠 수도 있는 거야. 그러니 굳이 한국에 투자를 해야 할까 싶지. 거기다가 전 세계에서 돈 제일 잘 버는 회사들이 어디에 있을까?

 미국!

 그치? 우리가 쓰는 물건들도 봐봐. 핸드폰! 나는 갤럭시 쓰지만, 당신은 아이폰 쓰잖아. 미국 회사지. 페이스북도 하지? 아, 당신은 잘 안 하는구나? 다른 사람들은 많이 해. 페이스북도 미국에 상장된 회사야. 돈 잘 버는 회사들이 죄다 미국에 상장돼 있다고.

그러니 어차피 ETF에 투자할 거면 미국 ETF가 좋아. 개별주식에 투자하려면 그 회사를 잘 알아야 돼. 그런데 미국 주식에 투자하고 싶어도 미국 회사를 잘 모르잖아? 정보도 부족하고 파악하기가 힘들다고. 그런데 ETF는 '잘 모르겠으니까 에라, 그냥 다 사버리자'는 개념이니까 어차피 그 안에 들어 있는 회사들에 대해서 잘 몰라도 되는 거지. 그래서 ETF로 투자할 거라면 한국 회사보다는 미국 회사가 낫다고 봐.

거기다가 미국은 우리나라보다 ETF라는 시장 자체가 훨씬 더 잘 발달돼 있어. ETF가 처음 만들어진 것도 미국이거든. 미국 ETF 중에 제일 유명한 게 SPY라는 게 있는데 이게 그러니까 전 세계에서 최초로 미국에서 만들어진 ETF고, 지금도 가장 규모가 큰 ETF야. 정식 명칭은 'SPDR S&P500 ETF Trust'인데 SPDR은 스테이트 스트리트 글로벌 어드바이저(State Street Global Advisors)라는 회사가 만든 브랜드를 의미하고 이게 S&P500에 투자하는 ETF야. 앞에서 말한 대로 스탠다드앤푸어스(S&P)라는 회사가 고른 500개 종목에 투자하는 ETF인데 이렇게 투자해.

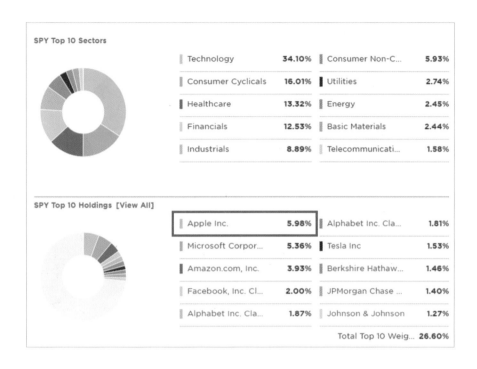

SPY Top 10 Sectors				
Technology	34.10%		Consumer Non-C...	5.93%
Consumer Cyclicals	16.01%		Utilities	2.74%
Healthcare	13.32%		Energy	2.45%
Financials	12.53%		Basic Materials	2.44%
Industrials	8.89%		Telecommunicati...	1.58%

SPY Top 10 Holdings [View All]				
Apple Inc.	5.98%		Alphabet Inc. Cla...	1.81%
Microsoft Corpor...	5.36%		Tesla Inc	1.53%
Amazon.com, Inc.	3.93%		Berkshire Hathaw...	1.46%
Facebook, Inc. Cl...	2.00%		JPMorgan Chase ...	1.40%
Alphabet Inc. Cla...	1.87%		Johnson & Johnson	1.27%
			Total Top 10 Weig...	26.60%

여기 제일 많이 들어 있는 게 애플(Apple)이야. 6% 정도 차지하지. 코스피에서는 삼성전자가 25% 차지했잖아? 그런데 SPY는 골고루 들어 있어. 애플이 6%고, 마이크로소프트(Microsoft)가 5%, 아마존(Amazon)이 4%, 페이스북(Facebook) 2%, 알파벳(Alphabet)은 뭐냐면 구글이거든? 구글에 2%(참고로 알파벳 주식은 의결권이 있는 A주와 의결권이 없는 C주, 두 종류가 상장되어 있는데 합하면 3.7%정도를 차지한다), 테슬라(Tesla) 1.5%. 버크셔 해서웨이(Berkshire Hathaway)는 워런 버핏의 투자 회사야.

 아, 그래?

 저기에 투자하면 워런 버핏이랑 같이 투자하는 거야. 거기에 약 1.5%. 제이피 모건(JPMorgan)은 전 세계에서 제일 큰 은행인데 거기에 1.4%. 존슨앤존슨(Johnson&

Johnson)은 알지?

 응. 로션!

 맞아, 그 회사. 이렇게 전 세계에서 돈 제일 많이 버는 유명한 회사들을 다 사게 되거든.

 오오~!

 그래서 ETF는 미국 ETF를 사는 게 좋아. 그리고 아까 말한 대로, 미국 ETF시장이 제일 발달되어 있어서 진짜 다양한 ETF들이 있어. 그리고 한국에서는 할 수 없는 투자도 가능하게 해줘서 나한테 딱 맞는 ETF를 찾아서 투자하기도 좋아. 대신에 단점이 하나 있어.

뭐?

 세금 내야 돼! 그리고 환전해야 돼.

 아하!

 우리나라는 주식투자 해서 이익이 나도 세금 거의 안 내거든? 그런데 미국은 주식 투자해서 돈 벌면 세금 내야 돼. 그리고 환전하면 그때마다 수수료가 나가. 세금하고 환전수수료가 불리한데, 이 단점을 고려하더라도 나는 장기로 투자할 거면 미국 ETF가 낫다고 봐.

미국 ETF가 좋은 게, 분석도 되게 잘 돼있고 공부하기에도 좋아. 여태까지 투자했으면 얼마나 벌었을지, 어떻게 투자해 볼 수 있는지 이런 분석이 쉬워. 우리가 아까 봤던 영구 포트폴리오 있잖아? 주식하고 채권, 부동산, 예금에 1/4씩 투자하는 거. 그걸 ETF로 했다면 여태까지 몇 %나 수익이 나고, MDD가 얼마였는지도 금방 확인할 수 있어. 이런 걸 쉽게 해주는 웹사이트들이 있거든.

 아, 그래?

 그래서 다음 시간에 이걸 해 보자고. 1/4씩 투자해서 내가 원하는 목표를 달성할 수 있는지. 그걸로 안 된다면 다른 방법으로 당신이 원했던 목표인 MDD가 40%가 안 되면서 수익률은 8%를 넘는 투자방법을 만들어볼 수 있을지…… 이런 것들을 한국 주식이나 ETF로는 확인하기 어려운데, 미국 ETF는 금방 해 볼 수가 있어.

오, 재밌겠네.

 오늘은 여기까지 하고 다음번에 봅시다.

 네~ 고맙습니다!

하마터면 서운할 뻔 했다

워런 버핏의 수익률이 23%밖에 안 된다는 얘기를 들었을 때 의아했다. 아무리 그래도 전 세계에서 주식투자로 가장 많은 돈을 번 사람인데 그 정도밖에 안 된다니! 정말 맞는 건가 싶었고, 훨씬 더 클 줄 알았다. 그런데 수업을 들어보니 내가 생각해왔던 수익률은 단리의 개념이었고, 복리와는 크게 다르다는 것을 이해했다. '복리의 마법'이란 게 정말 그렇게 대단할 줄이야! 다시 생각해 봐도 그 차이가 너무 놀랍다.

여러 시행착오 끝에 목표 수익률을 8%로 정했다. 20년간 8%의 복리수익률이라면 만족스러울 것 같고, MDD는 40%로 내가 견뎌낼 수 있는 수준으로 정했다. 지금 당장은 아니지만, 아마도 이 수업이 끝날 즈음에는 저 목표를 달성할 수 있는 방법을 찾아내 투자를 시작하게 되지 않을까? 두렵기도 하지만 한편으로 기대도 많이 된다.

지난해 '동학개미운동' 바람이 불면서 많은 사람들이 주식에 투자했고, 심지어 내 주변에서 처음 주식을 시작한 사람들도 돈을 벌었다는 이야기가 심심찮게 들려왔다. 그래서 나도 남편의 도움을 받으면 주식투자로 괜찮게 벌 수 있지 않을까 기대했다. 남편에게 주식투자를 알려달라고 하면서, 내심 좋은 종목을 추천해 주거나, 특별한 비법을 알려주지 않을까 하는 기대감도 가지고 있었다. 그런데 자기가 투자하는 방법과는 다른 ETF 투자를 추천해 줘서, 처음에는 실망하고 서운함도 느꼈다. 왜 나에게는 남편이 투자하는 방법을 알려주지 않고 다른 방법만 얘기해 줄까? 물론 내가 경험도 없고 지식도 부족하다지만, 그럼 나 같은 사람은 평생

ETF 같은 간접투자만 해야 하고, 직접투자는 시작도 하지 말아야 하나? 이럴 거면 왜 주식을 배운다고 했을까? 그래서 결국 주식투자를 하라는 건가, 하지 말라는 건가? 이런저런 생각에 서운한 마음이 커져갔다. 그러다 등수 이야기를 듣고 나니 왜 ETF에 투자하라고 하는지, 어떤 마음으로 소개해 주는지, 현재 내 수준이 어느 정도인지 알게 됐다. 맞는 얘기다. 반에서 꼴찌가 어떻게 단숨에 전교 1등이 될 비법을 전수 받겠는가? 우선은 반에서 중간이라도 하는 걸 1차적인 목표로 하고, 그걸 달성한 다음에 상위권에 도전하는 게 맞겠다.

주변에 지인들이 주식으로 돈을 벌었다는 소식에 나도 모르게 마음이 급해지고 욕심이 커졌나 보다. 수업을 들은 이후로 나의 현재 수준을 객관적으로 냉정하게 생각해보려 노력했다. 나중에 정말 투자 경험이 쌓이고 지식이 늘어가면 그때 가서 또 내 수준에 맞는 투자를 늘려가면 된다. 꼭 돈을 많이 벌고 못 벌고를 떠나, 지금보다 한층 더 무지했던 나에서, 좀 더 발전할 내 모습을 상상해 보니 그것만으로도 일단 너무 기분이 좋다.

MDD 40%가 견디기 쉬울까?

아내는 자신이 견딜 수 있는 MDD로 50%는 힘들 것 같다며 40%로 정했다. 비율로만 보면 '하룻강아지 범 무서운 줄 모르는' 비율이다. 보통 사람들은 MDD 30%도 견디기 쉽지 않다. 한번 상상해 보라. 자기 계좌의 누적수익률이 (-)30%인 상황에서 흔들리지 않고 자신의 투자방식을 지켜나갈 수 있겠는가? 1일차 강의에서 밝혔듯, 나 역시 2008년 주식시장에서 큰 하락을 경험한 적이 있다. 대략 50% 정도의 MDD를 겪었는데(그 당시에는 나 역시 MDD라는 개념을 몰랐다), 계좌를 쳐다보기도 싫어 방치했다. 차라리 없는 돈이라 생각하고, 10년쯤 잊어버리고 지내면 몇 배 올라 있지 않을까 상상했지만, 그런 행운은 일어나지 않았다.

아내가 투자하는 투자금의 규모가 작기 때문에 금액적으로는 견뎌낼 수 있는 수준이라고 볼 수도 있지만, 비율만 보면 절대 감당할 수 있는 수준이 아니다. 실제 경험을 쌓고 당해보면 생각이 바뀌게 될 것이다. 누구나 그럴 듯한 계획은 가지고 있다 하지 않는가. 평소 아내의 성격에 비춰볼 때, 투자금의 규모가 커지면 10%의 MDD도 고통스러워할 것이다.

하지만, 단정할 수는 없다. 아내 스스로 겪어보고 경험을 쌓아야지, 내가 미리 재단하고 한계를 정할 필요는 없다고 생각한다. 다만 투자금의 규모가 커지면 같은 비율의 MDD가 다르게 느껴질 것이라는 점, 이 때문에 주기적으로 자신이 감당할 수 있는 MDD 수준을 투자 규모의 변화에 따라 재설정하고 점검할 필요가 있다는 점을 집에서 따로 얘기해 주었다.

다음 표처럼 복리수익률을 바탕으로 단리수익을 구하는 표를 직접 만들어보자. 샘플 파일은 QR코드를 통해 페이지2북스 블로그에서 다운받을 수 있다.

수익률 (CAGR)	기간(년)	투자금	결과	연 (산술) 평균수익	월 수익	단리수익률
8%	10	10,000,000	21,589,250	1,158,925	96,577	11.6%
8%	20	10,000,000	46,609,571	1,830,479	152,540	18.3%
8%	30	10,000,000	100,626,569	3,020,886	251,740	30.2%
8%	40	10,000,000	217,245,215	5,181,130	431,761	51.8%

① 먼저 엑셀 프로그램을 열고, 엑셀 빈칸에 아래와 같이 수익률과 기간, 투자금을 자유롭게 입력한다. 이 예시에서는 편의상 1열에 수익률, 기간, 투자금을 2열에는 수익률을 A2, 기간을 B2, 투자금을 C2 셀에 입력하겠다.

	A	B	C
1	수익률	기간	투자금
2	8%	10	10,000,000

② 원금 10,000,000을 8% 수익률로 10년간 투자했을 경우 결과가 어떻게 되는지를 구해야 한다. 이렇게 미래가치를 구하는 함수는 'FV'이며 다음과 같이 사용한다.

=FV(rate, nper, pmt, [pv], [type])

· rate: 이자율

· nper: 총 납입 기간 수

· pmt: 각 기간의 납입액, 일정액을 연금처럼 매기간 납입할 경우 납입되는 금액

· pv: 현재 투자하는 금액으로 (−)값으로 입력해야 지출로 간주하여 미래가치는 (+)가 된다. 생략하면 0으로 간주

· type: 납입 시점을 나타냄. 1을 선택하면 연초에 납입, 0을 선택하면 연말에 납입. 생략하면 0으로 간주

이자율(rate)은 A2(8%), 납입기간(nper)은 B2(10), 매년 납입액(pmt)은 추가 납입액이 없으므로 0, 현재투자금(Pv)은 −C2(−10,000,000)로 하여 D2셀에 다음과 같이 입력한다.

	D2	▼		f_x	=FV(A2,B2,0,-C2)

	A	B	C	D
1	수익률	기간	투자금	결과
2	8%	10	10,000,000	21,589,250

③ 이렇게 계산한 값이 복리수익률로 계산한 미래값이다. 이를 산술평균 수익으로 바꾸려면 수익금을 투자기간으로 나누어주면 된다. 수익금은 결과값에서 투자금을 차감한 (D2 − C2)가 되고, 투자기간은 B2(10)이므로 연 단위 (산술)평균수익은 다음과 같이 구할 수 있다.

	E2	▼	f_x	=(D2-C2)/B2	

	A	B	C	D	E
1	수익률	기간	투자금	결과	연 (산술)평균수익
2	8%	10	10,000,000	21,589,250	1,158,925

④ 이제 연 수익을 12로 나누어주면 다음과 같이 월 수익을 구할 수 있다.

	F2	▼	f_x	=E2/12		

	A	B	C	D	E	F
1	수익률	기간	투자금	결과	연 (산술)평균수익	월 수익
2	8%	10	10,000,000	21,589,250	1,158,925	96,577

⑤ 아래로 복사를 하면 다양한 수익률과 기간, 투자금에 따른 산술평균수익을 직접 계산해 볼 수 있다. 추가로 연 단위 산술평균수익을 투자금으로 나누면 단리수익률을 계산할 수 있다.

	A	B	C	D	E	F
1	수익률	기간	투자금	결과	연 (산술)평균수익	월 수익
2	8%	10	10,000,000	21,589,250	1,158,925	96,577
3	8%	20	10,000,000	46,609,571	1,830,479	152,540
4	8%	30	10,000,000	100,626,569	3,020,886	251,740
5	8%	40	10,000,000	217,245,215	5,181,130	431,761

사경인의 친절한 투자 과외

4 일 차

한 주만 사도 끝나는
자산배분 ETF

☑ 투자의 필수과정, 백테스트를 무료로 쉽게 하는 방법

☑ MDD와 함께 고려해야 할 언더워터 기간

☑ 채권과 현금, 부동산에 대한 백테스트

☑ 1/4씩 섞어서 투자해도 돈을 벌 수 있을까?

☑ 좀 더 개선된 포트폴리오를 찾아보자

☑ 리밸런싱은 어떻게 할 것인가?

☑ 미국 ETF를 고르는 방법

☑ 자산배분투자의 고전, 6040 포트폴리오

☑ 하나만 사도 All-in-one! AOR ETF

☑ 첫 번째 숙제, AOR 1주 사기

투자의 필수 과정, 백테스트를 무료로 쉽게 하는 방법

 자, 지난번에 ETF를 사면 여러 가지에 투자해 볼 수 있다고 했잖아?

 응!

 그런데 한국은 코스피지수를 추종하는 ETF를 사더라도 분산이 잘 안 된다고 했어.

 삼성! 반도체!

 맞아. 삼성전자나 반도체 업종 비중이 커서 제대로 분산되지 않고, 쏠림이 있다, 그래서 미국 ETF가 더 좋다, SPY 같은 거 사면 전 세계에서 제일 잘나가는 회사들에 투자할 수 있다고 얘기했지. 또 미국 ETF가 좋은 게 종류도 많고, 시스템도 잘 돼있어서 분석하기도 편하다고 했어.

그렇다면 진짜 미국에 투자하면 수익률이 얼마나 될까? 미국 주식에 투자했으면 수익률이 얼마고, MDD는 얼마였는지, 채권은 어땠고, 부동산은 어땠는지 그리고 그것들을 섞어서 투자했으면 결과가 어떻게 나왔을지, 이런 분석을 마음대로 해볼 수가 있는 사이트가 있어. 바로 포트폴리오 비주얼라이저(portfolio visualizer)라는 사이트야. 검색창에 '포트폴리오 비주얼라이저'라고 치면 사이트(www.portfolio visualizer.com)에 들어가 볼 수 있어.

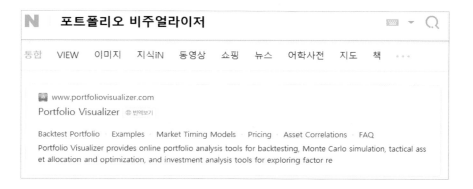

이 사이트에 접속하면 백테스트 포트폴리오(Backtest Portfolio)라는 메뉴가 있어.

이 백테스트라는 게 뭐냐면 말 그대로 과거로 돌아가서(back) 실험(test)을 해 보는

거야. 10년 전에 내가 이런 자산에 투자했으면 어땠을지, 20년 전부터 했다면 어떤

지 결과들을 쫙 보여주거든. 실제 사이트 화면과 함께 보여줄게.

첫 번째 백테스트 포트폴리오 메뉴 말고도 내가 투자한 결과에 대해서 예상되는 시뮬레이션 같은 것도 해 볼 수 있고 그렇거든? 회원가입하고 로그인하는 메뉴도 있는데, 로그인 안 하고도 백테스트는 해 볼 수 있어.

 오~ 그래?

 영어로 된 사이트긴 한데 그렇게 어렵진 않을 거야. 첫 번째 메뉴인 백테스트 포트폴리오(Backtest Portfolio)의 하단을 보면 백테스트 자산배분(Backtest Asset Allocation)이라는 메뉴가 있어. 즉, 자산배분 결과를 백테스트하는 메뉴로 내가 어떤 자산에, 몇 %씩 배분해서 투자했느냐에 따라 어떤 결과가 나오는지 보여줘. 이걸 선택해서 들어가면 이런 화면이 나와.

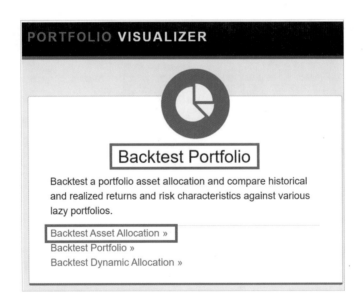

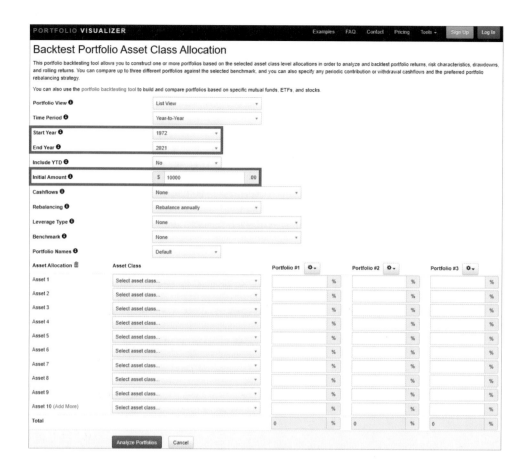

3번째 줄에 시작 연도(Start Year)를 보면 1972년이라고 적혀 있지? 이건 1972년부터 지금까지 50년 동안 투자했으면 어땠는지 테스트 해 볼 수 있다는 뜻이야.

오…… 나 태어나기도 전이네?

(웃음) 응. 나도 태어나기 전이야. 일단 끝나는 해(End Year)는 2021년으로 할게. 그다음 얼마를 투자할 거냐(Initial Amount)가 나와. 일단 환율을 대강 달러당 1,000원으로 잡고 10,000,000원 투자했으면 어떤 결과가 나오는지를 보기 위해 $10,000를 입력해 보자.

그 아래 현금흐름(Cashflows) 메뉴가 있어서 자금을 추가적으로 집어넣거나 뺄 수도 있어. 한 달에 10만 원씩 아니면 100만 원씩 추가로 집어넣어서 투자하거나, 반대로 10만 원, 100만 원씩 빼서 쓴다고 가정할 수도 있는 거지. 일단은 없다(None)로 체크하고 진행해 보자.

1972년에 $10,000를 투자했다고 보고, 아래에 자산 종류 선택(Select asset Class)을 클릭해 보면 어떤 자산으로 볼지 선택할 수 있어. 보면 미국 주식(US Equity)이 있고 거기서도 미국 주식 전체(US Stock Market)에 투자하는 게 있고…… 라지캡(US Large Cap)은 뭐냐면 대형주(large capital)에 투자하는 것을 말해. 중형주(US Mid Cap)나 소형주(US Small Cap)에 투자할 수도 있어.

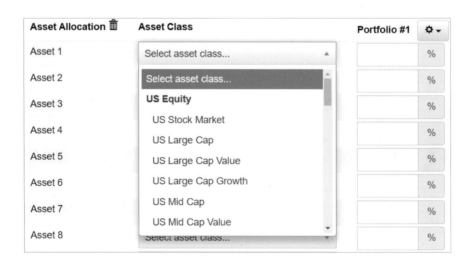

아니면 미국 주식이 아니라 전 세계 주식에 투자한 결과도 확인해 볼 수 있어. 미국을 제외한 전 세계 주식(Global ex-US Stock Market)이나 유럽(European Stocks), 아시아(Pacific Stocks), 신흥국(Emerging Markets)도 선택돼.

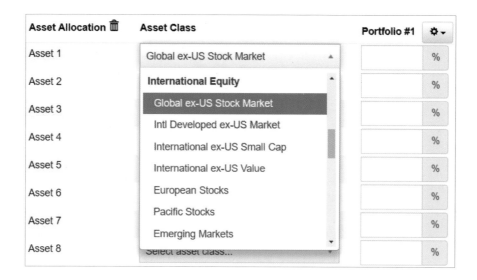

그 밑에 나오는 고정수입(Fixed Income)은 말 그대로 고정수입이 들어오는 건데, 여기서 Cash는 현금이 아니라 꼬박꼬박 이자 들어오는 예금을 의미해. 그래서 내가 그냥 은행에 예금을 넣어놨으면 지금 얼마가 됐는지도 알 수 있지.

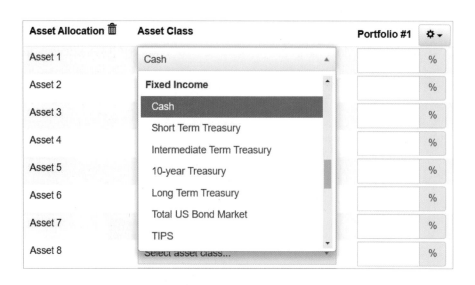

중간에 보면 총 미국 채권시장(Total US Bond Market)이라는 게 나오는데, 이게 미국 채권시장에 투자하는 것을 의미해. 그 사이에 있는 국채(Treasury)는 뭐냐면, 미국 국채를 말해. 회사한테 돈을 빌려주고 받는 채권은 회사채고, 나라한테 돈을 빌려줄 수도 있어. Treasury가 원래 미국 재무부를 말하는데, 재무부가 돈 빌리고 써 준 차용증이 미국 국채야.

밑으로 더 내려가 보면 금(Gold)도 있어. 리츠는 뭔지 알아? REIT?

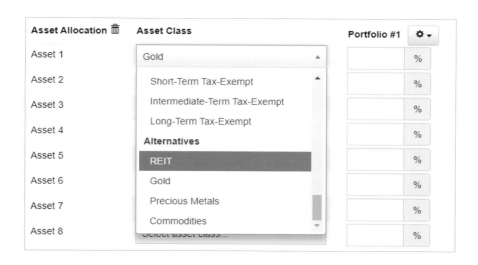

 아니, 몰라.

 리츠(REIT)는 '부동산투자신탁(Real Estate Investment Trust)'이라고 해서 쉽게 말해 부동산 투자했을 때 결과라고 보면 돼.

 아~ 부동산까지 다 나오는 거야?

 응. 다 나와. 자산 종류(Asset Class)에서 알아보고 싶은 자산 선택하고, 그 옆에 포트폴리오 칸에 몇 %의 투자 비율로 할지 선택하면 돼. 만약 미국 주식에 100% 투자했으면 여태까지 수익률이 어떤지 보자고. 자산 종류(Asset Class)에서 미국 주식시장(US Stock Market) 선택하고 Portfolio #1에다 100%를 입력해 볼게.

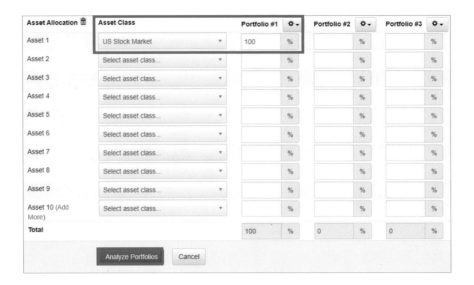

 그리고 하단에 포트폴리오 분석(Analyze Portfolios) 버튼을 누르면 결과가 이렇게

나와.

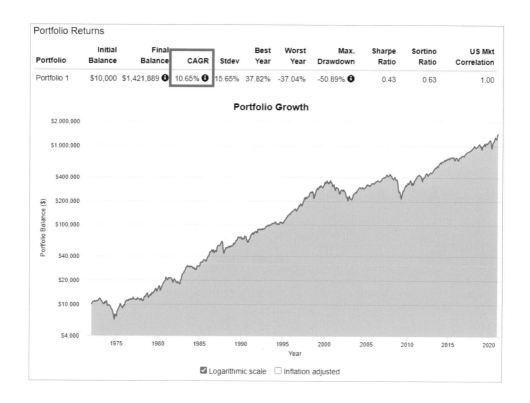

Portfolio Returns

Portfolio	Initial Balance	Final Balance	CAGR	Stdev	Best Year	Worst Year	Max. Drawdown	Sharpe Ratio	Sortino Ratio	US Mkt Correlation
Portfolio 1	$10,000	$1,421,889 ❶	10.65% ❶	15.65%	37.82%	-37.04%	-50.89% ❶	0.43	0.63	1.00

 해석하자면 당신이 1만 달러를 1972년부터 2020년까지 투자했을 때, 그게 지금 얼마가 됐냐면 142만 달러. 그러니까 우리나라 돈으로 1억 투자했으면, 142억이 되어 있는 거지.

 우와~!!!

 이게 수익률로는 10%밖에 안 돼. 저기 수익률을 뜻하는 CAGR에 10.65%라고 써 있잖아.

 복리야?

맞아. 10%밖에 안 되지만 복리로 늘어나다 보니까 142배가 된 거지.

 잠깐만요

선 그래프 하단을 보면 Logarithmic scale에 체크되어 있는데, 흔히 이걸 로그차트라고 합니다. 일반적으로 사용하는 선형차트에서는 동일한 비율로 변하더라도 값이 크면 크게 변한 것처럼 보이게 됩니다. 예를 들어 선형차트에서는 100에서 10%가 증가하면 10만큼 증가하지만, 1,000에서 10%가 증가하면 100만큼 증가하게 되어 아래와 같이 훨씬 크게 변한 것처럼 보입니다.

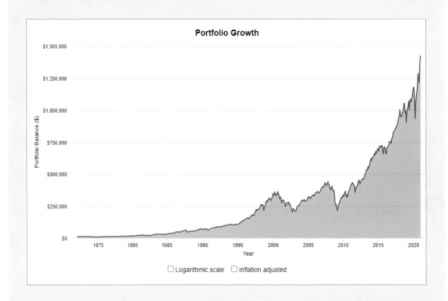

주가지수가 100에서 110으로 올랐을 때도 10% 수익이고, 1,000에서 1,100으로 올랐을 때도 10% 수익인데, 이를 선형차트로 나타내면 100에서 110은 작게 오른 것으로 보이고, 1,000에서 1,100은 10배나 크게 증가한 것처럼 나타납니다. 이런 착시를 줄이기 위해 로그차트를 쓰면 100에서 110까지의 거리와 1,000에서 1,100까지의 거리가 동일하게 표시됩니다. 로그차트가 아닌 선형차트로 나타내면 위와 같이 복리로 인한 효과가 더 극적으로 보입니다. 포트폴리오 비주얼라이저에서는 기본적으로 복리효과가 크게 나타나는 장기차트는 로그차트로, 그 외에는 선형차트로 보여줍니다. 이 책에서는 포트폴리오 비주얼라이저 사이트에서 보여주는 그대로 로그차트나 선형차트를 혼용해서 사용했습니다.

지금 1억 가지고 141억을 벌었는데, 기간은 50년 가까이 되거든? 대략 1년에 3억 씩 번 거지?

 오우, 너~~~무 괜찮은데?

 1억 투자해서 3억씩 벌었으니 훌륭하지. 대신에 MDD도 커. 앞의 결과에 MDD (Max. Drawdown) 적힌 걸 보면 −50.89%인데 이건 중간에 반토막이 났다는 것을 의미해. 최상의 연도(Best Year)를 보면 제일 좋았던 해에는 37% 수익이 났고, 최악 의 연도(Worst Year)가 제일 나빴던 해인데 −37% 손실이 났어.

결과에서 아래로 내려가 보면 해마다 수익이 어땠는지도 그래프로 보여줘.

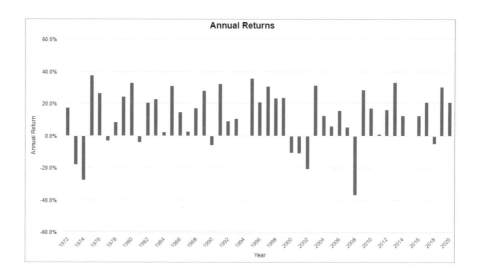

MDD가 중요하다고 했잖아? 상단 메뉴에 보면 이 MDD(Drawdowns)만 자세히 볼 수도 있어.

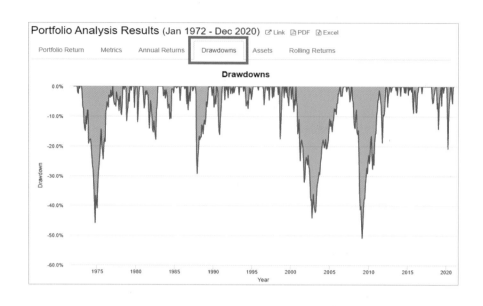

Portfolio Analysis Results (Jan 1972 - Dec 2020)

 어우…… 마음고생 심했겠네.

MDD와 함께 고려해야 할 언더워터 기간

 그래프 아래로 내려가 보면 큰 하락의 원인이 된 역사적 이슈와 관련된 여러 가지

자료도 나와.

Drawdowns for Historical Market Stress Periods			
Stress Period	Start	End	Portfolio 1
Oil Crisis	Oct 1973	Mar 1974	-12.61%
Black Monday Period	Sep 1987	Nov 1987	-29.34%
Asian Crisis	Jul 1997	Jan 1998	-3.72%
Russian Debt Default	Jul 1998	Oct 1998	-17.57%
Dotcom Crash	Mar 2000	Oct 2002	-44.11%
Subprime Crisis	Nov 2007	Mar 2009	-50.89%

이건 미국에서 여러 사건이 터졌을 때 MDD가 얼마나 됐는지 보여주는 거야. 1973년에 오일쇼크(Oil Crisis)란 게 있었는데 그때 -12.6%까지 하락했고, 블랙먼데이(Black Monday Period) 때는 -30% 정도 빠졌지. 제일 많이 빠진 게 서브프라임 사태(Subprime Crisis)라고 이게 2007년에 있었던 글로벌 금융위기인데 그때 -50%가 빠졌어. 그 아래에 MDD 순위도 나와.

	Drawdowns for Portfolio 1						
Rank	Start	End	Length	Recovery By	Recovery Time	Underwater Period	Drawdown
1	Nov 2007	Feb 2009	1 year 4 months	Mar 2012	3 years 1 month	4 years 5 months	-50.89%
2	Jan 1973	Sep 1974	1 year 9 months	Dec 1976	2 years 3 months	4 years	-45.86%
3	Sep 2000	Sep 2002	2 years 1 month	Apr 2006	3 years 7 months	5 years 8 months	-44.11%
4	Sep 1987	Nov 1987	3 months	May 1989	1 year 6 months	1 year 9 months	-29.34%
5	Jan 2020	Mar 2020	3 months	Jul 2020	4 months	7 months	-20.89%
6	Dec 1980	Jul 1982	1 year 8 months	Oct 1982	3 months	1 year 11 months	-17.85%
7	Jul 1998	Aug 1998	2 months	Nov 1998	3 months	5 months	-17.57%
8	Jun 1990	Oct 1990	5 months	Feb 1991	4 months	9 months	-16.20%
9	Oct 2018	Dec 2018	3 months	Apr 2019	4 months	7 months	-14.28%
10	Mar 1980	Mar 1980	1 month	Jun 1980	3 months	4 months	-11.98%

Worst 10 drawdowns included above

제일 나빴던 기간이 2007년 11월부터 2009년 2월까지 1년 4개월 동안인데 무려 -50.89%가 빠졌어. 그리고 이게 다시 회복되는 데(Recovery Time) 3년하고 1달이 걸렸지. 언더워터 기간(Underwater Period)은 물에 잠겨 있던 기간, 즉 손실 났다가 회복할 때까지 걸린 시간을 말하는데 1년 4개월 동안 빠졌다가, 3년 1개월 걸려서 회복했으니까 총 4년 5개월 만에 본전을 찾은 거지.

 거의 5년이네?

 그치. 2007년부터 빠진 다음 다시 그 가격 된 게 2012년이니까, 5년 동안 마음고생 한 거지. MDD가 큰 것도 마음고생이지만, 이 언더워터 기간이 긴 것도 마음고생이야. 크게 상처 받기도 하지만, 오랫동안 상처 받기도 하잖아. MDD 3등이 2000년부터 2002년까지 -44.11%인데 이때는 다시 회복되는 데 3년 7개월이 걸렸어. 언더워터 기간이 5년 8개월로 2007년 때보다 더 길었지. 이때가 미국에서 IT버블이 터졌던 때인데, 글로벌 금융위기 못지 않게 힘들었던 시기야.

2020년 코로나19 때도 많이 빠지긴 했어. 저기서 5등이 그때 빠진 거거든. 20% 정도 빠졌는데, 이때는 언더워터 기간이 7달밖에 안 돼. 생각보다 견딜만 했던 거지. 저번에 당신이 2020년에 주식시장 좋아서 새로 들어온 사람들에 대해 물어봤을 때, 아직 고생해본 경험이 없는 사람들은 조심해야 한다고 했던 게 이것 때문이야. 2020년 초에 우리나라 주식시장이 많이 빠지긴 했는데 금방 회복됐거든. MDD는 큰 편이었지만, 언더워터 기간은 짧았기 때문에 진짜 무서웠던 건 아니야. 전고점 찾는데 5년, 10년이 걸리는 시장을 겪어봐야 MDD가 무섭고 주식이 쉽지 않다는 걸 느끼지. 우리나라 코스피 언더워터 기간 중 가장 길었던 게 얼마인지 알아? 5년보다 길까, 짧을까?

 음…… 왠지 더 길 것 같아.

 맞아. 11년이야.

 뭐? 11년?

 1994년 11월에 주가지수 1,138 찍고 빠졌다가 다시 1,138 넘긴 게 2005년 9월이야. 1994년 11월에 주식시장 뛰어든 사람들은 11년 동안 손실 상태였던 거지. 투

248

자하고 10년이 지나도록 계속 손실이라면, 투자를 계속할 수 있을까? 아무리 주식시장이 장기로 우상향한다고, 장기투자하면 된다고 해도 11년은 너무 길잖아.

 거의 포기할 것 같은데?

 아까 미국 주식 수익률만 봤을 때는 당신도 깜짝 놀랐잖아. 1억이 142억이 됐으니까. 그래서 그거 보고 그냥 주식에 오랫동안 넣어두면 되겠다고 생각하는데, 막상 투자해 보면 5년이 넘도록 손실일 수 있다고. 그럼 그걸 계속 끌고 가지 못하고 중간에 포기하게 돼. 그래서 투자수익률만 볼 게 아니라 MDD도 보고 언더워터 기간도 봐야 돼. 그리고 한 자산에 몰빵하면 안 되는 거지. 섞어서 MDD도 줄이고 언더워터 기간도 줄여야 한다고.

채권과 현금, 부동산에 대한 백테스트

 이번엔 주식 말고 채권을 한번 봐볼게. 미국 채권시장(Total US Bond Market)에 100% 투자했을 때를 보자고.

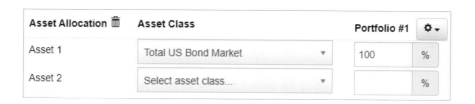

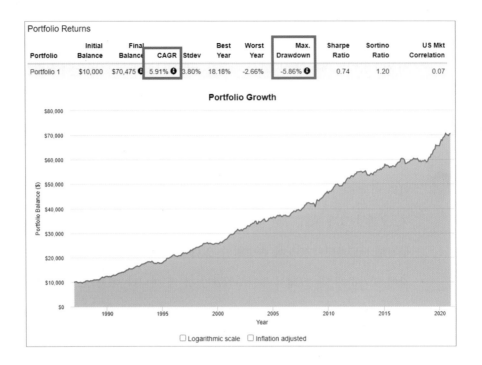

Portfolio Returns

Portfolio	Initial Balance	Final Balance	CAGR	Stdev	Best Year	Worst Year	Max. Drawdown	Sharpe Ratio	Sortino Ratio	US Mkt Correlation
Portfolio 1	$10,000	$70,475 🏦	5.91% 🏦	3.80%	18.18%	-2.66%	-5.86% 🏦	0.74	1.20	0.07

 어! 채권도 좋네?

 그냥 쭈~욱 올라가지? 수익률(CAGR)은 6% 정도(5.91%) 나오고, MDD(Max. Draw down)는 –6%도 안 돼. 이걸 예금하고 비교해 보자고. 아까 Cash가 예금이라고 했 잖아? 포트폴리오 #1은 채권에 100% 투자하고, 포트폴리오 #2는 예금에 100% 투자해서 비교해 볼게.

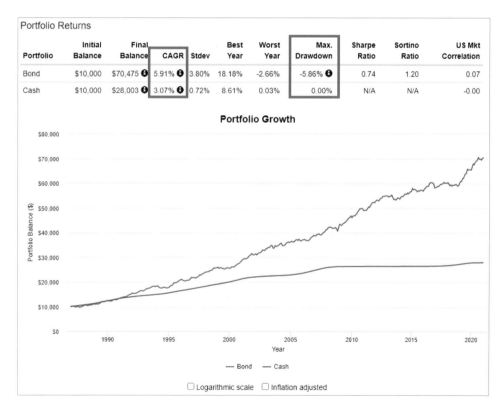

Asset Allocation 🗑	Asset Class	Portfolio #1 ⚙▾		Portfolio #2 ⚙▾		Portfolio #3 ⚙▾	
Asset 1	Total US Bond Market ▾	100	%		%		%
Asset 2	Cash ▾		%	100	%		%
Asset 3	Select asset class... ▾		%		%		%
Asset 4	Select asset class... ▾		%		%		%
Asset 5	Select asset class... ▾		%		%		%
Asset 6	Select asset class... ▾		%		%		%
Asset 7	Select asset class... ▾		%		%		%
Asset 8	Select asset class... ▾		%		%		%
Asset 9	Select asset class... ▾		%		%		%
Asset 10 (Add More)	Select asset class... ▾		%		%		%
Total		100	%	100	%	0	%

Portfolio Returns

Portfolio	Initial Balance	Final Balance	CAGR	Stdev	Best Year	Worst Year	Max. Drawdown	Sharpe Ratio	Sortino Ratio	US Mkt Correlation
Bond	$10,000	$70,475 ❸	5.91% ❸	3.80%	18.18%	-2.66%	-5.86% ❸	0.74	1.20	0.07
Cash	$10,000	$28,003 ❸	3.07% ❸	0.72%	8.61%	0.03%	0.00%	N/A	N/A	-0.00

Portfolio Growth

☐ Logarithmic scale   ☐ Inflation adjusted

아래 빨간선이 예금(cash)이야. 그냥 쭉 증가하지. 그리고 MDD가 0이고 손해난 적이 없는 대신 수익률(CAGR)이 3%야. 요즘엔 예금이자율이 3%도 안 되지만, 이 건 1987년(미국 채권시장에 관한 자료가 1987년부터 시작한다)부터 보여주는 거라 이자율이 높게 나와. 어쨌든 누적으로 수익률이 채권의 절반 정도 되지?

수익률 3.07%(예금)랑 5.91%(채권)면 2배 차이가 안 나잖아? 그런데 이 차이가 복리로 나타나면 결과가 크게 달라져. 둘 다 1억씩 투자했다고 가정하면 예금은 2억 8,000만 원이 되는데 채권은 7억이 돼.

2배 차이가 아니네.

예금에 넣었으면 1억 8,000만 원 벌었는데, 채권에 넣었으면 6억을 벌었지. 3배 넘게 차이가 나. 수익률 차이가 3%밖에 안 되더라도 복리는 시간이 지날수록 차이가 커져. 수익률 1%가 엄청 큰 영향을 주지. 그래서 나는 예금에 넣어둘 돈 있으면 그냥 채권 사겠어. 중간에 6% 정도 빠지는 게 엄청난 충격은 아니니까.

이번에는 부동산을 한번 봐볼게. 미국 부동산, 즉 리츠(REIT) 100%를 선택하면 로그차트로는 이렇게 돼.

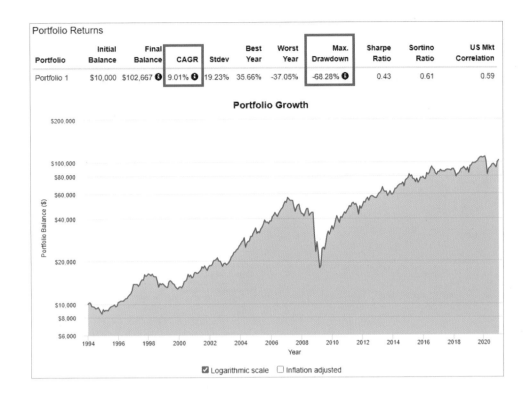

Portfolio Returns

Portfolio	Initial Balance	Final Balance	CAGR	Stdev	Best Year	Worst Year	Max. Drawdown	Sharpe Ratio	Sortino Ratio	US Mkt Correlation
Portfolio 1	$10,000	$102,667 ❶	9.01% ❶	19.23%	35.66%	-37.05%	-68.28% ❶	0.43	0.61	0.59

Portfolio Growth

☑ Logarithmic scale ☐ Inflation adjusted

 어? 중간에 한 번 푹 꺼졌네?

 쭉 오르다 2008년에 한 번 난리가 났지? 금융위기 왔던 게 저 부동산 때문이었거든. 수익률(CAGR)이 9% 정도(9.01%) 나오는데, MDD(Max. Drawdown)는 -70% 가까이(-68.28%) 나와. 주식보다 MDD가 더 커!

 그러네. 부동산이 안전한 게 아니네.

 MDD를 확인해 보면 이래.

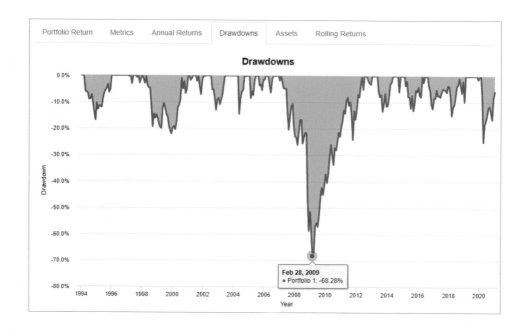

| Portfolio Return | Metrics | Annual Returns | Drawdowns | Assets | Rolling Returns |

Drawdowns

Feb 28, 2009
● Portfolio 1: -68.28%

 2009년에 −68%까지 떨어졌지. 저 때, 언더워터 기간(underwater period)도 5년 5개월이었어. 잠겨 있던 기간도 길었지.

이렇게 각 자산별로 수익률이 얼마였고, MDD나 언더워터 기간도 어땠는지 쉽게 확인해 볼 수 있어서 포트폴리오 비주얼라이저 사이트가 좋아.

 왜 우리나라에는 없을까?

 그러게. 우리나라도 이런 사이트가 있으면 좋겠는데…… 일단 데이터 자체가 많이 쌓여 있지 않아.

만들어서 사업해 보세요.

 (웃음) 귀찮아. 그리고 포트폴리오 비주얼라이저도 공짜잖아. 어쨌든 이렇게 여러 가지 자산에 대해서 확인하고 비교해 볼 수 있어. 주식하고 채권, 부동산을 한꺼번에 선택해서 비교해 볼 수도 있거든. 각각에 100%씩 투자했을 때 어떤지 로그차트로 보자고.

Asset Allocation 🗑	Asset Class	Portfolio #1 ⚙▾		Portfolio #2 ⚙▾		Portfolio #3 ⚙▾	
Asset 1	US Stock Market ▾	100	%		%		%
Asset 2	Total US Bond Market ▾		%	100	%		%
Asset 3	REIT ▾		%		%	100	%

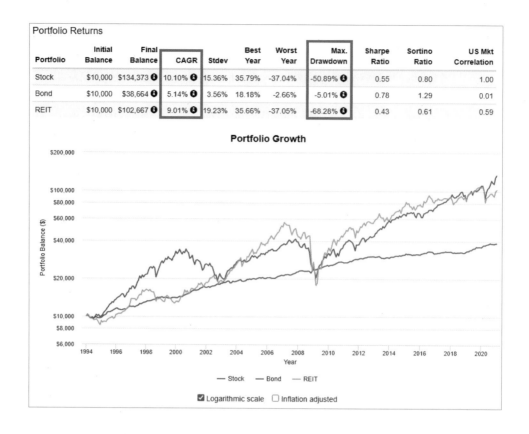

Portfolio Returns

Portfolio	Initial Balance	Final Balance	CAGR	Stdev	Best Year	Worst Year	Max. Drawdown	Sharpe Ratio	Sortino Ratio	US Mkt Correlation
Stock	$10,000	$134,373 ⓘ	10.10% ⓘ	15.36%	35.79%	-37.04%	-50.89% ⓘ	0.55	0.80	1.00
Bond	$10,000	$38,664 ⓘ	5.14% ⓘ	3.56%	18.18%	-2.66%	-5.01% ⓘ	0.78	1.29	0.01
REIT	$10,000	$102,667 ⓘ	9.01% ⓘ	19.23%	35.66%	-37.05%	-68.28% ⓘ	0.43	0.61	0.59

Portfolio Growth

— Stock — Bond — REIT

☑ Logarithmic scale ☐ Inflation adjusted

 뭐가 더 좋은 거지?

 1990년대에는 주식(Stock, 파란선)이 제일 좋았는데, 2000년대 들어서 주식은 나빠지고 부동산(REIT, 노란선)이 치고 올라왔지. 채권(Bond, 빨간선)은 굴곡 없이 꾸준하게 약간 상승했고. 그러다 2008년에 주식과 부동산이 망했어. 그리고 나서 부동산이 다시 먼저 오르다가, 최근 몇 년은 주식이 더 좋아졌어. 결론적으로 보면, 이게 1994년부터의 자료인데(리츠에 대한 자료가 1994년부터 존재한다) 수익률(CAGR)이 주식은 10% 정도, 부동산 9%, 채권은 5% 정도 되지. MDD(Max. Drawdown)는 주식이 -50%인데, 부동산은 -70%, 채권은 -5% 정도야.

섞어서 투자하면 어떻게 돼?

1/4씩 섞어서 투자해도 돈을 벌 수 있을까?

 궁금하지? 저 세 가지에 예금을 추가해서 네 가지 자산에 1/4씩 투자하면 어떻게

되는지 볼게. 각각에 25%씩 투자하는데, 이걸 일단 1/4포트폴리오라고 해보자고.

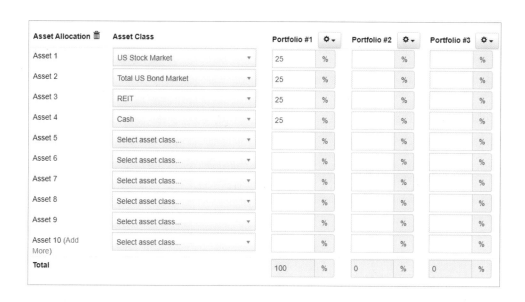

Asset Allocation 🗑	Asset Class	Portfolio #1 ⚙▾		Portfolio #2 ⚙▾		Portfolio #3 ⚙▾	
Asset 1	US Stock Market ▾	25	%		%		%
Asset 2	Total US Bond Market ▾	25	%		%		%
Asset 3	REIT ▾	25	%		%		%
Asset 4	Cash ▾	25	%		%		%
Asset 5	Select asset class... ▾		%		%		%
Asset 6	Select asset class... ▾		%		%		%
Asset 7	Select asset class... ▾		%		%		%
Asset 8	Select asset class... ▾		%		%		%
Asset 9	Select asset class... ▾		%		%		%
Asset 10 (Add More)	Select asset class... ▾		%		%		%
Total		100	%	0	%	0	%

Portfolio Allocations

1/4

Asset Class	Allocation
US Stock Market	25.00%
Total US Bond Market	25.00%
REIT	25.00%
Cash	25.00%

💾 Save portfolio »

● US Stock Market ● Total US Bond Market
● REIT ● Cash

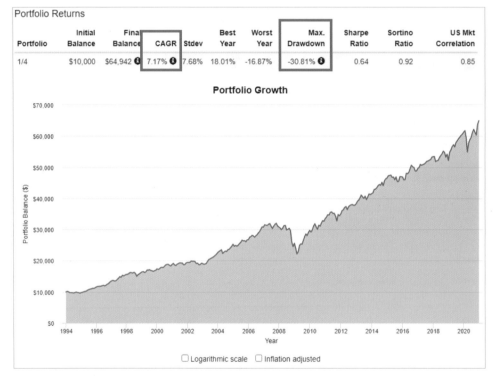

Portfolio Returns

Portfolio	Initial Balance	Final Balance	CAGR	Stdev	Best Year	Worst Year	Max. Drawdown	Sharpe Ratio	Sortino Ratio	US Mkt Correlation
1/4	$10,000	$64,942 ❸	7.17% ❸	7.68%	18.01%	-16.87%	-30.81% ❸	0.64	0.92	0.85

Portfolio Growth

☐ Logarithmic scale ☐ Inflation adjusted

이렇게 하면 수익률(CAGR) 7.17%, MDD(Max. Drawdown)는 -30.81%가 나와. 네 가지가 서로 상쇄돼서 수익률이 0이 되는 게 아니라, 7% 수익이 나는 형태야. 아까 말했던 대로 저 네 가지가 우상향을 향해가면서 오르락내리락하기 때문이야.

수익률 그래프 위에다 얹으면 이런 모양이 되는 거지.

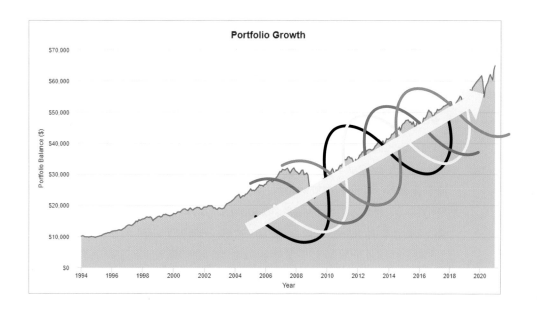

 응. 그러네?

 원래 네 가지 자산을 평균 내면 수익률(CAGR)은 6.83%고, MDD는 -31.05%가 나와. 그런데 실제 섞어서 투자했을 때 결과는 수익률(CAGR)이 7.17%로 올라가고, MDD는 -30.81%로 떨어지지? 이게 섞어서 투자하라는 이유, 분산투자가 좋은 이유 중 하나야.

	주식	채권	부동산	예금	평균	1/4
수익률(CAGR)	10.10%	5.14%	9.01%	3.07%	6.83%	7.17%
MDD(Max. Drawdown)	-50.89%	-5.01%	-68.28%	0.00%	-31.05%	-30.81%

당신이 정한 목표 수익률이 8%고, MDD는 -40%였는데, 거의 비슷하게 접근했지? 수익률이 1% 정도 모자라긴 한데…… 만약 목표 수익률이 7%고, MDD가 -30% 수준이라면 그냥 이렇게 1/4씩 투자하면 되겠지. 하지만 아직 우리 목표에는 모자라니까 여기서 수익률을 어떻게 더 높일지 고민해 보자고.

1/4 포트폴리오의 샤프지수는 0.64로 채권(0.78)보다 낮게 나옵니다. 샤프지수로 우위를 판단하면 1/4 포트폴리오보다 그냥 채권에 투자하는 것이 더 낫다는 결과가 됩니다. 하지만 저한테 둘 중 선택을 하라면 30%의 MDD를 견디고 2%나 더 수익률이 높은 1/4 포트폴리오를 선택하겠습니다. 분석 기간 동안 채권은 $10,000가 $38,664가 되어 $28,664의 이익을 얻었습니다. 반면에 1/4 포토폴리오의 수익은 $64,942로 2배에 가깝습니다. 제가 전통적인 샤프지수보다 수익률과 MDD를 바탕으로 아내에게 설명을 하는 이유입니다. 이후에는 별도의 언급이 없더라도 앞서 보충수업에서 언급한 샤프지수나 소르티노지수를 참고 삼아 확인해 보시기 바랍니다. 제가 선택한 대안과 전통적 지표에 의한 결과치가 다른 경우가 많습니다.

좀 더 개선된 포트폴리오를 찾아보자

수익률을 좀 더 높여보기 위해서, 지난번에 얘기한 사계절을 다시 한번 볼게. 경기가 바닥을 찍고 좋아지면 봄이고, 금리도 바닥을 찍고 올라오면 여름, 경기가 천정 찍고 추워지기 시작하면 가을, 금리도 내려가기 시작하면 겨울이 되잖아. 거기에 따라서 투자할 상품도 달라지고.

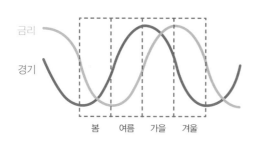

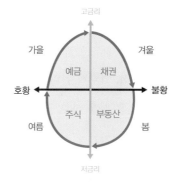

 응. 그랬지.

 여기서 경기가 나빠지면 금리도 뒤따라 낮아진다고 했잖아? 그런데 이게 경기가 나빠지고 한참 있다가 금리가 떨어지는 게 아니라, 갈수록 금리가 경기를 빨리 따라잡아. 경기가 나빠지면 정부가 금리를 잽싸게 낮추거든. 그래서 경기랑 금리 사이의 간격이 이렇게 좁아지는 거야.

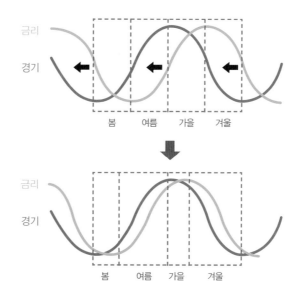

겹쳐지려고 하네?

 그렇지. 이렇게 금리랑 경기가 가깝게 움직이면 계절의 길이가 달라져. 경기가 바닥 찍은 다음 바로 금리도 바닥을 찍게 되면 봄이 금방 끝나. 그 대신 여름은 길어지지. 경기가 천정을 찍었는데 금리도 금방 천정을 찍으니까 가을이 짧아지고 겨울은 길어져. 요즘 느끼는 우리나라 계절 같지? 갈수록 더운 여름하고, 추운 겨울은 길어지는 것 같고, 날씨 좋은 봄, 가을은 금방 지나가잖아?

 맞아. 사계절이 아니고 그냥 여름하고 겨울만 있는 것 같아.

 바로 그거야! 1/4포트폴리오는 각 계절에 맞는 상품에 25%씩 같은 비율로 투자를 했는데, 가만 보니 봄하고 가을이 짧아. 25%나 투자할 필요가 없는 거지. 차라리 당신 말대로 아예 여름하고 겨울만 있다면 그냥 주식(여름)하고 채권(겨울)에만 투자하는 게 더 좋을 수도 있어.

 오~!

 그래서 예금하고 부동산은 빼버리고, 주식하고 채권에만 투자하는 거야. 그리고 여름하고 겨울 중에 어느 게 더 긴가 보면 여름이 더 길어.

 왜?

 경제가 한참 좋아지다가, 잠깐 나빠진 다음에 다시 또 좋아져. 경기가 같은 길이로 좋아졌다 나빠졌다 하는 게 아니라, 좋아지는 여름이 더 긴 거지. 이게 우리나라 통계청 자료로 본 경기순환주기*거든?

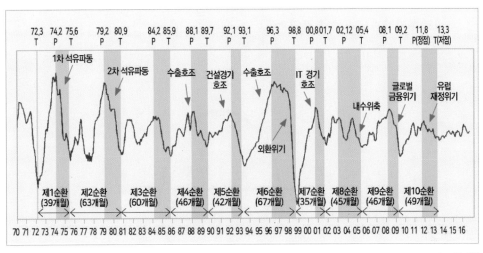

자료: 통계청

 밝은 부분이 경기가 좋아지는 구간(여름)이고, 어두운 부분이 경기가 나빠지는 구간(겨울)인데……

 어두운 데가 더 짧네?

 그렇지? 평균적으로 계산해 보니까 경기가 좋아지는 확장기간이 31개월이고, 수축기간이 18개월이야. 여름이 겨울보다 더 길지. 결국에는 어떤 투자를 생각해 볼

---

* 한국은행, 『알기 쉬운 경제지표해설』, 2019년, 103쪽

수 있냐면, 봄(부동산)과 가을(예금)은 짧으니까 무시하고, 여름(주식)하고 겨울(채권)만 대비하는데 그중에서 여름이 더 기니까 주식에 60%를 투자하고, 채권에 40%를 투자하는 거지. 이렇게 해서 만들어볼 수 있는 게 주식과 채권에 60대 40 비율로 투자하는 6040 포트폴리오야.

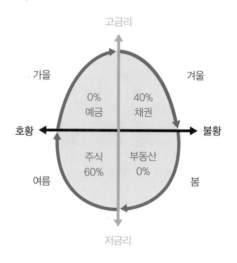

 그러면 실제 저렇게 투자했을 때 결과가 어떻게 달라지는지 비교해 보자. 25%씩 투자하는 1/4포트폴리오랑 주식과 채권에만 절반(50%)씩 투자하는 5050 포트폴리오, 그리고 주식에 60% 채권에 40% 투자하는 6040 포트폴리오, 이렇게 셋을 가지고 백테스트 해 보는 거야. 그럼 결과가 이렇게 나와.

Portfolio Name #1 ⓘ			1/4						
Portfolio Name #2 ⓘ			5050						
Portfolio Name #3 ⓘ			6040						

Asset Allocation 🗑	Asset Class		Portfolio #1	⚙▾	Portfolio #2	⚙▾	Portfolio #3	⚙▾
Asset 1	US Stock Market	▼	25	%	50	%	60	%
Asset 2	Total US Bond Market	▼	25	%	50	%	40	%
Asset 3	REIT	▼	25	%		%		%
Asset 4	Cash	▼	25	%		%		%
Asset 5	Select asset class...	▼		%		%		%
Asset 6	Select asset class...	▼		%		%		%
Asset 7	Select asset class...	▼		%		%		%
Asset 8	Select asset class...	▼		%		%		%
Asset 9	Select asset class...	▼		%		%		%
Asset 10 (Add More)	Select asset class...	▼		%		%		%
Total			100	%	100	%	100	%

Portfolio Allocations

1/4

Asset Class	Allocation
US Stock Market	25.00%
Total US Bond Market	25.00%
REIT	25.00%
Cash	25.00%

🖫 Save portfolio »

- US Stock Market
- Total US Bond Market
- REIT
- Cash

5050

Asset Class	Allocation
US Stock Market	50.00%
Total US Bond Market	50.00%

🖫 Save portfolio »

- US Stock Market
- Total US Bond Market

6040

Asset Class	Allocation
US Stock Market	60.00%
Total US Bond Market	40.00%

🖫 Save portfolio »

- US Stock Market
- Total US Bond Market

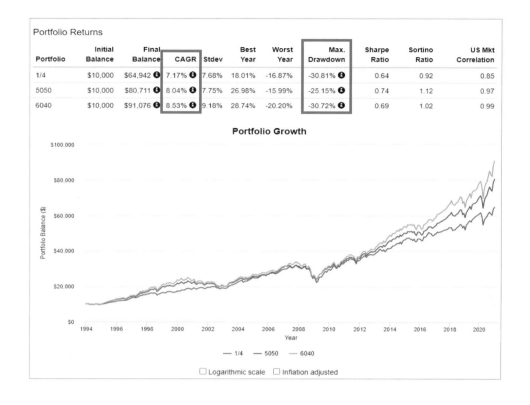

Portfolio Returns

Portfolio	Initial Balance	Final Balance	CAGR	Stdev	Best Year	Worst Year	Max. Drawdown	Sharpe Ratio	Sortino Ratio	US Mkt Correlation
1/4	$10,000	$64,942 ❶	7.17% ❶	7.68%	18.01%	-16.87%	-30.81% ❶	0.64	0.92	0.85
5050	$10,000	$80,711 ❶	8.04% ❶	7.75%	26.98%	-15.99%	-25.15% ❶	0.74	1.12	0.97
6040	$10,000	$91,076 ❶	8.53% ❶	9.18%	28.74%	-20.20%	-30.72% ❶	0.69	1.02	0.99

 1994년(리츠 자료가 있는 시점)부터 지금까지의 결과가 이렇게 나와. 맨 아래에 있는 파란선이 1/4씩 투자했을 때고, 그 위의 빨간선이 5050, 맨 위의 노란선이 6040이야.

	주식	채권	부동산	예금	1/4	50/50	60/40
수익률(CAGR)	10.10%	5.14%	9.01%	3.07%	7.17%	8.04%	8.53%
MDD(Max. Drawdown)	-50.90%	-5.00%	-68.30%	0.00%	-30.81%	-25.15%	-30.72%

1/4씩 투자했을 때는 수익률(CAGR)이 7%대여서 목표 수익률에 모자랐는데, 주식과 채권에만 50%씩 투자하니까 8%로 좋아졌지?

 오, 그러네?

거기서 또 여름이 더 기니까 주식 비중을 60%로 높이니 수익률이 8.53%로 더 좋아졌지? MDD가 -25%에서 -30%로 커지긴 했지만 말이야. 그래서 전통적으로 가장 잘 알려지고 오래된 자산배분이 6040이야. 내가 지금은 당신이 이해하기 쉬우라고 1/4 다음에 6040을 보여줬지만 원래 6040이 더 오래 전에 알려졌어. 그래서 자산배분 한다고 하면 가장 기본이 6040이야. 그런데 이 6040으로 당신이 목표했던 수익률이랑 MDD가 나오지?

 어! 수익률 8% 넘고, MDD는 30%네?

 그치? 자, 그러니 여기서 수업 끝내도 돼. 끝낼까? (웃음)

 <u>ㅎㅎㅎ.</u>

 정말 이렇게 투자를 끝내는 것도 방법이야. 굳이 이런저런 고민하고 더 공부할 것 없이 그냥 미국 주식 ETF 60% 사고, 미국 채권 ETF 40% 사서 들고 가는 거지. 그런데 한 가지 문제가 있어. 수익률을 깎아먹는 문제야.

 세금?

 맞아. 미국은 투자해서 이익 나면 세금 내야 돼. 22% 정도가 세금으로 나가거든? 그니까 8.53% 이익 나면 거기서 22%인 1.88% 정도 떼고 6.65% 정도가 이익이 되는 거지. 그래서 당신 목표보다 1.35%가 부족해. 더 채워넣을 방법을 찾아보자.

리밸런싱은 어떻게 할 것인가?

 자산배분에서 하나 더 알아볼 게 리밸런싱이야. 자산배분을 할 때 세 가지를 정해야 된다고 했잖아. 하나는 어떤 자산들에 투자할 것이냐, 두 번째는 각각의 자산에 얼마씩 투자할 것이냐, 그리고 세 번째가 리밸런싱이었어.

6040은 첫 번째(투자대상) 주식하고 채권에 투자하되, 두 번째(배분비율) 60%, 40%를 투자하는 거지. 세 번째 리밸런싱을 얼마 만에 할 거냐가 아직 남았어.

리밸런싱은 뭐냐면, 이해하기 쉽게 우리가 주식과 채권에 50대 50으로 절반씩 투자하기로 했다고 가정할게. 10,000원을 가지고 주식에 5,000원, 채권에 5,000원을 투자했어. 그런데 주식은 20% 오르고, 채권은 20%가 떨어진 거야. 그러면 주식은 6,000원, 채권은 4,000원이 되지. 나는 원래 5050으로 투자하려고 했는데, 갑자기 6040이 돼버렸잖아. 이때, 6040이 돼버린 걸 5050으로 바꾸기 위해 다시 50대 50으로 맞춰주는 게 리밸런싱이야. 그러려면 주식을 1,000원어치 팔아서 채권을 1,000원어치 사야겠지. 그래야 다시 50대 50 비율이 맞잖아. 이렇게 맞춰주는 게 리밸런싱이야.

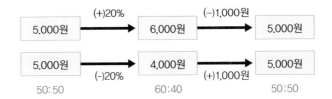

 응~!

 원래 내가 계획했던 밸런스를 다시 맞춰준다고 해서 리밸런싱이라고 해. 그런데 이 리밸런싱이 무조건 좋은 건 아냐. 결과가 좋아질 수도 있고, 나빠질 수도 있어. 우리가 지금 6040이 돼버린 걸 다시 5050으로 조절해서 맞춰줬잖아?

이렇게 맞춰준 다음에, 다시 또 주식은 20% 오르고, 채권은 20% 떨어졌다고 볼게. 만약 리밸런싱을 안 했다면 주식은 6,000원에서 20%가 올라 7,200원이 되고, 채권은 4,000원에서 20%가 또 떨어져 3,200원이 돼. 그럼 합쳐서 10,400원이 돼.

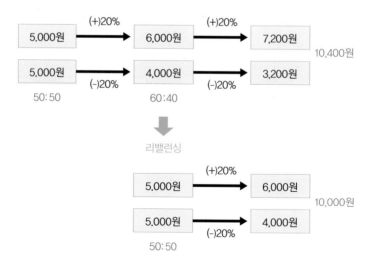

리밸런싱을 한 결과가 어떻게 되냐면, 5,000원인 주식이 20% 올라서 6,000원이 되고, 채권은 20% 떨어져서 4,000원이 돼. 합하면 10,000원이 돼버려. 리밸런싱을 안 하는 게 오히려 좋았지.

 그러네. 괜히 했네.

 이렇게 리밸런싱이 오히려 나쁜 결과가 나올 때가 있어. 그게 언제냐면 한 자산이 다른 자산보다 계속 좋을 때야. 주식이 계속 좋았고, 채권은 계속 안 좋았잖아? 주식이 계속 올라가는데 그걸 덜어내서 떨어지는 자산에 옮기니까 결과가 안 좋은 거야.

 깎아먹겠네.

 대신에 언제는 좋냐면, 두 자산이 엎치락뒤치락하잖아? 한 번은 주식이 좋았다, 그 다음 번에는 채권이 좋았다, 이러면 리밸런싱 하는 게 좋아. 처음에는 주식이 20% 오르고 채권이 20% 떨어졌는데, 리밸런싱 하고 나서는 반대로 채권이 20% 오르고 주식은 20% 떨어졌다고 해 볼게. 그럼 리밸런싱 안 했을 때는 6,000원이 된 주식이 20% 떨어져서 4,800원이 되고, 4,000원 된 채권은 20% 올라서 4,800원이 돼. 둘 다 4,800원이니까 합쳐서 9,600원이 되는 거지.

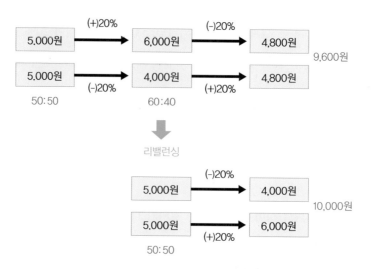

리밸런싱 했을 때는 어떻게 되냐면, 5,000원으로 맞춰놓은 주식이 20% 떨어져서 4,000원 되고, 채권은 20% 올라서 6,000원이니까 합이 10,000원이 되지. 이때는 리밸런싱 하는 게 더 좋지.

응. 그러네.

결론적으로, 어떤 한 자산이 다른 자산에 비해서 계속 좋은 결과를 낸다면 리밸런싱을 안 하는 게 좋아. 그런데 서로 엎치락뒤치락, 좋았다 나빴다 한다면?

리밸런싱 하는 게 좋네?

맞아. 그럼 우리가 지금 주식하고 채권에 투자할 건데, 주식하고 채권이 엎치락뒤치락할까, 아니면 하나가 계속 좋을까?

272

음…… 하나가 계속 좋을 것 같아.

어떤 게 계속 좋을 것 같아?

채권!

채권이 계속 좋을 것 같아? 그럼…… 우리는 지금 자산배분을 할 필요가 없어!

아~ 하하하!

채권이 계속 좋을 것 같으면 채권에 100% 투자하면 되겠지? 우리가 자산배분을 한다는 자체가, 뭐가 좋을지 모르니까 하는 거야. 지금까지 주식이 계속 좋았다고 하더라도, 앞으로는 어떻게 될지 모르니까, 어떤 한 자산이 계속 좋을 거라는 보장이 없으니까, 그래서 자산배분을 하는 거잖아.

 그렇지.

 채권은 주식에 비해 큰 손실 없이 우상향하는 편인데, 주식은 좋았다 나빴다 해. 주식 혼자서 채권을 앞질렀다, 채권에 뒤쳐졌다 하는 거지. 그래서 자산배분투자를 할 때는 리밸런싱을 해주는 게 기본이야.

 응~ 그러네.

 포트폴리오 비주얼라이저 백테스트에 아래와 같이 리밸런싱 옵션이 있어.

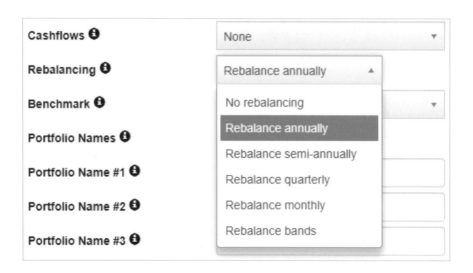

리밸런싱을 안 한다고(No rebalancing) 선택할 수도 있고, 한다고 선택할 수도 있어. 하게 되면 얼마나 자주 할 건지를 선택할 수도 있어. 1년에 한 번씩(Rebalance annually) 하거나, 아니면 반 년에 한 번(semi-annually), 분기에 한 번(quarterly), 한 달에 한 번(monthly) 이렇게 선택해 줄 수 있어.

항목 중 리밸런스 밴드(Rebalance bands)는 일정 범위를 정해놓고 그 범위를 벗어날 때 리밸런싱을 해주는 방법입니다. 예를 들어 주식과 채권에 50%씩 투자한 다음 범위를 5%로 설정하면, 주식이나 채권의 비중이 45~55%를 벗어나는 시점에 리밸런싱을 통해 50%로 맞춰주는 방법입니다.

이렇게 리밸런싱을 다르게 했을 때 각각 백테스트 결과가 어떤지도 다 확인해 볼 수 있어. 이걸 별도로 선택하지 않으면 1년에 한 번씩 리밸런싱 하는 게 기본옵션이야. 그래서 우리가 지금까지 봤던 결과들은 1년에 한 번씩 리밸런싱을 한다고 가정한 결과야. 만약 리밸런싱을 안 했다면 어떻게 될까? 아까 했던 1/4, 5050, 6040을 리밸런싱 안 했다고 가정한 다음에 결과를 비교해 보면 이렇게 돼.

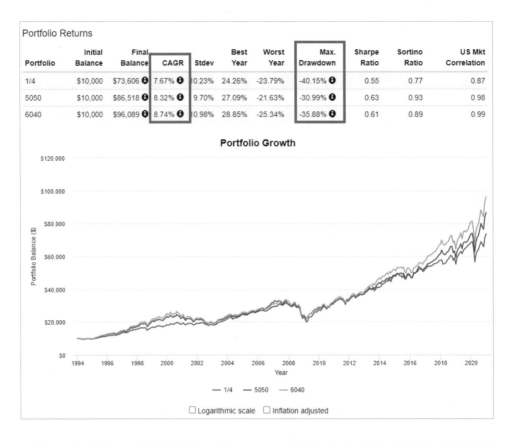

Portfolio Returns

Portfolio	Initial Balance	Final Balance	CAGR	Stdev	Best Year	Worst Year	Max. Drawdown	Sharpe Ratio	Sortino Ratio	US Mkt Correlation
1/4	$10,000	$73,606 ❸	7.67% ❸	10.23%	24.26%	-23.79%	-40.15% ❸	0.55	0.77	0.87
5050	$10,000	$86,518 ❸	8.32% ❸	9.70%	27.09%	-21.63%	-30.99% ❸	0.63	0.93	0.98
6040	$10,000	$96,089 ❸	8.74% ❸	10.98%	28.85%	-25.34%	-35.88% ❸	0.61	0.89	0.99

매년 리밸런싱하는 경우 (Rebalance annually)				리밸런싱 안 하는 경우 (No rebalancing)		
구분	수익률 (CAGR)	MDD		구분	수익률 (CAGR)	MDD
1/4	7.17%	-30.81%		1/4	7.67%	-40.15%
50/50	8.04%	-25.15%		50/50	8.32%	-30.99%
60/40	8.53%	-30.72%		60/40	8.74%	-35.88%

 리밸런싱 안 한 게 모두 수익률이 더 높게 나와.

 엉? 그러네? 안 하는 게 더 좋은 거야?

MDD도 커져버리긴 했지만, 수익률(CAGR)이 확실히 조금 더 높아지지. 그런데 이게 왜 그러냐면, 미국에서 최근 20~30년 동안 주식이 채권보다 좋았어. 물론 계속 좋았던 건 아니지만, 연속해서 주식이 더 좋았던 때가 많았어. 계속 엎치락뒤치락 하면 리밸런싱을 하는 게 좋은데, 주식이 몇 년 연속해서 채권보다 좋았다가 한두 해 나빴다가, 다시 또 몇 년 연속해서 좋았다가 잠깐 나빴다가 이런 식이었거든.

● 1994~2020 미국 주식&채권 수익률 비교

연도	주식수익률	채권수익률	(주식 - 채권) 수익률	승자(연승)
1994	-0.17%	-2.66%	2.49%	주식(1)
1995	35.79%	18.18%	17.61%	주식(2)
1996	20.96%	3.58%	17.38%	주식(3)
1997	30.99%	9.44%	21.55%	주식(4)
1998	23.26%	8.58%	14.68%	주식(5)
1999	23.81%	-0.76%	24.57%	주식(6)
2000	-10.57%	11.39%	-21.96%	채권(1)
2001	-10.97%	8.43%	-19.40%	채권(2)
2002	-20.96%	8.26%	-29.22%	채권(3)
2003	31.35%	3.97%	27.38%	주식(1)
2004	12.52%	4.24%	8.28%	주식(2)
2005	5.98%	2.40%	3.58%	주식(3)
2006	15.51%	4.27%	11.24%	주식(4)
2007	5.49%	6.92%	-1.43%	채권(1)
2008	-37.04%	5.05%	-42.09%	채권(2)
2009	28.70%	5.93%	22.77%	주식(1)
2010	17.09%	6.42%	10.67%	주식(2)
2011	0.96%	7.56%	-6.60%	채권(1)
2012	16.25%	4.05%	12.20%	주식(1)
2013	33.35%	-2.26%	35.61%	주식(2)

2014	12.43%	5.76%	6.67%	주식(3)
2015	0.29%	0.30%	-0.01%	채권(1)
2016	12.53%	2.50%	10.03%	주식(1)
2017	21.05%	3.45%	17.60%	주식(2)
2018	-5.26%	-0.13%	-5.13%	채권(1)
2019	30.65%	8.61%	22.04%	주식(1)
2020	20.87%	7.61%	13.26%	주식(2)

 그래서 결과만 보면 최근에 미국은 리밸런싱을 안 하는 게 좋았어. 그런데 그건 결과론적인 얘기고.

 그렇지. 앞으로는 어떻게 될지 모르잖아.

 맞아. 이 결과를 알고 있었다면, 그냥 자산배분 안 하고 주식에 몰빵하는 게 더 좋았지. 결국 우리가 자산배분을 한다는 것 자체가 어떻게 될지 모른다는 걸 전제로 하고, 자산끼리 엎치락뒤치락할 거라는 걸 깔고 투자하는 거니까 리밸런싱을 하는 게 논리적이야. 리밸런싱 주기를 1년에 한 번 할 거냐, 아니면 6개월이나 3개월, 매달 등 어떤 주기로 하는 게 좋냐는 결론이 안 나. 과거 데이터를 가지고 어떤 게 가장 좋았는지 확인해 볼 수는 있지만, 앞으로도 그 주기가 더 좋을지는 모르거든. 리밸런싱을 너무 자주 하면 다른 문제도 생겨. 사고팔 때마다 수수료도 나가고, 안 내도 되는 세금을 내야 할 수도 있어.

 아, 진짜? 부지런하다고 꼭 좋은 것도 아니네?

응. 어찌 보면 귀찮기만 하지. 그래서 하긴 하되, 너무 자주는 하지는 않고 1년에 한 번이나 6개월에 한 번 정도 해주면 좋지.

미국 ETF를 고르는 방법

 지금까지 본 건 미국 주식이 어떻게 움직였나, 채권이 어떻게 움직였나, 그걸 섞었을 때 성과가 어땠나, 이것만 살펴본 거거든? 그런데 실제 저 결과를 얻으려면 저걸 사야 돼. 미국 주식 전부, 미국 채권 전부를 살 수 있어야 되는데 어떻게 사냐는 거지. 이때 앞에서 얘기한 대로 ETF로 살 수 있어. 그런데 ETF도 종류가 엄청 많기 때문에 내가 투자하고 싶은 ETF를 찾아야 돼. 이때 많이 이용하는 게 'ETF.com'이라는 사이트야. 주소창에 'etf.com' 입력하고 접속하면 여러 가지 메뉴가 보이는데 그 중에서 ETF 툴과 데이터(ETF Tools&Data) 밑에 ETF 스크리너와 데이터베이스(ETF Screener&Database)라는 항목을 볼 거야.

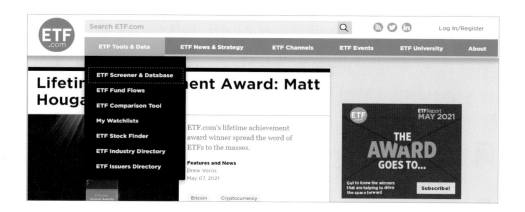

여기서 내가 원하는 조건에 해당하는 ETF를 찾을 수 있어.

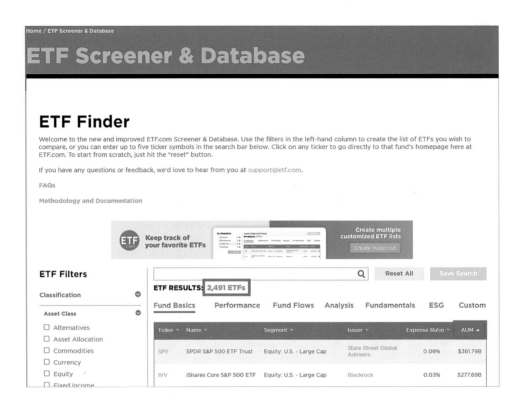

ETF Screener & Database

ETF Finder

Welcome to the new and improved ETF.com Screener & Database. Use the filters in the left-hand column to create the list of ETFs you wish to compare, or you can enter up to five ticker symbols in the search bar below. Click on any ticker to go directly to that fund's homepage here at ETF.com. To start from scratch, just hit the "reset" button.

If you have any questions or feedback, we'd love to hear from you at support@etf.com.

FAQs

Methodology and Documentation

ETF Filters

Classification

Asset Class

☐ Alternatives
☐ Asset Allocation
☐ Commodities
☐ Currency
☐ Equity
☐ Fixed Income

Reset All · Save Search

ETF RESULTS: 2,491 ETFs

Fund Basics · Performance · Fund Flows · Analysis · Fundamentals · ESG · Custom

Ticker	Name	Segment	Issuer	Expense Ratio	AUM
SPY	SPDR S&P 500 ETF Trust	Equity: U.S. - Large Cap	State Street Global Advisors	0.09%	$361.79B
IVV	iShares Core S&P 500 ETF	Equity: U.S. - Large Cap	Blackrock	0.03%	$277.69B

 들어가면 아무런 조건도 선택하지 않았을 때, 총 2,491개의 ETF가 검색이 되는데(2021년 7월 기준) 맨 끝에 있는 AUM이라는 항목 순위대로 정렬한 거야. AUM은 Asset Under Management라고 해서 운용자산 규모가 얼마인지 얘기하는 지표인데, 쉽게 말해서 ETF 규모를 얘기해. AUM이 클수록 투자한 사람이 많은 ETF지. 지금 전 세계에서 가장 많이 투자한 ETF가 바로 첫 번째에 나와 있는 SPY라는 ETF야.

 지난번에 봤던 거잖아?

 맞아. 코스피지수를 추종하는 ETF는 삼성전자랑 반도체 비중이 너무 높은데, SPY는 S&P500에 골고루 잘 분산됐다고 보여줬지? 제일 처음 만들어진 ETF고 제일

많은 사람이 투자한 ETF라고 했어.

 맞아. 기억나.

 왼쪽 선택 항목에 자산 종류(Asset Class)라는 게 있어. 여기서 주식을 선택할 수 도 있고 채권이나 금, 원자재처럼 어디에 투자하는 ETF인지 선택할 수 있어. 주식 (Equity)을 선택하면 이렇게 나와.

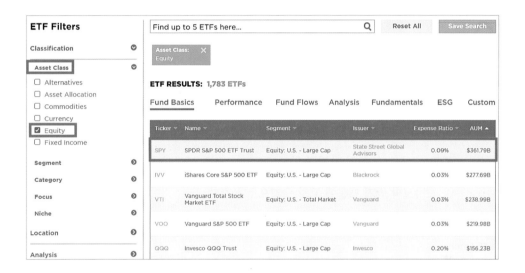

AUM 규모 순서대로 SPY, IVV, VTI 같은 알파벳이 있지. 이걸 티커(Ticker)라고 해. 원래 ETF 정식 명칭(Name)은 너무 길어. 'SPDR S&P500 ETF Trust'라고 하 면 찾기도 힘들고 이름이 너무 기니까 약어로 코드를 만들어서 간단히 부르는데 그걸 티커라고 해. 세그먼트(Segment)는 주식 중에서도 어떤 주식에 투자했는지를 보여주는 거야. '미국 주식(Equity: U.S)-라지캡(Large Cap)'은 미국 주식 중에서도 규모가 큰(large capital) 회사들에 투자하는 거고, '미국 주식(Equity: U.S) - 시장 전

체(Total Market)'는 미국 주식 전체에 투자하는 거야. Issuer은 ETF를 만든 회사고, Expense Ratio는 수수료야. ETF도 펀드니까 수수료를 내야 하는데, 일반 펀드보다는 훨씬 싼 편이지. 일반 펀드 수수료가 1~2% 정도 되는데 SPY가 0.09%니까 엄청 싼 거야. 이게 누적되면 차이가 많이 나. 수수료가 1% 싸면 수익률이 1% 높아지는 건데, 복리수익률에서 7%랑 8%는 나중에 엄청 차이가 나잖아.

 그러네.

 그래서 SPY를 사면 ETF를 구성하고 있는 500 종목이 미국 주식을 대표하기 때문에 미국 주식 전체에 투자하는 것과 비슷한 효과가 있어. SPY 대신 IVV를 사도 똑같이 S&P500에 투자하는 건데 이건 수수료가 좀 더 싸. 그리고 VTI를 사면 500종목이 아니라 전체 미국 주식에 투자할 수 있고, 채권에 투자하고 싶다면 왼쪽 자산 종류(Asset Class)에서 고정 수입(Fixed Income)을 선택해야 돼. 채권은 고정된 이자를 꼬박꼬박 받기 때문에 고정 수입으로 분류해.

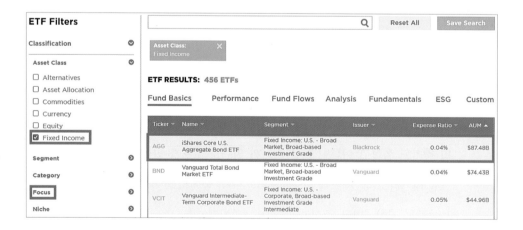

그러면 채권에 투자하는 ETF가 규모 순서대로 나와. AGG가 가장 큰데 블랙록(Blackrock)이라는 회사가 만들었고 수수료는 0.04%야. 이걸 사면 미국의 다양한 채권에 투자하게 되는 거야. 만약 ETF로 부동산에 투자하고 싶다면 부동산에 투자하는 ETF도 찾을 수 있어. 왼쪽 메뉴 중에 포커스(Focus)를 선택하면 다양한 자산에 투자하는 ETF가 나와. 커피(Coffee)에 투자하는 것도 있고, 아니면 옥수수(Corn)에 투자하는 ETF도 찾을 수 있어.

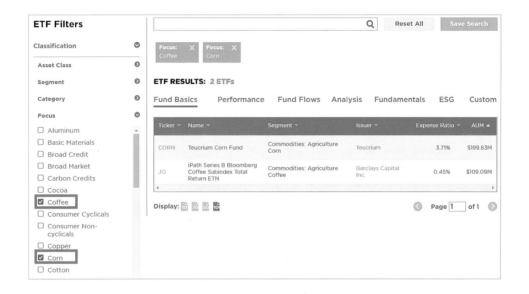

 어머! 그런 것도 있어? 별의별 게 다 있네?

 이 중에서 부동산(Real Estate)을 선택하면 부동산에 투자하는 ETF를 볼 수 있어. VNQ가 미국 부동산에 투자하는 가장 큰 ETF지.

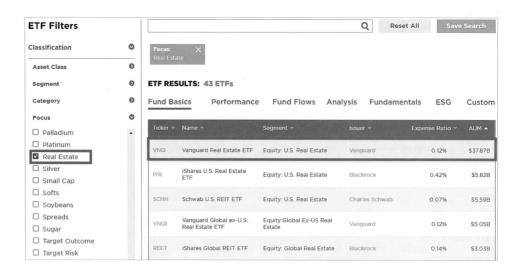

그래서 이렇게 고른 ETF를 가지고 거기에 투자한 결과가 어땠는지 포트폴리오 비주얼라이저에서 백테스트 해 볼 수 있어. 아까 우리가 했던 백테스트 자산배분 (Backtest Asset Allocation)은 특정 자산에 투자했을 때 결과가 어땠을지 자산가격 움직임을 보는 거였어. 그 밑에 백테스트 포트폴리오(Backtest Portfolio)라는 메뉴 가 또 있는데 이건 실제 펀드나 ETF에 투자했을 때의 결과를 보는 거야. '미국 주식'에 투자했을 때의 결과를 보는 게 아니라, 'SPY'라는 ETF에 투자했을 때 결과 를 볼 수 있는 거지.

백테스트 포트폴리오(Backtest Portfolio)를 선택한 다음에 이번에는 기간(Time Period)을 연도(Year-to-Year)가 아니라 월(Month-to-Month)을 선택해 볼게. 연도별 결과를 보는 게 아니라 월단위 결과를 보는 거야. 그리고 끝나는 연도는 2020년으로 할게.

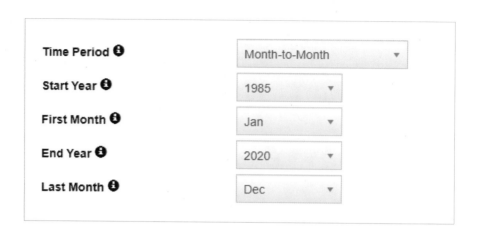

밑에다가 우리가 찾았던 ETF 세 가지를 넣어보자고. 주식은 SPY, 채권은 AGG,

부동산은 VNQ를 넣고 각각에 100%씩 투자했을 때 결과를 볼게.

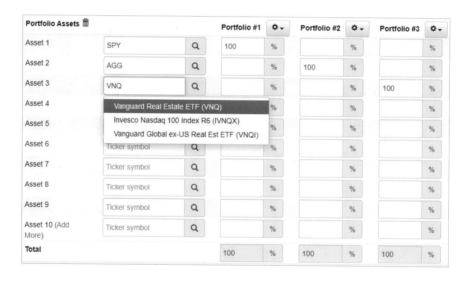

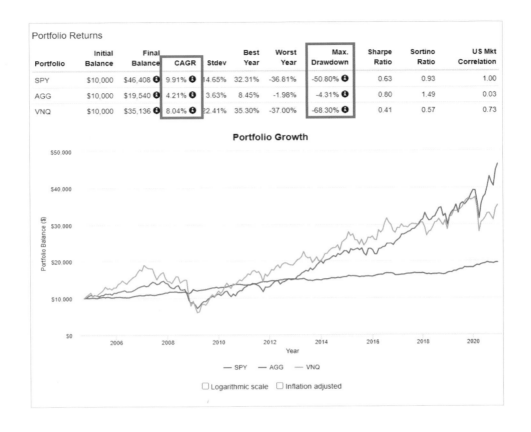

Portfolio Returns

Portfolio	Initial Balance	Final Balance	CAGR	Stdev	Best Year	Worst Year	Max. Drawdown	Sharpe Ratio	Sortino Ratio	US Mkt Correlation
SPY	$10,000	$46,408	9.91%	14.65%	32.31%	-36.81%	-50.80%	0.63	0.93	1.00
AGG	$10,000	$19,540	4.21%	3.63%	8.45%	-1.98%	-4.31%	0.80	1.49	0.03
VNQ	$10,000	$35,136	8.04%	22.41%	35.30%	-37.00%	-68.30%	0.41	0.57	0.73

아까 우리가 봤던 거랑 비슷하게 나오지? 부동산(VNQ, 노란선)이 많이 오르다 2008년에 뚝 떨어져서 다시 오르고, 최근에는 주식(SPY, 파란선)이 더 좋고, 채권(AGG, 빨간선)은 순탄하게 쭉 오르고. 수익률(CAGR)을 보면 주식은 9.9%, 채권은 4.2%, 부동산은 8% 정도 나오고 MDD(Max. Drawdown)도 -50%, -4%, -68%로 앞에서 봤던 거랑 비슷하게 나오지. 앞에서 자산으로 백테스트한 결과와 차이가 나는 이유는 투자기간이 다르기 때문이야. ETF가 만들어지기 전의 결과는 비교해 볼 수 없어. 부동산에 투자하는 VNQ가 2004년에 출시돼서, 그때부터의 투자 결과만 보여주는 거야. 그것 때문에 수익률이나 MDD 차이가 조금 나긴 하는데, 연도를 같게 하면 거의 비슷하게 나와.

자산배분투자의 고전, 6040 포트폴리오

 그럼 우리가 만들었던 6040을 ETF로 만들었을 때 어떤지 보자고. SPY랑 AGG를 가지고 각각 50%씩 투자한 5050하고, 60%, 40% 투자했을 때인 6040을 비교해 보면 이렇게 나와.

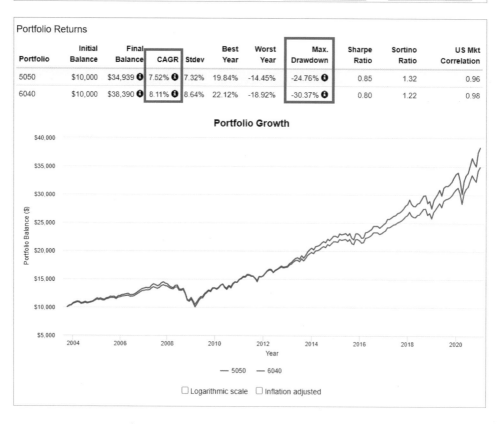

Portfolio Assets 🗑			Portfolio #1 ⚙▾		Portfolio #2 ⚙▾	
Asset 1	SPY	🔍	50	%	60	%
Asset 2	AGG	🔍	50	%	40	%

Portfolio Returns

Portfolio	Initial Balance	Final Balance	CAGR	Stdev	Best Year	Worst Year	Max. Drawdown	Sharpe Ratio	Sortino Ratio	US Mkt Correlation
5050	$10,000	$34,939 ❶	7.52% ❶	7.32%	19.84%	-14.45%	-24.76% ❶	0.85	1.32	0.96
6040	$10,000	$38,390 ❶	8.11% ❶	8.64%	22.12%	-18.92%	-30.37% ❶	0.80	1.22	0.98

Portfolio Growth

수익률(CAGR)은 5050이 7.52%, 6040이 8.11%야. MDD(Max. Drawdown)는 −24.76%랑 −30.37%가 나와. 세금이 없다고 하면 60%는 SPY 사고, 40%는 AGG 사면 당신이 목표로 했던 8%보다 높은 수익이랑, 40%보다 낮은 MDD가 나오는 거야. 복잡하게 투자할 필요 없이 딱 2개만 사는 거지. 물론 과거 결과이긴 하지만 앞으로도 이것과 비슷하게 나오지 않을까 기대해 볼 수 있을 거야.

 그러네.

 그런데 하나 걱정되는 건 이게 지금 전부 다 미국에만 투자된다는 거야. SPY도 미국 주식이고, AGG도 미국 채권인데, 만약 미국 경제가 안 좋아지면 어떻게 될까? 물론 지금까지는 미국이 좋았어. 그런데 앞으로도 계속 좋을 거냐······.

 알 수 없지.

 그치? 미국의 경기가 좋아서 주식과 채권 모두 좋은 결과가 있었는데, 혹시라도 미국에 무슨 일이 생긴다면 지금까지와는 다른 결과가 나올 수도 있잖아. 아니면 미국보다 더 급하게 성장하는 나라들이 있을 수도 있고. 예전에도 일본이 치고 오를 때가 있었고, 중국이나 러시아, 브라질이 급성장할 때도 있었거든. 뭐 베트남이나 인도에 투자해야 한다는 얘기도 있고, 여러 가지 의견들이 있으니까. 그럴 때는 전세계 주식과 채권을 사버리면 돼.

 그렇게도 돼?

ETF.com에서 지역(Region)을 Global로 선택하면 나오는 ETF들이 있어. 자산 종류(Asset Class)는 주식(Equity)으로 하고, 위치(Location) 아래 지역(Region)을 전 세계(Global)로 선택하면 이런 ETF들이 나와.

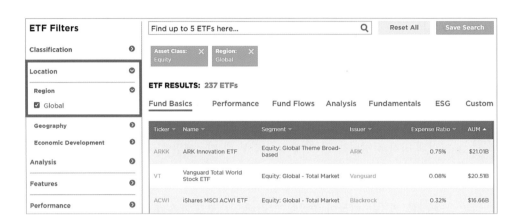

여기서 규모가 제일 큰 ETF인 ARKK의 세그먼트(Segment)에 전 세계 테마(Global Theme)라고 적혀있지? 이건 좀 특수한 애야. 총 시장(Total Market)에 투자하는 게 아니고 이름에 적혀있는 혁신(Innovation) 즉, 전 세계에 있는 회사들 중에서 혁신적인 기업만 골라서 투자해. 물론 잘 골랐다면 좋은 결과가 있겠지만, 잘못 고르면 어떻게 될지 모르는 거지. 그거 말고 그 밑에 있는 VT가 전 세계 주식에 골고루 투자하는 거야. 전 세계 채권에 투자하는 것도 있는데 유명한 게 BOND라는 ETF야. 이 VT랑 BOND를 사면 전 세계 주식과 전 세계 채권에 투자할 수 있거든.

그럼 미국에 6040 투자하는 거랑, 전 세계에 6040 투자하는 걸 비교해 보자고. SPY랑 AGG에 60:40 투자하면 미국 투자가 되고, VT랑 BOND에 60:40 투자하면 전 세계에 투자하는 게 돼.

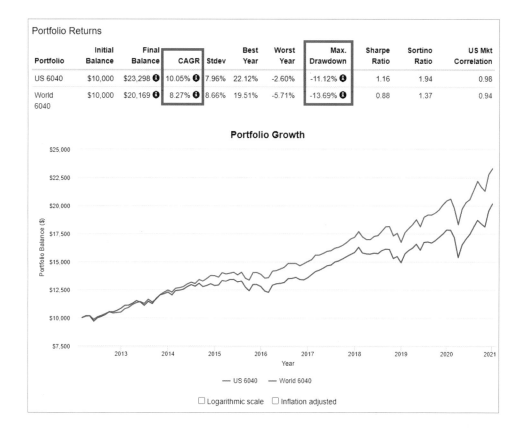

Portfolio Assets 🗑			Portfolio #1 ⚙▾		Portfolio #2 ⚙▾	
Asset 1	SPY 🔍		60	%		%
Asset 2	AGG 🔍		40	%		%
Asset 3	VT 🔍			%	60	%
Asset 4	BOND 🔍			%	40	%

Portfolio Returns

Portfolio	Initial Balance	Final Balance	CAGR	Stdev	Best Year	Worst Year	Max. Drawdown	Sharpe Ratio	Sortino Ratio	US Mkt Correlation
US 6040	$10,000	$23,298 ❶	10.05% ❶	7.96%	22.12%	-2.60%	-11.12% ❶	1.16	1.94	0.98
World 6040	$10,000	$20,169 ❶	8.27% ❶	8.66%	19.51%	-5.71%	-13.69% ❶	0.88	1.37	0.94

Portfolio Growth

(그래프: Portfolio Balance ($) vs Year, 2013~2021, — US 6040, — World 6040)

☐ Logarithmic scale ☐ Inflation adjusted

 둘이 거의 비슷하게 움직이긴 하지?

 그러네. 왜 그래?

전 세계 주식을 살 때도 어차피 그 안에 미국 주식이 제일 많이 들어 있어. VT 안에도 미국 주식이 60% 정도는 차지해. 최근 10년 정도 투자한 결과인데 그 기간에는 미국에만 투자하는 게 더 좋았기는 해. 미국은 수익률이 10.05% 나오고, 전 세계는 8.27%야. 전 세계에 투자했어도 나쁘지는 않지? 앞으로도 미국이 계속 잘될 것 같다는 생각이 들면 미국에만 투자하겠지만, 잘 모르겠다 싶으면 전 세계에 투자하는 게 더 안정적이라고 봐.

그리고! 뭐가 또 있냐 하면 이렇게 투자하려면 ETF 2개를 사야 하잖아? 미국에 투자하려면 SPY랑 AGG, 전 세계에 투자하려면 VT랑 BOND 이것들을 60대 40으로 맞춰서 사줘야 한단 말이야. 거기다 리밸런싱도 해줘야 하고. 그런데 이게 은근히 귀찮아. 가끔 하는 리밸런싱이지만 얼마인지 평가해서 거기에 맞춰서 일부는 팔고 일부는 더 사고, 아니면 새로 투자하는 돈을 거기에 맞춰서 조정해야 하고. 만약 이런 게 귀찮으면, 알아서 배분을 해주는 것도 있어. 돈을 주면 알아서 60%는 주식, 40%는 채권을 사고, 때가 되면 리밸런싱도 자동으로 해줘.

 누가?

 ETF가!

 오호~!

하나만 사도 All-in-one! AOR ETF

전 세계 주식을 사는 ETF(VT)가 있고, 전 세계 채권을 사는 ETF(BOND)가 있었잖아? 어떤 ETF도 있냐면, 투자금의 60%는 전 세계 주식을 사고 나머지 40%는 전 세계 채권을 사는 ETF가 있어. 그래서 ETF 2개를 살 필요 없이 하나만 사면 알아서 주식하고 채권에 60대 40으로 투자가 되는 거지. 이런 종류의 ETF를 자산배분 (Asset Allocation) ETF라고 해.

음······ 좋네~!

ETF.com에서 자산 종류(Asset Class)를 자산배분(Asset Allocation)으로 선택하면 자산배분 ETF를 검색해 볼 수 있어. 이 ETF들은 어떤 한 자산에 투자하는 게 아니라 몇 가지 자산에 배분해서 투자해. 어떤 자산에 얼마씩 투자하겠다고 미리 정해놓고 그대로 투자하는 거지. 이 ETF를 하나만 사도 여러 자산에 배분투자가 되는 거야.

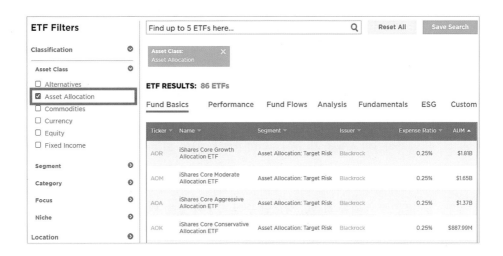

가장 많이 팔린 자산배분 ETF가 AOR, AOM, AOA, AOK인데 이건 모두 한 회사가 만든 시리즈야. 블랙록(Blackrock)이라는 회사가 만든 건데, 차이는 이거야. 상품설명서에 나와 있는 내용인데, 주식하고 채권에 대한 투자 비율만 달라.

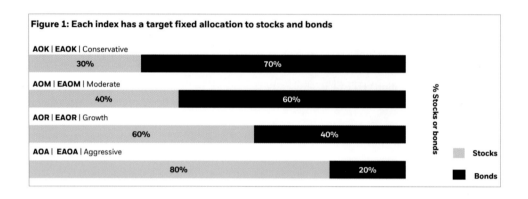

보면 전 세계 주식과 채권에 투자하는데 투자비중이 달라. AOK는 제일 보수적 (Conservative)으로 투자하는데 주식에 30%, 채권에 70%를 투자해. AOM은 중립적(Moderate)으로 투자하는데 주식에 40%, 채권에 60%로 투자하고, 성장형 (Growth)인 AOR은 주식에 60%, 채권에 40%로 투자하는데 이게 6040 포트폴리오야. AOA는 공격적(Aggressive)으로 주식 비중을 80%까지 높였어.

'앞으로 주식이 잘될지, 채권이 잘될지 모르겠으니까 섞어서 투자하겠어. 그리고 미국이 잘될지 다른 어떤 나라가 잘될지도 모르니까 전 세계 주식과 채권에 배분해서 투자할래. 그런데 모든 걸 다 사고, 리밸런싱 하는 게 고생스러울 것 같아' 이런 생각이라면 AO로 시작하는 위의 ETF를 사면 되는 거지. 거기서 내가 좀 보수적이고 안정적인 투자를 하고 싶다고 하면 채권 비중이 높은 걸 사면 되고, 좀 더 공격적으로 투자를 하겠다 싶으면 주식 비중이 높은 걸 사면 돼.

어떤 게 제일 많이 팔려?

 넷 중에 제일 많이 팔리는 건 AOR이야. 그다음에 AOM, AOA, AOK 순으로 규모가 커. 이 AOR 수익률이 어땠는지 확인해 보자고. 아까 우리 미국 6040이랑 전 세계 6040 비교해 봤잖아? 거기에다 이 AOR도 넣어서 같이 비교해 볼게.

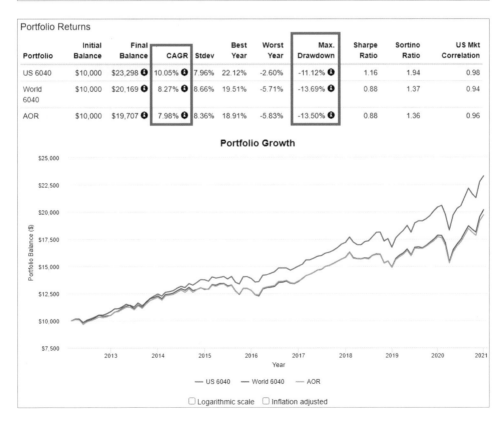

거의 똑같네?

 그렇지? 전 세계 6040(빨간선)하고 AOR(노란선)이 거의 똑같이 움직이잖아. 하나만 사도 알아서 같은 결과를 얻게 해주는 거지. 리밸런싱 주기가 다르고 수수료 때문에 약간 차이가 나긴 해도 큰 차이는 없어.

그래서! 예금에 넣어두긴 이자가 너무 낮고, 투자를 하자니 뭘 사야 할지 모르겠고 겁난다, 이럴 때 나 같으면 그냥 AOR을 사겠어.

> 뭘 사야 할지 모르겠으면
> 그냥 AOR을 사라! 전 세계 주식과
> 채권을 6:4 비율로 알아서 사게 된다.

그런 사람들 많아. '어디에 투자해야 할지 모르겠어요, 누구는 미국 주식하라고 하고, 누구는 중국이 좋다고 하고, 어떤 사람은 베트남에 투자하라는데 어디가 좋아요? 사실 난 주식투자 위험해서 겁나는데, 은행에 넣어둬 봤자 이자도 안 붙고, 큰 욕심 부리는 건 아니라서 안전하게 은행이자보다 조금만 더 나왔으면 좋겠는데.' 이런 사람들이라면 AOR이 딱이지. 세금 내더라도 6% 정도는 나오니까.

 오, 그러네.

 이건 별다른 공부나 고민도 필요 없어. 그냥 돈 생기잖아? 그럼 AOR 사는 거야.

돈이 생길 때마다 그냥 아무 생각 없이 그 돈으로 AOR 사면 알아서 전 세계에 분산투자하고, 리밸런싱도 자동으로 되는 거지. 그냥 돈 생길 때마다 은행 통장에 넣듯이, 돈 생길 때마다 AOR 사면 돼. 그런데 좀 더 공격적으로 하고 싶다면?

8대 2?

응. 주식에 80% 투자하는 AOA는 지금까지 수익률이 11.52% 나왔어.

● AO 시리즈 ETF의 수익률과 MDD

이름	구분	수익률(CAGR)	MDD(Max. Drawdown)
AOK	보수적	6.19%	-7.2%
AOM	중립적	7.17%	-9.3%
AOR	성장추구	7.95%	-20.7%
AOA	공격적	11.52%	-18.2%

2020년 12월 기준

오호~ 높은데?

당신이 목표로 했던 수익률 8%에 MDD 40%가 달성되지?

그러네?

세금 내더라도 9% 정도 수익 나오거든. 그래서 예금만 하다가 처음으로 주식투자해 볼까 하는 사람들은 저 넷 중에 하나 골라서 투자했으면 좋겠어. 저 중에 하나 고르면 이제 막 투자 시작하는 사람들도 하위권에서 노는 게 아니라 바로 중위권이 될 수 있거든. 사실상 중상위권이야.

다음 시간에 좀 더 자세히 얘기하겠지만, 자산배분에 '핵심-위성(core-satellite) 자산배분'이라고 하는 게 있어. 자산의 많은 부분은 핵심에 두고 나머지는 조금씩 주변자산으로 운용하는 것을 의미하는데 이때 핵심자산은 이렇게 자산배분 ETF에 됐으면 좋겠어. 핵심은 안정적이고 꾸준히 수익 나는 데 두고, 나머지 주변자산은 조금씩 뭘 해봐도 돼. 비트코인에 투자해 보고 싶으면 주변자산으로 조금 해봐도 되고, 삼성전자 주식 직접 사고 싶다면 거기에 조금 투자해도 돼. 핵심하고 주변을 나누되 핵심은 자산배분 ETF에 안정적으로 두고, 나머지 주변자산을 가지고 모험을 해 보는 거지.

 아하~!

 자, 그래서…… 이번 주에는 특별한 숙제가 나갑니다.

 헉! 숙제?

숙제!

첫 번째 숙제, AOR 1주 사기

 응. 숙제가 뭐냐 하면…… 이거야! AOR 1주 사기!

어떻게든 한번 사봐. 인터넷 검색하고 뒤져서 방법을 알아낸 다음에 1주 사서 와. 아마 쉽지는 않을 거야. 첫 번째는 일단 미국 주식을 살 수 있는 계좌를 만들어야 해. 인터넷에 '해외 주식 계좌 만들기'로 검색해 보면 방법이 나올 거야. 요새는 비대면으로 계좌개설 가능하니까 증권사나 은행에 안 가도 될 거야. 두 번째는 돈을 입금해야 돼.

 얼마?

 일단 10만 원만 넣어도 살 수 있을 거야. 1주에 6만 원 정도 할 텐데, 일단 10만 원 입금해 봐. 그리고 환전이 필요해.

 환전?

 응. 미국 주식이니까 달러로 사야 돼. 그래서 환전을 해야 하는데, 요새는 자동으로 증권사가 환전해 주기도 할 거야. 그리고 마지막으로 AOR이라는 ETF를 찾아가지고 매수하는 거지. 은근히 어려울 거야. 그런데 인터넷 찾아보면 다 나와. 하다가 정 모르겠으면 나한테 물어보고.

 응…… 어려울 것 같아. 한국 것도 어려운데 갑자기 미국 주식 사야 하니까. 뭘 가입 같은 걸 해야 하는지, 아니면 어디 찾아가서 신청해야 하는지 겁이 나네.

하나씩 찾아보고 도전해 보세요. 요샌 유튜브에 찾아봐도 나올 거야. 증권사들이 계좌 만들고 주식 사는 건 자세히 설명하고 알려줘. 자기들한테 가입해서 수수료 내고 서비스 쓰겠다는데 안 해주겠어?

 시간은 얼마나 걸려?

 빠르게 하면, 오늘 살 수도 있어!

 아, 진짜? (웃음) 난 또 승인 받고 뭐하고 하면 오래 걸리나 싶어 가지고. 그럼 지금 글로벌 주식이 아니라 미국 주식 사라는 거지?

 저 글로벌 ETF가 미국에 상장돼 있어.

 아, 그래?

 미국 주식에 투자하고 싶다고 해서 꼭 미국 주식을 사야 되는 건 아니야. 예를 들어 미국 주식에 투자하는 한국 ETF도 있어. 한국 회사에 돈을 주면 그 회사 펀드 매니저들이 그 돈으로 미국 주식을 사는 거지. 당신이 나한테 돈을 주고 미국 주식 좀 사달라고 할 수도 있잖아? 한국 사람인 나한테 부탁해서 미국 주식을 살 수 있는 것처럼, 한국 ETF에 돈을 넣어서(사서) 미국 주식을 살 수 있는 거지. 마찬가지로 저 AOR은 미국에 돈을 맡겨서 전 세계 주식을 사달라고 하는 거야. 그래서 AOR 자체는 미국 ETF야. ETF도 주식이거든. 펀드를 상장해서 주식으로 거래하는 거야. 만약 우리나라 회사가 자산배분 ETF를 만들었다고 가정해 보자. 예를 들어 삼성(자산운용)이 전 세계 주식과 채권에 투자하는 ETF를 만들어서 한국에 상장하면, 우리는 한국 주식(ETF)을 사서 전 세계에 투자할 수 있는 거지. 그런데 아쉽게도 아직 우리나라에 상장된 ETF 중에는 이렇게 자산배분을 하는 ETF가 없어. 그래서 미국에서 만든 걸 사는 거야.

아하~!

미국 가서 사야 되는 건 아니니까 너무 겁먹지 마. 한국 증권사 프로그램 깔아서 사면 되고, 프로그램 다 한글로 되어 있어.

아, 그래? 아까 그런 사이트들 찾아가서 해야 되는 건 아니야?

(웃음) 아니야. 포트폴리오 비주얼라이저나 ETF.com은 그냥 지금 공부하기 위해서 보는 거고, 실제 사는 건 한국 HTS에서 사면 돼.

아, 나는 아까 갑자기 AOR 사라고 하길래, 처음에는 그거 만든 회사? 블랙록인가? 거기 미국 사이트에 가서 가입하고 사야 되나 했어. 그래서 미국 사이트 어떻게 가입할지 걱정하고 있었네.

아~! 그건 아니야. 우리나라 증권사 계좌만 만들면 돼.

알았어. 한번 검색해 보고, 모르겠으면 다시 물어볼게요.

그럼, 오늘 수업은 여기서 끝!

 고마워요.

태어나서 처음으로 미국 주식을 샀다

왠지 조만간 과제를 내줄 것 같은 불길한 예감이 든다 했더니, 역시나 예감이 맞았다! 갑자기 AOR 1주를 사오라니……. 가뜩이나 우리나라 주식에 대해서도 잘 모르는데, 미국 ETF를 사오라고 하니 너무 막막했다. 처음 숙제를 내줬을 때는 직접 미국 사이트에 들어가서 회원가입이나 계좌개설 같은 걸 하고 사야 하는 줄 알고 겁이 났다. 미국 사이트에 회원가입이라니! 가뜩이나 영어유치원에 다니는 첫째가 자꾸 질문을 하기 시작해서 난처한데. 가끔 남편 대신 등하원을 시킬 때 외국인 담임과 마주치면 배시시 웃으며 인사만 한 다음 도망치듯 나오는데. 더 이상은 안 되겠다 싶어 올해 3대 과제를 주식, 영어, 운동으로 정하고 우선 운동과 주식 공부부터 착실히 해나가고 있는 중에 난데없이 영어가 등장하다니! 주식투자할 때는 수학만 걱정하면 될 줄 알았더니 영어도 발목을 잡네?

남편에게 다시 자세히 물어봤더니, 다행히도 우리나라 증권사에 계좌를 만들고 프로그램을 설치하면 살 수 있다고 한다. 크게 한시름 놓았다! 일단 네이버 검색창에 'AOR 주식 사는 방법'을 검색했다. 미국 ETF 해외 주식 사는 법이 나와서 차근차근 따라해 보았다. 일단 증권사 앱을 다운 받고 비대면 계좌를 개설했다. 코로나19 탓(혹은 덕)에 직접 증권사 지점을 방문하지 않아도 핸드폰으로 신분증을 촬영하고 계좌개설이 가능했다. 거래를 위해 공인인증서를 등록하고, 계좌로 10만 원을 이체했다. 미국 주식을 사기 위해서는 달러로 매수해야 하므로 10만 원을 다시 달러로 환전했다. 미국 주식 주문 창에서 종목에 AOR을 입력하고 구매하고 싶은 매수가와 수량 1주를 입력 후 매수 예약주문을 넣었다. 예약주문을 넣은 이유는 미국 주식시장 거래시간이 한국시간 기준으로 한밤중이어서(우리나라 시간으로 밤 11시 30분~오전 6시인데 서머타임 적용에 따라 다르다고 했다) 그 시간에 주문하거나, 미리 예약주문을 해야 한다고 했다. 예약주문이기 때문에 내가 정해둔 가격대에서 체결이 안 될 수도 있고, 그러면 다음 날 다시 예약주문을 넣어야 한다고 했다. 아침에 일어나 두근거리는 마음으로 확인해 보니 주문이 체결되어 있었다.

태어나서 처음으로 미국 주식에 투자했다!

인터넷에 자세히 잘 나와 있어서 무언지도 잘 모르면서 일단 그대로 따라 하고 봤는데, 얼떨결에 매수에 성공했다! 사실 매수예약주문 버튼을 누르기 전까지도 이게 맞는 건지 확신이 없어서 누를까 말까를 몇 번 망설였다. 뭔가 잘못되거나 실수를 할까 긴장도 됐다. 지나고 보니 그게 뭐라고 그렇게 긴장했나 싶지만, 어쨌든 체결된 내역을 보니 그래도 해냈다는 생각에 마음이 뿌듯하고 자랑스럽기도 했다. 남들 눈에는 바보 같아 보이고, 어리바리해 보이겠지만, 이렇게 알아가고 배워나가며 조금씩 발전해 가는 나의 모습을 응원해 주고 싶다.

나도 할 수 있다!
이러한 경험들이 나에게 좋은 밑거름이 될 거라 믿는다.

오랜 역사를 지닌 6040의 시대는 끝난 걸까?

아내가 논리적인 흐름을 쉽게 따라가며 이해할 수 있도록 1/4씩 투자하는 영구 포트폴리오를 먼저 설명하고, 뒤이어 이를 변형한 6040이 등장한 것처럼 설명했지만 사실 어느 것의 역사가 더 오래되었는지는 명확하지 않다. 6040은 1970년대부터 알려지기 시작했고, 해리 브라운의 영구 포트폴리오가 등장한 것은 1980년대이지만 그 이전에도 있었던 것을 재정립한 것이기 때문에 선후를 추정하기는 쉽지 않다. 다만 둘 다 반세기에 걸친 역사를 가진 전통적인 투자법이라는 데는 이견이 없다. 그런데 최근에 "6040 포트폴리오의 시대는 끝났다"라는 얘기가 종종 들려오기도 한다. 정말 끝난 것일까?

주식에 60%, 채권에 40%를 투자하는 6040 포트폴리오가 더 이상 유효하지 않다는 주장은 주식과 채권의 상관관계에 근거한다. 아내에게 설명했듯이 주식과 채권은 서로 반대되는 계절에 유리하다. 여름이 되면 주식은 좋아지는 대신 채권이 나빠지고, 겨울이 되면 채권은 좋아지는 대신 주식은 나빠진다. 이렇게 주식이 좋아질 때는 채권이 나빠지고, 주식이 나빠질 때는 채권이 좋아지면서 서로를 보완해 주는데 이런 걸 역(-)의 상관관계라고 한다. 짚신 장사를 하면 비오는 날에 장사가 안되고, 우산장사를 하면 맑은 날에 장사가 안되지만, 둘 모두를 팔면 날씨와 상관 없이 장사를 할 수 있게 된다는 개념과 비슷하다. 분산투자의 효과는 이렇게 상관관계가 반대인 자산을 섞었을 때 극대화된다.

상관관계는 수학적으로 (-)1에서 (+)1 사이의 값을 갖는다. 한 자산이 오를 때 다른 자산도 같이 오르고, 떨어질 때 같이 떨어져서 완전히 같은 방향으로 움직일 때 상관관계는 (+)1이다. 두 자산 간의 움직임이 전혀 무관하다면 상관관계는 0이 되고, 매번 완전히 반대 방향으로 움직이면 상관관계는 (-)1이 된다. 따라 하면 (+)1, 무시하면 0, 반대로 하면 (-)1이 된다는 얘기다. 포트폴리오 비주얼라이저의 결과 항목에 'US Mkt Correlation'이라는 항목이 있는데 바로 미국 (주식)시장과의 상관관계가 얼마인지를 보여준다. 미국 주식(US Stock), 단기채(Short Term Treasury), 장기채(Long Term Treasury)의 미국 시장에 대한 상관관계(1978년~2020년)를 확인해 보면 다음과 같다.

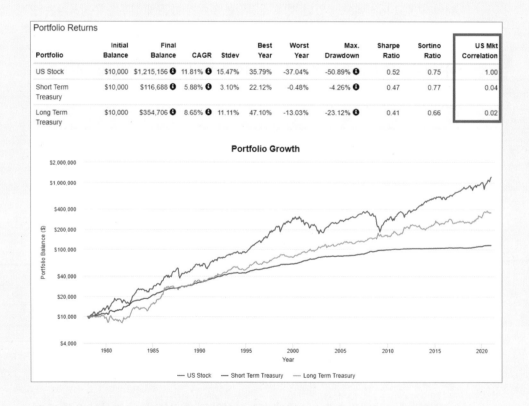

Portfolio Returns

Portfolio	Initial Balance	Final Balance	CAGR	Stdev	Best Year	Worst Year	Max. Drawdown	Sharpe Ratio	Sortino Ratio	US Mkt Correlation
US Stock	$10,000	$1,215,156 ❶	11.81% ❶	15.47%	35.79%	-37.04%	-50.89% ❶	0.52	0.75	1.00
Short Term Treasury	$10,000	$116,688 ❶	5.88% ❶	3.10%	22.12%	-0.48%	-4.26% ❶	0.47	0.77	0.04
Long Term Treasury	$10,000	$354,706 ❶	8.65% ❶	11.11%	47.10%	-13.03%	-23.12% ❶	0.41	0.66	0.02

자료 맨 우측에 상관관계가 보여지는데, 미국 주식은 당연히 미국(주식)시장

과 비교했을 때 값이 같기 때문에 1.00이 된다. 그리고 단기채는 0.04, 장기채는 0.02의 상관관계를 보인다. 결국 주식과 채권은 상관관계가 0에 가까운 것으로 나타난다. 주식이 어떻게 움직이든 채권은 자기 갈 길을 갔다는 얘기다. 그런데 앞에서는 분명 채권이 주식과 (-)의 상관관계를 나타내기 때문에 분산투자의 효과가 크다고 했다. 상관관계가 없는 것(0)과 역(-)의 상관관계를 보이는 것은 분명히 다르다. 어떻게 된 일일까? 위 자료는 1978년부터의 백테스트 결과인데, 최근 20년(2001년~2020년)을 백테스트하면 다음과 같은 결과를 얻는다.

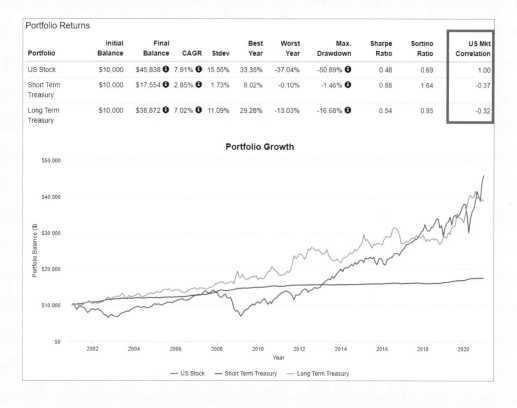

단기채 (-)0.37, 장기채 (-)0.32로 최근 20년은 주식과 채권이 분명 (-)상관관계를 보인다. 하지만 그 이전 기간인 1978년에서 2000년까지의 상관관계는 다음과 같이 오히려 0.20과 0.31의 (+)상관관계를 보인다.

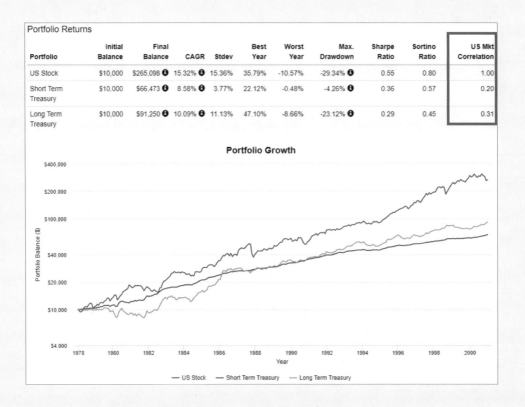

Portfolio Returns

Portfolio	Initial Balance	Final Balance	CAGR	Stdev	Best Year	Worst Year	Max. Drawdown	Sharpe Ratio	Sortino Ratio	US Mkt Correlation
US Stock	$10,000	$265,098	15.32% ❸	15.36%	35.79%	-10.57%	-29.34% ❸	0.55	0.80	1.00
Short Term Treasury	$10,000	$66,473	8.58% ❸	3.77%	22.12%	-0.48%	-4.26% ❸	0.36	0.57	0.20
Long Term Treasury	$10,000	$91,250	10.09% ❸	11.13%	47.10%	-8.66%	-23.12% ❸	0.29	0.45	0.31

6040의 시대가 끝났고, 변화가 필요하다는 주장은 바로 이 부분에 근거한다. 주식과 채권이 (-)의 상관관계를 가진다면 두 자산에 배분해서 투자했을 때 좋은 결과를 얻을 수 있다. 하지만 두 자산의 (-)상관관계는 최근 20년에만 존재했던 일시적인 현상일 뿐이라는 것이다. 이러한 내용을 다루고 지적한 보고서가 있는데 아르테미스 캐피털(Artemis Capital)에서 2015년 3분기에 발표한 「주가변동성과 죄수의 딜레마 우화(Volatility and the Allegory of the Prisoner's Dilemma)」라는 리포트다. 이 리포트에 지난 131년의 기간(1885년~2015년)동안 미국 채권(10년 국채)과 주식간의 상관관계를 보여주는 그래프가 등장하는데 다음과 같다.

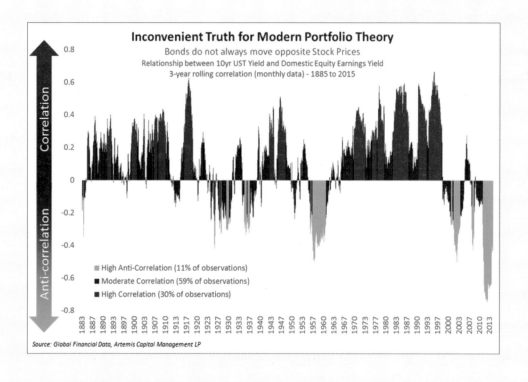

하방으로 뻗은 초록색이 (-)상관관계를 나타내고, 상방으로 뻗은 붉은색은 (+)상
관관계를 나타내는데, 붉은색을 나타내는 기간이 훨씬 길었다. 결국 주식과 채권
이 (-)상관관계를 보인다는 것은 최근 20년을 보면 맞는 얘기처럼 보이지만, 지난
130년을 보면 틀린 얘기라는 것이다.

주식과 채권의 상관관계가 0이거나, 아니면 (+)를 보이더라도 두 자산의 가격
이 상승하면 문제가 없다. 오히려 (+)상관관계를 보이는 두 자산이 같이 상승하
면 6040의 수익률은 더 좋아질 것이다. 포트폴리오 비주얼라이저를 통해 6040 자
산배분에 대한 백테스트를 해 보면 주식과 채권이 (+)상관관계를 보이던 1987년
~2000년(미국 채권시장에 대한 자료가 1987년부터 존재한다)의 기간에도 6040은 수익률
(CAGR) 12%를 기록했고, 최악의 해에도 (-)1.79%의 손실밖에 기록하지 않았다.

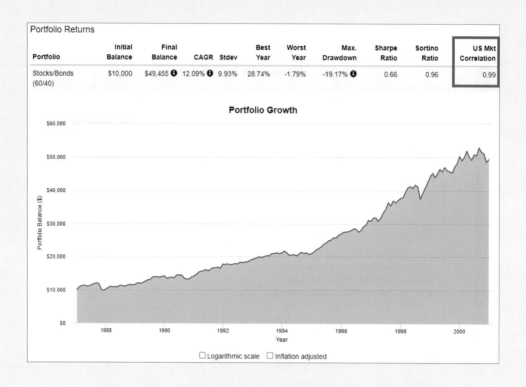

Portfolio Returns										
Portfolio	Initial Balance	Final Balance	CAGR	Stdev	Best Year	Worst Year	Max. Drawdown	Sharpe Ratio	Sortino Ratio	US Mkt Correlation
Stocks/Bonds (60/40)	$10,000	$49,455 ❶	12.09% ❶	9.93%	28.74%	-1.79%	-19.17% ❶	0.66	0.96	0.99

하지만 주식과 채권이 (+)상관관계를 보이면서도 좋은 결과를 기록한 건 이 기간 동안 금리가 꾸준히 하락했기 때문이다. 미국 금리가 단기적으로는 오르내림이 있었지만, 큰 흐름을 보면 20%에서 0%에 가까운 수준으로 하락해 왔다.

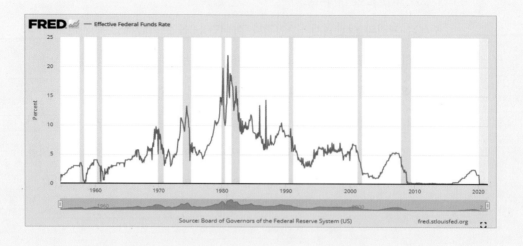

금리가 하락하는 기간에 채권가격은 상승하고, 이때는 주식과 채권이 (+)의 상관관계를 보이더라도 동반상승하기 때문에 문제가 되지 않는다. 하지만 이제는 더 이상 금리가 낮아지기 힘든 구간에 접어들었다. 물론 0%를 넘어 마이너스 금리까지 하락할 수도 있지만, 지속적인 하락은 어려울 것이고 오히려 상승가능성이 더 크다고 볼 수 있다. 금리가 상승하면 채권가격은 하락하게 되는데, 이때 주식과 채권이 (+)상관관계를 보이게 된다면 주식도 같이 하락하게 된다. 6040의 수익률이 나빠질 수 있다는 얘기다. 2019년 11월 뱅크오브아메리카 증권은 「60/40의 종말(The End of 60/40)」이라는 보고서까지 냈는데 이 보고서에서는 자산군의 상관관계가 자주 바뀐다며, 포트폴리오에서 채권의 비중을 줄여야 한다고 주장했다.

개인적으로 판단하기에, 근거가 타당하고 일리가 있는 주장이라고 생각한다. 하지만 6040이 완전히 끝났다고는 생각하지 않는다. 사실 6040의 시대가 끝났다는 얘기는 그 이전에도 나왔다. 2014년 2월 ETF.com에 실린 글 「60/40 포트폴리오: 떨어지지만 폐기는 아니다(60/40 Portfolio: Down But Not Out)」만 보더라도 30년간 이어져온 채권 강세 시장이 끝났다며, 6040을 폐기해야 한다는 주장이 나오기 시작했다고 얘기한다. 하지만 그 이후로도 6040은 9%대의 높은 수익률을 기록했고(포트폴리오 비주얼라이저 백테스트 기준), 2019년에는 21%, 코로나19 위기가 덮친 2020년에도 15%가 넘는 수익을 냈다. 뱅가드가 2020년 7월 고객들에게 보낸 서신을 보면 6040이 코로나 팬데믹을 잘 대처했으며, 새롭고 불확실한 투자 세계에서 여전히 나쁘지 않은 전략이라고 얘기하기도 했다.

Portfolio Analysis Results (Jan 2015 - Dec 2020) ⧉ Link 🗎 PDF 🗎 Excel

Portfolio Return   Metrics   Annual Returns   Drawdowns   Assets   Rolling Returns

Year	Inflation	Stocks/Bonds (60/40) Return	Stocks/Bonds (60/40) Balance	US Stock Market	Total US Bond Market
2015	0.73%	0.29%	$10,029	0.29%	0.30%
2016	2.07%	8.52%	$10,884	12.53%	2.50%
2017	2.11%	14.01%	$12,409	21.05%	3.45%
2018	1.91%	-3.20%	$12,011	-5.26%	-0.13%
2019	2.29%	21.83%	$14,634	30.65%	8.61%
2020	1.36%	15.57%	$16,912	20.87%	7.61%

6040이 앞으로도 유효한 전략일지, 아니면 유통기한이 다 된 전략에 불과한지, 나로서는 알 수가 없다. 그저 내가 아내에게 해줄 수 있는 조언은 '6040이 좋은 전략이란 건 분명하지만, 거기에도 몰빵하지는 말라'는 것이다. 6040 외에도 믿을 만한 다양한 자산배분 포트폴리오가 있다. 자산배분 포트폴리오 역시 하나만 고수할 필요는 없다. 물론 여러 전략을 쓰면 관리가 어려워지고 자칫 중도에 포기할 수 있다는 문제점이 있다. 내가 어떤 투자를 하고 있는지도 헷갈릴 수 있다. 그러한 부분을 보완할 수 있는 방법을 아내에게 알려줘야 한다. 몇 가지 자산배분 전략을 함께 쓰면서도 충분히 유지할 수 있는 방법을 제시해야 한다.

① 계좌개설 및 거래 프로그램 설치

계좌개설 방법은 증권사마다 조금씩 다른데, 본인이 이용하려는 증권사의 홈페이지를 방문하면 친절하게 안내가 되어 있으니 이를 따라하면 된다. 개인투자자가 많이 이용하는 키움증권의 홈페이지의 계좌개설안내 화면은 다음과 같다. 최근에는 모바일을 통한 비대면 계좌개설도 활발하다. 증권사에 따라 개설 이벤트를 진행하는 곳도 많으니 확인해서 진행하면 유용하다.

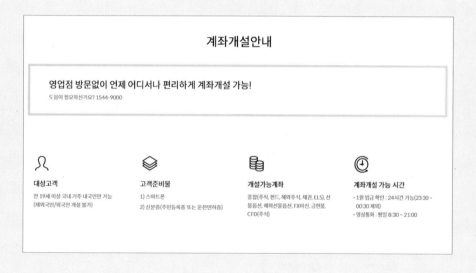

증권거래를 하기 위해서는 거래 프로그램이 필요하다. 컴퓨터를 통해 거래할 수 있는 HTS(Home Trading System)나 핸드폰으로 거래할 수 있는 MTS(Mobile Trading System)를 설치하면 된다. 이 역시 증권사 홈페이지에 자세히 안내가 되어 있다.

증권사에 따라서는 해외 주식 전용 HTS 혹은 MTS를 별도로 설치해야 하는 경우도 있으니 참고로 알아두자.

② 입금

주식을 매수하기 위해서는 계좌에 매수자금이 있어야 한다. 개설한 계좌번호로 자금을 이체한다. 은행계좌에 입금하듯이 증권계좌에 입금하면 된다. '입금할 계좌번호'에 다음과 같이 은행 대신 증권사를 선택하고 자신의 계좌번호를 입력해서 입금하면 된다. 만약 증권사가 제공하는 HTS 혹은 MTS를 설치했다면, 메뉴에서 바로 입출금을 할 수도 있다.

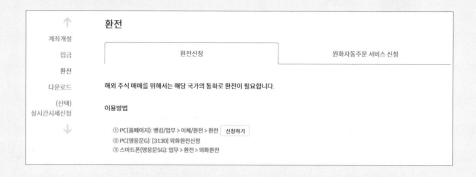

③ 환전

해외 주식을 매매하기 위해서는 해당 국가의 통화로 환전이 필요하다. AOR은 미국 주식이므로 매수를 위해서는 달러화가 필요하다. 원화를 달러화로 환전하는 방법 역시 증권사 홈페이지에 자세히 안내가 되어 있다.

증권사에 따라서는 환전을 따로 하지 않고 원화예수금으로 바로 매수가 이루어 지는 '원화자동주문' 서비스를 제공하는 경우도 있다(환전과 매수가 동시에 이루어진다). 이에 대한 안내도 홈페이지나 HTS를 통해 확인할 수 있다.

④ 현재가 확인

HTS에서 '미국 주식 현재가'나 '해외 주식 현재가' 화면을 선택해 매수하려는 종목의 현재가격을 확인해 보자.

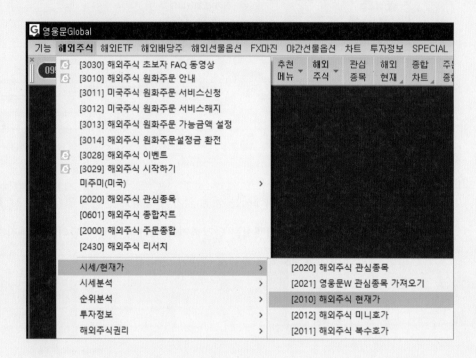

이 때 주의할 점이 두 가지 있다. 첫 번째, 한국 주식과 달리 해외 주식의 실시간 시세는 유료인 경우가 있다. 일반적으로는 '15분 지연시세'라고 하여 조회시점에서 15분 전의 시세를 보여주며, 실시간시세를 받아보기 위해서는 별도로 유료신청을 해야 한다. AOR과 같은 ETF는 시세변동이 심하지 않아서 크게 상관은 없지만, 자신이 보고 있는 시세(15분 지연시세)에 맞춰 주문을 넣어도 체결이 안 되는 경우가 있다. 최근에는 미국 주식 거래수요가 많아지고 증권사 간의 경쟁도 심해져서 실시간 무료시세를 제공하는 곳도 많아졌지만, 기본적으로는 유료서비스에 해당한다.

두 번째 주의점은 미국 주식시장의 개장시간이다. 현지시간으로 9:30부터 16:00까지 거래가 되는데 이는 한국시간으로 23:30~06:00에 해당한다(서머타임 적용 시 1시간이 당겨진다). 이 때문에 실시간 거래를 하기 위해서는 한국시간 기준으로 한밤중에 매매를 해야만 한다. 만약 밤 시간에 접속하여 매매하기가 힘들다면, 다음과 같이 증권사가 제공하는 예약주문 서비스를 이용할 수도 있다.

개장시간에 접속했다면 현재가 화면을 통해 현재가를 확인해 보자. 원하는 종목의 시세를 확인하기 위해서는 좌측 상단의 창에 종목명(티커)을 입력하거나, 돋보기 표시를 눌러서 종목명을 선택해야 한다.

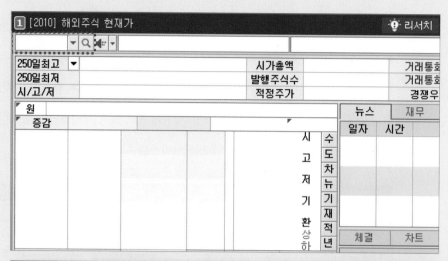

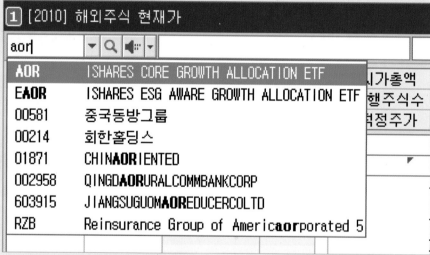

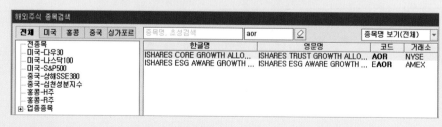

그러면 다음과 같이 현재가를 확인할 수 있다.

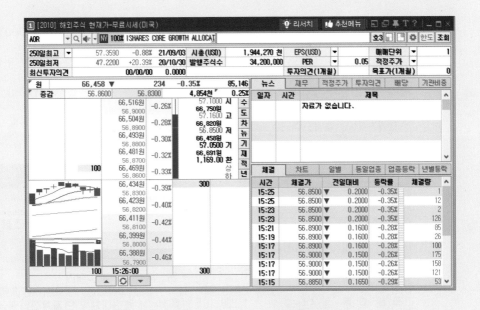

⑤ 매수주문

이제 주문을 해 보자. 다음과 같이 해외 주식 주문메뉴를 눌러 주문창을 띄운다.

주문	>	[2000] 해외주식 주문종합
기간자동감시주문(스탑로스)	>	[2100] 해외주식 주문(5단)
계좌정보	>	[2220] 해외주식 주문(10단)
손익/수익률현황	>	[2102] 해외주식 미니주문
거래내역	>	[2120] 해외주식 예약주문/조회

주문창에는 현재 시세와 함께 매수주문 메뉴가 있다. 원화주문 서비스를 신청했다면 바로 원화로 주문을 할 수 있고, 아니면 원화를 달러로 환전한 다음 주문할 수도 있다. 환전 신청을 통해 환전을 해 보자.

온라인업무	>	[3130] 외화환전 신청
기타해외주식 시세/주문	>	[3129] 목표환율 자동환전 신청
		[3128] 목표환율 자동환전 조회 및 취소

AOR 1주의 가격이 $56, 원화로 66,000원 수준이었으므로 일단 ₩100,000원을 달러로 환전했다(참고로 이렇게 환전을 하면 환전수수료가 비싸다. 인터넷에서 '해외 주식 환전 수수료 절약하는 방법'을 검색해 보면 환율우대 서비스에 대한 이벤트가 많으니 이를 활용하기를 추천한다).

그런 다음 매수주문 창에서 원하는 가격과 수량을 선택한다. 가운데 선을 기준으로 위쪽은 현재 이 주식을 팔려고 내놓은 사람들이 제시한 가격('매도호가'라고 한다)이 순서대로 적혀 있다. 가장 싸게 제시한 가격이 $56.81로 이 가격에 주문을 하면 바로 매수할 수 있다. 가운데 선 아래에는 이 주식을 사려는 사람들이 제시한 가격(매수호가)이 순서대로 적혀 있는데, 가장 높게 제시한 사람이 $56.76다. 누군가가 $56.76에 팔겠다고 내놓으면 이 가격에 체결이 된다.

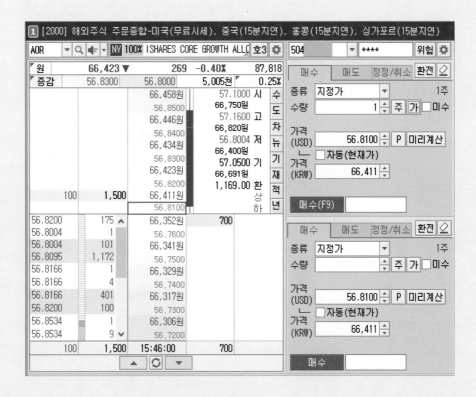

수량을 1주로 선택하고, 가격은 $56.81를 입력하여 붉은색 매수버튼을 누르니
바로 체결이 되었다. 다음과 같이 주문체결 내역에서 체결된 내용을 확인할 수 있
다. 당신도 이제 AOR 보유자다.

5 일 차

핵심자산과 주변자산은
다르게 접근하라

☑ AOR만 사는 것도 나쁘지는 않다

☑ 핵심자산이 먼저다

☑ 복권에 투자해도 좋은 사람

☑ MDD에 따라 핵심자산의 비중을 결정하자

☑ 복권에 투자하는 게 비합리적일까? 문제는 따로 있다

☑ 핵심자산에 아무거나 담고 그러는 거 아니다

☑ 투자도 메타인지가 중요하다

☑ 주식투자에서는 운이 메타인지를 무너뜨린다

☑ 잘 아는 자산이 없는데 어떻게 투자하지?

☑ AOR에도 장점과 단점이 있다

☑ 사람들은 더 빠른 마차를 원한다

AOR만 사는 것도 나쁘지는 않다

아내는 숙제에 성공했다며, 핸드폰 화면을 보내줬다.

자, 숙제 성공한 거 축하드립니다!

네~! (웃음)

숙제가 쉽지는 않았지?

일단은 우리나라 것도 해본 적이 없어서 그 시스템? 그런 게 익숙하지 않아서, 클

력하는 거 자체가 두렵더라고. 이게 맞는 건가, 엉뚱한 거 누르는 거 아닌가 걱정도 되고. 우리나라 주식을 안 사봐서 어떻게 다른 건지는 모르겠지만, 일단 외국 주식이라는 자체가 겁이 나더라고. 거래되는 시간도 밤이어서, 지금 누르면 바로 사지는 건지 아니면 이게 예약을 하는 건지 헷갈리고. 해본 사람은 별 거 아니겠지만, 처음 하는 사람은 두려우니까.

맞아, 어려워. 나도 얼마 전에 공부 삼아 코인 샀다고 했잖아? 코인 살 때 당신이랑 똑같았어. 이게 지금 매수가 된 건지, 이렇게 사는 게 맞는 건지, 코인은 주식하고 시스템이 또 다르더라고. 사놓고도 제대로 한 건지, 내가 지금 코인을 가지고 있는 건지 확신이 안 들어. 누구나 처음 하면 이래. 그러다 자주 해 보면 익숙해지는 거고. 일단 첫 발 뗀 거 축하해요. 사고 난 뒤로 확인해 봤나?

아니, 못 봤어요.

쪼~금 올랐어. 아주 조금. 그런데 지금처럼 안 쳐다보는 게 좋아.

어, 그래?

자주 봐야 신경만 쓰이고 좋을 것 없어. 자산배분 ETF는 어차피 10년, 20년 간다고 생각하고 오랫동안 투자하면서 모아갈 거니까. 그때그때 쳐다봐야 스트레스만 받고, 그리고 어차피 잘 올라가지도 않아. 조금씩 천천히 올라서 시간이 지나면 쌓이는 거니까.

자, 오늘은 뭐 할 거냐면…… 사실 당신은 주식을 배우고 싶다고 했는데, 우리가 지금까지 막상 주식 얘기는 안 했잖아. 뭐 삼성전자 같은 개별주식에 투자하는 건 얘기 안 해주고, 그냥 자산배분하고 ETF로 간접투자하라는 얘기만 했잖아? 거기에는 이유가 있어. 여기까지만 보면 수업 끝난 것 같기도 하거든? 그냥 이제부터 돈 생기면 전부 AOR만 사면 되는 건가 싶지?

 응.

 사실 그것도 괜찮은 방법이야. 재테크 어떻게 해야 할지, 자산관리 어떻게 해야 할지 모르겠다 싶으면, 그냥 돈 생기는 족족 AOR만 사는 것도 방법이야. 그것도 나쁘지 않다고 봐. 많은 사람들이 돈 생기면 그냥 은행에 넣거든? 돈 생기는 족족 통장에 넣어두잖아.

 그렇지.

 그건 돈이 생길 때마다 예금을 사는 거야. 그런데 그보다는 AOR이 훨씬 낫지. 예금 대신 AOR을 사라고 하고 싶어.

핵심자산이 먼저다

 자, 그리고 지금 주식 얘기를 하지 않고 자산배분하고 ETF부터 얘기하는 게 무엇 때문이냐 하면…… 자산 중에 핵심자산이 있고, 주변자산이 있어. 이게 원래는 영어로 코어(Core)랑 새틀라이트(Satellite)라고 해서 코어는 중심, 쉽게 말해 지구를

말하고, 새틀라이트는 달, 지구를 도는 위성을 말하거든. 나한테 핵심이 되는 코어
자산이 있고, 그 주변을 도는 위성 같은 자산이 있어. 이걸 구분할 수 있어야 돼!
나한테 핵심자산이 뭐냐, 주변자산이 뭐냐!

● 핵심자산(Core) vs 주변자산(Satellite)

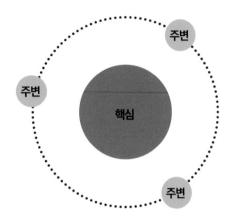

예를 들어서, 내 재산이 10억인데 8억은 아파트를 사서 부동산에 들어가 있고, 남
은 돈 2억으로 주식투자를 해. 그러면 핵심자산이 뭐겠어?

 부동산이지.

 그렇지? 부동산이 내 핵심자산이 되는 거고, 주식은 주변자산이 되는 거야. 반대로
주식에 8억을 투자하고, 나머지 2억을 부동산에 투자했다면? 그럼 주식이 핵심자
산이 되고, 부동산은 주변자산이 되는 거지.

(A) 부동산 80% & 주식 20%

(B) 주식 80% & 부동산 20%

 A하고 B는 자산 일부를 똑같이 주식에 투자한다 하더라도, 각각 방법이 달라.

 아…….

 A는 주식을 주변자산으로 투자하는 거고, B는 핵심자산으로 투자하는 거야. 주식이 핵심자산일 때와 주변자산일 때는 접근방법이 달라져.

쉽게 예를 들어볼게. 주식 중에 좀 안전하지만 천천히 가는, 대박이 터지지는 않지만 꾸준히 수익을 낼 수 있는, 쉽게 말해 삼성전자 같은 안전한 우량주들이 있어. 반대로 바이오 산업처럼 잘되면 대박인데, 안되면 쪽박 찰 수 있는 주식이 있어. 신약 개발 성공하면 대박인데, 실패할 경우에는 폭락할 수도 있는 그런 주식이야. 나한테 주식이 핵심자산이라면 안전한 주식에 투자하는 게 좋을까, 변동성이 큰 주식에 투자하는 게 좋을까?

 안전한 거!

 그치? 주식이 핵심자산일 때는 우량주 위주로 안전한 포트폴리오를 짜서 가는 게 좋아. 그런데 이미 내 자산의 80%는 안전한 부동산에 들어가 있고, 나머지 돈으로 조금 투자해 볼 때는?

 조금 위험하더라도, 크게 대박날 수도 있는 데다 투자해도 될 것 같아. 부동산(핵심자산)이 있으니까.

그렇지. 최악의 경우 20%를 몽땅 다 날린다고 하더라도, 80%는 잘 버티고 있으니까. 만약 이 20%가 10배 올라버리면 200%가 되는 거라, 모험을 해 볼 수도 있는 거지. 이런 식으로 주식이 핵심자산일 때와 주변자산일 때는 투자방법이 다르단 말이야.

음…… 그러네.

부동산도 마찬가지야. 만약 부동산이 나한테 핵심자산이라면 안전한 아파트 같은 데 투자해야지. 그런데 부동산이 주변자산이고 작은 돈을 투자한다면? 그냥 몇 천만 원을 부동산에 투자한다면 뭘 하지? 그 돈으로는 아파트 사기도 힘들잖아. 그럴 때는 경매 같은 걸 하는 거지. 경매는 잘하면 대박이지만 잘못하면 소송도 해야 하고, 명의이전도 복잡할 수 있단 말이야. 이렇게 어떤 자산이 나한테 핵심자산일 때와 주변자산일 때 투자방법이 달라. 그래서 내가 핵심자산에 뭘 넣을지, 주변자산에는 뭘 넣을지 이걸 먼저 정해야 돼. 그러고 나서 거기에 맞는 투자방법을 공부해야지.

자, 그런데 여기서 핵심자산이 중요할까, 주변자산이 중요할까?

핵심자산이겠지!

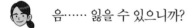

그렇지? 당연히 핵심자산이 중요하겠지? 핵심자산에 뭘 넣을지를 고민하고 공부하는 게 먼저란 말이야. 내가 왜 당신한테 주식에 관한 얘기를 안 하고 있냐면, 당신은 아직 핵심자산에 개별주식을 넣으면 안 돼!

음…… 잃을 수 있으니까?

아직 주식에 대해서 잘 모르는 초보투자자인데, 내 재산의 핵심을 주식에 넣겠다? 그건 아니잖아.

그렇지.

그래서 뭐부터 해야 하냐면, 핵심자산에 뭘 담고 어떻게 투자할지를 정해야지. 그런 다음 나머지 돈으로 주변자산을 어떻게 구성할지 정하는 게 순서야.

우리가 시험 같은 걸 볼 때도, 필수과목이 있고 선택과목이 있잖아? 국영수 같은 필수과목이 있고, 예체능 같은 선택과목이 있단 말이야. 그럼 둘 중에 뭐부터 공부해야겠어?

 필수과목부터 해야지.

 그렇지? 국영수부터 공부하고 나서 나머지 과목들에 신경 쓰는 거잖아. 마찬가지로 핵심자산에 뭘 넣을지부터 고민해야 하는데 사람들이 이 핵심자산에 대한 고민을 하지 않고, 그걸 제대로 구성하지 않은 채 주변자산부터 신경을 써. 나한테 와서 '주식투자 좀 해 보려고 하는데, 가르쳐주세요. 어떻게 하면 되나요? 뭐 사면 좋을까요?' 등을 물어보는 사람들 대부분이 주식을 주변자산으로 접근해. '내 재산의 80%를 주식에 투자할 테니까 알려주세요!' 이렇게 하지 않거든.

 응.

 '여윳돈 조금 남는 게 있어서 주식 해 볼까 하는데'라면서 물어본단 말이야. 그랬을 때 투자하는 방법은 내가 지금 투자하는 방법과는 안 맞는 거지. 나는 주식을 핵심자산으로 접근하거든. 내가 투자하는 방법은 주식이 핵심자산일 때 적용하는 방법이기 때문에, 주변자산으로 투자하는 방법과는 달라. 주변자산으로 주식을 투자하려는 사람들은 내 방법을 따라 할 필요가 없다고.
그런데 주변자산으로 주식투자를 어떻게 해야 할지 물어보는 사람들이 핵심자산은 이상한 데 두고 있어. 그냥 예금으로 묵혀두고 있다거나, 아니면 전세보증금으로 깔고 앉아 있지. 그래서 당신도 마찬가지지만 핵심자산을 어떻게 할지가 더 먼저야. 그게 정해져야 해.

복권에 투자해도 좋은 사람

 그럼 이걸 한번 생각해 보자고. 복권은 좋은 투자자산일까?

 아니겠지?

 그렇지? "어디에 투자하고 계세요?"라고 물었을 때, "저는 주식에 투자해요", "부동산에 투자하고 있습니다"라고 대답하지 않고 "저는 복권에 투자하고 있습니다" 하면 이상하잖아. 복권이 좋은 투자자산이 되지 못하는 이유는 수학적으로 기댓값이 낮기 때문이야. 기댓값이라는 건 그게 당첨될 확률에다가, 당첨됐을 때 내가 받을 수 있는 돈(대가)을 곱해서 더한 결과거든(아래의 Σ 기호는 시그마라고 불리며 더하기를 뜻한다).

$$\text{기댓값} = \Sigma\,(\text{확률} \times \text{대가})$$

예를 들어서, 가위바위보를 해. 가위바위보를 하는데 내가 이길 확률은 50%고, 질 확률도 50%지. 반반이야. 그런데 이기면 20,000원을 받고, 지면 10,000원을 잃어. 그런데 이 게임을 하는데 참가비가 2,000원이야. 그럼 하겠어, 안 하겠어?

 하지.

 하는 게 유리하지? 이겼을 때의 기댓값은 '50%×20,000원=10,000원'이고, 졌을 때는 '50%×(-)10,000원=(-)5,000원'이니까 이 둘을 더했을 때 기댓값은 '10,000원-5,000원=5,000원'이 되잖아. 기댓값이 참가비 2,000원보다 크니까 나한테 이익인 거지.

● **가위바위보 게임으로 보는 대가와 기댓값**

	확률	대가	기댓값
이겼을 경우	50%	(+)20,000원	(+)10,000원
졌을 경우	50%	(-)10,000원	(-)5,000원
합계	100%		(+)5,000원

복권도 이것하고 똑같이 기댓값을 계산할 수 있어. 1등에 당첨됐을 때 대가는 크지만, 확률이 너~~~~~~무 작은 거지. 곱해 봐야 기댓값이 너무 낮아. 모든 등수별로 당첨될 확률과 당첨금을 곱해서 기댓값을 더해 보면 대강 500원에서 650원 정도가 나온대. 그런데 복권을 사는 데 들어가는 참가비가 1,000원이니까, 복권을 살 때마다 내가 가진 돈의 절반이 날아간다고 봐야지. 1,000원을 투자해서 얻을 수 있는 기댓값이 500원이 되는 거니까, 기대수익률이 (-)50%인 거지. 그러니 투자하기에 좋은 자산이 아니고, 복권에 투자한다는 것이 어리석게 느껴지는 거야.

자, 그런데 이건 어떨까? MDD, 꼭대기에서 바닥까지의 수치, 당신이 40%까지는 견딜 수 있겠다고 했던 그 MDD! 자신이 허용할 수 있는 이 MDD가 0인 사람이 있어. 절대로 손해나면 안 된다고 하는 사람이야.

그럼 안 되지. 투자할 수 없잖아.

그렇지? 1원도 손해가 나면 안 된다고 하는 사람은 투자를 할 수 없겠지?

그냥 예금이나 해야지.

투자라는 건 항상 위험을 포함하고 있으니까, 크든 작든 중간에 손실이 날 각오를 하고 있어야 해. 그런 각오가 없다면 투자를 할 수 없잖아. 간혹 증권사 찾아와서 원금은 보장되면서 이익도 많이 나는 상품 없냐고 물어보는 경우가 있어. 그럼 수익과 위험이 비례하기 때문에, 위험 없이 고수익을 낼 수는 없다고 알려줘.

자, 그런데 웃긴 게…… 복권은 좋은 투자자산이 아니라는 게 결론이었지? 그리고 허용 MDD가 0인 사람은 투자를 할 수 없다는 게 또 하나의 결론이고.

응.

그런데 MDD가 0인 사람도 투자할 수 있어.

응? 어떻게?

어디에 투자하냐면…… 복권에 투자하는 거야!

어…… 왜? 이상한데?

이게 얼핏 생각하면 이해가 안 되지? 복권은 되게 위험하고 변동성도 큰 자산이야. 당첨되면 몇 억 벌 수도 있지만, 안 되면 전부 다 날리는 거잖아. 이렇게 위험한 자산인데 '절대 나는 위험한 거 싫어, 손해나면 안 돼'라고 하는 사람한테 복권에 투자하라는 게 말이 안 돼 보이잖아? 그런데 말이 돼.

어떻게?

허용 MDD가 0인 사람은
복권에 투자하는 것도 방법이다!

 이게 어떻게 말이 되냐 하면, 일단 핵심자산과 주변자산을 나눠! 그런 다음 주변자산을 복권에 투자하는 거야! 핵심자산은 예금에 넣고!

 응……?

 예를 들어 내가 1억 원이 있다고 할게. 그런데 절대 손해가 나서는 안 돼. 허용할 수 있는 MDD는 0이야. 그럼 이 1억 원을 전부 은행 예금에 넣어. 은행에 맡기면 이자가 나오잖아? 이자율이 1년에 1.2%라고 할게. 그럼 이자가 1년에 120만 원이고, 한 달에 10만 원이야. 이렇게 1억을 예금에 넣어두면 한 달에 10만 원씩 이자가 나오는데, 이 이자를 가지고…….

 복권을 사?

 맞아! 복권이 1,000원짜리면 10만 원 가지고 100장을 살 수 있잖아. 그럼 이 사람의 원금은 보장이 돼. 예금에 넣어두었기 때문에 그대로 있지?(물론 5,000만 원이 넘는 예금은 은행이 망하는 경우 돌려받지 못할 위험도 있지만 설명의 편의를 위해 무시했다) 그렇

게 원금을 보장한 상태에서 이자를 가지고 복권을 사서, 전부 꽝이 되더라도 자기
원금은 지킬 수 있지?

그러네.

대신에 한 달에 100장씩, 1년에 1,200장을 산 복권 중에 당첨이 되면 몇 억이 될
가능성이 열려 있잖아. 이렇게 핵심자산은 손실이 나지 않고 지킬 수 있는 데 투자
하고, 주변자산은 수익을 낼 가능성에 열어두는 거지.

오호!

그래서 결국, 절대 손실이 나서는 안 된다고 생각하는 사람도 투자를 할 수 있어!
원금을 지키면서 거기서 나온 이자를 가지고 투자를 할 수 있는 거지. 그리고 이런
사람한테는 오히려 복권 같은 위험한 자산이 더 좋은 자산이 될 수도 있어. 사실
예금 1억에서 나오는 이자 120만 원 가지고 다른 거 해봐야 크게 기대될 게 없잖
아. 물론 한 달에 10만 원도 큰돈일 수 있지만, 그것만 가지고는 내 성에 안 찬다,
인생역전이 안 된다 생각하는 사람한테는 역전될 가능성이 조금이라도 있는 복권
이 자신한테는 맞는 투자가 될 수도 있어.

오, 그렇게 생각할 수도 있구나.

다시 복권이 좋은 자산이냐, 안 좋은 자산이냐 묻는다면…… 복권이 핵심자산이면
별로 안 좋지. 하지만 주변자산일 때는 괜찮은 자산일 수도 있어. 당신이 이해하기

쉽게 복권이라고 했는데, 실제로 이 방법과 비슷한 금융상품이 있어. ELD(Equity-Linked Deposit, 주가연계예금)라고 하는데 이 상품은 사람들이 돈을 맡기면 그 돈의 대부분을 예금에 넣어. 예를 들어 예금 이자율이 2%라고 하면, 맡긴 돈의 98%(정확히는 100÷(1+2%)=약 98.04%)는 예금에 넣고 그런 다음 나머지 2%를 가지고 복권이 아닌, 선물이나 옵션 같은 파생상품에 투자해. 파생상품은 잘못하면 돈을 다 날리지만, 잘하면 몇 배로 불릴 수도 있거든. 그래서 대박 나면 이자 많이 주고, 안 나면 조금 주는 거야. 대신에 원금은 보장해. 예금에 넣은 98%에 이자 2%가 붙으면 100% 원금은 보장되거든.

투자할 때 MDD가 중요하다고 계속해서 강조하는 이유가, '나는 MDD가 제로야! 절대 손실 나면 안 돼!'라고 확실히 정하면, '아, 그래요? 그럼 예금에 넣고, 거기서 나오는 이자로 선물옵션 투자하세요!' 이렇게 정해줄 수 있단 말이야. 그런데 MDD를 정하지 않고 그저 이익이 많이 났으면 좋겠다고 얘기하면 어떻게 방향을 잡아주기가 힘들어. 이익이 많이 나면 누구나 좋지. 그런데 얼마의 이익이 날지는 쉽게 컨트롤 하기가 힘들어. 그래서 MDD에 대해서 생각해 보고, 내가 허용할 수 있는 MDD 수준이 얼마인지 정해볼 필요가 있어. 그리고 핵심자산하고 주변자산으로 나눈 다음 이걸 조합해서 내가 허용할 수 있는 MDD 수준에 맞게 투자하는 거지.

MDD에 따라 핵심자산의 비중을 결정하자

 문제를 한번 풀어보자고. 나중에 다시 얘기할 텐데, 아직은 개념이 익숙하지 않으니까 단순한 설계를 해 볼게. 자, 내가 허용할 수 있는 MDD가 20%면 MDD 40%

짜리 자산을 핵심자산에 담을 수 있을까?

 못 담겠지.

 담을 수 있어!

 응? 어떻게?

 비중을 조정하면 돼. 핵심자산의 비중을 줄이고, 주변자산에는 MDD가 낮은 자산을 담는 거야. 내가 허용할 수 있는 MDD라는 건 핵심자산에서 나오는 MDD에다가 주변자산에서 나오는 MDD를 더하면 되거든.

전체 MDD = 핵심자산 MDD + 주변자산 MDD

예를 들어서 내가 1억을 투자하는데, 허용할 수 있는 MDD는 20%야. 그럼 최대손실 2,000만 원까지 견딜 수 있다는 거지? 그럼 핵심자산에서 나오는 손실하고, 주변자산에서 나오는 손실을 합쳤을 때 2,000만 원이 넘지 않도록 하면 되거든. 그럼 위의 식을 이렇게 풀어볼 수 있어.

전체 MDD = (핵심자산 MDD × 비중) + (주변자산 MDD × 비중)

저기서 핵심자산이 MDD 40%짜리라고 할게. 그럼 내 전체자산 1억을 모두 핵심자산에 투자하면 MDD는 4,000만 원이 돼. 그런데 절반인 5,000만 원만 핵심자산에 투자하면 핵심자산에서 나오는 MDD는 최대 2,000만 원(5,000만 원×40%)이야. 그럼 핵심자산에는 50%만 투자해서 핵심자산 MDD를 2,000만 원으로 만들고, 대신에 주변자산 MDD는 0이 되도록 만드는 거지. 예금처럼 MDD가 0인 자산을 주변자산으로 선택하면 핵심자산에 MDD 40%짜리를 담고도 전체 MDD는 20%로 만들 수 있어.

전체 MDD = (핵심자산 MDD × 비중) + (주변자산 MDD × 비중)

= (핵심자산 MDD 40% × 비중 50%) + (주변자산 MDD 0% × 비중 50%)

= 핵심자산 20% + 주변자산 0% = 20%

핵심자산은 꼭 MDD가 낮은 안전한 자산에 투자하고, 주변자산은 MDD가 더 높은 자산이라고 생각할 필요가 없어. 반대로 핵심자산에 MDD가 높지만 수익률도 높은 자산을 담고, 전체 MDD를 낮추기 위해 주변자산은 MDD가 낮은 자산을 담는 것도 가능해.

 난 꼭 핵심자산은 안전하게 투자해야 된다고만 생각했는데, 그럴 필요가 없네.

 맞아. 만약에 허용할 수 있는 MDD가 30%고, 핵심자산의 MDD가 50%라면 어떨까? 그럼 또 이렇게 풀면 돼.

전체 MDD 30% = (핵심자산 MDD 50% × 비중) + (주변자산 MDD 0% × 비중)

= (핵심자산 MDD 50% × x %) + 0

핵심자산 비중 (x) = 60%

주변자산에 MDD 0%를 담아서, 주변자산 MDD를 0으로 만들고 MDD 50%인 핵심자산으로 전체 MDD가 30%가 안 되게 만들어야 하니까 60%만 담는 거지. 1억을 투자한다고 할 때, 6,000만 원은 핵심자산에 담고 4,000만 원은 안전한 주변자산에 담으면, 핵심자산이 반토막 나더라도 전체 손실은 3,000만 원이니까 30%로 막을 수 있어. 그러니 꼭 핵심자산에는 안전한 자산을 담고, 주변자산에는 위험한 자산을 담는 것은 아냐. 핵심자산에 내가 허용할 수 있는 것보다 MDD가 높은 자산이 담기면 반대로 주변자산에는 MDD가 낮은 자산을 담아서 맞춰주는 거지. 대신에 이럴 수도 있어. 핵심자산 MDD가 50%인데, 내가 허용할 수 있는 MDD가 20%면 어떨까?

전체 MDD 20% = (핵심자산 MDD 50% × 비중) + (주변자산 MDD 0% × 비중)

= (핵심자산 MDD 50% × x %) + 0

핵심자산 비중 (x) = 40%

그럼 주변자산에 MDD 0%를 담고, 핵심자산 비중은 40%로 가져가야 돼. 어? 그런데 자산에서 40%를 차지하는 게 핵심자산일까? 이렇게 되면 핵심자산하고 주변자산의 위치가 바뀌겠지? MDD 0%인 핵심자산 60%랑 MDD 50%인 주변자산 40%에 투자하는 거지. 이렇게 내가 허용할 수 있는 MDD를 정하고, 내가 투자하려는 자산의 MDD를 알면 나한테 맞는 자산배분 설계를 할 수 있어.

 아…….

 사람들이 나한테 비트코인 어떠냐고 물어봐. 당신도 물어봤잖아?

맞아, 맞아! 궁금했어.

 비트코인을 핵심자산에 넣는 건 나는 별로라고 생각해. MDD가 쉽게 예상이 안되거든! 물론 사람마다 다르겠지만, 나는 추천하지 않아. 하지만 비트코인을 주변자산에 넣는 것은 가능하다고 봐. MDD를 그냥 100%라고 각오하고 복권처럼 담을 수는 있지.

 아하~!

 내가 코인을 산 것도 이렇게 주변자산 중 일부로 넣어본 거야. MDD가 100%다 각오하고, 다 잃어도 되는 수준에서 투자해 본 거지. 그런데 사람들이 물어볼 때는 이걸 구분하지 않고 물어보거든. '비트코인은 어때요, 회계사님?' 이러는데, '핵심자산으로 두시려고요, 주변자산으로 두시려고요? 자산배분은 어떻게 하고 계시나요? 허용할 수 있는 MDD가 얼마예요?' 이러면 '네? 아니, 비트코인 어떠냐고요' 이렇게 되니까. 그래서 그냥, '아…… 저한테 물어보셔야 될 정도면 그냥 하지 마세요!' 이렇게 답하는 거야.

 응…… 그래서 나한테도 별로라고 했구나?

 상대방이 허용할 수 있는 MDD가 얼마인지 내가 알 수가 없고. 또 비트코인 외에 다른 자산은 어떻게 구성되어 있는지 모르는 상태에서, 비트코인에 투자를 해 보라고 권할 수는 없잖아. 상대방이 아예 MDD가 뭔지도 모르는 상태에서 물어보고 있는데.

그런데 사람들이 이런 핵심-주변자산이나 MDD에 대한 개념이 아예 없는 것은 아냐. 그 개념을 자세히는 모르더라도, 대부분의 사람들이 본능적으로 알고 적용하고 있어! 사람들이 복권 많이 사잖아?

 그치.

 그런데 사람들이 바보가 아냐. 기댓값이 500원인 복권을 1,000원에 사는 게, 그것만 보면 바보 같지만, 그런 확률이나 기댓값을 모르는 게 아니거든. 복권을 사면 확률적으로 손해라는 걸 모르고 사는 사람이 있을까? 다들 알아. 아는데, 내 전 재산을 거는 게 아니기 때문에 사본단 말이야. 1,000원이 없어도 당장 먹고 사는 데는 지장이 없기 때문에, 다 날려도 되는 돈이니까 모험을 해 보는 거지. 배운 걸로 바꿔서 얘기하면, MDD가 100%라는 걸 아니까 주변자산에 아주 조금 담아보는 거야. 없어도 되는 돈, 즉 주변자산으로 MDD 100%를 각오하고 모험을 해 보는 거지. MDD는 100%지만, 투자 비중이 낮으니까 내가 허용할 수 있는 MDD 안에 있는 거야. 대신에 당첨되면 어마어마한 수익을 얻을 수 있으니까, 해 볼 만한 투자인 거야. 복권이 한 장에 100만 원이라면 사람들이 사겠어? 그렇다고 복권을 핵심자산에 넣지는 않지.

 그렇지. 부담 없는 돈이니까 하는 거지.

 물론 이걸 비합리적이라고 얘기하는 것도 있어. 왜 같은 돈을 다르게 취급하냐는 거지. 편의점 가서 물건 산 다음에 '봉투 20원인데 드릴까요?' 하면 됐다고 그냥 들고 간다고 하잖아.

응. 아까워.

그런데 복권 1,000원은 꽝이 돼도 별게 아닌 것처럼 느껴진다는 거지. 그래서 같은 돈인데 다르게 느끼니까 비합리적이라고 하는데…… 그런데 내가 보기엔 복권 사는 건 적당히 합리적이야. 인간이란 게 원래 완벽하게 합리적인 결정을 하는 존재가 아니거든. 핵심자산과 주변자산에 대해서 다르게 취급하거나 돈의 용도에 따라 다르게 생각하는 게 꼭 비합리적인가 싶어. 핵심자산은 우리 가족을 지켜주는 안전한 방패가 되어주고, 주변자산은 부자가 될 가능성을 열어주는 창이 된다면 같은 돈이라도 다르게 취급할 수 있는 거지.

복권에 투자하는 게 비합리적일까? 문제는 따로 있다

나는 복권을 사는 것 자체는 크게 문제가 되지도 않고, 비합리적이라고 생각하지 않아. 문제는 따로 있어. 얼마 전에 본 건데, 어떤 TV프로그램에 로또 1등에 당첨되고 싶어 하는 아저씨가 나왔어. 이 아저씨는 '세상에 저처럼 운 없는 사람이 또 있을까요…'라고 하는데, 왜 그러셨냐면 이분이 평생 복권을 샀대. 그런데 문제가 18년 동안 복권을 샀는데, 다 합쳐보니까 거의 7억 원어치였대!

히익~! 어머…….

18년간 7억 원어치를 샀는데 한 번도 당첨이 안 된 거지. 물론 뭐 중간중간 자잘한 게 몇 번 됐겠지만, 큰 건 한 번도 안 된 거야. 18년간 7억이면 한 달에 거의 320만 원씩 산 거야. 일주일에 80만 원씩! 가족과 사이가 많이 안 좋아졌다고 한탄하시는데, 모든 돈을 다 복권 사는 데 써버리니 가족들과 사이가 좋아질 리가 없겠지. 내 생각에 이분은 뭘 잘못했냐면, 복권을 산 게 잘못한 게 아니라······.

 거기에 올인한 거!

 맞아! 복권을 핵심자산에 둔 거지. 복권을 주변자산에 뒀을 때 그나마······ 기댓값으로 봤을 때는 좋은 투자자산이 아님에도, 주변자산으로 1~2,000원 투자해서 부자가 될 가능성을 열어놓는 차원에서 유용한 거야. 뭐, 그럴 수 있잖아. 이대로는 어차피 도저히 답이 안 나오는 상황, 아무리 노력해도 경제적으로 나아질 것 같지 않고 바뀌더라도 너무 오래 걸릴 것 같아서, 그때까지 버텨나갈 작은 희망이라도 있었으면 하는 그런 마음 말이야.

 희망이 필요하지.

 그런데 그러려면 복권은 주변자산에 있어야지. 그걸 주변자산에 두지 않고, 한 달에 320만 원씩 핵심자산으로 투자한 건 잘못됐다는 생각이 드는 거지. 이 분이 매주 80만 원씩 복권을 샀는데, 만약 이랬다면 어떨까? 1주일에 10만 원씩만 사는 거야. 사실, 매주 복권을 10만 원씩 사는 것도, 바람직해 보이지는 않지. 그것도 과해 보이긴 하지만, 그래도 '나는 매주 복권을 사야 돼! 적어도 10만 원씩은 사야 돼!'라고 하면 오케이! 80만 원은 너무했고, 10만 원까지는 주변자산으로 복권에 투자하는 대신에 나머지 70만 원은 핵심자산으로 AOR에 투자하는 거지. 그랬으면 어떻게 됐을까?

매주 70만 원이면 한 달에 대략 280만 원이지. 환율을 대강 1,100/$으로 계산하면 2,545달러 정도 돼. 매달 2,545달러씩 18년간 AOR을 샀으면 지금 1,325,420달러가 됐을 거야. 우리 돈으로는 14억이 넘어(정확히는 14억 5,796만 2,000원 정도다).

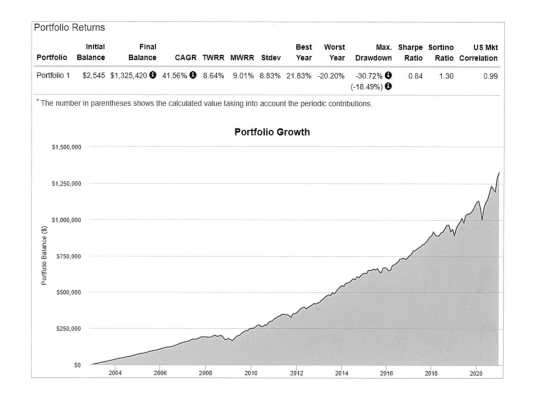

Portfolio Returns

Portfolio	Initial Balance	Final Balance	CAGR	TWRR	MWRR	Stdev	Best Year	Worst Year	Max. Drawdown	Sharpe Ratio	Sortino Ratio	US Mkt Correlation
Portfolio 1	$2,545	$1,325,420 ❶	41.56% ❶	8.64%	9.01%	8.83%	21.83%	-20.20%	-30.72% ❶ (-18.49%) ❶	0.84	1.30	0.99

*The number in parentheses shows the calculated value taking into account the periodic contributions.

Portfolio Growth

 으음…… 거의 당첨금인데?

 그치? 복권을 아예 안 사는 게 아니라, 매주 10만 원씩 사고 나머지는 그냥 아무 생각 없이 AOR만 샀다면…… 아까 7억을 복권 사는 데 썼다고 했는데, 그중에서 1억만 쓰고 나머지는 AOR에 투자했으면 복권 1억 원어치가 한 장도 안 빼고, 전부 꽝이더라도 14억이 남는 거지. 1등 당첨금이랑 맞먹어.

아…….

 그분 말대로 자기가 '세상에서 제일 운이 없는 사람'이라고 해도, 복권 1억 원어치가 전부 꽝이 되는 사람이었다고 해도, 부자가 될 수 있었지. 운이 나빠서 부자가 못된 게 아니라, 돈이나 투자에 대한 이해가 부족했고 자제력이 부족했던 거야.

매주 10만 원씩 복권 사고 있어도 가족들은 욕하고, 제정신이냐고 했겠지만 그러고도 14억을 모았으면 나쁘지 않잖아? 거기다가 만약에 매주 10만 원씩 산 복권이 8년 만에 당첨이 됐다면? 주변자산에서 터져주면? 그럼 28억을 가진 부자가 되는 거잖아. 핵심자산은 오랫동안 꾸준히 불려나갈 것으로 구성하고, 나머지 주변자산으로 모험을 해 보겠다면 억지로 뜯어말리지는 않지. 그런데 이걸 핵심자산으로 옮겨오는 게 문제야.

 그러네.

 이해하기 쉬우라고 극단적인 복권 얘기를 하다 보니까, 좀 특수한 상황처럼 보이는데 나는…… 주변에서 이런 경우 엄청 많이 봐. 지금 문제의 핵심은 뭐냐면 복권에 투자했다는 게 아니라, 주변자산을 아무런 대책이나 공부 없이 핵심자산으로 옮겼다는 거야.

앞에서 얘기한 대로, 사람들이 핵심자산하고 주변자산을 본능적으로 구분을 해. 잔돈 남는 걸로 복권을 사본다거나, 푼돈으로 코인을 해 보거나, 여윳돈 있는 걸로 주식을 해. 거기까지는 괜찮아. 핵심자산, 주변자산에 대한 이해나 공부가 없어도 알아서들 구분해서 들어가. 문제는 뭐냐면…….

잘되니까!

 맞아! 그게 잘되면 핵심자산으로 옮겨버려!

주변자산을 그대로
핵심자산으로 옮겨서는 안 된다!

 잘되는 맛을 봐서 그러는 거 아냐? 그럼 대출 받아서 더 하잖아?

 정확해. 코인을 조금 해봤는데 쏠쏠한 거지. 한 달에 100만 원씩 저금하던 사람이 그중에서 10만 원만 코인에 투자해 본 거야. 그런데 이게 갑자기 5배가 된다고! 50만 원이 된 거야!

 히익! 그럼 더 넣어야지.

 딱 드는 생각은 이거야. '아, 왜 10만 원만 넣었을까? 100만 원 다 넣었으면 500만 원 되는 건데!'

 그렇지!

90만 원 가지고 이자 받아봐야 티도 안 나고 내가 왜 진작에 이걸 안 했을까 하면서 예금에 넣을 돈이 코인으로 옮겨온다고! 주변자산이던 코인을 갑자기 핵심자산으로 옮겨버려!

 그러다 폭락하면?

 주식도 마찬가지야. 처음에는 겁도 나고 하니까 잃어도 되는 돈으로 조금만 해본다고. 당신도 주변에 있는 누구누구 언니, 누구누구 엄마들 봐봐. 2020년에 주식 조금 해 봤는데 재미 보니까 당신한테 자랑하면서 지금 점점 더 투자하잖아. 이게 슬그머니 핵심자산으로 옮겨온다고. 아까 그 복권 80만 원씩 산 아저씨가 처음부터 80만 원을 샀을까? 18년 전에 처음 복권 사는 날 바로 80만 원씩 사지는 않았을 거야. 처음에는 한두 장으로 시작했겠지. 그러다 자기도 모르게 점점 키워나간 거야. 복권 80만 원씩 사는 사람이 미친 사람 같아 보이지만, 내가 보기에는 갑자기 코인이나 주식 비중을 늘리는 사람들도 마찬가지로 보여.

누군가 복권을 사더니 2,000원에 당첨됐어. 1,000원 주고 샀는데 운 좋게 2,000원에 당첨된 거지. 그런데 갑자기 이 사람이 그러는 거야. '수익률이 100%, 2배가 됐네?' 그러면서 '왜 1,000원만 샀을까, 10,000원을 샀으면 20,000원이 됐을텐데…… 1,000만 원을 샀으면 2,000만 원이 됐을텐데…….' 라고 생각해서 전 재산으로 복권을 사는 거지. 이상하지 않아? 1,000원짜리 복권이 2,000원에 당첨된 건 그냥 운인데, 그걸 가지고 1,000만 원어치 사면 2,000만 원에 당첨될 거라고 전 재산을 투자하는 건 위험하지. 주식도 마찬가지야.

투자에 대한 이해나 공부도 없이, 그냥 어쩌다 산 주식이 2배 오른 건 그냥 운이거든. 2,000원짜리 복권에 당첨된 거야. 자주 터져. 그런데 그걸 보더니 전 재산을 주식에 쏟아붓는다고. 너무 위험하지. 심지어는 빚까지 내서 쏟아부어. 복권에 전 재산 쏟아붓는 거나 잘 모르는 주식과 코인에 빚 내서 투자하는 거나, 내 눈에는 본질적으로 크게 달라 보이지 않거든? 그런 사람들이 너무 많으니 답답해. 말리고 싶긴 한데, 쉽게 설득도 안 되고. 말려 봐야 '그때 그거 샀으면 엄청 올랐는데 너 때문에 놓쳤다'는 소리나 듣지.

무조건 주식은 안 된다, 코인은 위험하다가 아냐. 아까 복권도 주변자산으로는 나쁘지 않다고 했잖아. 복권보다야 주식이나 코인이 수학적으로 더 낫지. 다만 주변자산으로 투자할 때와 핵심자산으로 투자할 때는 접근방법이나 투자방식이 달라야 하는데, 그런 구분 없이 그저 결과만 보고 그대로 핵심자산으로 옮기는 게 문제야. 그래서 망해.

내가 핵심자산에 담을 수 있는 건 어디까지인지, 지금 내가 가진 지식이나 능력으로 소화할 수 있는 범위가 어디까지인지를 먼저 정해야 해. 그리고 그 비중은 얼마로 둘 것인지도 정해야지. 최소한 핵심자산에 50% 이상은 투자가 돼야 하지 않겠어? 가장 많은 비중을 차지하니까 핵심자산이지. 그런데 처음에는 10%를 차지하던 주변자산이, 수익이 잘 나니까 갑자기 50, 60, 70%로 비중이 늘어나는 거야. 핵심자산과 주변자산에 대한 개념, 어떤 자산을 핵심자산에 넣을지 정하는 원칙, 비중을 설정하는 기준이 없으니 어느 순간에 와르르 무너지는 거지. 이제 핵심자산과 주변자산이 뭔지 개념은 알겠지?

 응, 좀 알 것 같아.

 그럼, 핵심자산에 뭘 넣을지, 어떤 기준으로 핵심자산을 정할지부터 생각해 보자고.

핵심자산에 아무거나 담고 그러는 거 아니다

 핵심자산과 주변자산을 구분하는 기준은 사람마다 달라! 답을 딱 하나로 정해줄 수는 없어. 핵심자산에는 이것만 담아라, 주변자산에는 이것들 중에서 담아라, 딱 골라 줄 수가 없다고. 내가 이걸 가지고 한동안 고민해 본 적이 있거든. 핵심자산은 어떤 걸 담아야 할까, 그걸 정하는 기준이 뭘까. 쉽게 생각하면 핵심자산은 안전한 자산을 담고, 주변자산은 위험한 자산도 담아볼까 생각이 드는데, 그게 아닐 수도 있어. 누군가는 위험한 자산을 핵심자산에 담을 수도 있다고.

 왜?

 '이생망! 어차피 이번 생은 망했어! 이대로는 어차피 답이 없어. 그래서 핵심자산으로 크게 한 번 터뜨려야 돼!'라고 생각하는 사람들이 있잖아.

 음…….

 아니, 뭐 그럴 수 있잖아. 만약 부모한테 나도 모르게 넘겨받은 빚이 100억 있다고 생각해 보자. 상속을 포기했어야 했는데, 그런 것도 몰라서 100억을 떠안은 거야. 이 상황에서 핵심자산에 안전자산을 꼬박꼬박 모은다고 저 빚이 해결이 되겠냐고. 사람마다 처한 상황이나 인생에 대한 가치관이 다르기 때문에 핵심자산을 정하는 기준이 다를 수 있어.

그래서 어떤 자산을 핵심자산에 담아야 할지 많은 생각이 들더라고. 안전한 자산? 상황에 따라서는 위험한 자산을 담는 게 맞을 수도 있으니 답이 안 될 것 같은데?

다른 기준이 뭐가 없을까? 여러 고민이 들었는데 내가 내렸던 한 가지 결론은 이 거였어. 물론 나한테만 적용하는 내 기준인데, '핵심자산은 믿을 수 있어야 한다'고 정했어. 내가 믿을 수 있는 자산이어야 핵심자산에 담을 수 있다고.

음……

믿을 수 있는 자산이라고 하니까 좀 애매하지?

응. 알 듯 모를 듯하네?

믿는다는 게 뭔가 하고 생각해 보면 내가 보기엔 '기다릴 줄 아는 것'이 믿는 거야. 예를 들어 우리가 이준이(첫째)를 믿는다는 건 뭐냐 하면 이준이는 공부를 잘 할거다, 이준이는 반드시 훌륭한 아이로 자라날 거다, 이런 생각 자체가 믿음은 아냐. 그건 믿음이라기보다는 기대지. 믿는다는 건 이준이가 한동안 성적이 안 좋아지더라도, 아니면 잠시 탈선을 하더라도 기다려준다면 다시 돌아올 거다, 잠시 떨어졌던 성적도 믿고 기다려준다면 다시 올라올 거고, 해서는 안 될 행동을 했더라도 스스로 잘못된 행동이란 걸 깨닫고 다시 돌아올 테니까 믿고 기다려주자 같은 거야. 믿는다는 건 결국, 기대와 다른 결과를 보이고 있는데도 기다려주는 거야. 기다릴 줄 아는 게 믿는 거지.

투자를 얘기할 때 내가 자꾸 MDD를 강조하잖아? 주식이 결국에는 올랐지만, 중간에 한 번씩 폭락한단 말이야. MDD가 평균적으로 (-)50%가 된다고. 그럴 때 뭘 할 수 있어야 하냐면, 기다릴 수 있어야 돼! '과거 데이터를 봤더니 주식이란 건 5년 정도 투자하면 중간에 반토막이 나기도 해, 하지만 기다려주면 다시 상승해서 회복하고 장기적으로는 플러스가 돼' 이렇게 생각하며 기다릴 수 있는 자산이 믿을 수 있는 자산이고, 핵심에 담을 수 있는 자산이지. 결국 핵심자산이 커져서 내가 부자가 되려면 기다릴 수 있어야 하거든. 그래서 나는 이렇게 기다릴 수 있는 자산, 내가 믿을 수 있는 자산을 핵심자산으로 담는 게 맞는 것 같아. 물론 이건 순전히 내 생각이고, 내 기준이야. 사람마다 기준은 다를 수 있고, 자신만의 기준을 세우는 자체가 중요하다고 봐. 그 고민을 스스로 해 봐야 하는 거고, 오랜 고민과 생각 끝에 정한 원칙이어야 그걸 계속해서 지켜나갈 수 있는 거지. 그런 게 결국엔 자신만의 투자철학이 되는 거고.

 이렇게 기준을 세우고 나면, 그럼 어떤 자산을 믿을 수 있냐는 생각으로 이어져. 우리가 잘 모르는 사람을 믿을 수는 없잖아?

그렇지.

 오늘 길 가다가 처음 만난 사람이 갑자기 나한테 자기를 믿고 100만 원만 빌려달래.

 뭘 믿고?

 그치? 믿을 수 없고, 못 빌려주지? 믿을 수 있으려면 최소한 그 사람에 대해서 잘 알아야 돼. 어떤 사람인지 알아야 믿을 수가 있지. 자산도 마찬가지야. 내가 투자한 자산을 믿고 기다리려면 그 자산에 대해서 잘 알아야 돼.

 응. 그러네.

 내가 핵심자산에 비트코인을 안 담는 이유는 뭐냐면?

 잘 모르니까.

 맞아. 잘 모르겠어. 비트코인이 나쁘다는 게 아냐. 아직 비트코인에 대해서 믿고 투자할 만큼 잘 모르겠어. 그러니 핵심자산으로 투자할 수는 없지.

그런데 어떤 사람이 비트코인에 대해서 되게 잘 알아. 거기에 대해서 연구나 공부를 많이 했어. 아니면 아예 그쪽 관련된 일을 하고 있어. 암호화폐를 직접 발행해 봐서 잘 안대. 그럼 그 사람은 자기 핵심자산에 비트코인을 담을 수도 있는 거지. 그러니 어떤 자산을 핵심자산에 담을 것인지는, 그 자산의 특성으로 정하는 게 아니라 투자하는 사람에 따라 정해지는 거야. 투자하는 사람이 잘 아는 자산이 무엇인지에 따라 정해지는 거지.

 자기가 잘 아는 걸 해라?

 나는 지금 내 핵심자산에 부동산을 담고 있지 않단 말이야.

 모르니까?

 그렇지. 부동산이 나쁜 자산이라서가 아니야. 앞에서 봤지만 부동산도 장점이 많은 좋은 자산이라고. 하지만 내가 부동산을 아직 잘 몰라. 내가 주식을 핵심자산 쪽에 넣는 이유는, 그래도 주식은 오랫동안 투자하고 공부해 와서 조금 알겠어. 물론 많이 안다고 할 수는 없어. 정확히 얘기하자면 나한테 주식은 핵심자산도 아니고 주변자산도 아닌, 그 중간에 좀 걸쳐져 있는 자산이야.

 오 그럼 핵심자산은 뭐야?

 내 핵심자산은…… 사경인이야!

 아, 그래? 크크크.

 (웃음) 좀 재수 없게 들리고 웃기지? 그런데 나한테 핵심자산은 내 자신이야. 나를 가장 잘 알고, 나를 가장 믿을 수 있어. 그래서 내가 벌어들이는 돈 있지? 시스템수익! 내가 만들어놓은 시스템, 내가 만들어놓은 콘텐츠에서 나오는 수익! 이게 나한

테는 가장 큰 핵심자산이야!

 아…… 그런데 거기서 결국 벌어들이는 돈을 주식으로 옮기거나, 다른 데에 투자하잖아.

 핵심자산인 콘텐츠에서 벌어들이는 수익(현금흐름)이 있기 때문에, 그 외의 주변자산에 투자를 하는 거야. 만약에 내가 만든 콘텐츠에서 더 이상 돈이 들어오지 않는다면, 그때는 핵심자산에 뭔가 다른 걸 집어넣어야 되지. 그때가 되면 나도 핵심자산에 AOR 같은 자산을 담게 될 확률이 높아.

 어쩐지 남편은 AOR 같은 데 투자했단 얘기를 들어본 적이 없는데, 왜 나한테는 거기 투자하란 건가 생각했어.

 지금 내가 AOR 같은 걸 핵심자산으로 담고 있지 않은 이유는, '사경인'이라는 콘텐츠가 만들어낸 핵심자산이 있기 때문이야. 거기서 원하는 수준의 안정적인 현금흐름이 만들어지니까, 나머지 자산들은 조금 더 위험하거나 변동성이 있더라도 모험을 해 볼 수 있는 거지. 그래서 나한테 주식은 핵심자산과 주변자산 사이에 있는 중간자산 정도야. 더 실력이 쌓이고 믿음이 강해진다면 핵심자산으로 넘어올 수도 있겠지만, 아직은 여전히 어려워. 10년 넘게 기대 이상의 결과가 나오고 있지만, 어디까지가 운이고 어디까지가 실력인지 조심스러워.

 아, 그래?

솔직히 주식에 대해서 남들보다는 조금 더 많이 아는 것 같아. 그건 조금 자신 있게 말할 수 있는 게 남들이 워낙 몰라! 내 실력은 30에서 40점 정도 되는 것 같은데, 대부분의 사람들은 10~20점 정도야. 그래서 남들보다는 잘 안다고 할 수 있지만 30~40점 정도의 실력으로 내가 잘 안다고 하기는 힘들잖아. 그래서 아직 핵심자산에 담는 것은 조심스러워.

그럼 주식으로 돈을 많이 벌었다고 하는, 슈퍼개미나 뭐 이런 사람들은 확실히 주식을 많이 알기 때문에 그렇게 버는 건가?

주식을 잘 알고, 핵심자산으로 둬서 부자가 된 사람은 워런 버핏 정도 되는 사람들?

음…… TV에 슈퍼개미라고 나오거나, 책 쓴 사람들도 있잖아.

물론, 실력이 진짜 뛰어난 분들도 있어. 그런데 상당수는 나랑 비슷하지 않을까 싶어.

비슷해? 그런데 들어보면 본인이 되게 공부 많이 해서 잘 아는 것 같이 얘기를 하니까…….

모르겠어. 내가 보기에는, 그런 게 좀 위험해. 주식에 대해서 잘 안다고 얘기할 수 있을 정도의 실력이 되려나? 특히 지난번에 당신이 읽고 있던 책, 내가 잠깐 봤잖아? 그 사람이 방송에 나와서 하는 얘기도 들어봤는데…….

별로야?

 그 사람은 좀 그래. 하는 얘기들이 그럴싸해 보이는데, 전체를 보면 맥락이 좀 안 맞고 일관성이 없는 부분들이 있어. 과거에 안 좋은 이력도 좀 있고.

 그런데 나처럼 잘 모르는 사람이 봤을 때는 되게 그쪽에서 인정 받고 대단한 사람이라고 생각하게 되던데? 그 사람 말을 믿게 되고.

 10~20점에서 보기에는 30~40점이 되게 높아 보이잖아. 그 사람이 모르는 건 아냐. 상대적으로 봤을 때는 경험도 많고, 아는 것도 많아. 그런데 주식이라는 게 워낙 어렵거든. 공부를 하면 할수록 더 어려워. 잘 모를 때는 저 정도 가면 끝이겠다 싶었는데, 막상 거기 가보니 더 먼 곳이 보이는 거지.
주식을 이제 70~80% 정도는 알겠다, 그러니 이제 핵심자산에 담아도 되겠다고 하면 좋겠지만 그 정도 경지에 내가 과연 도달할 수 있을까? 엄두가 잘 안 나. 물론 자산 중에 주식비중이 높긴 한데(자산에서 차지하는 비중과 달리, 현금흐름(=수입)에서 차지하는 비중은 낮다), 결과가 좋게 나온다고 해서 공격적으로 투자하지는 않아.

 응. 그런 것 같아.

 내가 2020년 말부터 다시 비중을 줄였잖아. 계속해서 조심스럽다고. 아직 주식(개별종목)에 대해서, '이 회사 주식은 핵심자산에 담고 20년이고 30년이고 기다릴 수 있어'라고 못 하겠어.

오…

그냥 주식(개별종목)에 대해서는 '잘되면 다행이지만, 잘 안될 수도 있다' 그 정도 수준의 믿음이지. 그러니까 나에게 주식은 핵심자산과 주변자산 사이, 딱 거기에 있어.

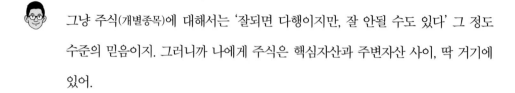

투자도 메타인지가 중요하다

자, 정리하자면 핵심자산은 믿을 수 있어야 하고. 믿고 기다릴 수 있으려면 잘 알아야 해. 그럼, 당신이 잘 아는 자산은 뭐야?

음…… 예금밖에 없을 것 같은데? 지금 뭐 아는 게 없으니까.

내가 잘 아냐, 모르냐 이게 되게 중요해. 예금에 대해서 잘 아냐 모르냐, 채권을 잘 아냐 모르냐, 주식에 대해 잘 아냐 모르냐를 생각하는 게 공부할 때 되게 중요하거든. '메타인지'라는 게 있는데, 이게 뭔지 알아?

방금 말한 거 아냐? 자기가 아는지를 정확히 아는 거.

어! 맞아, 그거야! 내가 언제 얘기를 했나?

아, 공부법 책에서 본 것 같아.

아, 맞다! 그 책 같이 읽었지? 맞아, 거기서 나왔던 거야. '인지(Cognition)'라는 건 내가 아는 걸 의미하거든. '내가 인지하고 있어'라고 하면 알고 있다는 의미잖아. 그리고 '메타(Meta)'라는 건 더 위에 있는 것, 상위에 있는 것을 말해. 그래서 메타인지는 '내가 아는지를 아는 것'이 돼. '주식에 대해서 잘 알아', '나 주식 잘 몰라' 이렇게 구분할 수 있는 게 메타인지지.

메타인지가 공부하는 데 되게 중요하다고 해. 예전에 어느 다큐멘터리 채널에서 공부 잘하는 상위 0.1%에게 어떤 비밀이 있는가를 실험한 적이 있었어. 전국에서 상위 0.1%에 해당하는 애들과 성적이 보통인 애들을 모아놓고 단어를 외워보게 했어. 연관성 없는 단어 25개를 화면에 짧게 보여주면서 외워보라고 했는데, 많이 기억한 애는 11개까지, 못하는 애는 4개밖에 기억을 못했어. 흥미로운 것은 많이 외운 애들이 꼭 공부를 잘하는 애들은 아니었다는 거야. 대신 외운 걸 써보라고 하기 전에 학생들에게 한 가지 질문을 했대. 자기가 기억하고 있다고 생각하는 단어가 몇 개냐, 이걸 물어본 거야.

거기에 대해서 '아, 나는 7개 기억하는 것 같아', '나는 10개 기억하는 것 같아' 그렇게 자기가 기억한다고 생각하는 단어의 개수를 먼저 적어보라고 했대. 그런 다음에, 이제 실제로 기억나는 단어들을 모두 적어보라고 했거든. 그랬더니 어디서 차이가 나느냐면…… 공부를 못하는 애들은 자기 예상과 실제 결과가 차이가 나. 10개 기억한다고 생각했는데 막상 적어보니까 4개밖에 못 적는 거야. 아니면 5개 기억한다고 생각했는데, 실제로는 8개나 기억해 버리는 거지. 그런데 공부 잘하는 애들은 적게 기억하면 적게, 많이 기억하면 많게 자기가 몇 개를 기억하는지를 맞춰. 7개 기억한다고 생각했는데 진짜 7개를 기억하고, 10개 기억하는 것 같다고 했는데 진짜 10개를 써내는 거지. 8개를 기억하는 애가 7개를 기억하는 애보다 기억력은 더 좋은데, 성적은 안 좋아.

그 이유가 뭐냐 하면, 자기가 8개나 기억한다는 걸 모르고 5개 기억할 거라고 답을 한 거야. 자신이 얼마나 아는지를 잘 모르는 거지. 그런데 7개밖에 기억 못 하지만, 7개 기억할 거라고 답한 애는 자신에 대해서 잘 아는 거지. 자기가 아는 것과 모르는 것에 대한 메타인지가 뛰어난 거야. 공부 잘하는 애들과 못하는 애들의 차이는 이거야. 공부 잘하는 애들은 자신이 얼마나 아는지 정확히 인지하는 편인데, 평범한 애들은 잘 인지하지 못하지.

 오, 그러네.

 이 메타인지가 왜 중요하냐면 공부라는 게 한 번에 끝나는 건 아니잖아. 계속해서 반복해야 되는데, 공부 못하는 애들은 어떻게 하냐면 그냥 죽어라 열심히 해.

 크크크.

 자기가 아는 건데도, 다시 또 열심히 하는 거야. 자기가 이미 잘 아는 부분에 시간 낭비를 할 필요가 없잖아? 그 시간에 모르는 것을 공부해야지, 왜 알고 있는 걸 자꾸 반복해서 다시 해. 잘 아는 건 패스하고, 모르는 부분을 집중해서 파고들어야지. 그런데 자신이 잘 안다는 걸 모르는 거야. 아는 부분이라는 걸 모르고, 그냥 또 다시 시간낭비를 자꾸 하는 거지. 그런데 메타인지가 높은 애들은 모르는 부분에만 집중해서 그 부분들을 줄여간단 말이야. 그래서 같은 시간을 공부하더라도 성적이 빨리 오르는 거지. 아는 부분에 시간을 낭비하지 않으니까. 그래서 이런 메타인지가 있냐, 없냐에 따라서 성적 차이가 생겨.

으응~!

 그런데 왜 갑자기 공부 얘기를 꺼냈냐면 투자할 때도 메타인지가 중요해. 내가 처음에 그 얘기를 했잖아. 당신이 투자에 대해서 잘 아는지, 모르는지는 중요한 게 아니라고.

 응.

 모른다는 걸 알면 돼! 모른다는 걸 알고, 자기 수준을 알면 거기에 맞춰서 투자를 하면 된다고 했잖아. 많이 알면 많이 아는 수준에서 적합한 투자방법이 있고, 모르면 모르는 수준에서 할 수 있는 투자방법이 있어. 그러려면 자신이 투자에 있어 어느 정도 수준인지를 알아야 돼. 그런데 이게 어려운 거야. 우리를 헷갈리게 하는 게 있어서 그래.
자신이 어떤 것을 잘 아는지, 모르는지 확인하기 위해 제일 좋은 건 테스트야. 시험을 보면서 자기가 아는 것과 모르는 것을 파악하는 과정을 통해 메타인지를 올리는 거지. 만약 이준이가 커서 학교에 간 다음, 시험을 보고 와. 그럼 우리가 보통 뭘 물어볼까?

 잘 봤어?

 그렇지? 시험 어땠어, 잘 봤어? 물어보지. 우리 부모님들도 그랬고, 대부분의 사람들이 그걸 물어본단 말이야. 근데 그거 잘못된 거야.

응, 그러네.

 시험이라는 건 잘 보느냐, 못 보느냐가 중요한 게 아니야. 이준이한테 뭐라고 물어 봐야 되냐면 '이준아, 시험 어땠어? 네가 뭘 모르는지 알아냈어?'

 아하!

 시험을 보는 목적이 내가 뭘 모르는지를 알아내는 거, 메타인지를 높이는 데 있기 때문에 점수가 몇 점인지가 중요한 게 아니라, 내가 모르는 부분을 알아내는 게 중요해.

그래서 진짜 공부 잘하는 애들 보면, 시험점수가 잘 나왔냐, 못 나왔냐, 이번에 몇 등했냐 이런 것도 신경 쓰겠지만, 그것보다도 내가 이 부분을 완전히 이해하지 못 했구나, 이거 다시 공부해야겠다…… 그래서 시험 끝났는데 바로 다시 책을 펼쳐 들고 확인하고 오답노트를 만든다고. 공부 못하는 애들 봐봐. 점수만 보고 난 다음에 던 져버리잖아. 지금이 자기 메타인지를 높일 수 있는 유일한 기회인데 그냥 날려버린 다고. 이미 시험은 끝났고, 점수도 나와버렸는데, 다시 봐서 뭐 하냐는 거지.

 맞아, 맞아. 다시 보기 싫지.

 시험을 한 번만 보고 인생이 끝나버리는 게 아니잖아. 계속해서 봐야 하고, 지금 당장보다 나중에 더 큰 시험을 잘 보는 게 중요하잖아. 중간 단계에서 보는 시험들 은 당장 점수를 잘 받는 게 목표가 아니라 내가 뭘 알고, 뭘 모르는지 구분하기 위 해서 보는 거야.

그래서 정확한 피드백을 받는 게 중요한데, 학교에서 공부하는 건 시험을 보면 돼. 시험을 보면 내가 아는지 모르는지, 드러나잖아. 물론 찍어서 점수가 조금 더 나올 수는 있지만, 내가 전혀 모르는데 100점을 맞진 않는다고. 그래서 시험을 봐서 메타인지를 늘려갈 수 있단 말이야. 그런데 주식은?

 응?

주식투자에서는 운이 메타인지를 무너뜨린다

주식에 있어서 시험점수는 투자했을 때의 수익률이거든? 그런데 주식을 몰라도 이 점수가 잘 나와버릴 수 있어.

아…….

주식을 잘 알아도 점수가 안 나올 수 있고.

음…… 운에 따라서?

맞아. 운이 좋으면 돈을 벌 수가 있어. 아까 얘기했던, 2020년에 주식투자 처음 뛰어들었고, 아직 잘 모르는 사람들. 당신 주변뿐만 아니라 내 주변에도 많거든. 잘 모르는 상태인데 '야, 주식은 뭐, 사니까 오르던데?' 이런 사람들 있어. 실력은 20점인데 점수는 80점이 나오는 거야. 그럼 사람들이…….

착각해?

 메타인지가 망가지는 거지. 20점 정도의 실력이라면 실제 점수도 20점 정도가 나와야 '아…… 내가 아직 주식에 대해 잘 모르는구나. 더 공부해야 할 부분이 많구나. 무리해서 투자할 실력은 아직 안 되는구나' 할 텐데, 80점이 나와버리는 거지. 그럼 자신이 잘한다고 생각하는 거야. 점수가 80점이 나오니까, 실력도 80점이라고 생각하는 거지. 주식투자가 어려운 가장 큰 이유 중 하나가 바로 이거야. 메타인지를 흩트려버려서, 내가 잘하는지 못하는지를 모르게 만들어버리는 거야. 그렇게 되면 공부할 필요성도 못 느끼지. 공부 안 해도 높은 수익률이 나오고, 공부를 해도 수익률이 낮게 나오니까. 그래서 가장 많이 하는 얘기가 '주식은 공부해서 되는 게 아니더라'는 소리지.
당신이 얘기했던 슈퍼개미들 중에 위험한 부류가 어떤 사람들이냐면, 잘하지 못하는 데 슈퍼개미가 돼버린 사람들이야.

 아! 운이 좋아가지고?

 내가 아는 사람 중에도 있어. 아는 형인데. 젊었을 때 종목 2개 잘 사가지고, 그 당시 돈으로 몇십 억을 벌었거든. 회사 입사한 다음에 빚 내서 산 주식이 하나 있는데, 이게 이동통신주였어. 한국이동통신이라고, 지금의 SK텔레콤! 이 형이 이 주식을 IMF때 샀는데, 2년 안 돼서 10배 넘게 올랐어. 그거 팔아서 또 뭐 하나 샀는데 그게 또 몇 배 오른 거야. 그래서 자기는 되게 주식을 잘한다고 생각하게 됐지. 주식으로 몇십 억을 벌었으니까. 20년 전이면 엄청 큰돈이거든.

그러네.

 그래서 이 형, 그 당시에 신문에도 나오고 그랬어. 재야의 고수라고. 인터뷰 하면서 앞으로 주식시장이 어떨지 전망도 제시하고 그랬거든. 지금으로 따지면 슈퍼개미 소리 들었지.

 그런데 주식 잘 모르는 거야?

 그건 모르겠어. 실력이 있는지 없는지, 얘기를 깊게 나눠보거나 어떤 식으로 투자하는지를 못 봐서 알 수는 없는데. 그런데 들려오는 소리는 되게 안 좋아.

 왜?

 사람들한테 돈 빌리러 다닌다는 소리를 들었어. 피해 본 사람이 많다는 소리도 있고.

 어머…

 메타인지가 잘못된 거지. 실력이 충분하지 않은데, 많은 돈을 운 좋게 벌어버리니까, 실력에 대해서 착각하게 되는 거야. 투자와 관련해서는 메타인지를 잡아가는 게 되게 힘들어.
나도 사실은 아까 40점 정도의 실력이라고 했는데 여전히 확신할 수 없어. '정확히 40점이 맞나? 아, 뭐 수익은 계속 나고 있는데, 이게 진짜 내 실력인가? 아직도 나는 주식에 대해서 모르는 게 많고, 새로 배우는 게 많은데?' 이런 생각이 드는 거지. 사실 나도 내가 주식투자에 대해 메타인지가 높은지조차 잘 모르겠어. 사실 좀 더 잘해서 60점 정도 되는데 40점이라 생각하는 걸 수도 있고, 20점밖에 안되는데 40점으로 착각하는 걸 수도 있어.

투자랑 관련해서 『행운에 속지 마라』(중앙북스. 2016)라는 유명한 책이 있어. 나심 니콜라스 탈렙(Nassim Nicholas Taleb)이라고 유명한 투자자가 쓴 책인데, 거기에 투자에서 얻은 결과 중에 행운이 차지하는 비중이 얼마나 되는지를 구분하기 힘들다는 내용이 있어. 운을 실력으로 착각하고 속아서는 안 된다는 거지. 운을 실력으로 착각하면 주식을 핵심자산으로 옮기게 돼. 그런데 주식투자는 운이 되게 크게 작용하는 영역이라서 메타인지를 늘려가기가 힘들어.

이번에 AOR ETF 샀잖아? ETF에 대해서 이제는 잘 아는 것 같아, 모르는 것 같아?

 그래도 아직 모르지.

 그러지? 당신은 메타인지가 높은 거야.

 아, 그래?

 응. 모른다는 걸 정확히 알고 있잖아.

 크크…… 맞아, 몰라!

몰 라!

 AOR을 사보기도 했고, 그 사이에 수익도 조금 났어. 그러니까 주변 사람들에게 '나 미국 주식 ETF 투자해서 수익 났다', 'AOR 사서 벌었어'라고 자랑하기 시작하면 사람들이 '우와, 그런 것도 해!', '투자 잘하는구나' 소리를 듣겠지만 사실 아직 아는 게 없지. 근데 어떤 사람들은 '야, 그거 내가 해 봤는데……'라고 하면서 자신이 해봐서 잘 안다고 얘기하거든. 몇 번 해 봤다고, 거기에 대해서 잘 안다고 착각하기 쉬워. 투자해서 돈을 벌면, '나 그걸로 많이 벌었어. 이제는 잘 알아'라고 생각하는 거지. 비트코인 투자해서 2배 오르니까 '거봐! 내가 오를 거라고 했지!' 이런다고. 자신이 알았던 것처럼 얘기하고, 안다고 착각하기 시작해. 투자할 때는 뭔가 생각하는 게 있어서 샀겠지. 그런데 진짜로 오르니까 자기 생각이 맞았다고, 자기가 잘 안다고 생각해. '내가 비트코인으로 1억 벌었잖아. 나한테 물어봐'라면서 전문가가 되는 거야. 그런데 이런 행운에 속아서 자신의 실력을 착각하는 순간, 인생 망가질 수 있어.

 응…….

이게 다른 쪽에서는 잘 안 그래. 만약에 당신이랑 나랑 지금 테니스를 치면……
100번 치면 당신이 몇 번 이길까?

 거의 못 이길 것 같은데?

 한 번도 못 이길 거야. 어떻게 이겨. 나는 몇 년을 쳤고, 당신은 라켓도 제대로 잡아
본 적이 없는데. 게임이 안 되지. 대부분의 것들이 그래. 요가, 태권도, 공부, 요리,
영어…… 처음 시작한 사람이 오랫동안 실력을 닦은 사람한테 이길 수 있는 확률
이 거의 없는 분야들이잖아? 초보가 베테랑을 이길 수 있는 분야가 거의 없다고.
그런데 주식은 달라. 지금 당신이랑 나랑 종목을 하나씩 골라서 사잖아? 100번을
사서 비교해 보면? 당신이 여러 번 이겨. 최소한 40번은 당신이 이길 걸? 사서 한
달 뒤의 결과를 비교하면, 당신이 50번 넘게 이길 수도 있어. 그럴 확률이 상당히
높아.

2020년에 주식투자 처음 시작한 당신 친구들 중에 그 해 수익률만 따지면 워런 버
핏보다 수익률 좋은 사람들 엄청 많을걸?

> 한 증권사의 조사에 따르면 2020년 대한민국 20대와 30대 여성의 수익률이 각각 22%,
> 26%로 나타났다고 합니다.* 그에 비해 워런 버핏이 운영하는 버크셔 해서웨이의 2020년 성
> 과는 2.4%에 불과했죠.**

---

* 방서후 기자. 「여성 주식 투자자 급증. 수익률 男 뛰어넘어」, 한국경제. 2021-03-25
** 「버크셔 해서웨이의 수익률 vs. S&P500(Berkshire's Performance vs. the S&P500)」, 버크셔 해서웨이 2020년 연간 보고서
 중 2쪽

처음 시작한 초보자가 전 세계 챔피언을 이겨버렸다고. 이런 게 가능한 영역이 주식투자 말고 또 있을까? 운의 영향이 엄청 크게 나타나는 게 주식투자의 영역이야. 그래서 메타인지를 쌓기가 힘들어.

잘 아는 자산이 없는데 어떻게 투자하지?

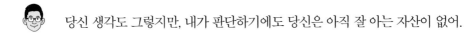

당신 생각도 그렇지만, 내가 판단하기에도 당신은 아직 잘 아는 자산이 없어.

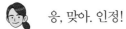

응, 맞아. 인정!

그럼 어떻게 해야 할까? 핵심자산은 믿을 수 있어야 하는데, 당신은 아직 잘 아는 자산이 없단 말이야. 그럼 뭘로 핵심자산을 꾸리지? 그나마 아는 게 예금밖에 없으니 전부 예금에 넣어야 되나?

그런데 잘 몰라도 믿을 수 있는 경우가 있어. 아깐 분명히 모르는 사람을 믿을 수는 없다고, 잘 알아야 믿을 수 있다고 했잖아? 그런데 잘 몰라도 믿을 수 있는 경우가 어떤 경우냐 하면, 우리가 좀 비싸더라도 백화점에서 물건을 사는 이유가 뭐야?

믿을만 하니까! 문제 생기면 환불이나 A/S도 잘 해주고.

맞아! 그 물건을 믿는다기보다는 백화점을 믿는 거잖아. 물건 자체에 대해서는 잘 모르겠어. 건조기가 어떻게 작동하는지, 어떤 게 좋은 건지, 삼성이나 LG 아닌 다른 외국 브랜드의 차이가 뭔지 잘 모르겠지만, 백화점에서 판다는 건, 그 백화점에 대한 믿음이 있잖아. 건조기를 잘 몰라도 백화점에 대한 믿음으로 제품을 살 수 있다고.

왜 내가 당신한테 ETF를 추천하냐면, 주식이나 채권에 대해서 잘 몰라도 ETF는 믿고 살 수 있어. ETF에도 종류가 엄청 많다고 했잖아? 그중에서도 AOR 같은 종류의 ETF는 펀드매니저가 특정 종목을 골라서 사는 게 아니라 시장 전체를 사버리는 거잖아. 전 세계에 있는 주식과 채권을 모두 사버리는 효과가 있다고. 그렇다면 당신은 전 세계 자본주의를 믿어보는 거야!

주식하고 채권은 결국 회사, 기업이 발행하는 거잖아. 자본주의 사회에서는 결국 기업이 돈을 벌 거라는 믿음으로 투자하는 거야. 어떤 기업이 더 많이 벌고 잘나가게 될지는 모르겠지만, 어쨌거나 기업이 계속해서 사업을 하고 장사를 한다는 건, 돈이 벌리니까 계속 하는 거겠지? 돈이 안 벌리고 희망이 없다면 사업을 접겠지?

응, 그렇겠지.

그걸 믿는 거야. 자본주의 시스템에서 기업들은 어떻게든 돈을 벌려고, 그 방법을 찾아내려고 엄청나게 노력을 할 거라는 그 믿음으로 투자하는 거지. 물론 돈을 벌고 싶어 한다고 다 성공할 수 있는 건 아냐. 하지만 A라는 회사가 못 버는 대신에 B가 더 벌겠지. 예를 들어서 삼성하고 LG하고 TV시장에서 싸운단 말이야. 삼성이 이기면 LG가 안 좋아지고, LG가 이기면 삼성이 안 좋아질 수는 있겠지. 하지만 두 회사 모두에 투자하면 어디서든 이익이 생기잖아. 심지어 AOR은 전 세계 주식에 투자해. TV시장에서 삼성과 LG 모두 밀려나고, 중국 기업이나 다른 나라의 회사가 떠오를 수도 있어. 잘나가던 일본TV를 한국TV가 잡아낸 것처럼, 한국TV도 다른 나라에 잡힐 수 있는 거지. 그러니 전 세계에 투자해 두고 한국 기업이 나빠지면, 그 자리를 대신하는 다른 누군가가 돈을 벌 것이라고 믿는 거지. 주식이나 채권에 대해서는 잘 모르지만, 자본주의 사회에서 기업들이 계속 돈을 벌 것이라는 걸 믿고 거기에 투자하는 거야.

그래서 핵심자산에 우선 AOR을 담자고 한 거야. 당신이 앞으로 계속 공부를 해가면서 '어, 이제는 나 주식에 대해서 좀 알 것 같아' 혹은 '나 부동산에 대해서는 이제 믿음이 생겼어' 그러면 그때는 그런 자산들을 핵심자산에 담아도 돼. 하지만 아직은 잘 모르니까 핵심자산에는 믿을 수 있는 자산을 채우고 앞으로 공부해 보고 싶은 것들! '나 주식 공부해 보고 싶어', 아니면 '비트코인 공부해 볼래' 그런 것들이 생기면 일단 주변자산에 조금씩 담아서 공부를 해 봐. 그런 다음 그게 잘되면 핵심자산으로 옮기는 게 아니라, 수익률이 좋다고 욕심 내서 옮기는 게 아니라, 그 자산에 대해서 이제는 좀 알겠다 싶을 때, 믿고 오랫동안 기다릴 수 있을 것 같다 싶을 때 핵심자산으로 옮겨오는 거지. 이걸 옮겨올 때도 한 번에 옮기지 말고, 나처럼 중간 단계를 거쳐서 옮겼으면 좋겠어.

AOR에도 장점과 단점이 있다

 투자를 할 때, 완벽한 하나의 정답은 없어. 여기에 투자하는 게 답이다, 이 자산에 투자해야 제일 좋다, 이렇게 얘기할 수는 없다고. 뭐든 다 장단점이 있어. 지난번에 주식과 부동산에 대해 얘기할 때도 그랬잖아. 주식의 장점과 단점이 뭐였지? 기억나?

 적은 금액으로 투자할 수 있는 거?

오케이. 부동산에 비해 적은 돈으로 투자할 수 있었고, 그러니까 분산투자가 수월하지. 대신에 단점은?

어…… 마음고생이 심해.

그렇지! 오~ 따로 복습했어?

아니! (웃음)

MDD가 커서 마음고생이 심하다는 게 단점이었잖아. 반대로 부동산은?

자금이 묶여있을 수가 있어. 그리고 큰 목돈이 있어야 돼.

맞아. 그것 때문에 분산투자가 쉽지 않지. 대신에 장점은?

장점은 일단 안정적이잖아.

우리나라 부동산은 지금까지 MDD가 크지 않았지.

그래서 마음고생이 심하지 않아. 그리고 월세 같은 걸 고정적으로 가져갈 수 있고.

운용수익이 주식보다 크지. 그런 식으로 장점하고 단점이 있는 거지, 무조건 '주식이 좋아', '아니야 부동산이 더 나아'가 아니란 말이야. 모든 자산이 그래. 각 자산마다 장점하고 단점이 있는데, 그게 내가 가진 성향이나 지금 처해 있는 상황과 만났을 때 어떨지를 보는 거지. '이런 단점은 나한테 크게 문제가 안 돼', '나한테는 별로 중요한 부분이 아냐'라고 할 수 있거든. 예를 들어서, 부동산은 목돈이 필요하고 분산투자가 쉽지 않다는 게 단점인데, 내가 가진 자산이 몇백 억 돼, 그럼 나한테는 단점이 아닌 거잖아. 충분한 목돈이 있고, 분산투자가 가능하니까.

주식은 마음고생이 심하다고 했는데, 나는 태생적으로 멘탈이 강해! 반토막이 나도 전혀 충격이 없어! 그것보다 더한 것도 나는 견뎌낼 수 있다고 하면, 주식투자가 적합하겠지. 그러니 어떤 자산이 가진 장점은 뭐고, 단점은 뭔지를 일단 파악해야 돼. 그런 다음 내가 그 단점을 이겨낼 수 있는지 고려해서 의사결정을 하는 거거든.

그럼 마찬가지로 AOR이 가진 장점하고 단점이 뭐냐는 거야. 내가 일단 당신한테 AOR을 한 주 사보라고 했지만, AOR도 완벽한 자산은 아니야. 마찬가지로 장점도 있고, 단점도 있어. '핵심자산에 담은 자산이다', '잘 아는 자산이다'라고 얘기하려면 최소한 그 자산이 가진 장점과 단점에 대해서는 알고 있어야겠지. AOR의 장점은 뭘까?

 음…… 전 세계에 있는 주식하고 채권에 투자하고 있으니까, 뭐가 하나 떨어지거나 나빠지더라도 기본은 할 거다? 확 올라서 대박이 나지는 않더라도 크게 위험하지는 않을 거다.

 어, 그래. 맞아. 또 뭐가 있을까?

 믿을 만하다?

응. 믿을 만하지. 하나 더! 살 때 목돈이 필요해 아니면…….

 아, 싸! 얼마 안 해!

 그치? 싸지? 적은 돈으로도 여러 나라의 자산에 분산투자가 되지? 그래서 장점이 뭐냐면…….

● AOR의 장점

· 잘 몰라도 믿고 투자할 수 있다
· 투자하고 관리하기 쉽다
· 소액투자가 가능하다
· 평균 이상의 성과를 기대할 수 있다

 잘 몰라도 믿고 투자할 수 있고, 투자나 관리가 쉬워. 사고 나서 딱히 관리할 게 없잖아. 부동산처럼 세입자를 구해야 하거나 비가 새고, 보일러가 고장 나지 않아. 소액투자, 적은 돈으로 살 수 있고. 그리고 전에 말했던 것처럼 여러 가지를 섞으면 평균보다 좋지. 돈을 나눠 분산투자를 하면 수익은 좋아지고, 위험은 낮아진다고 했잖아. 그럼 단점은 뭐가 있을까?

 단점? 큰 수익을 내기는 조금 어려울 것 같아.

 맞아! 섞어서 투자하면 평균보다는 좋은데, 항상 최고보다는 안 좋아!

 그치.

여러 가지를 섞어서 평균 정도를 하는 거잖아? 그래서 항상 잘나가는 것보다는 안 좋아. 주식이 잘나갈 때는 주식보다 성과가 나쁘고, 채권 잘나갈 때는 채권보다 성과가 나쁘지. 사람들이 '야, 요새 뭐가 좋대'라고 하면 항상 거기에 비해서 내 투자는 성과가 나빠. 남한테 자랑을 할 수가 없고, 항상 누군가를 부러워하게 될 거야.

맞아! 그래서 나 사실 속상했잖아. AOR 사라고 해서. 마음속으로는 주식 좀 공부해서 크게 벌어보고 싶었는데, 그래서 주식 가르쳐달라고 한 건데, 옆에 친구들도 나랑 비슷하게 잘 모르는 것 같은데, 잘 몰라도 주식으로 돈 벌었다는데. 나한테는 잘 모르니까 AOR 사라고 하는 게…….
물론 가까운 사람이라서, 잃으면 안되니까 안전하게 투자하라고 한다는 걸 알면서도…… 나는 그러면 계속해서 수익은 그냥 평균? 시작하자마자 50등 되는 게 좋긴 한데, 계속해서 50등만 해야 될 것 같으니까. 나는 어차피 잘 못할 테니, 50등만 하라는 것 같아서 조금 씁쓸한 마음?

AOR에서 끝내라는 건 결코 아니야. 주식도 공부해 보고, 비트코인에 투자해 봐도 돼. 그런데 그게 짧은 시간 안에 쉽게 될 수 있는 건 아니니까 공부를 해나가는 그 시간 동안 우선 쉬운 투자부터 하자는 거지. 물론 빨리 뭔가 좀 있어보이는 투자를 하고, 수익도 생겨났으면 싶을 거야. 나도 빨리 다른 사람들하고 주식 관련된 얘기도 나누고, 자랑도 하고 싶겠지. 그런데 그런 사람들한테는 AOR 투자가 힘들어. AOR은 심심해. 그게 큰 단점이야.

● AOR의 단점

- 심심하다!
- 항상 최고보다는 못하다(자산배분은 평균보다는 항상 좋고, 최고보다는 항상 나쁘다)

 직접 개별주식에 투자하면 재미있는 부분이 있어. '나 삼성전자 주주야', '이번에 루이비통 주식 샀잖아', '나 테슬라 투자했어' 이런 얘기들이 은근 재미있거든. 그런데 AOR은 얘기 나눌 것도 별로 없어. AOR에 투자했다고 해봐야 '그게 뭔데?'라는 소리밖에 안 나와. 그럼 '전 세계 주식하고 채권에 투자하는 거야', '그거 좋아?', '뭐, 그럭저럭. 사놓고 잊어버리고 있어서 잘 모르겠어' 이 정도 얘기하고 끝나지.

 크크크.

 수익률도 크게 변하지도 않고, 느릿느릿 움직여. 쳐다보는 재미도 없어. 그리고 남한테 자랑도 못 하는 게, 항상 최고보다는 못해! 그 당시에 제일 잘나가고 인기 있는 것보다는 항상 성과가 안 좋아. 그래서 재미가 없고 신나지가 않지.

 뭔가 주인공은 못 되고, 항상 조연이나 엑스트라가 된 느낌이네?

 그렇지. 학창시절에도 인기 있는 애들은 공부를 잘하거나 운동을 잘하거나 웃기는 재주가 있는 조금 특출난 애들이지. 중간 정도 하는 평범한 애들은 특출난 애들을 부러워하는 것처럼, AOR에 투자하면 잘나가는 자산에 자꾸 눈이 가고 부러울 수 있어.

376

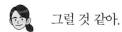

그럴 것 같아.

뭐가 또 있냐면 눈에 확 띄는 부자들은 핵심자산하고, 주변자산 중에 뭘로 부자가 됐을까?

핵심자산이겠지.

아니, 주변자산으로 부자 된 사람들이 많아.

아, 진짜?

응. 내가 아까 핵심자산은 국영수 필수과목이고, 주변자산은 예체능 같은 선택과목이라고 했잖아? 그런데 우리 눈에 멋져보이는 유명 연예인들이나 운동선수, 돈을 많이 번 사업가들이 국영수를 잘 했을까?

예체능이네?

연봉을 수십 억씩 받은 박지성, 박찬호 선수가 국영수를 잘한 건 아니잖아? 연예인 유재석? 사업가 백종원? 국영수 잘해서 부자 된 사람이 누가 있을까? 얼른 떠오르는 사람이 있어?

잘 모르겠어.

생각이 잘 안 나지? 국영수 잘하고, 공부 잘하면 중상위권의 부자가 돼. 대기업에 취직하거나 전문직이 되는 거지. 하지만 사람들 입에 오르내리고 부러움을 사는 사람들은 핵심과목이 아니라 주변과목에서 터지는 사람들이야. 공 한 번 던질 때마다 몇백만 원씩 받고, 장사하다 대박이 난 사람들이라고. 투자도 그래. 주변자산으로 대박 난 부자들이 눈에 띄고 부러워. 요새 비트코인으로 대박 터뜨린 사람들이 많이 보인다고. 어떤 사람은 2,000만 원 투자한 게, 2년 만에 50억 돼서 은퇴한대.

 히야~!

 그 이야기가 책으로도 나왔는데 베스트셀러가 됐어. 이런 것들이 눈에 띄고 자극이 돼. 그러다 보니 나도 한번 해 볼까 하는 생각이 들지.
핵심자산으로 부자가 되는 건, 국영수 열심히 해서 좋은 직장 취직하는 거야. 너무 뻔해보이고, 지루해. 그런데 주변을 보니 국영수 말고 다른 방법으로 성공한 사람들이 있어. 맨날 컴퓨터 게임만 했는데, 프로게이머가 돼서 연봉이 50억이래. 그래서 이준이가 '나도 학교 안 다니고 게임만 해서 성공할래. 국영수 필요 없어'라고 하면, 엄마 입장에서 그렇게 하라고 하겠어?

 못 하지. 안 되지.

 마찬가지야. 국영수 열심히 하라는 게 뻔하고 재미없지만, 아직은 훨씬 성공확률이 높으니까 아이한테 그 길을 우선해서 권하는 거야. 애들 눈에는 성공한 게이머, 잘나가는 연예인이나 운동선수만 눈에 띄지만 실제로는 그 길에서 실패한 사람들이 훨씬 많아.

마찬가지로 당신은 주식이나 비트코인으로 대박을 터뜨리고 싶겠지만, 나는 AOR 에 먼저 투자하라는 말을 할 수밖에 없는 거야. 애가 프로게이머가 되고 싶더라도, 반에서 시험성적이 10등 안에 드는 걸 조건으로 허락하는 거지. 핵심자산을 안전하게 유지하는 걸 조건으로 주식이나 비트코인에 대한 투자도 허락하는 거야.

당신한테 주식에 투자하는 방법도 앞으로 알려주겠지만, 그건 선택사항이야. 들어보고 나서 '나 도저히 못 하겠다. 너무 어렵다'라고 할 수도 있어. 주식공부에 비하면 지금 하고 있는 공부는 엄청 쉬운 거거든. 직접 개별주식에 투자하려면 몇 년은 공부를 해야 할 수도 있어. 게다가 그렇게 어렵게 공부한 다음에 막상 실패하고 돈을 모두 날릴 수도 있어. 그런데 그렇게 되더라도 핵심자산은 남아야지.

아까 말한 복권을 사모은 아저씨가 모든 돈을 복권에 쏟아붓는 게 아니라, 일주일에 10만 원씩만 복권을 사고 나머지 70만 원은 AOR을 샀더라면 14억이 남았을 거잖아. 복권이 전부 꽝이어도, 투자한 모든 돈을 날렸더라도 부자가 됐을 거라고. 마찬가지로 당신이 주식투자를 배워서 해봤는데 실패했어. 주식에 투자한 모든 돈을 다 날린 거지. 그런데 주식에 매달 80만 원씩 투자하는 게 아니라 10만 원씩만 투자하고 나머지는 AOR로 가져갔다면, 그럼 주식을 다 날리더라도 14억은 생기는 거지. 주변자산은 실패해도 돼. 하지만 핵심자산은 성공해야 돼. 그래서 우리가 하는 이 첫 번째 수업은 핵심자산만 얘기하고 마칠 거야. 그게 첫 번째 책의 내용이 될 거고.

 그것만 해도 충분해요?

 이것만 가지고도 14억 되잖아요.

아니, 사람들의 반응. 책을 사는 사람들이 그것만 해도 만족할까?

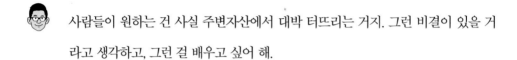

사람들은 더 빠른 마차를 원한다

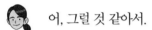 사람들이 원하는 건 사실 주변자산에서 대박 터뜨리는 거지. 그런 비결이 있을 거라고 생각하고, 그런 걸 배우고 싶어 해.

어, 그럴 것 같아서.

그래도 어쩔 수 없어. 책을 더 많이 팔려고 진짜 중요한 얘기를 빼놓을 수는 없거든. 사실 알고 나면 간단한 결론이고, 별거 아닌 내용이야. 그런데 있어 보이는 내용을 쓰는 게 중요한 게 아니라 책을 읽은 사람들한테 실제로 도움이 되는 내용, 정말 실천할 수 있는 내용을 전달하는 게 중요하지.

나한테 주식에 대해 물어보고, 배워보고 싶다는 사람들도 작은 돈을 투자해서 대박이 나길 바라는 사람들이 많아. 핵심자산을 연 8%로 20년간 투자하려는 게 아니라 한 달에 100만 원씩 투자하는데 몇 년 뒤에는 몇 십억 됐으면 하는 거지. 운이 터져주길 바라고 욕심을 부리는 건데, 그게 쉽지 않아.

사람들이 '원하는 것'과 '필요한 것'이 다를 때 어떤 것을 줘야 할까? 책을 많이 팔아서 돈을 벌기 위해서는 원하는 것을 줘야겠지. 하지만 나는 그냥 필요한 것을 주고 싶어. 그게 나한테는 더 의미가 있어. 미국에서 자동차 팔아서 성공한 포드가 그런 얘기를 한 적 있어. 고객들한테 뭘 원하는지 물었으면 아마 더 값싸고 빠른 마차를 원했을 거라고. 말이 끄는 마차를 타고 다니는 사람들한테 뭘 원하는지 물어보면 마차가 더 빠르고 싸졌으면 좋겠다고 얘기하는 거지. 자동차는 본 적도 없으니까.

마찬가지로 사람들이 원하는 책은 서점에 이미 많이 있어. 뭘로 얼마 벌었다, 이렇게 하면 쉽게 부자 될 수 있다, 주식투자 어렵지 않다는 책들이 이미 많아. 그런데 그렇게 많은 책이 나왔는데도 막상 주식으로 부자가 된 사람이 많지 않은 이유가 뭘까? 원하는 책이지만 필요한 책이 아니어서 그렇다고 봐. 나한테는 책이 좀 덜 팔리더라도 당신, 그리고 투자자들이 필요한 내용을 배워서 제대로 된 투자를 할 줄 알게 되는 게 훨씬 중요해.

그리고 핵심자산이 잘 갖춰지면, 주변자산도 훨씬 성공확률을 높일 수 있어. 주변자산에서 큰 변동성이나 위험이 있더라도 그걸 참아낼 수 있는 거지. 무조건 올라야 된다고 조바심 내며 투자하는 거랑 잃어도 괜찮다고 여유를 가지며 투자하는 게 다르거든. 그게 부자들이 더 부자가 되는 이유이기도 하고.

자, 이렇게 핵심자산을 어떻게 구성하느냐가 중요한데…… 그런데 핵심자산에 넣을만한 게 AOR만 있는 건 아냐. 다음번에는 AOR 말고 핵심자산으로 투자할 만한 것들을 더 얘기해 줄게. AOR 단점이 심심하고, 최고보다는 못하다는 그것보다는 저걸 조금 더 재미있게 하고, 수익률도 좀 더 높여볼 방법들이 있거든. 다음번에는 그걸 공부해 봅시다. 오늘은 여기까지!

 고마워요~!

내가 무턱대고 욕심만 부렸구나

처음 주식투자를 배워야겠다고 생각했을 때, 나는 어떤 순서나 과정도 없이 그저 '어떤 종목을 사야 돈을 벌 수 있을까?'라는 생각만 했다. 그런데 수업을 몇 차례 진행하면서 내 생각이 무척 짧았다는 걸 알게 됐다. 주식에 투자하기 전, 전체 자산 중 얼마를 주식에 투자할지 정하는 자산배분이 먼저고, 자산배분을 하려면 우선 핵심자산에 무엇을 담고 어떻게 투자할지를 정해야만 한다. 그런 다음에야 주변자산을 어떻게 구성하고 투자할지 정할 수 있다. 어떻게 보면 당연한 애기이고 꼭 필요한 과정인데 모든 걸 생략하고 어떤 종목을 사야 돈을 벌지 욕심만 부렸다니. 남편이 왜 ETF만 가르쳐주는지 비로소 이해가 된다.

처음 핵심자산은 무조건 보수적으로 안전하게 투자해야 된다고 생각했다. 그래서 MDD가 낮은 자산으로 구성하고, 대신에 주변자산은 MDD가 높아 위험하더라도 좀 더 공격적인 자산에 투자해야 한다고 이해했다. 그런데 사람에 따라 반대로 핵심자산에 MDD가 높지만 수익률도 높은 자산을 담고, 전체 MDD는 낮추기 위해 주변자산을 MDD가 낮은 자산으로 채워넣는 것도 가능하다고 하니, 무엇보다도 내가 허용할 수 있는 MDD 수준을 확실히 정하는 게 우선인 것 같다. 그러고 보면 어디에 투자하는 게 좋고 시장이 어떤지만 궁금해했지, 막상 내 자신에 대해 생각해 보는 시간은 없었던 게 아닐까? 내 주변 사람들은 이런 것들에 대해 고민하고 정한 다음에 투자를 시작한 걸까? 대다수의 사람들이 나처럼 MDD가 뭔지도 모른 채 남의 애기만 듣고 덥석 투자하고 있는 것은 아닐까?

남편은 지금 나와의 수업을 엮은 이 첫 번째 책이 핵심자산까지의 이야기로만 채워질 거라 했다. 이미 썼던 원고를 회수하면서까지 내 수준에 맞춘 책을 새로 쓰겠다고 했을 때, 책을 읽게 되는 다른 사람들이 과연 만족할까라는 걱정이 들었다. 나는 정말 주식에 대해서, 투자에 대해서 아무것도 모르는데 그런 수준에 맞춘 책을 써도 괜찮을까? 게다가 책 내용이 주식에 대한 얘기는 시작도 안 하고 핵심자산에 대한 얘기만 하고 끝이라니…… 너무 쉽고 뻔한 내용이 되지 않을까? 처음에 주식투자방법은 알려주지 않고, ETF만 가르쳐 줬을 때 내가 느꼈던 실망감과 서운함을 독자들도 느끼게 되면 어쩌지? 책이 나오기도 전에 걱정이 앞선다.

그럼에도 왜 핵심자산에 대한 내용만으로 책 한 권을 쓰겠다고 하는지 알 것 같다. 남편은 나 같은 초보투자자들이 중요한 기초를 생략하고 헛된 욕심을 부리지 않기를 바라는 것이다. 중요한 기초원리를 깨닫고, 올바른 투자방법을 배워서 제대로 된 투자를 해나가길 바라는 진심이 느껴진다. 그러고 보면 남편은 항상 그랬다. 조금 더 쉽고 편한 방법이 있을 텐데, 그냥 사람들이 해달라는 대로 해주면 될 텐데, 자기고집을 부린다. 남한테 부탁해 보면 쉬울 텐데 성이 안 찬다며 자기가 모든 걸 직접 하고, 그렇게 혼자 애써 만들어놨더니 남이 그대로 베껴가는 경우도 있었다. '남의 것 베긴다고 자기 것이 되겠냐?'라고 얘기했지만, 믿었던 사람의 배신으로 괴로워할 때는 옆에서 바라보던 나도 너무나 화가 났다. 이제는 충분히 더 자랑하고, 방송에 나와달라는 요청도 다 받아들이고, 예쁘게 포장해도 될 것 같은데 그저 자기가 옳다고 생각하는 것만 밀고 나간다. 옆에서 바라보기 안타깝고 화가 날 때도 있었지만, 이제는 남편이 보여준 결과를 믿는다. 온갖 어려움 속에서도 결국에는 실력으로 인정받아 우뚝 섰다. 무엇보다 남편의 진심을 알아주는 고마운 사람들이 주변에 계속 생겨나고, 그분들이 얘기하는 남편에 대한 칭찬이나 존경을 오랫동안 지켜봤기에 나도 남편을 믿는다. 이번에도 남편의 진심이 헛되지 않고, 독자들을 위한 메시지가 잘 전달될 것이라고 믿어본다.

현재 내 핵심자산은 시스템자산이다

아내에게 내 핵심자산은 '사경인'이라고 했는데, 더 정확히 말하자면 사경인이 구축해 놓은 시스템자산이다. 나는 내가 벌어들이는 수익을 크게 시스템수익과 노동수익, 투자수익으로 나눈다. 투자수익은 자산의 가격 상승을 통해 얻게 되는 수익으로, 주식을 산 다음 되팔아 차익을 남기면 투자수익이 된다. 투자는 수익을 얻을 수도 있지만, 반대로 자산가격이 하락하면 손실을 입을 수도 있다. 노동수익은 내가 직접 일을 해야 벌어들일 수 있는 소득으로 직장에서 받는 급여가 이에 해당한다. 반면에 시스템수익은 별다른 노동 없이 자동으로 얻게 되는 소득이다. 은행에 예금을 맡기고 받는 이자나 부동산을 임대하고 받는 임대료 등이 이에 해당한다. 돈이 나오는 시스템을 구축해 두고, 추가적인 노동이나 자원을 투입할 필요 없이 얻게 되는 소득이다. 시스템수익이 자동수익이라면 반자동수익도 있다. 매번 노동이나 자원을 투입할 필요는 없지만, 가끔씩 신경을 써줘야 하는 수익이다. 앞에서 언급한 부동산 임대수익은 엄밀히 따지면 반자동수익에 가깝다. 임차기간이 끝나면 계약을 갱신하거나 새로운 임차인을 구해야 하며, 부동산에 대한 보수나 관리가 종종 필요하기 때문이다. 물론 관리인을 따로 두어 이런 부분까지 전혀 신경쓰지 않도록 시스템을 구축했다면 완전한 시스템수익이 될 것이다. 이렇게 시스템수익이나 반자동수익을 만들어내는 자산을 나는 시스템자산이라고 부른다.

내가 추구하는 재테크의 종착지는 바로 이 시스템수익이 생계비용을 넘어서는 것이다. 아무것도 하지 않아도 얻게 되는 시스템수익이 살아가는 데 필요한 생계비용을 넘어서면 더 이상 돈을 벌기 위해 무언가를 하지 않아도 되는 경제적 자유를 얻게 된다. 그래서 나의 목표는 '자산 ○○억 만들기'가 아닌 '시스템수익 〉 생계비용'의 상태를 만드는 것이다. 이를 목표로 수년간 노력해 왔고, 마침내 목표를 달성한 시점에 나는 제주도로 이주했다. 더 이상 생계를 위한 돈벌이를 할 필요가 없어졌기에, 내가 살고 싶은 공간을 스스로 선택할 수 있게 된 것이다.

내가 추구하는 경제적 목표에서 투자수익보다 시스템수익이 중요했기에, 나에게 핵심자산은 시스템자산이며, 투자자산은 그다음 순위에 위치한다. 물론 현재의 시스템자산을 구축하는 과정에서 투자자산의 도움이 컸다. 손쉽게 모아갈 수 있는 시스템자산 중 하나는 배당주다. 연 5%의 고정배당이 나오는 우선주에 투자해서 연간 1,000만 원의 시스템수익을 만들려면, 2억 원의 자금이 필요하다. 매달 우선주를 일정액을 사모아 목표를 달성할 수도 있지만, 일부 자금을 투자자산으로 운용하여 5% 이상의 수익을 낸다면 목표달성 기간을 단축할 수 있다. 최종 목표는 연 5%의 시스템자산이더라도, 그걸 달성하는 과정에서는 연 8% 수익의 투자자산을 이용할 수 있는 것이다. 개인적으로는 두 자산(시스템자산, 투자자산)에 대한 배분을 통해 모두 경험해 보는 것이 좋다고 생각한다.

나는 현재 연 단위로 시스템자산과 투자자산의 비중을 점검하고 조정해 간다. 나에게는 인세나 온라인 강의소득과 같은 반자동수익의 비중이 높다. 아내에게 내 핵심자산이 '사경인'이라고 얘기한 의미도 이러한 소득이 사경인이라는 브랜드에서 나오기 때문이다. 그런데 이러한 인세나 강의소득은 시간이 지남에 따라 크게 줄어들어, 일정 시간이 지나면 안정화되는 모습을 보인다. 생계비용 역시 식구가 늘어가고, 아이들이 진학하고 커감에 따라 매년 조금씩 달라질 것이다. 이 때문에 시스템수익이 늘어나면 시스템자산을 처분해서 투자자산의 비중을 늘리고, 생계비용이 늘어나면 반대로 투자자산을 처분해서 시스템자산을 늘리는 조정을 해나간다. 이 부분 역시 아내에게 따로 설명하고 이해시킬 과제 중 하나다.

실전! 나의 첫 투자 숙제 구글 엑셀 함수를 활용한 국내 주식 백테스트

자신이 잘 안다고 생각하는 주식종목의 과거 10년 수익률(CAGR)과 MDD를 한 번 예상하고 확인해 보자. 삼성전자를 예로 들겠다.

먼저 주가자료가 필요한데, HTS를 통해 삼성전자 주가자료 화면을 아래로 계속 내려 10년간 주가자료를 확인한 다음 이를 다운받을 수도 있다. 보통 일별주가 화면 위에 마우스 커서를 놓고 우측 버튼을 누르면 다음과 같이 엑셀로 내보내거나, 저장할 수 있는 메뉴가 있다.

2021/07/30	78,900	78,900	78,500	78,500 ▼	0240 종목별매매동향
2021/07/29	78,800	79,400	78,800	79,000 ▼	0160 특이종목(T)
2021/07/28	78,300	79,200	78,100	79,200 ▲	0212 시간대별업종지수
2021/07/27	79,200	79,400	78,500	78,500 ▼	0700 종합시황뉴스
2021/07/26	79,400	79,500	78,800	78,800 ▼	
2021/07/23	79,700	79,900	79,200	79,300 ▼	복사(Z)
2021/07/22	79,000	79,800	78,900	79,700 ▲	Excel로 보내기(X)
2021/07/21	79,000	79,100	78,500	78,500 ▼	Excel로 저장(S)
2021/07/20	78,500	79,000	78,400	79,000	

하지만 이런 방식의 분석에는 문제점이 있다. 10년치 자료가 나올 때까지 아래로 스크롤하는 것이 힘들다는 것도 문제지만 그보다 더 큰 문제는 바로 다음과 같은 내용 때문이다.

1 [0124] 일별주가						

일자	시가	고가	저가	종가	전일비	등락률
2018/06/01	50,500	51,700	49,950	51,300	▲ 600	+1.18
2018/05/09	52,600	52,800	50,900	50,900	▼ 1,700	-3.23
2018/05/08	52,600	53,200	51,900	52,600	▲ 700	+1.35
2018/05/04	53,000	53,900	51,800	51,900	▼ 1,100	-2.08
2018/05/03	2,650,000	2,650,000	2,650,000	2,650,000	0	0
2018/05/02	2,650,000	2,650,000	2,650,000	2,650,000	0	0
2018/04/30	2,650,000	2,650,000	2,650,000	2,650,000	0	0
2018/04/27	2,669,000	2,682,000	2,622,000	2,650,000	▲ 43,000	+1.65
2018/04/26	2,521,000	2,608,000	2,520,000	2,607,000	▲ 87,000	+3.45

5월 3일 265만 원이었던 주가가, 다음 날 갑자기 5만 원대로 폭락했다. 주가가 50분의 1토막이 나버렸고, 이러면 MDD는 98%라는 결과가 나오게 된다. 어떻게 된 일일까? 삼성전자의 주가가 50분의 1토막이 난 이유는 바로 '액면분할' 때문이다. 실질적인 부에는 아무런 변화가 없고 그저 250만 원짜리 주식 1주가 5만 원짜리 주식 50주로 바뀌었을 뿐이지만, 주식 1주를 기준으로 하는 주가는 50분의 1토막이 난 것으로 계산이 된다. 이 때문에 수익률이나 MDD를 계산하는 데 왜곡이 발생한다. 이런 왜곡을 막으려면 액면분할 등으로 인한 효과를 반영한 '수정주가'를 구해서 분석해야 한다.

일반 투자자가 수정주가를 구하는 가장 손쉬운 방법 중 하나는 바로 '구글 스프레드시트'를 이용하는 것이다. 구글 스프레드시트는 마이크로소프트의 엑셀과 유사한 프로그램인데, 구글 아이디만 만들면 누구나 무료로 사용할 수 있다는 장점이 있다. 검색창에 '구글 스프레드시트'를 검색하여 접속할 수 있다.

개인 메뉴에서 'Google 스프레드시트로 이동하기'를 누르면 다음과 같은 화면이 뜨는데 여기서 맨 왼쪽의 '+'를 누르면 새로운 스프레드시트를 만들 수 있다.

구글 스프레드시트는 엑셀과 사용법이 유사하다. 엑셀을 사용해 본 유저라면 금방 적응할 수 있을 것이다.

구글 스프레드시트에는 엑셀에는 없는 아주 유용한 기능이 있는데, 바로 '구글 함수'를 쓸 수 있다는 점이다. 엑셀과 마찬가지로 구글 스프레드시트도 함수를 사용하는데, 엑셀과 겹치는 함수가 많이 있지만 별도로 구글에서만 사용하는 함수가 있다. 그중에서 'GOOGLEFINANCE'라는 함수는 투자자에게 아주 유용한 함수로, 구글 파이낸스에서 주식 관련 정보를 가져올 수 있는 함수다. 이를 이용하면 전 세계 수많은 종목의 과거 주가를 불러올 수 있다. 구글에서 제공하는 GOOGLEFINANCE 함수에 대한 안내문서는 다음과 같다.

GOOGLEFINANCE
Google Finance에서 현재 또는 기존 유가증권 정보를 가져옵니다.

사용 예
GOOGLEFINANCE("NASDAQ:GOOG", "price", DATE(2014,1,1), DATE(2014,12,31), "DAILY")
GOOGLEFINANCE("NASDAQ:GOOG","price",TODAY()-30,TODAY())
GOOGLEFINANCE(A2,A3)

구문
GOOGLEFINANCE(시세_표시, [속성], [시작일], [종료일|일수], [간격])

· 시세_표시 - 고려할 유가증권의 시세 표시입니다. 정확하게 검색되고 불일치를 방지하기 위해 필수적으로 거래소 약자와 주식 약자를 모두 사용해야 합니다. 예를 들어 'GOOG' 대신 'NASDAQ:GOOG'를 사용합니다.

· 거래소 기호가 명시되지 않으면 GOOGLEFINANCE에서 가장 적합한 거래소를 판단하여 선택합니다.

· 참고: Reuters Instrument Code는 더 이상 지원되지 않습니다. 예를 들어 123.TO 또는 XYZ.AX 대신 TSE:123 또는 ASX:XYZ를 사용하세요.
· 속성 - [선택사항 - 기본값은 "price"] - Google Finance에서 시세_표시에 대해 가져올 속성이며 날짜가 지정된 경우 필수입니다.
· 실시간 데이터의 경우 다음 중 하나를 속성으로 사용할 수 있습니다.
· "price" - 실시간 가격 정보로 최대 20분까지 지연됩니다.
· "priceopen" - 개장 시점의 가격입니다.
· "high" - 현재 날짜의 최고가입니다.
· "low" - 현재 날짜의 최저가입니다.
· "volume" - 현재 날짜의 거래량입니다.
· "marketcap" - 주식의 시가 총액입니다.
· "tradetime" - 마지막 거래 시간입니다.
· "datadelay" - 실시간 데이터의 지연 정도입니다.
· "volumeavg" - 일일 평균 거래량입니다.
· "pe" - 가격 대 수익률입니다.
· "eps" - 주당 순이익입니다.
· "high52" - 52주 최고가입니다.
· "low52" - 52주 최저가입니다.
· "change" - 전 거래일 마감 이후의 가격 변동입니다.
· "beta" - 베타 값입니다.
· "changepct" - 전 거래일 마감 이후 주식 가격의 백분율 변동입니다.
· "closeyest" - 전일 종가입니다.
· "shares" - 발행 주식 수입니다.
· "통화" - 유가증권이 거래되는 통화입니다. 통화에는 거래 기간이 없으므로 이 인수에 대해 open, low, high 또는 volume을 사용하면 결과가 반환되지 않습니다.
· 이전 데이터의 경우 다음 중 하나를 속성으로 사용할 수 있습니다.
· "open" - 지정한 날짜의 개장가입니다.
· "close" - 지정한 날짜의 종가입니다.
· "high" - 지정한 날짜의 최고가입니다.
· "low" - 지정한 날짜의 최저가입니다.
· "volume" - 지정한 날짜의 거래량입니다.
· "all" - 위의 모든 속성입니다.
· 뮤추얼 펀드 데이터의 경우 다음 중 하나를 attribute로 사용할 수 있습니다.
· "closeyest" - 전일 종가입니다.
· "date" - 순 자산 가치가 보고된 날짜입니다.
· "returnytd" - YTD(연간) 총 수익입니다.
· "netassets" - 순 자산입니다.
· "change" - 가장 최근에 기록한 순 자산 가치와 그 직전에 기록한 순 자산 가치간의 값 변동입니다.
· "changepct" - 순 자산 가치의 백분율 변동입니다.
· "yieldpct" - 지난 12개월 동안 배분된 수입을 모두 합한 금액(주식 배당금과 고정 수입 이자 지급액)에 순 자산 가치 증가분을 더한 다음 전월 순 자산 가치로 나눈 배분율입니다.

- "returnday" – 1일 총 수익입니다.
- "return1" – 1주 총 수익입니다.
- "return4" – 4주 총 수익입니다.
- "return13" – 13주 총 수익입니다.
- "return52" – 52주(연간) 총 수익입니다.
- "return156" – 156주(3년) 총 수익입니다.
- "return260" – 260주(5년) 총 수익입니다.
- "incomedividend" – 최근 현금 배분액입니다.
- "incomedividenddate" – 최근 현금 배분 날짜입니다.
- "capitalgain" – 최근 자본 이득 배분액입니다.
- "morningstarrating" – Morningstar의 'star' 등급입니다.
- "expenseratio" – 펀드의 비용 비율입니다.
- start_date – [선택사항] – 과거 데이터를 가져올 기간의 시작일입니다.
- start_date만 지정하고 end_date|num_days를 지정하지 않을 경우 시작일 하루의 데이터만 반환됩니다.
- end_date|num_days – [선택사항] – 과거 데이터를 가져올 기간의 종료일 또는 데이터를 반환할 start_date로부터의 일수입니다.
- 간격 – [선택사항] – 데이터 반환 빈도로 'DAILY'(매일) 또는 'WEEKLY'(매주) 중 하나를 선택할 수 있습니다.
- 간격을 1 또는 7로 지정할 수도 있습니다. 다른 숫자 값은 사용할 수 없습니다.

현재나 과거 특정일, 아니면 일정기간 동안의 주가자료, PER, EPS 등 다양한 정보를 불러올 수 있는데, 여기에서 제공하는 주가는 액면분할 등의 사건이 반영된 수정주가다. 그리고 한국 주식에 대해서도 종목코드를 사용해서 조회가 가능하다. 네이버에서 삼성전자를 검색하여 종목명 옆에 있는 여섯 자리 숫자인 종목코드를 찾아보자. 종목코드는 HTS를 통해서도 확인할 수 있는데, 삼성전자의 경우 '005930'이다.

구글 스프레드시트의 A1셀에 다음과 같이 입력해 보자.

```
=GOOGLEFINANCE("005930","price",today()-3650,today(),"daily")
```

종목코드 005930인 삼성전자의 주가(price)를 3,650일 전(10년 전)부터 현재까지
일별(daily)로 불러오라는 함수다. 그러면 다음과 같은 결과를 얻을 수 있다.

10년 전부터 현재까지의 주가를 구할 수 있다. 종목코드만 바꾼다면 얼마든지
다른 종목의 주가도 불러올 수 있다. 이 상태에서 MDD를 구해 보자. MDD를 구
하기 위해서는 DD(Draw Down)부터 구해야 한다. DD는 분석시작일부터 현재까
지 최고가격대비 지금의 주가가 얼마나 하락했는지를 나타낸다. C2셀에 다음과
같은 수식을 입력해서 DD를 구해보자.

```
=max($B$2:B2)-B2
```

DD가 최고가 대비 몇 %인지 퍼센트로 나타내려면 위 수식을 다음과 같이 변경한다.

```
=(max($B$2:B2)-B2)/max($B$2:B2)
```

상단의 %표시를 선택하면 %로 표시할 수 있다.

그런 다음, 이를 복사해서 C3부터 맨 아래까지 붙여넣는다. C2셀을 선택했을 때 나타나는 파란 박스의 우측 아래 파란점을 더블 클릭하면 자동으로 맨 아래까지 복사가 된다.

C2		▼	*fx*	=(max($B$2:B2)-B2)/max($B$2:B2)	

	A	B	C	D
1	Date	Close	Draw Down	
2	2011. 9. 15 오후	15420	0.00%	
3	2011. 9. 16 오후	15960	0.00%	
4	2011. 9. 19 오후	16160	0.00%	
5	2011. 9. 20 오후	16220	0.00%	
6	2011. 9. 21 오후	16260	0.00%	
7	2011. 9. 22 오후	15800	2.83%	
8	2011. 9. 23 오후	15160	6.77%	
9	2011. 9. 26 오후	15500	4.67%	
10	2011. 9. 27 오후	16080	1.11%	
11	2011. 9. 28 오후	16140	0.74%	
12	2011. 9. 29 오후	16740	0.00%	
13	2011. 9. 30 오후	16800	0.00%	

DD중 가장 큰 MDD를 구하기 위해 E1셀에 다음과 같이 입력한다.

```
=max(C2:C2456)
```

그럼 다음과 같이 삼성전자의 지난 10년 MDD가 34.55%임을 알 수 있다.

E1		▼	*fx*	=max(C2:C2456)	

	A	B	C	D	E
1	Date	Close	Draw Down	MDD	34.55%
2	2011. 9. 15 오후	15420	0.00%		
3	2011. 9. 16 오후	15960	0.00%		

수익률을 구하기 위해 현재가격(데이터의 마지막 셀인 B2456 셀의 값)과 10년 전 가격(B2셀 값)을 E3셀과 E4셀에 입력하자.

E4	▾	fx	=B2456		
	A	B	C	D	E
1	Date	Close	Draw Down	MDD	34.55%
2	2011. 9. 15 오후	15420	0.00%		
3	2011. 9. 16 오후	15960	0.00%	시작가격	15420
4	2011. 9. 19 오후	16160	0.00%	현재가격	75300

복리수익률(CAGR)을 구하기 위해 E2셀에 다음과 같이 입력한다. 기간을 10년으로 하여 시작가격에서 현재가격까지의 복리수익률을 계산하는 식이다.

```
=rate(10,0,-E3,E4)
```

그럼 다음과 같이 삼성전자의 CAGR을 확인할 수 있다. 상단 메뉴의 '.00'을 클릭해서 소수점 단위를 늘려 표시할 수 있다. CAGR 17.2%에 MDD는 34.55%로 꽤 괜찮은 결과를 얻을 수 있다.

		100% ▾	₩ % .0 .00 123▾	기본값 (Ari... ▾	10
E2	▾	fx	=rate(10,0,-E3,E4)		
	A	B	C	D	E
1	Date	Close	Draw Down	MDD	34.55%
2	2011. 9. 15 오후	15420	0.00%	CAGR	17.2%
3	2011. 9. 16 오후	15960	0.00%	시작가격	15420
4	2011. 9. 19 오후	16160	0.00%	현재가격	75300

이제 A1셀에 입력된 종목코드를 변경하면 다른 종목들도 CAGR과 MDD를 확인하는 것이 가능하다. 삼성전자의 종목코드 '005930' 대신에 현대자동차의 종목코드 '005380'을 입력하면 다음과 같은 결과를 얻는다. CAGR은 0.7%에 불과하고, MDD는 75%가 넘는다. 은행금리보다 낮은 수익률을 위해, 원금이 반의 반토막이 나는 고통을 견뎌내야 했다.

	A	B	C	D	E
	fx	=GOOGLEFINANCE "005380" , "price",today()-3650,today(),"da
1	Date	Close	Draw Down	MDD	75.46%
2	2011. 9. 15 오후	198500	0.00%	CAGR	0.7%
3	2011. 9. 16 오후	208000	0.00%	시작가격	198500
4	2011. 9. 19 오후	206000	0.96%	현재가격	212500
5	2011. 9. 20 오후	208500	0.00%		
6	2011. 9. 21 오후	211000	0.00%		

옆의 QR코드를 통해 내가 직접 만든 구글 스프레드시트 샘플을 확인할 수 있으니 참고하길 바란다(읽기모드로 되어 있지만 상단 메뉴에서 '공유 및 내보내기'를 클릭하면 다운로드 받아 편집할 수 있다). 이제 당신이 잘 안다고 생각하는 종목코드를 입력해서 MDD와 CAGR을 확인해 보자. 당신의 예상과 일치하는가?

사경인의 친절한 투자 과외

독이 되기도 하지만, 약이 될 수도 있는 레버리지 활용

☑ 남의 힘을 이용해 부자가 되는 레버리지 효과

☑ 레버리지, 인버스, 곱버스가 뭐야?

☑ 레버리지 투자를 말리는 이유가 뭘까?

☑ 레버리지가 유리한 투자와, 레버리지가 불리한 투자가 있다

☑ AOR에 레버리지를 더해 수익률과 변동성을 높인다

☑ 9060으로 목표를 달성할 수 있을까?

☑ 천천히 부자가 된 워런 버핏의 비결

☑ NTSX의 장점과 단점

☑ 블랙스완에 대비하는 ETF

남의 힘을 이용해 부자가 되는 레버리지 효과

 자, 지난번에 핵심자산하고 주변자산에 대한 얘기를 했지? '주변자산이 아닌 핵심자산에서 돈을 벌어야 한다. 주변자산에 관심을 집중하는 경향이 있는데 핵심자산을 구성하는 게 더 중요하고, 핵심자산은 자신이 믿을 수 있는 자산, 잘 알고 기다릴 수 있는 자산으로 구성해야 한다'고 말이야. 만약 잘 아는 자산이 없다면 ETF로 구성하는 것이 좋아.

사람들이 자꾸 핵심자산은 예금이나 부동산에 넣어두고, 나머지 돈으로 조금 투자해서 대박이 나길 바라니 자꾸 위험한 주변자산에 돈을 집어넣고 날리게 되는데, 이러면 안 된다고 얘기했지? 무엇보다 핵심자산이 안정적으로 늘어나는 게 중요해. 엊그제 페이스북에서 재미있는 걸 봤어. 이 사진인데, 혹시 왼쪽 아저씨 누군지 알아?

몰라!

저 사람이 누구냐면, 미국 아마존 쇼핑몰 있지? 그 아마존을 세운 제프 베조스라는 사람인데 지금 전 세계 부자 순위 1등이야. 오른쪽 사람은 누구 같아?

버핏?

어, 맞아. 두 사람 다 전 세계 부자 순위 10등 안에서 노는 사람들이지. 그런데 두 사람이 만나서 이런 얘기를 했대. 베조스가 버핏한테 "당신 투자전략은 무척 단순하다. 그런데 왜 사람들이 그대로 따라 하지 않느냐?"고 물어본 거야. 버핏이 부자가 된 방법이 '저평가된 회사를 사서 오랫동안 기다린다?' 그런 간단한 방법 같은데 왜 막상 사람들이 그걸 따라 하지 못하냐는 거지. 그랬더니 버핏이 이렇게 얘기했대. "그건 아무도 천천히 부자가 되는 걸 원하지 않기 때문이다"라고.

오오……!

워런 버핏이 부자가 된 방법은 '1년 안에'라거나 '5년 안에'처럼 빨리 부자가 되는 방법이 아니라 오랜 기간, 평생에 걸쳐 꾸준히 투자해서 천천히 부자가 된 방법이라는 거야.

당신이 하는 방법이네?

맞아. 내 방법도 그래. 부자가 되는 방법은 알고 보면 다 천천히 부자가 되는 방법이야. 단시간에 부자가 되는 건 운이 좋았을 때 터진 결과지, 그 방법을 따라 한다고 똑같이 성공하는 게 아냐. 엄청난 운이 따라줬을 때 가능하지. 복권에 당첨돼서 단시간에 부자가 된 걸 보고 나도 따라서 복권을 산다고 부자가 될 리 없잖아. 복권을 사서 긁는 방법은 같아도, 결과는 전혀 다르지. 빨리 부자가 되는 방법은 운에 의존하는 방법이고, 진짜 부자가 되는 방법은 천천히 부자가 되는 방법이야. 핵심자산을 천천히 키워가는 거지.

우리가 핵심자산에 지금 AOR을 넣었잖아? 그런데 AOR이 단점이 있다고 했지? 뭐였는지 기억나?

 심심해!

 그렇지. 심심하고…….

 최고가 될 수는 없어!

 맞아. 항상 최고보다는 못해. 그래서 AOR 말고 다른 것들 중에 핵심자산에 넣을 만한 것이 없을까, 그걸 이제부터 찾아볼 거야. 자, 그런데 우리 주변에 부동산으로 부자가 된 사람이 많잖아?

 응. 훨씬 많아.

 그 이유가 뭐냐면, 부동산은 어쨌거나 오랫동안 투자를 하게 돼. 몇 년 동안 천천히 오르는 걸 기다릴 수 있지. 그리고 또 하나 중요한 게 있어. 지난번에 살펴봤을

402

때, 부동산이랑 주식 가격이 얼마나 올랐냐를 보니 부동산이 주식보다 조금 덜 올랐잖아. 코스피지수가 아파트가격지수보다 많이 올랐다고. 그런데도 부동산으로 부자가 된 사람이 많은 이유가 있어. 그게 바로 집은 자기 돈만 가지고 사지는 않는다는 거야!

 그치.

 대부분 집을 살 때 은행에서 대출을 받지. 예를 들어 6억짜리 집을 사는데 절반은 은행에서 대출을 받았어. 내 돈은 3억만 투자가 되지. 이 상태에서 집값이 50%가 오른다고 생각해 봐. 6억이던 집값이 3억 더 올라서 9억이 돼. 그런데 집값이 올랐다고 갚아야 될 대출 원금이 늘어나지는 않잖아? 그대로 3억만 갚으면 된다고. 그럼 내 몫은 9억에서 3억을 뺀 6억이 돼.

주택 6억 —— (+)50% ——→ 주택 9억

(-)대출 3억 (-)대출 3억

투자금 3억 ——————→ 투자금 6억
(+)100%

그럼 집값은 6억에서 9억으로 50%가 올랐는데, 내 몫은 3억에서 6억으로 100%가 오르는 거지. 집값은 50%가 올랐는데, 내 수익률은 100%야. 집값 상승률보다 내 수익률이 더 높은 이런 걸 '레버리지(Leverage) 효과'라고 해. 빚을 끼고 투자하면 자산가격이 상승했을 때 내 수익률은 더 커져.

집값은 50% 오르고, 주식은 60% 올랐다고 생각해 볼게. 아파트가격지수는 50% 상승하고, 코스피지수는 60%가 오른 거지. 이것만 비교하면 주식수익률이 높은 것 같아.

그런데 아파트는 절반을 대출 받아서 투자하고, 주식은 전부 내 돈으로만 투자 했어. 그럼 아파트에 투자한 내 수익률은 100%가 되고, 주식에 투자한 수익률은 60% 그대로야. 결국 레버리지 효과 때문에 아파트의 수익률이 더 좋아져. 집값 상 승률보다 집을 산 투자자의 수익률이 더 높아. 레버리지의 원래 뜻이 지렛대인데, 대출금이 지렛대 역할을 해서 내 수익률을 더 높여주는 거지. 그래서 부동산으로 부자가 된 사람이 많아.

내가 당신한테도 그런 얘기 했잖아? 집 산 거, 땅 사서 가지고 있는 거, 그게 금액 이 커 보이지만 막상 대출을 끼고 산 거라서 큰돈이 투자된 건 아니라고. 거기에 돈이 많이 묶이지 않았다고. 그런데 이런 레버리지가 장점만 있는 건 아냐. 지난번 에 말했듯이 뭐든 장점과 단점을 함께 봐야 돼. 레버리지는 자산가격이 올랐을 때 수익률을 높여주지만, 반대로 자산가격이 떨어지면 내 손실도 키워버려.

 아하.

 지금 집값이 50% 올랐다고 했는데, 반대로 50% 떨어지면? 그럼 6억이던 집이 3억이 되는데, 여기서 대출금 3억을 빼면?

 빵이네?

(-) 50%　　　　　　(+) 50%

주택 3억　←　주택 6억　→　주택 9억

(-)대출 3억　　(-)대출 3억　　(-)대출 3억

투자금 0억　←　투자금 3억　→　투자금 6억

(-) 100%　　　　　　(+) 100%

내 돈은 그냥 없어져 버리는 거지. 만약 빚 없이 전부 내 돈만 투자했는데 집값이 50% 하락하면 50%는 남아. 그런데 빚 내서 샀는데 집값이 50% 하락하면 내 돈은 전부 사라져 버리지. 그래서 레버리지는 수익률을 높여줄 수도 있지만 손실률도 키울 수가 있어. 이것 때문에 레버리지를 '양날의 검'이라고도 해.

레버리지, 인버스, 곱버스가 뭐야?

레버리지가 부동산 수익률을 높여주는데…… 사실은 주식도 레버리지를 쓸 수 있어. 당신 '곱버스'라고 들어봤어?

아니. 그게 뭐야? 처음 들어봐.

처음 들어? 이거 2020년부터 뉴스나 이런 데서 많이 나왔거든. 이런 뉴스들이야.

www.yna.co.kr › view

불안한 증시...기관은 '곱버스' 대거 순매수 | 연합뉴스

www.yna.co.kr › view

코스피 연고점 행진...개미들은 하락 베팅 '곱버스' 샀다 | 연합뉴스

www.yna.co.kr › view

코스피 상승 랠리에...인버스 ETF 사상 최저가 행진 | 연합뉴스

www.yna.co.kr › view

'8만전자' 회복...개미는 삼성전자 팔고 '곱버스' 샀다 | 연합뉴스

이런 뉴스에서 등장하는 용어에 레버리지, 인버스, 곱버스가 있어. 레버리지는 좀 전에 말한 대로, 지렛대를 이용해서 수익률을 키우는 거야. ETF 중에 레버리지 ETF라는 게 있는데, 레버리지 ETF는 이름 뒤에 보통 '2X'나 '3X'라는 게 붙어. 2X는 2배 레버리지고, 3X는 3배 레버리지야. 2X 레버리지에 투자하면 주식이 10% 오를 때, 레버리지 ETF는 20%가 올라. 주식이 20% 오르면 레버리지 ETF는 40%가 오르고.

오호~!

대신에 주식이 10% 내려가면, 투자한 사람은 20% 손실이 나. 수익이든 손실이든 2배가 되는 거지. 3X 레버리지는 수익률이 3배야. 주식이 10% 오를 때 30% 오르고, 20% 떨어지면 60% 손실이야. 'KODEX 레버리지'라는 ETF도 있는데, 수익률을 코스피200이랑 비교해 보면 이렇게 나와.

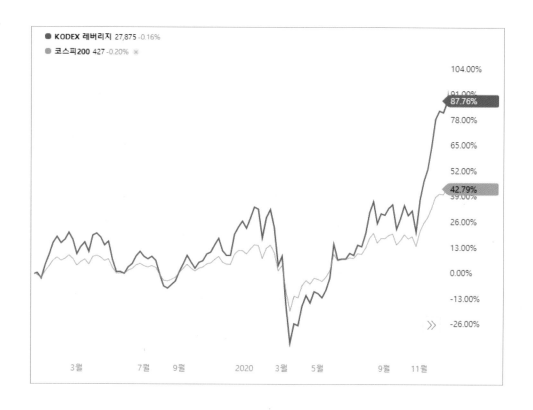

주황선인 코스피200이 움직이는 것보다, 파란선인 레버리지가 더 크게 움직이지? 같이 오르고 같이 떨어지는데 그 폭이 2배야. 코스피200이 40% 정도 수익 나니까, 레버리지 수익률은 80% 정도 되지. 이렇게 2배만큼 움직이도록 만들어놓은 게 레버리지(2X) 상품이야.

인버스(Inverse)는 뭐냐면, 거꾸로 뒤집는 거, 반대를 의미해. 그래서 이 상품은 주식이 오를 때 반대로 떨어져. 남들 이익 날 때 나는 손실 나는 거지. 반대로 주가가 떨어지면 인버스는 이익이 나. 이렇게 반대로 움직이게 만들어놓은 게 인버스 상품이야.

 아하~!

그래서 이건 뭐냐면, 보통 주가가 떨어지면 우리는 돈을 못 벌잖아? 시장이 안 좋을 때, 주가가 떨어지는 하락장에서는 돈을 못 번다고. 그런데 인버스를 사두면 하락장에서 돈을 벌어. 주가가 하락할 때 반대로 가격이 올라가는 거지. 실제로 'KODEX 인버스'라는 ETF 가격을 코스피200이랑 비교해 보면 이렇게 돼.

 완전히 반대네?

 코스피가 떨어지면 인버스는 오르고, 코스피가 오르면 인버스는 떨어지고. 그래서 결국 코스피 38% 정도 오르니까, 인버스는 38% 손실 났잖아. 이렇게 반대로 움직이는 게 인버스야.

곱버스는 뭐냐면 '곱하기 + 인버스'야. 인버스 상품인데 레버리지를 쓴 거야. 그래서 코스피가 10% 오르면, 인버스라서 반대로 떨어져. 그런데 레버리지를 썼기 때문에 2배인 20%가 떨어져.

 헤엑!

 대신에 코스피가 10% 떨어지면? 곱버스는 20% 올라. 20% 떨어지면 40%가 오르고. 'KODEX200선물인버스2X'라는 ETF가 있는데, 이름이 너무 길잖아? 그래서 '인버스2X'를 줄여서 곱버스라고 불러. KODEX200곱버스랑 코스피200을 비교해 보면 이렇게 돼.

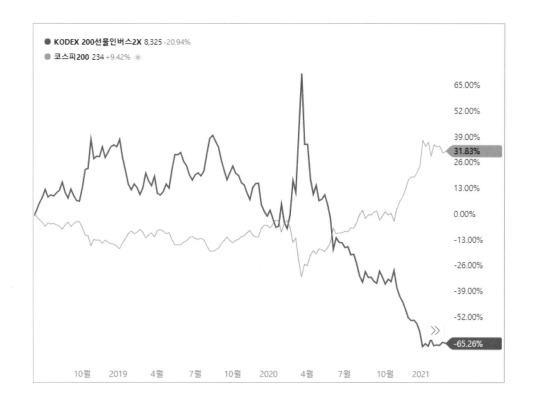

코스피200이 30% 넘게 오르니까 곱버스는 60% 넘게 떨어졌어. 아까 기사 헤드라인에서 개미들이 곱버스를 대거 순매수 했다가 최저가 되었다고 나오는 게, 2020년에 주식시장이 많이 올랐거든. 그러니까 다시 떨어질 거라고 예상한 개미들이 인버스에 투자한 거야. 그리고 이왕 하는 거 떨어질 때 2배 오르는 곱버스를 산 거지. 그런데 떨어지지 않고, 계속 올라버리니까 손실이 엄청 커진 거지.

 망했겠는데?

 응. 망한 사람이 많아서 시끌시끌했어. 어쨌든 주식도 이렇게 ETF를 통해서 레버리지를 쓸 수 있어. 우리가 봤던 미국 ETF 중에는 레버리지 ETF가 훨씬 많고 다양해. 앞에서 우리가 ETF 검색할 때 사용했던 'ETF.com' 사이트의 ETF 필터(ETF Filters)에서 레버리지 주식(Leveraged Equity)을 선택하면 보이는 것들이 바로 레버리지를 써서 주식에 투자하는 ETF들이야.

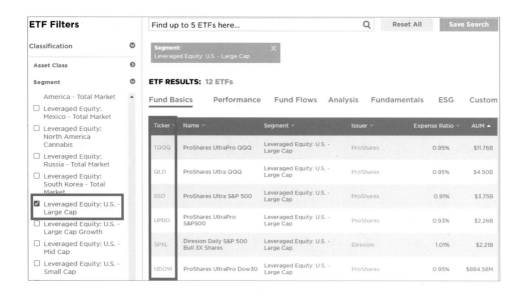

410

자산규모가 큰 것부터, TQQQ, QLD, SSO, UPRO 이렇게 여러 가지가 있어. Issuer 항목이 이걸 만들어 파는 회사이름인데, 대부분 'ProShares'라고 되어 있지? ProShares 회사 홈페이지 가서 보면 자기들이 만든 레버리지 ETF 종류를 이렇게 보여주고 있어.

EQUITY-BROAD MARKET		
Leveraged		
Ultra S&P500® S&P 500®	2x	SSO
Ultra QQQ® Nasdaq-100®	2x	QLD
Ultra Dow30SM Dow Jones Industrial Average SM	2x	DDM
Ultra MidCap400 S&P MidCap 400®	2x	MVV
Ultra Russell2000 Russell 2000®	2x	UWM
Ultra SmallCap600 S&P SmallCap 600®	2x	SAA
UltraPro S&P500® S&P 500®	3x	UPRO
UltraPro QQQ® Nasdaq-100®	3x	TQQQ
UltraPro Dow30SM Dow Jones Industrial Average SM	3x	UDOW
UltraPro MidCap400 S&P MidCap 400®	3x	UMDD
UltraPro Russell2000 Russell 2000®	3x	URTY

중간에 보면 2x가 있고, 3x가 있지? 2배짜리, 3배짜리 레버리지를 쓴다는 거야. 왼쪽 ETF 이름(굵은 글씨) 옆에 적혀 있는 건, 어떤 것에 대해서 2배 혹은 3배 수익을 내는지 그 대상이 적혀 있어. 맨 오른쪽 마지막에 적혀 있는 건 이 ETF의 약어(Ticker)고. 첫째 줄 끝에 있는 SSO라는 ETF는 정식 이름이 Ultra S&P500인데, S&P500지수에 대해 2배로 움직이는 ETF를 의미해. 아까 제일 자산규모가 큰 ETF가 TQQQ였는데, 이건 정식명칭이 UltraPro QQQ고, 나스닥(Nasdaq)-100지수에 대해 3배로 움직이는 ETF야. 우리나라에 코스피가 있고, 코스닥이 있듯이 미국에도 여러 가지 지수가 있어. 나스닥은 코스닥이랑 비슷해. 사실 코스닥이 나스닥 보고 본따서 만든 거야.

어쨌든, 이렇게 레버리지를 쓰면 내 수익을 높여볼 수도 있어. 그 대신에 그만큼 위험하기도 하지. 그래서 레버리지를 쓸지 말지는 잘 생각하고, 고민해 봐야 돼. 수익이 2배(혹은 3배)로 높아진 만큼 손실도 2배(혹은 3배)로 늘어나니까. 그런데 한국 사람들이 이거 좋아하긴 해.

 쉽게 빨리 벌려고?

 응. 화끈한 거 좋아하지. (웃음) 그런데 사실 레버리지 투자를 보통은 추천 안 해.

 왜? 위험해서?

 우리가 배웠던 수학 때문에.

 수학?

레버리지 투자를 말리는 이유가 뭘까?

 여러 번 말했던 기하평균! 자, 다시 한번 보자고. 우리가 지수에 투자하는데, 그냥 지수에 투자할 수 있고, 아니면 레버리지에 투자할 수도 있어. 지수에 10,000원 투자하는 경우랑 레버리지(2x)에 10,000원 투자하는 경우를 비교해 볼게. 레버리지(2x)면 지수가 1% 움직일 때, 레버리지는 2% 움직여. 만약 지수가 10% 올라서 11,000원이 되면, 레버리지는 20%가 올라서 12,000원이 되지.

그런 다음 다시 10%가 하락해. 그럼 11,000원이던 지수가 10%인 1,100원만큼 떨어지니까 결국 9,900원이 돼. 레버리지는 두 배만큼 움직이니까 지수가 10% 떨어질 때, 20%만큼 떨어져. 그래서 12,000원이던 게 20%인 2,400원만큼 빠져서 9,600원이 되지.

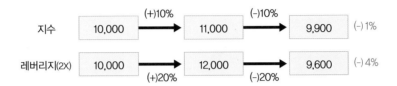

자, 그럼 잘 봐. 지수에 투자한 사람은 10,000원이던 게 9,900원이 됐으니까 100원만큼 손해 봐서 손실이 1%가 돼. 그럼 2배 레버리지에 투자한 사람은 그 2배인 2%만큼 손실을 봐야 하잖아? 그런데 결과를 보면 10,000원이던 게 9,600원으로 4%만큼 빠졌어. 손실이 2배가 아니라, 4배가 됐지. 매번 움직일 때는 2배씩 움직였는데 결과는 4배 손실이 됐어.

이렇게 지수가 올랐다 떨어졌다를 반복하면 레버리지는 손실이 커져. 곱하기 평균인 기하평균이 되어버리니까 그래. 지난번에 기하평균은 변동성이 클수록 산술평균보다 낮아진다고 했잖아. 그래서 변동성을 줄이는 게 좋은데, 레버리지는 변동성을 늘려버린 거거든?

 응…

 오래되어서 조금 헷갈리지? 이 그림 기억나?

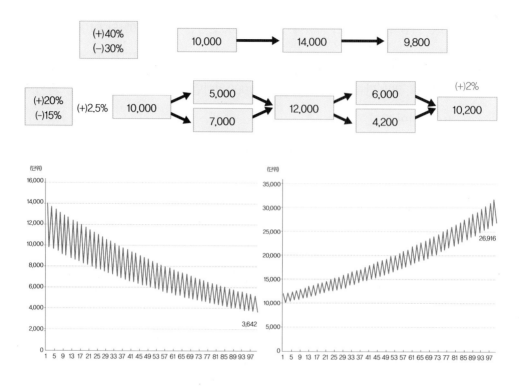

 어, 기억나!

 (+)40%랑 (−)30%를 반복하면 산술평균이 (+)5%인데도, 돈은 2%씩 계속 줄어들었잖아. 1.4 곱하기 0.7이 0.98이 돼서 1보다 작기 때문에. 그래서 100번을 반복하면 10,000원이 3,642원까지 줄어드는데, 이걸 이기는 게임으로 바꿔버릴 수 있다고 했지? 어떻게 하면 된다고 했지?

 어······.

왼쪽은 내가 가진 돈을 전부 투자하는 거였고. 그런데 그걸 어떻게 하면?

 반만 투자하기!

 그렇지! 내가 가진 돈의 절반만 투자하면 이기는 게임으로 바뀐다고 했지. 그럼 (+)40%, (−)30%던 게 (+)20%, (−)15% 조합으로 바뀌면서 변동성이 줄어들고 10,000원이 26,916원까지 늘어났잖아. 1.2 곱하기 0.85가 1.02가 돼서 1보다 커지니까 산술평균이 커져서 그래.

결국 내가 가진 돈의 반만 투자해서 변동성을 낮춘 다음에 이익을 내는 거야. 그런데 지금 레버리지 투자는 어떻지? 이건 반만 투자하거나 가진 돈을 전부 투자하는 게 아니라, 오히려 빚을 내서 더 크게 투자하는 거야. 변동성을 반대로 늘려버리는 거지.

 그러네.

 그래서 이익 날 것도 손실로 바꿔버릴 수 있어. 변동성을 키워서 기하평균을 더 떨어뜨리는 거야. 이것 때문에 기본적으로 레버리지는 위험하다, 쓰지 말라고 하는 거야. 나눠서 투자하는 게 더 좋다고 했잖아. 현금하고 주식에 반씩 나눠서 투자해야 하는데, 레버리지는 빚까지 내서 한 군데 몰아넣는 투자가 되거든. 그러니 다음 장의 그래프 같은 결과가 나올 때가 있어. 그래프의 기간 동안 코스피가 오르락내리락 반복해서 결국에는 9% 수익이 났거든? 그럼 레버리지는 원래 그 2배인 18% 이익이 나야 할 텐데, 오히려 3% 손실이야.

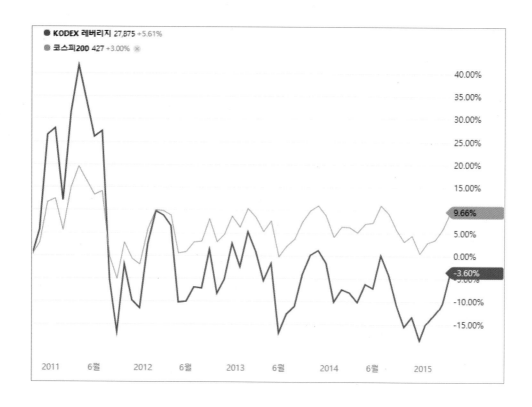

 오, 그러네?

 생각해 보면 이상하고 억울하지. 2배만큼 이익이 난다고 해서 투자했어. 그럼 코스피가 9% 올랐으니까 레버리지는 18% 이익 날 줄 알았는데 오히려 3% 손실인 거야.

 화나겠는데?

 이게 왔다 갔다를 반복하면 손실로 바뀌어버려. 이것 때문에 레버리지는 조심해서 투자하라고 하는 거야. 그런데 레버리지가 더 좋은 경우도 있어.

언제?

 지금 저 경우처럼 올랐다 떨어졌다를 반복하면 레버리지가 안 좋은데, 그게 아니라 계속 오르면? 조금씩이라도 계속 올라가면 그때는 레버리지가 훨씬 좋아. 상황에 따라서 장단점이 있는 거야.

계속 오를 때 어떻게 되는지 볼게. 아까와 똑같이 지수랑 레버리지(2x)에 10,000원씩 투자해. 지수가 10% 올라서 11,000원이 되면, 레버리지는 20% 올라서 12,000원이 돼. 여기까지는 같아. 그런데 아까는 그다음에 다시 10%가 떨어졌잖아? 만약 여기서 다시 오른다면? 10% 떨어지는 게 아니라 다시 10%가 오르면 어떻게 될까? 그럼 지수는 11,000원에서 10%인 1,100원이 올라서 12,100원이 돼. 레버리지는 2배인 20%가 오르는데 12,000원에서 20%니까 2,400원이 올라서 14,400원이 돼.

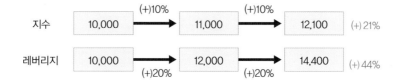

결국 지수는 10,000원에서 12,100원으로 21% 올랐어. 그럼 레버리지는 2배인 42%가 올라야 하잖아? 그런데 14,400원으로 44%가 올랐어. 이렇게 계속해서 올라갈 때는 레버리지가 원래 배수보다 더 올라.

 아하!

실제로 이렇게 된다고.

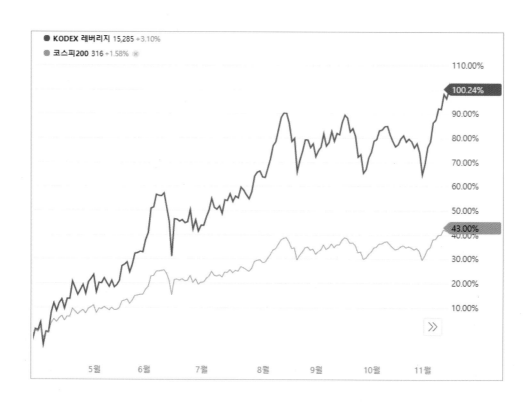

작년 하반기에 코스피가 계속해서 올랐어. 꾸준히 올라가니까······ 코스피 43% 올랐는데, 레버리지는 2배인 86%가 아니라 100% 올랐어.

 우와!

 결론적으로 꾸준히 상승하는 경우에는 레버리지를 쓰는 게 좋아. 그런데 오르고 내리고 반복하면 레버리지가 수익을 녹여버려. 안 좋아.

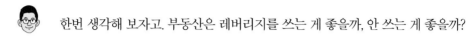

레버리지가 유리한 투자와, 레버리지가 불리한 투자가 있다

한번 생각해 보자고. 부동산은 레버리지를 쓰는 게 좋을까, 안 쓰는 게 좋을까?

부동산…… 쓰는 게 좋을 것 같아. 잘 안 떨어지고 꾸준히 올랐잖아.

그렇지! 꾸준히 상승하는 경우에는 레버리지가 수익률을 키워줘. 그럼 주식은 레버리지를 쓰는 게 좋을까, 안 쓰는 게 좋을까?

안 쓰는 게 좋을 것 같아. 왔다 갔다 하니까!

맞아. 변동성이 크니까. 변동성이 큰 자산은 레버리지를 안 쓰는 게 좋고, 변동성이 작으면 레버리지를 쓰는 게 유리하지. 우리나라 자산들이 어떻게 움직였는지 지난 번에 이 그래프 봤잖아.

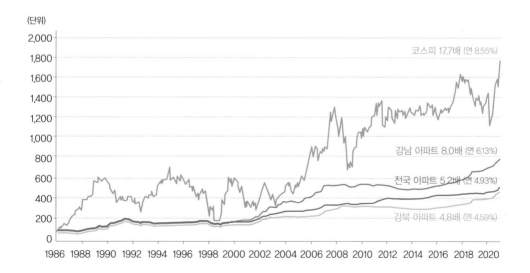

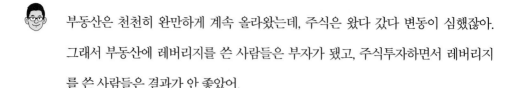

부동산은 천천히 완만하게 계속 올라왔는데, 주식은 왔다 갔다 변동이 심했잖아. 그래서 부동산에 레버리지를 쓴 사람들은 부자가 됐고, 주식투자하면서 레버리지를 쓴 사람들은 결과가 안 좋았어.

그러네. 빚 내서 투자하는 게 좋을 수도 있고, 나쁠 수도 있겠네.

어디에 투자하느냐에 따라 다르지. 그런데 조심해야 할 건, 부동산이라고 무조건 레버리지를 쓰는 게 유리한 건 아냐. 어디까지나 과거에, 한국에서는 그랬다는 얘기야. 미국은 어땠을까?

미국은 안 좋았을 것 같아. 부동산 변동성이 컸고 폭락한 적도 있잖아.

맞아. 지난번에 봤지? 다음 장의 그래프처럼 움직였잖아.
여기서 노란선이 부동산인데, 파란선의 주식보다 변동성이 작지가 않아. 물론 이게 리츠에 대한 자료이긴 하지만, 부동산이 주식보다 MDD도 더 컸단 말이야. MDD가 68%인데, 아까 50% 대출받은 부동산 가격이 50% 하락하니까 내 몫은 0원이 돼버렸잖아. 그럼 68% 하락하면 어떻게 되겠어?

마이너스네?

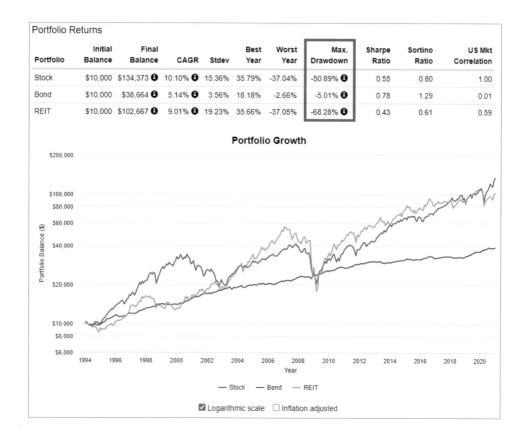

Portfolio Returns										
Portfolio	Initial Balance	Final Balance	CAGR	Stdev	Best Year	Worst Year	Max. Drawdown	Sharpe Ratio	Sortino Ratio	US Mkt Correlation
Stock	$10,000	$134,373 ❸	10.10% ❸	15.36%	35.79%	-37.04%	-50.89% ❸	0.55	0.80	1.00
Bond	$10,000	$38,664 ❸	5.14% ❸	3.56%	18.18%	-2.66%	-5.01% ❸	0.78	1.29	0.01
REIT	$10,000	$102,667 ❸	9.01% ❸	19.23%	35.66%	-37.05%	-68.28% ❸	0.43	0.61	0.59

 그래서 대출 끼고 집 샀던 미국인들이 2008년에 집을 다 뺏긴 거야. 없어져 버렸
어. 이 2008년에 터진 금융위기가 되게 충격이 컸던 게, 집값이 그냥 많이 떨어지
고 만 게 아니라 집 한 채 믿고 있던 사람들의 전 재산이 사라져 버렸어. 그래서 난
리가 난 거였거든.

 무섭네.

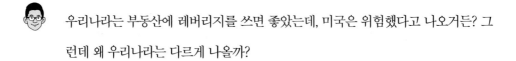 우리나라는 부동산에 레버리지를 쓰면 좋았는데, 미국은 위험했다고 나오거든? 그런데 왜 우리나라는 다르게 나올까?

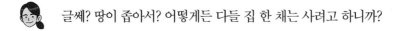 글쎄? 땅이 좁아서? 어떻게든 다들 집 한 채는 사려고 하니까?

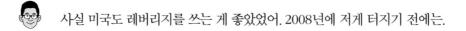 사실 미국도 레버리지를 쓰는 게 좋았었어. 2008년에 저게 터지기 전에는.

 아…….

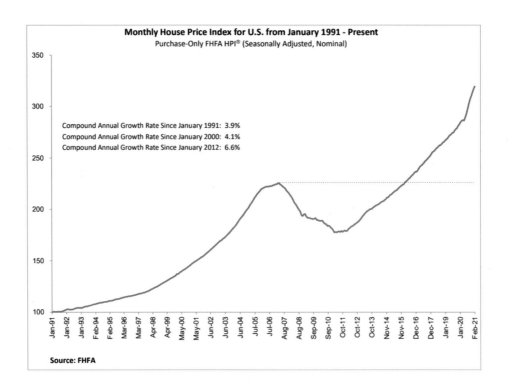

이 그래프가 미국 주택지수거든? 미국 집값 수준이 어느 정도 되냐는 건데, 아까 봤던 리츠랑 약간 다르긴 해도 거의 비슷한 움직임을 보여. 그런데 미국도 2008년 금융위기 터지기 전까지는 계속 집값이 상승했어. 꾸준히 우상향하니까 레버리지 쓰기 좋은 자산으로 보이잖아. 그래서 미국 사람들도 집 살 때 레버리지를 쓴 거야. 부동산 투자할 때는 당연히 레버리지를 쓰는 거라고 했고. 그때까지 수십 년 동안 한 번도 깨지지 않고 꾸준히 올랐거든. 그래서 사람들이 믿는 거지. '부동산 은 가격 안 떨어져. 걱정 마. 떨어져봐야 10~20%야. 레버리지 써도 돼' 이랬는데, 2008년에 한 번 터져버린 거야. 딱 한 번!

레버리지를 쓰지 않았다면 집값이 떨어지더라도 다시 오를 때까지 믿고 기다리면 되는데, 레버리지를 써서 집값으로 대출금도 못 갚을 상황이 되니까 은행이 차압 하고 경매 붙여버린 거야. 10억 짜리 집에 5억을 대출해 줬는데, 집값이 60%가 떨 어져서 4억이 돼버리니까, 빨리 팔아서 4억이라도 건지려고 하는 거지.

그러고서는 집값이 다시 회복될 때까지 10년 가까이 걸렸어.

 어머, 힘들었겠네.

 그런데 그때 이후로 2011년에 바닥 찍고 나서는 다시 또 꾸준히 오르긴 했어.

그래서 '한국은 집값이 안 떨어진다'라기보다는, 한국은 저런 일이 없었을 뿐이 고, 미국은 한 번 터졌을 뿐이야. 우리나라는 앞으로도 안 터질 거냐? 그건 아무도 몰라. 터진다고 할 수도 없고, 안 터진다고 할 수도 없어. 하지만 여태까지 없었던 일이니까 앞으로도 없을 것이라고 생각하면 위험하다는 거지. 그런 생각을 했던 2008년 이전의 미국인들이 어떻게 됐는지를 보면 말이야.

우리나라 사람들 상당수가 '집값은 안 떨어져'라고 생각하고 있고, 그 생각이 여태까지 맞았어. 그래서 부동산은 안전하다는 공감대가 형성돼 있으니까, 그 믿음이 다시 집값을 받치는 거야. 조금이라도 집값이 떨어지면 이럴 때 사야 된다면서 다시 올려주는 거지.

맞아. 그렇잖아. 조금 떨어졌을 때 그때라도 샀어야 된다고 후회하는 사람들 많잖아.

그래서 다음번에 떨어지면 잽싸게 산다고. 사람들이 안 떨어진다고 믿으니까 집을 더 사게 되고, 더 사려고 하니까 진짜로 안 떨어지고, 그러니까 더 믿게 되고······ 이게 반복되면서 믿음이 점점 강해지는 거야. 믿으니까 진짜로 그렇게 되고, 그렇게 되니까 더 믿는 거지. 그런데 뭔가 계기가 생겨서 그 믿음이 딱 한 번 깨지면? 그럼 와르르 무너져 버릴 수 있어. 2008년 미국에 그런 일이 생긴 거야.

집값은 안 떨어진다고 믿고, 약간 떨어지면 오히려 사야 된다고 덤볐는데, 무슨 일인지 계속 떨어지는 거야. 그럼 사람들이 '어? 이상한데? 왜 이러지?', '와, 집값이란 게 떨어질 수도 있는 거구나' 하면서 혼란이 온다고. 여태까지 떨어진 적이 없었던 집값이 처음으로 떨어지잖아? 그럼 어디까지 떨어질지 몰라. 처음 보는 일이라 짐작이 안 되는 거야!

주식의 과거 MDD가 50% 정도 됐잖아? 그래서 어떤 믿음이 생기냐면 주가가 50% 정도 떨어졌을 때, 이제 떨어질 만큼 떨어졌다, 다 떨어졌다는 믿음이 생겨. 그래서 사람들이 다시 사기 시작하면서 진짜 오르는 거지. 역사가 자꾸 반복이 되는 이유는, 반복이 될 거라고 사람들이 믿기 때문이야. 그런데 그 믿음을 깨고, 여태까지 없던 일이 발생하면? 패닉이 오는 거지.

그래서 우리나라 부동산도 언제든지 떨어질 수 있고, 만약에 떨어진다면 어디까지 떨어질 수 있는지는 가늠하기가 힘들어. 미국도 떨어졌고, 일본도 떨어졌거든. 그러니까 결국엔 분산해서 투자할 수밖에 없어. 과거에 발생한 일이 앞으로도 계속해서 반복된다면 분산할 필요 없이 과거 결과가 가장 좋았던 자산에 몰빵하면 되겠지. 그런데 미래는 모르잖아. 집값이 떨어지지 않을 거라는 기대는 위험하고, 반대로 집값이 떨어질 거라 예상하는 것도 위험해. 어느 한쪽에 베팅을 하는 게 아니라 집값이 어떻게 될지는 모르니까 거기에 대비를 하자고 생각하는 게 바람직하지.

저번에 당신이 부동산중개사한테 듣고 나한테 얘기했던 땅 있잖아? 너무 좋은 땅이고 여기는 기다리면 무조건 오른다고 했다는. 내가 듣자마자 고개를 저었던 건 투자규모가 너무 커서야. 그 정도 금액의 땅을 사면 우리 자산이 부동산에 너무 쏠리게 돼. 그 땅값이 그분 말대로 오를지, 어떨지는 사실 아무도 모르지. 어떻게 장담해. 뭐, 어느 정도는 그분 말에 동의도 하고, 내 생각에도 그 위치에 그 정도 가격이면 나쁘지 않아. 필지를 나눠서 팔거나 공동으로 투자하면 투자해 볼 생각도 있어. 그런데 전체를 우리가 투자하기에는 금액이 너무 커. 땅 하나에 너무 크게 의존하게 된다고. 부동산은 안전하니까 큰 금액을 투자해도 위험하지 않다고 생각하는데, 그건 모르는 일이지. 땅값이 오른다 혹은 떨어진다를 예상하고 베팅을 하는 게 아니라, 어떻게 될지 모르니까 대비가 돼 있어야 하는 거야. 그런데 그 큰 금액을 투자하면 땅값이 떨어지는 경우에 대비가 안 돼. 그래서 그때 말한 금액 이상의 부동산은 전혀 생각을 하지 않는 거야. 분명히 나는 투자 가능한 금액을 얘기했는데, 자꾸 그 금액을 넘어서는 물건을 보여주니까 내가 반응을 보이지 않는 거야.

 응, 그러네. 그런데 자꾸 그 아저씨 얘기를 듣다 보면 욕심이 나더라고.

그분이 땅에 대해서는 우리보다 잘 알아도, 우리집 재정 상황에 대해서는 모르잖아. 투자를 할 때는 자기 자신에 대해서 잘 알아야 돼. 나를 잘 알아야 나에게 맞는 투자도 할 수 있지. 그분이 땅에 대해서 이 땅이 좋다, 나쁘다까지는 얘기할 수 있어. 하지만 그 땅에 투자를 할지, 말지를 정하는 건 내 자신이야. '좋은 땅이니 사야 된다'고 얘기하는 건, 나는 땅도 잘 알고 당신에 대해서도 잘 안다고 자만하는 거지. '좋은 땅이니 한 번 고민해 보세요'라고 얘기를 하는 게 맞는 거야.

자, 그럼 다시 돌아와서 AOR은 레버리지를 쓰는 게 좋을까, 안 쓰는 게 좋을까?

 AOR? 음…… 쓰는 게 좋을 것 같아.

 내 생각도 그래. AOR의 특징 중 하나가 변동성이 작다는 거였어. 자산배분이라는 것 자체가, 어느 한 자산에만 투자하면 위험할 수 있으니까 여러 가지를 섞어서 변동성을 낮추자는 거야. 여러 가지를 섞으면 최고보다는 항상 안 좋지만, 변동성을 낮춰서 평균보다는 좋게 만드는 거지. 부동산, 주식, 채권 그래프 다시 보자고. MDD를 보면 부동산(REIT)이 -68%야. 주식(Stock)도 -50%고. 그럼 레버리지를 2배 썼을 때 둘 다 0이 돼버린다는 얘기야. 그럼 주식(Stock), 채권(Bond), 부동산(REIT) 중에 레버리지를 쓰려면 어떤 게 좋을까?

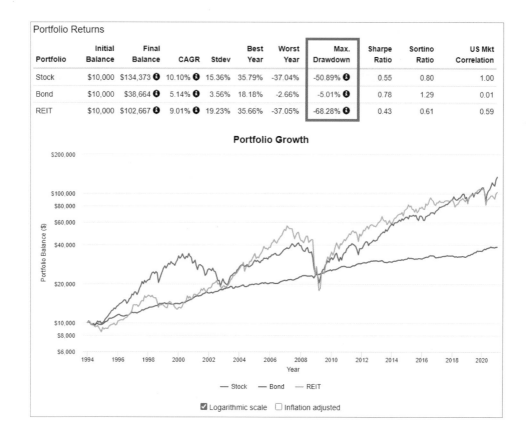

Portfolio Returns

Portfolio	Initial Balance	Final Balance	CAGR	Stdev	Best Year	Worst Year	Max. Drawdown	Sharpe Ratio	Sortino Ratio	US Mkt Correlation
Stock	$10,000	$134,373 ❸	10.10% ❸	15.36%	35.79%	-37.04%	-50.89% ❸	0.55	0.80	1.00
Bond	$10,000	$38,664 ❸	5.14% ❸	3.56%	18.18%	-2.66%	-5.01% ❸	0.78	1.29	0.01
REIT	$10,000	$102,667 ❸	9.01% ❸	19.23%	35.66%	-37.05%	-68.28% ❸	0.43	0.61	0.59

Portfolio Growth

 채권!

 그렇지. 채권은 안정적으로 쭉 올랐잖아. MDD가 -5%밖에 안 돼. 그런데 문제가 있긴 해. 레버리지를 쓴다는 건 은행에서 돈을 빌려 투자하는 건데, 빌린 돈에 대해서 이자를 내야 돼. 채권수익률이 5%인데, 이자율이 4%면 1%밖에 안 남잖아. 만약 이자율이 5%면? 레버리지 효과가 없어져 버리지. 그래서 수익률 움직임만 보면 채권이 레버리지를 쓰기 좋아 보이지만, 수익률이 낮다 보니 이자 내면 별로 남는 게 없어. 그래서 결국 셋 다 레버리지를 쓰기가 애매한데…… 그런데 AOR은 어떨까? AOR 수익 곡선이 이랬어.

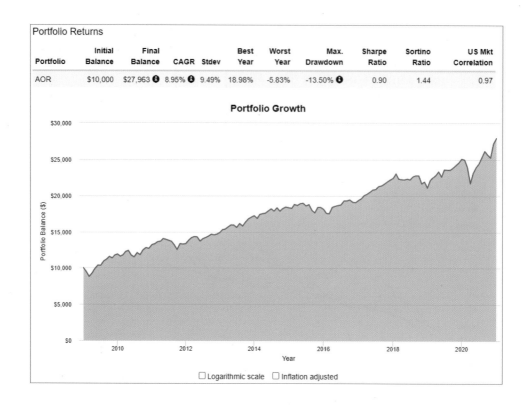

Portfolio Returns										
Portfolio	Initial Balance	Final Balance	CAGR	Stdev	Best Year	Worst Year	Max. Drawdown	Sharpe Ratio	Sortino Ratio	US Mkt Correlation
AOR	$10,000	$27,963 ❶	8.95% ❶	9.49%	18.98%	-5.83%	-13.50% ❶	0.90	1.44	0.97

Portfolio Growth

☐ Logarithmic scale ☐ Inflation adjusted

MDD가 채권보다는 높지만, -13%밖에 안 됐어. 주식이나 부동산은 MDD가 -50%가 넘으니까 레버리지를 2배 쓰면 100% 손실이 날 수 있는데, AOR은 13%가 빠지더라도 26% 정도 손실인 거지. 물론 과거에 13% 빠졌으니, 앞으로 그 이상 빠질 일은 없다고 생각하는 건 위험해. 그런데 과거 MDD의 2배인 26%가 빠진다 하더라도, 레버리지를 썼을 때 52% 정도가 하락하니까 파산할 걱정까지는 없는 거지. 대신에 과거 수익률이 8% 정도 나왔는데, 그 정도면 이자를 내고도 충분히 남으니까 수익률을 높일 수 있어. AOR 단점이 심심하다, 수익률이 낮다는 건데 레버리지를 이용하면 이 단점을 좀 줄일 수 있지. 그래서 AOR에 레버리지를 써보는 건 조금 더 위험해지고 MDD가 커지긴 하지만, 자신이 버틸 수 있는 MDD 수준이라면 나쁜 선택이 아니라고 봐.

당신이 목표했던 수익률이 8%에, MDD가 40%였잖아? 그런데 AOR이 MDD는 13%로 충분히 만족하는데, 수익률이 세금을 빼면 8%가 안 됐잖아? 그럼 MDD는 여유가 있으니까 레버리지를 써서 MDD를 내주는 대신, 수익률은 챙겨가자는 거지.

그럼 대출 받아서 AOR을 사는 거야?

원래는 그렇지. 그런데 대출까지 알아서 받은 다음에 투자해 주는 ETF가 있어!

진짜?

AOR에 레버리지를 더해 수익률과 변동성을 높인다

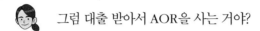

꼭 대출을 받는 개념은 아닌데, 대출 받은 효과를 내줘. 내가 100만 원을 투자하면 얘들이 50만 원을 추가로 대출 받은 다음 150만 원을 투자한 것처럼 만들어줘.

오, 그런 게 있어?

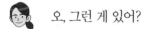

AOR이 6040이었잖아. 주식에 60% 투자하고, 채권에 40% 투자하는 것. 그런데 9060이 있어. 주식에 90%를 투자하고, 채권에 60%를 투자해서 내가 준 돈의 150%를 투자하는 거야. 50%는 레버리지를 쓰는 거지.

(6040) 주식 60% + 채권 40%

↓

(9060) 주식 90% + 채권 60%(선물)

이게 NTSX라고 해서, 정식 명칭은 WisdomTree 90/60 U.S. Balanced Fund 야. 위즈덤트리(WisdomTree)라는 회사가 만든 ETF인데, 미국 주식하고 채권에 90:60으로 투자하는 펀드지. 이게 개념상으로는 투자자가 100을 주면, 추가로 50을 대출 받은 다음 미국 주식에 90, 미국 채권에 60을 투자하는 것처럼 만드는 거야. 1.5배 레버리지여서 조금 더 위험해지기는 한데, 수익률도 커져.

NTSX

WisdomTree 90/60 U.S. Balanced Fund

The WisdomTree 90/60 U.S. Balanced Fund seeks total return by investing in large-capitalization U.S. equity securities and U.S. Treasury futures contracts.

이해하기 쉽게 개념을 잡자면 그런데 실제로는 대출을 받는 건 아니고 위의 설명 서에 적힌 대로 미국 채권 선물(U.S. Treasury futures contracts)에 투자해. 여기서 말 하는 '선물'이 뭔지 알아?

 들어본 것 같기는 한데…….

 생일에 주고 받는 기프트(Gift) 말고 흔히, 선물옵션 투자한다고 할 때 말하는 선물 이야. 영어로는 'futures contract'라고 되어 있는데 이건 미래의 계약을 뜻해. 보통 선물계약을 체결한다고 그러는데, 미래에 거래를 하기로 약속을 하는 거야. 혹시 '밭떼기'라고 들어봤어?

밭? 농사짓는 밭? 뭔지 정확히는 모르겠는데?

밭떼기가 뭐냐 하면, 시골에서 농사를 짓잖아. 그런데 농산물 유통하는 사람들이 와서 밭을 통째로 미리 사버리는 걸 말해. 아직 배추가 다 자라지 않았는데, 심어져 있는 것만 보고 '이 밭에서 자라고 있는 배추 내가 통으로 다 살게' 이러는 거지. 이렇게 밭에서 나오는 작물을 통째로 사버린다고 해서 밭떼기라고 하거든?

어어, 그래.

이런 거래를 왜 하느냐면, 농민 입장에서 배추를 심었는데 팔 때쯤 돼서 배춧값이 폭락할까 걱정되는 거야. 씨 뿌리고 심을 때는 배춧값이 괜찮아서 시작했는데, 다 자랄 때쯤 돼서 배추가 풍년이 되고 값이 떨어지는 거야. 추수하는 인건비도 안 나와서 그냥 갈아엎는 일도 생기는 거지. 그래서 '혹시나 추수할 때쯤 배춧값이 확 떨어지면 어떻게 하지'라는 걱정이 되는 거야.

반대로 농산물을 유통하는 사람 있지? 가락시장에서 유통하는 사람. 이 사람은 나중에 배추를 가져다가 시장에 팔아야 하는데, 배추가 없을까 봐 걱정되는 거야. 농민들한테 사려고 하는데, 배추 농사를 지은 농민들이 별로 없어서 배추를 구할 수 없을까 걱정되는 거지. 내가 김치공장 사장이라고 생각해 보자고. 배추가 있어야 김치를 담글 수가 있는데, 배추를 못 구하면? 공장 문 닫아야 하잖아. 배추가 귀해져서 구하지 못하거나, 너무 비싸질까 걱정된다고. 이렇게 서로 걱정이 돼. 한쪽은 못 팔까 걱정이고, 다른 쪽은 못 살까 걱정이고. 그래서 미리 약속을 하는 거야. 서로 사고팔기로.

 그럼 서로 좋겠네.

이렇게 미리 사고팔기로 약속하는 것을 선도거래라고 하는데, 약속을 할 때 계약금만 걸어. 밭에서 나는 배추를 통째로 1,000만 원에 사기로 했으면, 계약금으로 100만 원만 거는 거지. 이게 선도거래인데, 선물거래도 비슷해. 둘의 차이가 뭐냐면…… 자! 100만 원을 지금 계약금으로 걸었어. 배춧값이 한 포기에 1,000원 정도 하고, 밭에 10,000포기가 심어져 있으니까 통째로 1,000만 원에 사기로 하고 계약금 100만 원을 줬거든? 그런데 한 포기에 1,000원 하던 배춧값이 자꾸 떨어지는 거야. 그러다 결국 한 포기에 100원까지 떨어졌어. 그럼 상인 입장에서는 미리 약속한 1,000만 원을 주고 산 다음에, 시장에서 100만 원 주고 팔아야 돼. 900만 원이나 손해지. 그래서 어떻게 하냐면, 그냥 도망가 버리는 거야. 그냥 계약금

100만 원 버리고 안 나타나는 거지.

어머!

반대로 농민도 1,000원이던 배춧값이 3배로 뛰어. 그러니까 다른 사람한테 3,000만 원 받고 넘겨버리는 거야. 계약금 2배로 200만 원 물어주고 그냥 배 째라는 거지. 이렇게 서로 계약을 어길 위험이 있어.

그리고 무슨 위험도 있냐면, 지금 농민 입장에서는 이미 받기로 한 배춧값이 정해졌지? 어차피 1,000만 원에 넘기기로 했잖아? 그럼 굳이 농사를 열심히 지을 필요도 없고, 비싸고 좋은 비료를 줄 필요도 없어. 그래 봐야 내가 받는 돈이 똑같으니, 굳이 시간하고 비료값을 낭비할 필요가 없는 거지. 선도거래에 이런 문제들이 있어서 생겨난 게 선물거래야. 계약 위반하고 도망가지 못하도록 하고, 제품 품질도 유지될 수 있게 만든 거지. 증거금이란 걸 만들어서 배춧값이 많이 오르거나 떨어지면 그만큼 돈을 더 준비해서 맡기도록 하고, 품질 기준도 만들어서 기준보다 떨어지면 그만큼 물건값을 깎도록 하는 거지. 둘의 세세한 차이까지는 몰라도 되는데, 어쨌든 선물이나 선도거래는 계약금을 걸고 사고팔기로 약속한 거야.

그런데 우리가 일상생활에서 하는 거래 중에도 선물거래가 많아. 쉽게 생각해서, 예약하고 하는 거래는 다 선물거래라고 생각하면 돼.

아…… 식당에 예약하는 거?

응. 미리 예약금을 내는 것도 선물거래야. 실제로 아직 서비스를 받은 게 아니잖아. 음식을 아직 받지 않았는데 미리 입금하거나 예약해서 약속하잖아.

아, 그런 것도 선물거래야?

 응. 그것도 일종의 선물거래지. 좀 더 투자와 관련된 선물거래는 아파트 분양 받는 거 생각해 보면 돼. 새로 지은 아파트는 미리 분양을 받잖아. 배추가 잘 자랄지도 모르는 상태에서 미리 사면 불안한데, 아직 지어지지도 않은 아파트를 모델하우스만 보고 청약을 해. 그리고 당첨되면 계약금 낸다고. 선물거래랑 똑같아. 미래의 아파트를 사기로 약속하는 거지.

선물거래가 어떤 효과가 있는지 보자고. 아파트를 청약해서 당첨되면 계약금 10%만 가지고도 아파트에 100% 투자하는 효과를 볼 수 있어. 분양권 매매라는 걸 하잖아. 청약에 당첨돼서 아파트를 분양 받을 수 있는 권리를 분양권이라고 하는데, 이걸 팔 수 있다고. 물론 이게 아파트 투기를 일으킨다고 해서 막는 경우도 있지만, 그렇게 분양권 전매제한이 걸려 있지 않으면 팔 수 있어. 이걸 속어로 딱지 매매한다고 그래. 아파트 분양을 받았는데 '벌써 피가 1억 붙었다, 2억 붙었다' 이런 얘기하잖아.

 맞아, 맞아. 들어봤어. 엄마 친구가 그래서 엄청 좋아했어.

 그게 무슨 얘기냐 하면, 예를 들어서 아파트가 5억짜리인데, 당첨돼서 계약금으로 10% 낸 거지. 5,000만 원. 그런데 이 아파트 분양가가 주변시세보다 싼 거야. 5억에 분양 받았지만, 완공되고 나면 주변 시세를 봤을 때 6억은 받을 것 같아. 아니면, 공사하고 있는 중에 주변 시세가 올라서 이 아파트도 6억 정도는 받을 수 있게 된 거지. 그럼 이 상태에서 자기 분양권을 팔아버리는 거야. 나는 계약금 5,000만 원으로 분양권을 얻었는데, 이걸 팔게 되면 1억 5,000만 원을 받을 수 있어. 분양권을 사는 사람 입장에서 생각해 봐. 분양 받은 사람이 이미 5,000만 원은 계약금을 냈고, 내가 분양권을 넘겨받으면 나머지 중도금이랑 잔금으로 4억 5,000만 원만 내면 6억짜리 아파트를 얻거든? 1억 5,000만 원까지는 분양권 값을 쳐줘도 손해는 아닌 거지.

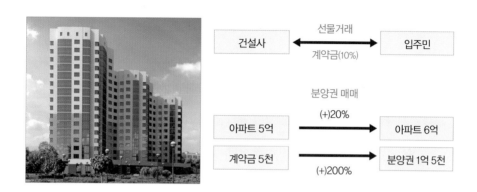

이렇게 5,000만 원 내고 받은 분양권(딱지)을 1억 5,000만 원에 팔 수 있으니까 프리미엄이 1억 붙었다고 말하는 거야. 가만 보면, 아파트 가격은 5억에서 6억으로 20% 올랐어. 그런데 분양권 가격은 5,000만 원에서 1억 5,000만 원으로 200%가 오른 거야.

 어…… 이것도 레버리지네?

 맞아. 계약금 10%만 내고, 나머지 90%는 레버리지를 쓴 거지. 10%만 내고 100% 투자하는 효과를 내니까 이게 10배 레버리지에 투자하는 것과 같아. 그래서 아파트 가격이 20% 오르니까, 내 몫은 200% 올랐어. 계약금만 내고 나머지는 레버리지를 써서 투자하는게 돼. 계약금이 20%라면, 20%로 100% 투자하는 효과가 나니까 5배 레버리지를 쓰는 거고. 그럼 계약금 1억으로 얻은 분양권을 프리미엄 1억이 붙은 2억에 파니까 내 수익률은 100%가 되지. 아파트 가격이 20% 오르는데, 내 수익은 5배인 100%가 되는 거야. 이렇게 계약금을 걸고 선물거래를 하면, 레버리지를 쓰는 효과가 있어. 굳이 은행 가서 대출을 받지 않더라도 레버리지를 쓸 수 있는 거지.

앞에서 봤던 NTSX가 6040이 아닌, 9060으로 투자한다고 그랬잖아? 어떻게 총합 100이 아닌, 150을 투자하냐면 선물에 투자하는 거야. 100 중에 90은 전부 주식을 산 다음에 나머지 10만 채권에 투자하는데, 채권을 직접 사는 게 아니라 선물 계약금으로 쓰는 거야. 앞에서 계약금 10%만 내고 아파트에 100% 투자한 효과를 본 것처럼 채권선물에 10을 투자하고, 60만큼 투자한 효과를 보는 거야. 그래서 결국 100이라는 돈으로 150만큼 투자하는 레버리지 효과가 나와. 이게 NTSX야.

NTSX가 괜찮은 이유 중 하나는 수수료야. ETF가 펀드에 비해 수수료가 낮아서 좋다고 했잖아? 장기투자할 때는 수수료가 특히 더 중요하고. 그런데 NTSX가 선물계약도 체결해야 돼서 좀 더 복잡하고 손이 많이 갈 텐데, AOR보다 수수료 (Expense Ratio)가 더 싸.

Ticker	Name	Segment	Issuer	Expense Ratio	AUM ▲
AOR	iShares Core Growth Allocation ETF	Asset Allocation: Target Risk	Blackrock	0.25%	$1.88B
NTSX	WisdomTree 90/60 U.S. Balanced Fund	Asset Allocation: Target Outcome	WisdomTree	0.20%	$481.19M

어! 왜? 진짜로 0.05% 더 싸네?

수수료야 만든 사람들이 정하는 거니까 정확한 이유는 모르지만, 아마 더 많이 투자하라고 그런 것 같아. AOR이야 워낙 유명하고 많은 사람들이 찾으니까, 그보다 덜 알려진 NTSX는 수수료 낮게 해서 더 많이 투자하게 만들려는 거겠지. 그래서 나는 NTSX가 꽤 괜찮은 투자라고 봐. 당신한테도 추천해주고 싶고. 이 상품도 실제 수익률이 얼마나 나오는지 백테스트 해 볼 수 있어.

9060으로 목표를 달성할 수 있을까?

앞에서 했던 것처럼 포트폴리오 비주얼라이저 접속해서 6040과 9060의 수익률을 비교해 보자. 6040은 미국 주식(SPY)에 60% 투자하고, 40%는 채권(IEF)에 투자하는 거였어. 9060은 똑같은 데 투자하는데 SPY에 90%를 투자하고, IEF에는 60%를 투자해. 그런데 이게 무조건 합계가 100%가 돼야 테스트를 할 수 있거든? 그래서 50%는 대출을 받는 것처럼 해 보자고. 예금인 CASHX에 (-)50%를 투자하는 거야. 그럼 합계가 100%가 되지. 물론 이게 NTSX랑 완전히 같지는 않아. NTSX는 대출을 받는 게 아니고, 선물에 투자하는 거니까. 그런데 선물거래수수료(선물거래를 하기 위해서는 주식거래처럼 수수료가 발생한다)가 예금이자 정도 나간다고 생각하면 얼추 비슷해질 거야. 6040하고 9060 백테스트 결과를 비교해 보면 이래.
2000년대 초반부터 20년 정도 테스트해서 나온 결과인데. 전에 6040에 투자하는
AOR이 수익률 8% 정도 나왔잖아? 세전이라서 세금 내고 나면 8%가 안 될 거라
고 했고. 그런데 9060은 12%가 나와.

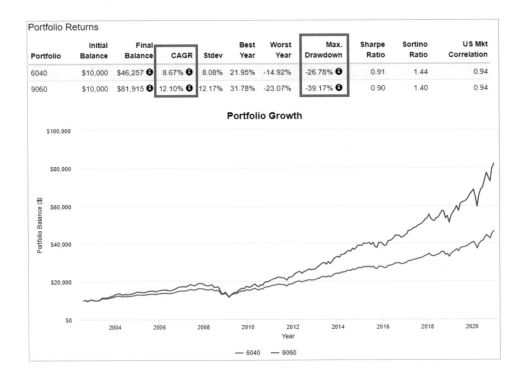

	수익률(CAGR)	MDD(Max, Drawdown)
6040	8.67%	-26.78%
9060	12.10%	-39.17%
이지영의 목표	8.00%	-40.0%

이야~!

세금 내더라도 당신의 목표 수익률인 8%는 넘게 나오는 거지. 4% 차이면 1.5배 차이로 보이지만, 이게 복리수익률이라서 실제 투자금이나 수익금 차이는 시간이 갈수록 더 커져. 똑같이 $10,000 투자했을 때, 6040은 $46,257이 됐고, 9060은 $81,915로 2배가 됐잖아. 대신에 MDD가 커지기는 해. 6040 MDD가 27%였는데, 9060은 40%까지 커져. 그런데 당신이 허용할 수 있는 MDD가 40%까지랬잖아.

나한테 딱이네?

물론 과거가 미래에도 그대로 반복된다고는 할 수 없지만, 지난 20년을 보면 당신이 허용할 수 있는 MDD를 넘어서지 않으면서 수익률은 목표보다 높게 나오잖아. 군이 어려운 투자, 복잡한 투자할 필요 없이 그냥 NTSX만 사도 당신이 목표를 달성할 가능성이 높은 거지. 지난번 AOR 사듯이 그냥 NTSX만 사면 돼. AOR도 좋긴 한데, 세금을 빼고 나면 목표 달성이 안 됐잖아. 이익 나면 22% 세금 내야 하거든. 그런데 NTSX는 세금 빼더라도 목표를 달성할 수 있어.

와, 좋은데?

만약 지금까지 나왔던 성과가 앞으로도 비슷하게 나와준다면 어떻게 될지 한번 볼게. 일단 9060 수익률이 12.10%가 나오는데, 세금 22%를 빼면 9.438%가 돼. (12.10%×(1−22%)=9.438%) 그럼 9.438%로 20년 투자하잖아? 그럼 1억이 6.1억이 돼. 6배!

아파트로 보자면 5억 주고 산 아파트가 20년 뒤에 30억이 된 거야. 아파트를 5억에 사서 30억에 팔았다?

 그럼 대박인데!

● 투자금 1억 원으로 20년 투자 시 결과(단위: 원)

수익률	기간(년)	투자금	결과	연 (산술)평균수익	월 수익
9.438%	10	1억	2.5억	1,464만	122만
9.438%	20	1억	6.1억	2,536만	211만
9.438%	30	1억	15.0억	4,655만	388만
9.438%	40	1억	36.9억	8,969만	747만

 성공한 거지. 이걸 산술평균으로 계산하면 1억 투자해서 20년 동안 5.1억을 번 거니까 1년에 2,536만 원씩 번 거야. 25% 수익. 한 달에 211만 원씩 버는 거지. 지금 1억 투자해서 한 달에 200만 원씩 받을 수 있는 데가 있나? 20만 원 받는 것도 쉽지 않을 걸? 누가 와서 한 달에 200만 원씩 줄 테니 1억만 투자하라고 얘기해. 십중팔구 사기꾼으로 신고 당하지. 그런데 NTSX가 사기 같은 결과를 만드는 거야. 그런데 이것보다 더 좋은 결과를 만들 수도 있어. 실제로 이것보다 결과는 더 좋아.

 헉! 어떻게?

 세금을 안 내고 뒤로 미루는 거야. 미국 주식은 이익이 나면 22% 세금 내야 하거든. ETF도 주식이니까 똑같이 미국에서 22% 세금을 내는 거야. 그런데 이 세금을 이익이 날 때마다 매년 내는 건 아냐. 팔았을 때만 내! 만약 안 팔고 계속 들고 있으면? 세금을 팔기 전까지 안 내.

 아아…….

 저기서 수익률이 9.438%라고 계산한 건, 매년 12.10%씩 올랐을 때 이걸 팔아서 22%씩 계속 세금을 낸다고 가정한 거야. 12% 이익 나니까 팔아서 2.6%는 세금 내고 9.4%만 다시 투자하는 거지. 그래서 9.4%만 다시 재투자가 돼서 복리로 늘어나. 그런데 안 팔고 세금을 안 내면 12% 전부를 다시 투자해서 더 많이 불려갈 수 있어. 세금으로 내면 없어져 버릴 2.6%를 안 내고 늦추면서 불려가는 거지. 물론 언젠가는 팔아야 되고 그때 가서 세금을 한 번에 내야 하지만, 세금 내기 전까지 재투자해서 생긴 이익은 내가 가져갈 수 있어. 매년 세금을 내는 것과 마지막에 한 번에 내는 것이 이렇게 차이가 나.

● 세금을 매년 납부하는 경우와 마지막에 납부하는 경우 비교

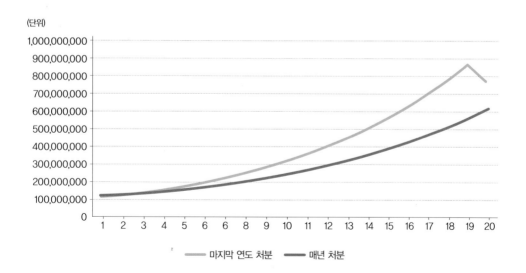

수익률	기간(년)	투자금	결과(세전)	결과(세후)	연 (산술)평균수익	월 수익
12.100%	10	1 억	3.1 억	2.4 억	1,444 만	120 만
12.100%	20	1 억	9.8 억	7.7 억	3,330 만	277 만
12.100%	30	1 억	30.8 억	24.0 억	7,668 만	639 만
12.100%	40	1 억	96.4 억	75.2 억	18,554 만	1,546 만

20년간 계속해서 12.10%씩 수익을 내면 9.8억이 되는데, 이때 팔아서 2.1억을 세금으로 내고 나면 나한테 7.7억이 남아. 매년 세금을 내버리면 6.1억이 됐는데 세금을 미루고 재투자를 한 대가로 1.6억을 더 받는 거지. 이렇게 되면 산술평균으로 봤을 때, 1억 투자해서 1년에 3,330만 원씩 버는 게 돼. 1억 투자해서 한 달에 277만 원씩 벌 수 있는 방법이 얼마나 있을까? 내가 당신한테 처음에 목표 수익률 얼마냐고 물어봤을 때, 30%라고 했어.

 크크. 그랬지.

 그런데 그때 당신이 1,000만 원 투자해서 1년에 300만 원 정도 벌면 좋겠다고 얘기했어. 그때 당신이 말하는 건 복리가 아닌, 단리수익률 목표라고 했지? 지금 그걸 달성하는 거야. 1,000만 원 투자해서 1년에 333만 원씩 버는 거지. 당신이 처음에 세웠던 목표를 굳이 어렵게 경제 공부하고, 매일 뉴스 보고, 회사 골라서 재무제표 분석하고 할 필요 없이도 달성하는 거지.
만약 여기에 40년을 투자하잖아? 그럼 1억이 75억이 돼!

 흐엑!

산술평균으로 계산하면 1억 투자해서 1억 8,000만 원씩 버는 거고, 한 달에 1,500만 원씩 버는 거야. 일을 해서 한 달에 1,500만 원씩 벌려면 어떤 일을 얼마나 해야 할까? 사실 투자에 있어서 중요한 건 수익률보다 기간이야! 똑같이 12% 수익을 냈는데, 20년 투자하면 7억이 되지만, 40년 투자하면 70억이 되잖아. 투자 기간이 2배 늘어났더니 수익은 10배가 늘어났어.

천천히 부자가 된 워런 버핏의 비결

 『돈의 심리학』*이란 책에 이런 내용이 나와. 워런 버핏 재산이 얼마나 되는지 알아?

 글쎄, 얼마인데?

 지금은 더 늘어났는데, 그냥 저 책이 쓰인 당시를 기준으로 845억 달러야. 이게 우리 돈으로 얼마나 될까?

 몰라. (웃음)

 달러로 돼 있으니까 감이 잘 안 오지? 지금 환율(1,108.5/$)로 계산해 보니까 얼마냐면 약 93조야. 정확히는 93조 6,682억 5,000만 원이고.

---

* 모건 하우절, 『돈의 심리학』, 인플루엔셜, 2021

히익! 오오!

 사실 93조라고 하면 많다는 건 알겠는데, 정확히 어떤 정도의 돈인지 느낌도 잘 안 오지? 이 돈을 은행에 맡기잖아? 이자율 1%짜리 예금에 맡긴다고 할게. 93조를 1%로 맡기면 이자가 1년에 9,300억이거든? 하루에 이자가 25억씩이야. 그러니까 매일매일 25억씩을 써서 없애지 않으면 돈이 계속 늘어나는 거야. 하루에 25억을 어떻게 쓸까? 한 시간에 1억씩 잠도 자지 않고 계속 열심히 써야 늘어나는 걸 겨우 막을 수 있지. 잠깐 한눈팔면 또 1억이 늘어나.

 크크크. 돈 쓰다가 죽겠네.

 어마어마한 부자지. 그런데 버핏이 이 돈을 언제 벌었냐면…… 버핏이 중학생 때부터 투자를 시작했거든? 어렸을 때부터 투자를 했는데, 버핏이 저 93.7조 중에서 93.3조는 50살 넘어서 번 거야. 50살까지는 4000억, 즉 0.4조밖에 못 벌고 50살 넘어서 93.3조를 번 거지. 그러니까 버핏이 내 나이였을 때도 지금에 비하면 그렇게 부자가 아니었어. 물론 그때까지도 수익률이 좋았고 많은 돈을 번 부자이긴 했지만, 자기가 평생 모을 재산의 200분의 1도 못 모은 거야. 50살이 넘어서 그 전에 벌었던 돈의 200배를 넘게 벌었으니까.

 오오……!

 버핏이 60대 중반, 남들 같으면 이제 은퇴할 나이지? 그때부터 번 게 90조야. 다시 말해서 93조 중에 90조는 환갑도 한참 지난 다음부터 번 거야. 이걸 보면 복리효과라는 게 시간이 지나면서 얼마나 무섭게 나타나는지 알 수 있지. 수익률보다 투자기간이 더 중요하다고 한 게 이런 부분 때문이야. 버핏 수익률은 어떻게 보면 23%밖에 안 돼. 버핏보다 수익률 높은 투자자들은 얼마든지 있어. 그런데 버핏만큼 오래 투자한 사람은 찾기 힘들어. 중학생 때 시작해서 지금 나이가 90을 넘었으니까 80년을 투자한 거야!

 아, 그래? 엄청 나이가 많네?

 사실 버핏 수익률은 젊었을 때보다 나이가 들면서 낮아졌어. 수익률은 떨어졌지만, 장수해서 오랜 기간 투자하니까 어마어마한 결과가 나오는 거야. 우리도 중학생 때부터 투자를 했으면 좋은데, 이미 늦었지? 당신은 이제 40이 다 돼서 투자를 시작하는 거잖아. 그런데 버핏처럼 90살까지 투자하면 어떻게 될까? NTSX에 넣어서 12.1% 수익이 나오면?

● **투자금 1억 원으로 51년 간 수익률 12.1%로 투자 시 결과**(단위: 원)

수익률	기간(년)	투자금	결과(세전)	결과(세후)	연 (산술)평균수익	월 수익
12,100%	51	1 억	338.8 억	264.2 억	51,614 만	4,301 만

지금 1억 투자해서 90살까지 12.1% 수익 내면 340억이 돼. 세금 내고 260억 되는 거야. 1년에 5억씩 벌고, 한 달에 4,000만 원씩 버는 거지. 당신을 무시하는 게 아니지만, 당신이 지금 뭔가를 해서 한 달에 4,000만 원씩 벌 수 있을까?

 아니, 택도 없지! 그런데 상상만 해도 너무 좋다! 크크크.

그런데 NTSX에 1억 넣고, 90살까지 오래 살면 돼. 운동 열심히 하고, 좋은 거 먹고 즐겁게 살면 260억이 돼있는 거야. 1년에 5억씩 50년 버는 거랑 똑같지.

 그럼 돈을 더 늘려도 되지 않아? 더 투자하면?

 그렇지. 2억 넣으면 520억 되고, 3억이면 780억 돼. 한 달에 1억 2,000만 원씩 버는 거랑 같아. 그래서 이게 바로 버핏이 말한 '천천히 부자가 되는 방법'이야. 그런데 앞에서 제프 베조스가 왜 당신의 투자를 못 따라 하냐고 하니까 워런 버핏이 천천히 부자 되기가 싫어서 그런다고 했잖아.

똑같이 물어볼 수 있어. 베조스가 버핏한테 '당신 방법은 쉬운데, 사람들이 왜 못 따라 할까요?' 물었던 것처럼 당신이 나한테 'NTSX만 사놓고 기다리면 되는데, 왜 사람들이 못 따라 할까요?'라고 묻는 거지. 그럼 내 답도 똑같아. 천천히 부자 되는 게 싫으니까. 비트코인 대박 나고 바이오주 급등해서 당장에 부자가 되고 싶으니까! 지난번에 당신이 그런 얘기했잖아? 어떤 주식 사야 할지, 주식투자 어떻게 하는 건지 배우고 싶었는데, 그런 건 안 가르쳐주고 ETF만 사라고 해서 서운했다고. 이것만 가지고도 이렇게 벌 수 있는데 굳이 어려운 걸 해 보라고 권할 이유가 있을까? 핵심자산을 먼저 이런 데다가 투자하고…… 물론 이게 90살 될 때까지 50년이나 기다려야 하니까 좀 아쉬워.

 크크크, 나 죽어!

 그래서 주변자산은 좀 더 빨리 부자 되고, 시간을 줄여줄 수 있는 방법을 공부하고 찾아보는 거야. 지난번에 얘기한 복권처럼, 당첨이 돼주면 90살까지 안 기다리고 더 빨리 부자가 되는 거고, 설사 당첨이 안 되더라도 핵심자산이 천천히 나를 부자로 만들어주는 거지. 핵심자산으로 부자가 되는 길은 일단 확보를 했어. NTSX에 1억을 넣어두면 90살에 260억이 돼. 나머지 돈을 다 날리더라도, 저 1억만 건드리지 않으면 부자는 이미 됐어. 만약 260억이 너무 많고, 130억만 돼도 만족할 것 같다면, NTSX에 5,000만 원까지만 채우면 돼. 나머지 5,000만 원으로는 다른 걸 시도해서 도전해 봐도 되는 거지.

실제로 NTSX 성과가 어떤지 확인해 볼 수 있어. 이게 만들어진 지가 아직 3년이 안 돼서, 오랜 기간 확인은 안 되는데. 그 기간(2년 8개월) 동안 성과는 우리가 앞에서 봤던 9060(SPY 90%, IEF 60%, CASHX -50%를 입력했을 시)하고 거의 같게 나와. 이게 그 그래프거든.

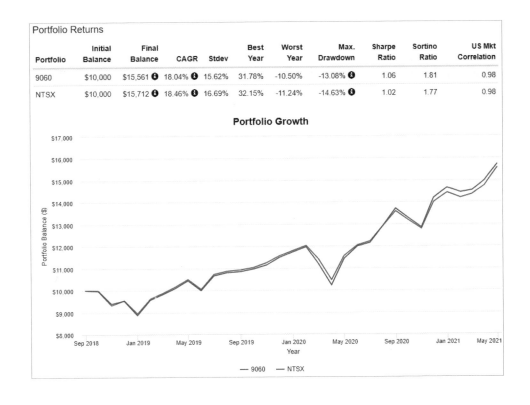

거의 똑같네.

 그치? 만들어진 지가 오래됐어도, 아마 앞에서 봤던 9060하고 비슷하게 나올 거야. 그리고 저 기간 동안 AOR, SPY하고 비교해 보면 결과가 이렇게 나와.

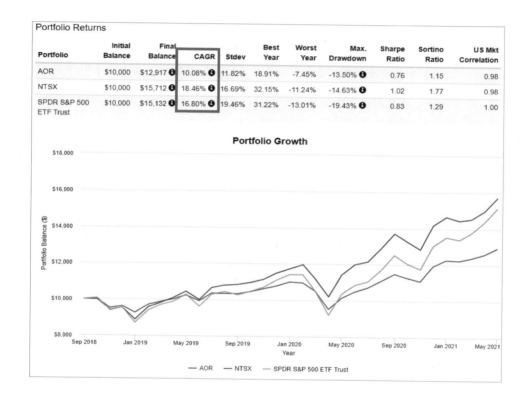

Portfolio Returns

Portfolio	Initial Balance	Final Balance	CAGR	Stdev	Best Year	Worst Year	Max. Drawdown	Sharpe Ratio	Sortino Ratio	US Mkt Correlation
AOR	$10,000	$12,917	10.08%	11.82%	18.91%	-7.45%	-13.50%	0.76	1.15	0.98
NTSX	$10,000	$15,712	18.46%	16.69%	32.15%	-11.24%	-14.63%	1.02	1.77	0.98
SPDR S&P 500 ETF Trust	$10,000	$15,132	16.80%	19.46%	31.22%	-13.01%	-19.43%	0.83	1.29	1.00

Portfolio Growth

 AOR이 수익률(CAGR) 10% 나는 동안, NTSX는 18% 나왔어.

 오호!

 그리고 그 기간에는 MDD(Max. Drawdown)도 AOR보다 크게 높지 않았어. 1%밖에 차이가 안 나. 2020년에 코로나19 때문에 주식은 20%가 빠졌거든. S&P500에 투자한 SPY가 MDD 20% 나왔잖아. 그런데 그때도 NTSX는 14%밖에 안 빠졌어. 60% 들고 있는 채권이 막아준 거지. 그리고 SPY 17% 수익 나는 동안 레버리지 쓴 NTSX는 18% 수익이 난 거고. 실제 운용 성과를 봐도 이 정도면 훌륭하지.

NTSX의 장점과 단점

 물론 NTSX도 장점만 있는 건 아냐. 모든 투자 상품에는 장단점이 있다고 했지? NTSX의 장점은 방금 본 대로 레버리지를 이용해서 수익률을 높일 수 있다는 거야. AOR보다 기대수익률이 높지. 대신에 단점은 그만큼 MDD랑 변동성이 커진다는 거야. 시장이 안 좋을 때는 마음고생이 AOR보다 심하지. 그걸 버틸 수 있어야 돼. 백데이터 보면 6040의 MDD가 27%일 때, 9060은 40%까지 나왔거든. 그 각오를 해야 돼. 그리고 두 번째 단점은 NTSX가 미국 주식과 미국 채권에만 투자한다는 거야. AOR은 전 세계 주식과 채권에 60대 40으로 투자해서, 미국이 안 좋더라도 다른 나라들에 분산해서 대비를 하는데, NTSX는 미국 주식하고 미국 채권(선물)에만 투자가 돼 있어.

● NTSX의 장단점

장점	단점
레버리지를 이용해서 수익률을 높일 수 있다!	AOR에 비해 MDD와 변동성이 높아진다! 미국 주식과 채권에만 투자한다.

전 세계에 투자된 9060은 없어? 그렇게 해도 되잖아?

 아직 만들어진 건 없어. 앞으로 누가 만들 수도 있을 텐데, 그런 ETF가 나오면 투자하기에 좋은 상품이 될 거라고 봐. 어쨌든 그런 상품이 나오기 전까지 NTSX는 미국에만 투자가 되는데, 이게 무슨 문제가 있냐면 전에 말했던 투자대상 있잖아? 이 그림 기억나?

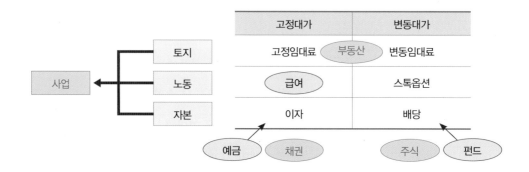

 응, 기억나. 돈을 버는 방법 중에 제일 좋은 게 사업이라고 했던 거.

 그래. 사업이 제일 좋은데, 그걸 직접 못 할 때 토지나 노동, 자본을 제공해주고 옆에서 간접적으로 돈을 번다고 했잖아. NTSX는 저 중에서 채권하고 주식에 투자한 건데, 만약 사업이 잘 안되면 어떻겠어? 미국에 있는 기업들이 돈을 잘 못 벌면, 거기에 자본을 대주는 채권과 주식도 안 좋을 수 있거든. 결국 미국 기업에만 투자하고 있기 때문에 미국 기업들 장사가 잘 안되고, 경기가 나빠지면 NTSX 성과도 나빠질 수 있어.

 그래도 미국이니까 제일 괜찮지 않아?

요새는 그랬지. 2008년 금융위기 이후로 10년 넘게 미국이 제일 좋긴 해. 그런데 그전에는 미국보다 다른 나라에 투자하는 게 수익률이 더 좋을 때도 많았어. 일본이 제일 잘나가면서 미국 위협하기도 했고, 브릭스(BRICS)라고 브라질, 러시아, 인도, 중국이 치고 올라올 때도 있었어. 몇 년 전까지만 해도 G2라고 하면서 이제는 중국이 대세라고 한 적도 있었고. 경제 규모나 국력으로 미국을 앞지르기는 쉽지 않겠지만, 성장하는 속도가 미국보다 빠른 나라는 얼마든지 나올 수 있어. 특히 주가가 오르는 건 성장이 중요해. 주가가 '높다'는 거랑 주가가 '오른다'는 거랑은 달라. 반에서 1등 하는 애가 계속 1등을 지킨다고 해서 성적이 오르는 건 아니잖아? 30등 하던 애가 10등을 하게 되면 그게 성적이 오르는 거지. 주가도 마찬가지야. 1등 하던 애가 계속 1등 한다고 해서 주가가 크게 오르지는 않아. 원래부터 1등이어서 원래부터 비쌌거든. 그런데 30등 하던 애가 10등으로 오르면, 30등 할 때는 쌌던 주가가 10등 하니까 많이 올라가. 주가가 높아야 돈을 버는 게 아니라 주가가 올라야 돈을 벌지. 10,000원 하던 주식이 11,000원까지 올라봐야 10%밖에 못 벌잖아? 그런데 1,000원 하던 주식이 3,000원이 되면 3배나 오른 거잖아. 마찬가지로 미국보다 더 잘사는 나라가 나오기는 쉽지 않겠지만(미국이 한동안 계속 1등을 하겠지만), 미국보다 성장하는 속도가 빠른 나라는 얼마든지 나올 수 있지.

 응. 더 빨리 성장하는 나라가 나올 수도 있겠네.

 우리가 하나 꼭 생각해 봐야 할 게 있어. NTSX에 투자했다가 만약 미국 기업들이 '폭망'하면 어떻게 될까?

 윽, 안 돼!

그런 일이 없기를 바라지만, 그걸 물 떠놓고 기도만 올린다고 막을 수는 없거든. 실제 그렇게 됐을 경우에 대책이 있는지 살펴봐야 돼. 투자를 할 때는 무슨 일이 어떻게 터질지 모르거든. 그런 얘기가 있어. 백조 있잖아? 새, 백조! 그 백조가 무슨 색이지?

 백조? 하얀색!

블랙스완에 대비하는 ETF

 그치? 백조에 백자가 한자로 흰 백(白)이잖아. 당연히 하얀색이지. 그런데 블랙스완(Black swan)이라는 용어가 있어. 검은 백조라는 건데, 말이 안 되지? 이게 무슨 '따뜻한 얼음'이나 '착한 악마'처럼 말이 안 되는 표현인 건데⋯⋯ 당황스러운 게, 진짜로 검정색 백조가 발견이 됐어.

어머? 진짜 있는 거야?

 호주에서 진짜 털 색깔이 검은 백조가 발견된 거야. 그래서 블랙스완이라는 용어
가 무슨 의미가 됐냐면 '있을 리가 없다, 절대 없을 것이다'라고 생각했던 일이 실
제로 일어나는 걸 말해.

 아아~!

 그래서 이 용어가, 저번에 말했던 『행운에 속지 마라』라는 책! 그 책 썼던 나심 니
콜라스 탈레브가 『블랙스완』(동녘사이언스, 2018)이라는 제목으로 책을 써서 더 유명
해졌어.

블랙스완이란 극단적으로 예외적이어서 발생가능성이 없어 보이지만 일단 발생하면 엄청난
충격과 파급 효과를 가져오는 사건을 가리키는 용어입니다.

단 한 번으로도 삶을 무너뜨릴
불운에 어떻게 대비할까?

2008년 미국에서 터졌던 금융위기가 이 블랙스완에 해당했던 거야. 아까 본 대로 미국 사람들이 '집 가격은 떨어지지 않는다. 그럴 리가 없다'라고 생각하고 있었잖아. 그런데 폭락해 버린 거야. 검은 백조가 발견돼 버린 거지. 이런 일들이 터진다고. 좀 전에 NTSX가 미국 기업들이 망하면 위험하고, 대책이 없다고 했잖아. 그런데 거기에 대해서 '무슨 소리야. 미국 기업들이 왜 망해. 전 세계에서 제일 잘나가는데 무슨 소리야. 구글, 아마존, 애플이 망하겠어?'라고 하는데, 그러다가 블랙스완이 올 수 있다는 거지. 나심 니콜라스 탈레브가 쓴 저 책도 이런 부분에 대해서 항상 생각을 해 보고 있어야 한다는 내용이야. 표지에도 '단 한 번으로도 삶을 무너뜨릴 불운에 어떻게 대비할까?'라고 적혀있어.

 어, 무서워!

아까 NTSX 사서 50년 기다리면 부자가 된다고 했는데, 중간에 블랙스완이 터져서 재산을 싹 쓸어가 버리고, 우리의 삶을 무너뜨린다면?

그래서 뭐가 있냐면…… 이런 블랙스완에 대비하는 ETF가 있어!

 오호~! (웃음)

 ETF라는 게 정말 좋은 상품이야. 금융 쪽에서는 20세기 최대 발명품이라고 하거든. 별의별 ETF가 다 있는데 블랙스완에 대비하기 위해 만들어진 ETF가 있어. 이름 자체가 Black Swan ETF야. 약자로는 SWAN이라고 해. 얘도 일종의 레버리지 ETF인데, 아까 NTSX는 6040을 레버리지를 써서 9060으로 바꿨잖아?

BlackSwan ETF
ticker: SWAN

AMPLIFY BLACKSWAN GROWTH & TREASURY CORE ETF

The BlackSwan ETF seeks investment results that correspond to the S-Network BlackSwan Core Index (the Index). The Index's investment strategy seeks uncapped exposure to the S&P 500, while buffering against the possibility of significant losses. Approximately 90% of the ETF will be invested in U.S. Treasury securities, while approximately 10% will be invested in SPY LEAP Options in the form of in-the-money calls.

 어, 그랬지.

 SWAN은 이걸 7090으로 만들어. 7090으로 만드는 데 어떻게 하냐면 NTSX는 90%는 주식에 투자하고, 10%는?

채권선물 샀지.

 선물에 10%만 투자하고도 60% 투자하는 효과를 봤지? SWAN은 90%로 채권을 사. 블랙스완에 대비해서, 위험한 주식이 아니라 안전한 채권에다 90%를 투자해. 미국 국채에 투자하는 건데, 채권 백데이터 보면 정말 안전하게 움직이잖아. 이렇게 전체 자금의 90%는 안전한 국채에 투자하고, 나머지 10%를 가지고 주식 '옵션'에 투자해! 선물이 아닌 옵션에 투자하는데, 옵션이 뭘까?

(6040) 주식 60%+채권 40%

↓

(7090) 주식 70%(옵션)+채권 90%

 글쎄…….

 아까 봤던 밭떼기 거래 있잖아? 밭떼기 거래에서는 서로 약속을 했지? 농민은 팔기로 약속을 했어. 배춧값이 아무리 올랐더라도 원래 약속한 가격에 넘겨야 하고. 상인도 마찬가지로 약속했어. 배춧값이 아무리 떨어져도 약속한 가격에 사줘야 하지. 선물거래는 이렇게 서로 약속을 하고, 그 약속대로 이행할 의무가 있어. 그런데 옵션은 선택권이야. 해도 되고, 안 해도 돼. 상인이 옵션을 가지고 있는데, 배춧값이 올랐다? 나는 배추를 한 포기에 1,000원씩 사기로 했는데, 배춧값이 2,000원이 됐다면 사야겠지. 1,000원에 사서 2,000원에 팔 수 있으니까. 그런데 배춧값이 떨어져서 500원이 되면? 그러면 옵션을 포기해 버리면 돼. 선택권이니까 선택을 안 하면 그만이야. 선물은 서로 약속을 해서 의무가 있는데, 옵션은 권리만 있는 거야.

의무는 꼭 지켜야 하지만, 권리는 행사를 해도 되고 안 해도 되지.

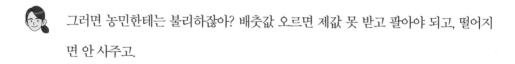

그러면 농민한테는 불리하잖아? 배춧값 오르면 제값 못 받고 팔아야 되고, 떨어지면 안 사주고.

그래서 옵션은 옵션 자체에 대한 가격을 지불하게 되어 있어. 상인이 농민한테 옵션을 돈 주고 사는 거야. 우리 비행기 표 예약할 때도, 특가석은 싼 대신에 취소나 환불이 안 되는 경우가 있잖아. 취소할 수 있는 권리가 있는 일반표는 더 비싸. 취소권이나 환불권이라는 선택권에 대해서 돈을 더 주고 사는 거고, 그런 권리가 없는 특가석은 그만큼 더 싼 거지. 이렇게 권리에 대한 대가를 더 지불하는 거야.

선물거래는 계약금은 걸었지만, 따로 돈을 더 주지는 않거든. 선물이라는 계약 자체에 대해 돈을 주지는 않는다고. 그런데 옵션은 물건값 말고 옵션에 대한 가격을 따로 더 줘야 해. 배추를 1,000만 원 주고 살 수 있는 권리를 100만 원 주고 사는 거야. 그럼 일단 100만 원을 줘야 옵션 계약이 성립되고, 실제 사고 싶다면 1,000만 원을 줘서 총 1,100만 원을 주고 배추를 사는 거지. 만약 배춧값이 떨어져서 안 사겠다고 하면, 상인은 옵션값 100만 원 날리는 거야. 농민은 상인이 권리를 행사하든 말든, 어쨌든 옵션값 100만 원은 챙기지.

 아하, 옵션값을 받으니까 무조건 손해는 아니구나?

 옵션거래를 하면 손익 구조가 이렇게 돼. 예를 들어 배추 1포기를 1,000원(권리행사가격)에 살 수 있는 권리, 이걸 콜옵션이라고 하거든? 이걸 100원(옵션가격) 주고 샀다고 할게. 그럼 일단 농민은 옵션을 팔아서 100원을 벌어. 옵션을 산 상인은 일단 100원 손해 보고 시작하는 거고. 그런데 나중에 배추가격이 1,000원이 안 되면, 굳이 그걸 1,000원 주고 살 이유가 없잖아. 그래서 상인은 옵션을 행사하지 않고 포기하는 대신 100원은 손해를 보는 거지.

그런데 배추가격이 1,000원을 넘어서면? 그때는 옵션을 행사해서 배추를 1,000원 주고 사겠지? 만약 배추가격이 1,100원이 되면 얼마나 이익일까?

 100원?

 배추를 팔아서는 100원 이익이 나지? 1,000원에 사서 1,100원에 파니까. 그런데 나는 옵션가격 100원을 줬단 말이야.

 100원 빼면 본전이네?

그렇지. 1,100원까지는 본전이고 이걸 넘어서야 그때부터 이익이 나는 거야. 만약 1,200원이 되면? 배추 팔아서 200원 남고, 거기서 옵션값 100원 빼더라도 100원이 남지. 만약 배춧값이 2,000원, 3,000원이 되면? 배추를 샀을 때랑 큰 차이 없이 (옵션값 100원만큼만 차이가 나는) 이익을 보는 거지. 그래서 배추가격이 1,000원이 될 때까지 손해가 나다가 1,100원에 본전이 되고, 1,100원을 넘어서면 이익이 끝없이 커지는 그림이 그려져.

배추를 1,000원에 살 수 있는 콜옵션을 100원에 구입하는 경우

이게 무슨 특징이 있냐면, 선물거래는 배추가격이 떨어지면 떨어질수록 내 손해도 커져. 배추를 1,000원에 사기로 했는데, 배춧값이 900원이 되면 100원 손해지만, 800원이 되면 200원 손해야. 500원 되면 500원 손해고, 200원 되면 800원이 손해. 이렇게 배춧값이 떨어지면 떨어질수록 손해가 커져. 그런데 옵션은? 배추가격이 떨어지면, 안 사버리면 돼. 옵션을 포기해 버리면 옵션값 100원만 손해 보고 끝이야. 아무리 배춧값이 폭락해도 100원 이상 손해가 날 일이 없지. 대신에 배춧값이 오를 때는? 오르는 만큼 내 이익도 늘어나게 돼.

그러네.

지금 우리가 보고 있는 게 SWAN이라는 ETF거든. 블랙스완에 대비하는 거야. 배 춧값이 말도 안 되게 폭락하는 일이 터질까 봐 겁이 나는 거지. 그런데 SWAN은 안전한 채권 90%를 산 다음, 나머지 10%는 주식옵션에다 투자했어. 만약 주가 가 오르면? 주식에 투자한 것처럼 이익이 늘어나. 회사의 상품설명을 보면 주식에 70% 정도 투자한 효과가 있대. 주식이 100 오르면 옵션 가치가 70 오르는 거지. 그 런데 만약에 주식가격이 폭락하면? 블랙스완이 나타나서 주가가 박살이 나면? 그럼 그냥 옵션행사를 안 해버리면 돼. 10% 포기하고 마는 거지. 그래서 SWAN은 주식에 서 나는 손해를 최대 10%로 막을 수 있어. 주가가 오르면 상승분의 70%만큼 이익을 가져가고, 반대로 떨어지면? 손실은 투자금 대비 10%를 넘지 않는 거지.

실제로 이게 수익률이 어땠는지 백테스트를 통해 확인해 보자고. 얘도 만들어진 지가 아직 2년도 안 됐거든?

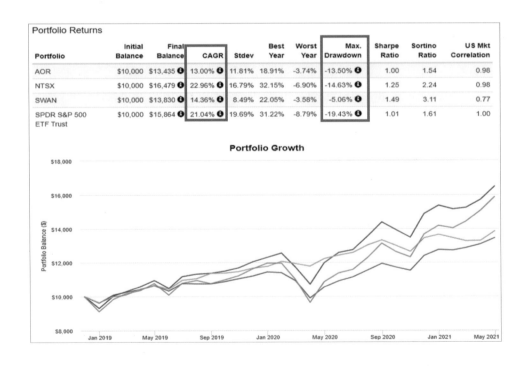

SWAN을 보면 수익률(CAGR) 14%에 MDD(Max. Drawdown)가 5%야. 2020년에 코로나19로 미국 주식(SPY) 20% 빠질 때도 SWAN은 5%밖에 안 빠졌어. 주식이 20% 넘게 빠지더라도 옵션에 투자한 10%만 포기해 버리면 돼. 그리고 보통 주식이 빠질 때는 채권이 올라가는 경우가 많거든. 10% 포기하고, 대신 90% 투자한 채권이 올라주니까 손실이 5%밖에 안 되는 거지. 이 기간 동안 미국 주식(SPY)은 결국 21%가 올랐어. SWAN은 14% 넘게 올랐으니까 주식에 70% 정도 투자한 효과가 있다는 게 맞는 거지. 주식에 90% 투자한 효과가 있는 NTSX보다는 수익률이 낮지만, 60% 투자한 효과가 있는 AOR보다는 수익률이 조금 더 높잖아. 대략적으로 AOR과 비슷한 수익률을 노리면서도, MDD는 훨씬 낮게 유지할 수 있는 게 SWAN이야. SWAN도 마찬가지로 장단점을 정리해 보자고. 장점은 뭐니뭐니해도 안전하다는 거야. 웬만해서는 10% 이상 안 떨어지겠지. 옵션만 10% 포기해 버리면 되니까. 그래서 주식이 상승하면 거기에 대해서 70% 정도는 수익을 챙기면서도, 큰 손실을 막을 수 있다는 게 장점이지. 대신에 단점이 있는데, 첫 번째는 수익률이 깎인다는 거야. SWAN은 주식시장이 좋거나 나쁘면 괜찮아. 좋은 쪽으로든 나쁜 쪽으로든 변동성이 클 때는 상대적으로 좋아. 좋은 쪽으로 움직이면 70% 수익을 챙기고, 나쁜 쪽으로 움직이면 옵션을 포기해서 손실을 막아주니까, 다른 투자자산에 비해서 상대적으로 만족스럽지. 그런데 문제는 이도 저도 아닐 때야. 주식시장이 크게 좋아지지도 않고, 크게 나빠지지도 않는 거지. 배추를 1,000원에 살 수 있는 권리를 100원 주고 샀는데, 배춧값이 그대로 1,000원인 거야. 그럼, 옵션을 행사하기도 애매하고 안 하기도 애매한 채, 옵션가격 100원만 계속 날리게 되거든. 저 계약을 유지하려면 옵션을 계속해서 사야 되는데, 옵션값만 계속 날릴 수도 있어. 우리가 만약의 사고를 대비해서 보험에 가입하는데, 사고가 안 나면 보험료만 없어지잖아. 그거랑 비슷해.

● SWAN의 장단점

장점	단점
· 안전! · 수익을 챙기면서도 불확실성(블랙스완)에 대비할 수 있다.	· 낮은 수익률! · 미국에만 투자한다.

 그리고 또 다른 단점은, 얘도 미국에만 투자한다는 거야. 미국이 폭망할 때 손해는 막을 수 있지만, 미국 말고 다른 나라들이 잘나가게 되면 그 이익은 챙기지 못해. 특히 미국 주식이 하락하는 건 10% 손실로 막지만, 미국 채권이 폭락하면 얘도 답이 없어. 안정적인 채권에 90% 투자해 두고, 만약 채권가격이 하락한다면 그때는 옵션투자한 주식가격이 크게 오를 거라고 기대하는 건데, 채권이랑 주식이 같이 폭락하면 답이 안 나오는 거지.

 그럼 AOR이랑 섞어야 전 세계에 투자할 수 있는 건가?

 오, 그렇지? 그런 고민이 들지? 그래서 나온 ETF가 또 있어!

 크크크, 그래? 뭔가가 계속 나오네?

 AOR은 수익이 조금 낮고, NTSX랑 SWAN은 미국에만 투자를 하는데, 이런 것들을 보완하는 ETF를 다음 시간에 알려줄게.

 크, 궁금하네. 빨리 알고 싶은데?

나도 천천히 부자가 될 테다

아이고야~ ETF에도 종류가 이렇게나 많았다니! 레버리지, 인버스, 곱버스, NTSX, SWAN…… 처음 들어보는 용어들도 많이 나오고, 회차를 거듭할수록 새로운 지식들이 많이 등장하니 머리가 아파온다. 아무래도 처음이다 보니 내용들이 생소하기도 하고, 나이 들어 공부하려 하니 이해하고 받아들이는 속도도 더 느린 것 같다. 그럼에도 동시에 느껴지는 건 '배움의 기쁨'이랄까? 몰랐던 것을 알게 되니 기쁘고, 조금씩 더 알아가는 즐거움을 느끼고 있는 중이다. 새로운 경험을 쌓고 도전할 때마다 두렵기도 하지만, 동시에 설레기도 한다. 한층 성장하고 발전해 나가는 내 모습을 상상해 보면 행복감이 밀려온다.

나는 버핏이 젊었을 때 이미 많은 돈을 벌었을 거라 생각했다. 그런데 60대 중반을 넘어서 번 돈이 90조라니…… 세상에, 말도 안 돼! 물론 투자를 잘하기도 했겠지만, 복리효과라는 게 정말 어마어마하다는 걸 깨닫게 된다. 다시 한 번 큰돈을 벌기 위해서는 수익률보다 기간이 더 중요하다는 걸 느낀다. 수익률은 내가 원하는 대로 달성할 수 없겠지만, 오랜 기간 투자를 유지하는 건 내 노력으로 가능하지 않을까? 더 일찍 투자를 시작하지 못한 것이 아쉽기도 하지만, 이제라도 용기를 내서 남편에게 수업을 듣기를 참 잘했다는 생각이 든다. 한 번에 대박 낼 욕심을 부리지 말고, 버핏의 말대로 천천히 부자가 되는 방법을 찾아 실행에 옮기면 된다. ETF를 핵심자산으로 두고 천천히 부자가 되도록 해야지!

ETF가 금융위기를 불러올 수도 있다?

금융시장에 종종 등장하는 용어로 '왝더독(Wag the dog)'이라는 표현이 있다. 원래 외국 속담인 '개의 꼬리가 개를 흔든다(The tail wags the dog)'에서 유래된 용어로, 개가 꼬리를 흔들어야 하는데 반대로 꼬리가 몸통(개)을 흔드는 현상을 말한다. 보통 아랫사람이 윗사람을 지배하는 하극상을 의미하며 주식시장에서는 선물시장에 의해 현물시장이 좌지우지되는 현상을 의미한다. 본문에서 얘기한 대로 선물이나 옵션 같은 파생상품은 기초자산의 움직임에 따라 가격이 등락을 보인다. 삼성전자의 주가가 상승하면, 삼성전자 주식을 살 수 있는 콜옵션의 가격도 오르고, 삼성전자 주식을 정해진 가격에 매수하기로 약속해 놓은 선물의 가격도 오른다. 이렇게 현물인 주가의 움직임에 따라 선물의 가격도 따라 움직인다. 주가가 몸통이 되고 파생상품은 꼬리가 되는 것이다. 하지만 이 관계가 뒤집혀 파생상품의 가격에 따라 현물인 주가가 영향을 받는 경우가 생긴다. 어떤 경우일까?

강의 중 아내에게 설명한 대로 파생상품은 적은 돈으로 큰 금액을 투자하는 레버리지 효과가 있다. A라는 주식을 50,000원에 살 수 있는 콜옵션의 가격이 100원이라고 해 보자. 이 옵션에 1억 원을 투자했다면 100만 개의 콜옵션을 보유하게 된다. 자, 이제 옵션 만기에 A주식의 주가가 50,000원이라면 콜옵션 투자자에게는 한 푼도 남는 게 없다. 50,000원짜리 주식을 50,000원에 사봐야 아무런 이득도 보지 못하고, 콜옵션 가격으로 지불한 1억 원만 날리게 된다. 하지만 주가가 50,100원이 되면 어떨까? 주가가 0.2%인 100원 상승한 것이다. 그러면 옵션 투자자는 50,000원에 산 주식을 50,100원에 팔아 옵션 한 개당 100원씩 총 1억 원을 얻게 된다. 1억 원 손실에서 본전으로 바뀐다. 만약 주가가 50,200원이라면 옵션투자자는 1억 원의 이익을 얻게 된다. 이렇게 현물인 주가가 0.2%만 움직여도 옵션 투자자의 손익은 크게 달라진다. 그런데 주가는 자금력을 이용해서 끌어올릴 수도 있다. 50,000원에 팔겠다는 물량을 다 사고, 50,100원에 팔겠다는 물량까지 살 수 있다면 주가는 50,100원이 된다. 50,100원에 팔겠다는 물량도 모두 사고 나면 50,200원까지 올릴 수 있다. 이렇게 주가를 0.2% 상승시키는 데 1,000만 원이 필요하다면 무슨 일이 발생할까? 파생상품에서 1억 원의 이익을 내기 위해, 현물주식을 1,000만 원 매수하는 사람이 생겨난다. 1,000만 원을 투자해서 1억 원의 이익을 얻게 되니 현물주식을 다음 날 일부 손해를 보고 팔아도 남는 장사가 된다. 이렇게 되면 현물가격이 파생상품의 손익을 결정하는 게 아니라, 파생시장이 현물가격을 좌우하는 현상이 발생하는 데 이를 왝더독(Wag the dog)이라고 부른다.

왝더독은 파생상품의 시장규모가 현물시장보다 커질 때 발생한다. 예를 들어 프로야구 경기에서 구단이나 선수들이 받게 되는 입장료나 연봉이 한 경기당 10억 원이라고 하자. 그런데 스포츠 토토나 사설 도박의 내깃돈 규모가 100억 원이라면 어떻게 될까? 그럴 때 바로 승부조작의 유혹이 발생한다. 경기에 이겨봐야 1,000만 원의 수당을 받는 선수에게 1억 원을 대가로 주고 승부조작을 지시한 다음, 사설 도박에서 더 큰 이익을 챙기는 것이다. 경기 결과에 따라 내기의 승부가 정해져야 하는데, 내기에 따라 경기 결과가 달라져 버리는 일이 생겨난다. 거대해진 꼬리가 작은 몸통을 흔들어버리는 것이다.

그런데 ETF 역시 파생상품처럼 현물시장에 영향을 줘서 금융위기를 불러올 수 있다는 얘기가 나온다. 왜 그럴까? 특정 지수를 추종하는 ETF의 경우 현물시장에서 정해지는 지수의 움직임에 따라 ETF의 가격이 따라 움직인다. 코스피 ETF는 코스피 시장에서 거래되는 현물주식의 가격 움직임이라는 몸통에 따라 정해지는 꼬리다. 그런데 최근 수십 년 사이에 시장지수를 추종하는 ETF의 투자규모가 크게 증가했다. 꼬리가 커진 것이다. 그럼 앞에서 얘기한 대로 거대해진 꼬리가 작은 몸통을 흔들어버릴 가능성이 있다. ETF의 규모 증가는 가파르다. 'etfgi.com'의 자료에 따르면 미국의 ETF 규모는 2003년 1,510억 달러에서 2020년 5조 3,160억 달러로 35배가 증가했다. 연 평균(CAGR) 21%에 해당하는 성장이다. 한국거래소의 보도자료*에 따르면, 미국의 경우 주식시장 시가총액 대비 ETF 순자산총액의 비율이 12.6%에 달하고 있다.

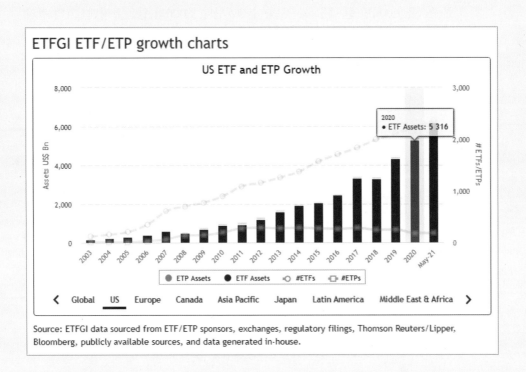

ETFGI ETF/ETP growth charts

US ETF and ETP Growth

2020
● ETF Assets: 5 316

● ETP Assets   ● ETF Assets   ○ #ETFs   ▢ #ETPs

< Global US Europe Canada Asia Pacific Japan Latin America Middle East & Africa >

Source: ETFGI data sourced from ETF/ETP sponsors, exchanges, regulatory filings, Thomson Reuters/Lipper, Bloomberg, publicly available sources, and data generated in-house.

---

* 한국거래소, 「2020년 ETF 시장 동향 및 주요 특징 분석」, 2021-01-07

ETF 중에는 운용사가 시장평균을 초과하는 수익률을 목표로 공격적이고 적극적인 운용을 하는 액티브 ETF도 있지만, 기본적으로는 시장평균을 목표로 하는 패시브의 성격이 강하다. 패시브 ETF의 경우 투자자의 자금이 유입되면 운용사는 미리 벤치마크로 지정해 둔 모든 주식들을 시장에서 시가총액 비율에 따라 기계적으로 매입한다. 이런 패시브 ETF에 많은 자금이 유입된다는 것은 무엇을 의미할까? 묻지도 따지지도 않고 주식을 매수하는 자금이기에 주가상승을 견인하게 된다. 자산가격에 거품이 생길 수 있는 것이다. 2018년 7월에 실린 조선비즈의 기사*에는 "투자자들의 맹목적인 ETF 투자가 금융위기를 불러올 수 있다"는 주장을 소개하고 있다. 행동주의 투자자 칼 아이컨의 얘기도 소개했는데 그는 "미국 증시는 상장지수펀드(ETF)와 상장지수증권(ETN)이라는 스테로이드를 맞은 카지노와 같다"며 대공황을 일으킨 1929년 증시 폭락 때보다 더 심각한 증시 붕괴가 나타날 수 있다고 말했다. ETF에 맡긴 돈이 증시에 유입되면서 자산가격을 더욱 상승시켰고, 이를 본 투자자들이 더 많은 돈을 ETF에 투자하면서 증시에 거품이 형성됐는데, 반대로 증시가 하락할 때 ETF에 대한 매도가 이루어지면 주가 하락을 더욱 부추겨서 증시의 붕괴를 유발할 수 있다는 주장이다. 영화 「빅쇼트」의 실제 주인공으로 알려진 인물로, 미국 주택 시장과 서브프라임의 문제점을 파악하고 하락에 투자해 2008년 금융위기 때 큰 돈을 번 마이클 버리 역시 ETF의 버블을 경고한다. 2019년에 그는 다음 마켓 버블(next market bubble)을 찾았다며, 패시브 투자가 주식과 채권의 가격을 상승시키는 것이 10년 전 서브프라임 모기지가 부동산 시장에 거품을 만들어낸 것과 유사하다고 주장한다. 그러면서 대부분의 버블이 그러하

---

* 안중현 기자. 「30년 만에 바뀐 ETF 운명······ 혁신적 발명품에서 금융위기 뇌관되나」, 조선비즈, 2018-07-02

듯, 지속되면 될수록 더 끔찍한 결과가 생겨날 것이라고 얘기했다.

이러한 우려에 대해서는 2020년 3월, SK증권에서 발간한 「ETF 오해와 진실」
이라는 보고서가 좋은 참고가 될 것이다. 해당 보고서는 주로 미국 연방준비제도
(연준, FED)가 발간한 「능동적 투자에서 수동적 투자로의 전환: 금융 안정성에 대
한 잠재적 위험(The Shift from Active to Passive Investing: Potential Risks to Financial
Stability)」를 참조했는데, 결론적으로 ETF가 시장에 불러올 위험은 아직 크지 않
다고 주장한다. 주장의 주된 근거는 다음과 같다. 패시브 투자 증가가 인덱스 버블
(Index Bubble)을 야기할 이론적인 가능성은 있다. 시장이 하락할 때 이를 보고 패
시브 투자자금이 빠져나가면 하락을 더욱 가속화할 수 있다. 하지만 시장에서 지
금까지 나타난 결과는 오히려 시장이 하락할 때 더 많은 자금이 패시브 펀드에 유
입되어 하락을 막고 시장을 안정화했다. 2008년과 2013년 시장이 폭락했을 때, 액
티브 펀드의 자금은 빠져나갔지만 패시브 펀드에는 자금이 유입되었다. 회귀분석
결과 패시브 펀드들이 액티브 펀드에 비해 수익률에 덜 예민한 모습을 보여주어,
환매 리스크가 낮다는 것을 확인했다. 2020년 3월 코로나 팬데믹으로 주식시장이
22.3%나 하락했을 때도 ETF의 자금흐름은 (+)로 유입되는 결과를 보여주었다. 다
만 레버리지나 인버스 ETF(이하 LETP, Leveraged and Inverse ETPs)는 시장의 변동
성을 확대시키는 것으로 나타났다.

개인적으로 SK증권의 보고서 내용에 많은 부분 동의한다. 분명 패시브 펀드의
매수가 시장을 상승시키는 동력이 되며, 2008년 금융위기 이후 미국 주식시장의
상승에 ETF 규모의 증가도 한몫을 했다고 본다. 만약 어떠한 계기로 인해 ETF 매
도가 시작된다면 꼬리가 몸통을 흔들어 주식시장 폭락을 수반할 수 있는 가능성이
있다. 하지만 오히려 ETF 규모의 증가와 시장경험이 주식시장의 하방경직성을 만
들어낼 수 있다고 본다. 많은 투자자들이 주식시장의 지난 역사를 되돌아보며, 시

장이 일시적으로 폭락했을 때가 오히려 주식을 매수할 기회였음을 알게 됐다. 하지만 막상 폭락을 맞이하게 되면 수많은 주식 중 어떤 종목에 투자해야 할지 망설여지고 겁이 나는데, 그럴 때 지수 전체를 매수할 수 있는 패시브 펀드가 좋은 투자 대안이 되는 것이다. 이런 인식이 투자자들 사이에 널리 퍼지면 시장이 하락할 때 패시브 펀드의 환매가 이루어지는 것이 아니라 오히려 자금이 유입되어 시장하락을 방어하게 될 것이다.

다만, 보고서의 주장대로 LETP(레버리지나 인버스 ETF)는 시장의 변동성을 확대시켜 시장 위기를 만들어낼 가능성이 있다. 패시브 펀드는 시장이 하락하더라도 투자자들의 환매요청이 없으면 시장에 영향을 주지 않는다. 그냥 가격이 하락하는 주식을 그대로 가지고 있으면 된다. 하지만 LETP는 환매요청이 없더라도 리밸런싱을 위해 매수와 매도가 발생한다. 복잡한 내용이지만 알기 쉽게 단순화해서 설명하면, LETP는 주가의 2배나 3배 혹은 반대로 움직이는 손익구조를 만들기 위해 파생상품과 현물주식을 활용한다. 그리고 이러한 구조를 유지하기 위해 주가의 변동에 따라 매일 조금씩 리밸런싱을 하는 과정에서 투자자의 자금유입과 상관없이 주식에 대한 매수와 매도가 이루어지는 것이다. 이렇게 LETP가 시장의 변동성을 확대시킬 수는 있지만, 보고서의 내용에 따르면 LETP가 전체 ETF 시장에서 차지하는 부분이 1%에 지나지 않기 때문에 당장에는 큰 문제가 없어 보인다.

보충수업 세금을 더 줄여서, 수익률을 높여보자

본문에서 보았듯이, 장기 투자에 있어 세금은 생각보다 훨씬 큰 영향을 미친다. NTSX에 30년 투자하여 12.1%의 수익을 얻은 경우, 세금이 없다면 30.8억이 되지만, 매년 세금을 제하고 재투자하면 결과는 절반인 15억밖에 되지 않는다. 세율은 22%지만, 매년 납부하는 세금에 대한 재투자 기회를 놓치는 것을 포함하니 수익의 절반 이상이 사라지는 것이다. 매년 납부하지 않고 늦춰서 마지막에 납부하면 결과는 22%만 줄어든 24억이 된다.

● **투자 시 세전, 세후 수익률 비교**(단위: 원)

과세방식	수익률	기간	투자금	결과
세전	12.100%	30년	1 억	30.8 억
세후(매년 처분)	9.438%	30년	1 억	15.0 억
세후(마지막에 처분)	12.100%	30년	1 억	24.0 억

여기서 작게나마 세금을 더 줄일 수 있는 방법이 있다. 아내에게는 복잡하게 느껴질 수 있어 바로 설명하지 않았지만 나중에 별도로 설명할 내용인데. 바로 기본공제 250만 원을 이용하는 방법이다. 해외 주식에 대한 양도소득에 대해서는 과세가 되는 대신 매년 250만 원까지는 기본공제가 적용된다. 해외 주식에 대한 양도소득은 투자자가 매년 5월에 자진신고 후 양도소득세를 납부해야 하는데, 세금을 계산해서 자진신고하는 것은 꽤 번거로운 일이다. 아내가 첫 번째 숙제로 시험삼아 샀던 AOR 1주를 처분했다고 하자. 대략 60,000원 정도에 매수했는데 5% 상승 후 처분해서 3,000원의 이익이 났다. 이때 양도차익 3,000원에 대해서 국세청에

신고하고, 660원의 세금을 내야 한다면 얼마나 번거롭겠는가? 세금을 잘 몰라 세무사에게 신고를 맡기기라도 하려면 배보다 배꼽이 커질 것이다. 이 때문에 1년에 250만 원까지는 양도차익이 생기더라도 세금을 면제해 주는 기본공제 제도가 존재한다. 이 기본공제를 이용하면 소액투자자 입장에서는 적지 않은 금액을 절세할 수 있다.

방법은 간단하다. 매년 매매차익 250만 원까지 주식(ETF)을 팔고 재매수하는 것이다. 만약 NTSX에 1,000만 원을 투자하고 첫 해 10%가 상승해서 1,100만 원이됐다면 이를 일단 모두 매도한 다음 다시 재매수한다. 양도차익 100만 원이 생겼지만, 1년에 250만 원까지는 기본공제가 되므로 내야 할 세금은 없다. 그리고 내가 취득한 원가는 이제 재매수한 1,100만 원이 된다. 다음 해 또 10%가 상승하더라도 매도 후 재매수하면 양도차익 110만 원은 기본공제가 되고, 매수원가는 1,210만 원이 된다. 이런 식으로 매년 기본공제 250만 원까지 과세대상 양도차익을 없애갈 수 있다. 단순히 계산해서 1,000만 원 주고 투자한 미국 주식이 10년 동안 매년 250만 원씩 상승해 3,500만 원이 됐을 경우, 10년 동안 계속 보유한 다음 매각하면 495만 원[(양도차익 2,500만 원 – 기본공제 250만 원)×22%=495만 원]의 세금을 내야 하지만, 매년 매도 후 재매수했다면 한 푼의 세금도 내지 않게 된다. 이렇게 매도 후 재매수하는 방법을 쓰면 1년에 250만 원까지 공제를 받을 수 있으므로, 30년 투자하는 경우 250만 원×30년×22%=1,650만 원의 절세효과가 있다.

Q NTSX와 SWAN을 포트폴리오에 추가하고 싶나요? 그렇다면 그렇게 생각하는 근거가 무엇인지 적어보세요.

Q 앞서 AOR 사는 법과 동일하게 NTSX와 SWAN을 1주씩 사본 후 아래 표를 작성해보세요.

이름	갯수	달러 가격	원화 가격	매수일
NTSX				
SWAN				

사경인의 친절한 투자 과외

7 일 차

투자의 세계에서
살아가는 방법은
스스로 정해야 한다

☑ 주식과 채권이 같이 하락하면 어쩌지?

☑ 계절에 상관없는 올시즌 포트폴리오

☑ 작은 돈으로도 전 세계 최고 헤지펀드처럼 투자하는 방법

☑ 자산배분 ETF의 비교

☑ 자산배분에 있어 고려해야 할 것들

☑ 자산의 MDD뿐만 아니라, 소득의 MDD도 생각하자

주식과 채권이 같이 하락하면 어쩌지?

 자, 우리 지난 시간에 핵심자산에 넣을 ETF들 봤어요. 당신이 산 AOR은 주식하고 채권에 6040으로 투자하는 거였지. 그리고 AOR에 레버리지를 써서 수익률을 키워본 게 NTSX였어. NTSX는 채권선물 이용해서 주식과 채권에 9060으로 투자하는 건데, 과거수익률은 10%가 넘게 나오지만, MDD는 40% 정도 됐죠?

그런데 과거 MDD가 40%라고 해서 앞으로도 40% 이상의 손실이 안 난다는 얘기는 절대 아니지? '여태까지는 그랬다 하더라도 미래는 모른다, 더 큰 손실이 언제든 발생할 가능성이 있다'라는 것처럼 과거에는 한 번도 없었던, 예기치 못한 일이 터지는 걸 블랙스완이라고 하고, 거기에 대비한 ETF가 SWAN이었어. 이건 주식이랑 채권에 7090으로 투자하는데, 주식옵션에 투자하기 때문에 주식이 폭락하면 옵션을 포기해서 손실을 막을 수 있어. 그래서 AOR을 기본으로 하되, 좀 더 수익률을 높이고 싶다면 NTSX, 안전을 높이고 싶다면 SWAN을 생각해 볼 수 있지.

레버리지 자산배분ETF

(6040) AOR 주식 60%+채권 40%

↓

(9060) NTSX 주식 90%+채권 60%(선물)

(7090) SWAN 옵션 10%(주식 70%)+채권 90%

자, 그런데 NTSX나 SWAN도 장·단점이 있다고 했어. NTSX는 수익률이 높지만 위험도 커졌고. SWAN은 위험은 낮지만 옵션비용 때문에 수익률이 낮아. 그리고 둘 다 공통적인 단점으로 미국 주식과 미국 채권에만 투자가 된다는 점이라고 했어. 그래서 미국이 나빠지면 어떻게 할지, 거기에 대한 대책은 없는지 고민해 보자고.

응 알았어!

주식하고 채권에 나눠서 투자해 놓으면 보통은 서로 보완이 돼. 위험한 주식이 떨어지면, 안전한 채권에 돈이 몰리면서 채권가격이 올라가고, 반대로 주식 쪽에 돈이 몰려오면 채권은 재미없어지고. 그래서 이 둘에 같이 투자를 해서 변동성을 줄이는 건데…… 간혹 주식과 채권이 같이 나빠지는 경우가 있어. 대표적인 게 인플레이션이야. 물가가 오르는 거 있지? 물건값이 비싸지는 걸 인플레이션이라고 하는데, 적당한 인플레이션은 경제에 좋아. 물건값이 조금씩 올라줘야 기업들 이익도 조금씩 늘어나고, 직원들 월급도 늘어나니까.

그런데 물가가 적당히 오르는 게 아니라 급등하는 인플레이션이 왔을 때는 주식하고 채권이 다 안 좋았어. 물건값이 갑자기 너무 오르니까 사람들이 뭐든 잘 안 사! 비싸거든. 물건이 잘 안 팔리니까 기업들 이익이 줄어들고, 그럼 주가는 떨어지지. 그리고 물가가 오르면 금리(이자율)도 오르는데, 금리가 오르면 채권가격은 떨어진다고 했잖아. 채권 이자율은 고정되어 있는데, 은행이 이자를 더 많이 주면 채권 인기가 떨어지니까. 그래서 물가가 급등하는 인플레이션이 오면 주식과 채권이 같이 나빠져.

심지어 스태그플레이션이라는 것도 있었어. 인플레이션은 보통 돈이 많이 풀리고, 장사도 잘되면서 물가가 올라. 경기가 좋아지면서 장사가 잘되니까, 그렇게 번 돈으로 비싼 물건 사고, 사치하면서 물가가 오르거든. 그런데 스태그플레이션은 경기가 나쁘고 장사가 안되는데 물가는 오르는 거야. 경기가 과열되면서 물가가 오르는 게 보통인데, 스태그플레이션은 경기침체랑 물가상승이 같이 나타나는 거지. 이럴 때는 이자율이 올라야 될까, 떨어져야 될까?

경기가 안 좋고 장사가 안되면, 떨어져야겠지. 그래야 사람들이 돈을 쓸 테니까.

그런데 이자율이 높아지고 물가가 올라가 버리는 게 스태그플레이션이야. 경기가 나빠서 장사가 안되니까 물건값이 떨어지는 게 디플레이션, 경기가 좋아서 장사가 잘되니까 물건값이 올라가는 게 인플레이션. 보통 이 두 경우 사이에서 경제가 왔다 갔다 균형을 잡아가는데, 스태그플레이션은 경기가 나쁜데도 불구하고 물가는 올라가는 거야.

그럼 어떻게 해야 돼?

미치는 거지. 정부는 금리를 조정해서 왔다 갔다 하며 균형을 맞추거든? 디플레이션이 와서 경기가 안 좋으면 금리를 낮추고 돈을 풀어서 경기를 살려. 인플레이션이 와서 물가가 너무 오르면, 금리를 높여서 열을 좀 식히고.
그런데 스태그플레이션은 경기는 안 좋은데, 물가는 비싸. 그럼 경기를 살리기 위해서 이자율을 낮추면 물가가 더 올라버려. 이자율이 낮아져서 돈을 싸게 빌릴 수 있으니까 서로서로 돈을 빌려서 물건을 사려고 하는 거지. 물건값이 오르니까 서로 사려고 하는 거야. 예를 들어 부동산 가격은 계속 오르는데 은행금리는 싸면 어떻게 하겠어? 다들 싼 금리로 대출 받아서 집 사려고 하겠지? 그럼 집값은 더 오르는 거야. 디플레이션일 때는 물가가 하락해 있으니까 금리를 낮춰서 물가를 올려도 되는데, 스태그플레이션일 때는 물가가 비싼 상태라서 금리를 낮췄다가는 물가가 더 폭등해 버려. 그렇다고 해서 물가를 잡기 위해 금리를 높이면, 안 그래도 안 좋은 경기가 더 나빠지지. 이자가 비싸면 장사해도 이자 내고 남는 게 없으니까 다들 장사를 접는 거야. 스태그플레이션에서는 진짜 이러지도 저러지도 못하는 상황이 돼.

● 디플레이션, 인플레이션, 스태그플레이션 비교표

구분	경기	물가	금리정책
디플레이션	침체	하락	인하
인플레이션	과열	상승	인상
스태그플레이션	침체	상승	??

이렇게 스태그플레이션이 오면 경기가 침체돼서 주식시장이 안 좋은데, 물가가 상승해서 금리가 오르면 채권가격도 떨어져. 이렇게 되면 주식과 채권에 나눠서 투자했는데도 같이 망하는 거지.

또 하나 생각해 볼 건, AOR이 투자한 주식 60, 채권 40이라는 비율이 적정하냐는 거야. 지난번에 '코스톨라니의 달걀'로 봄, 여름, 가을, 겨울 얘기할 때 여름이 겨울보다 길다고 했지? 호황(여름)은 좀 길게 가고, 불황(겨울)은 짧으니까 여름에 좋은 주식을 60 가져가고, 겨울에 좋은 채권은 40만 가져간다고. 그런데 이게 수익 관점에서 보면 좋을 수 있는데, 위험이나 변동성이라는 관점에서 보면 균형이 깨져 있어. 실제로 AOR 가격이 어떻게 움직이는지 주식, 채권하고 함께 비교해 보면 다음 그래프처럼 돼.

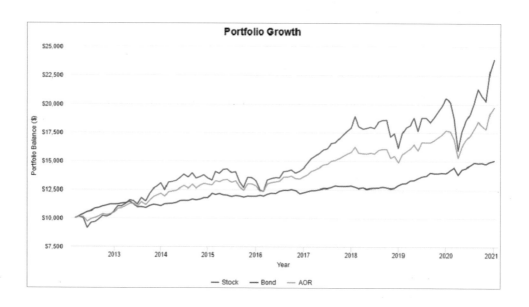

 노란선이 AOR이고, 파란선이 주식, 빨간선은 채권이야. AOR이 주식에 60, 채권에 40을 투자했는데, 지금 노란선 움직임을 보면 뭐랑 거의 같지?

 파란선! 주식하고 비슷한데?

 맞아. 주식하고 똑같이 움직여. 60대 40으로 거의 절반 정도씩 투자한 것 같지만, 막상 가격이 어떻게 움직이냐, 변동성이 어떠냐를 보면 그냥 주식하고 별 차이가 없어. 주식이 오르면 AOR도 오르고, 주식이 떨어지면 AOR도 떨어져.

참고로 6040 포트폴리오와 미국 주식시장의 상관관계는 0.99에 달하고, 전 세계에 투자하는 AOR도 미국 시장과의 상관관계가 0.96으로 나타납니다. 등락의 폭은 다르더라도 방향성은 거의 같다는 얘기입니다.

그러네. 채권은 별로 영향이 없네.

 이게 음식으로 비유하면, 주식은 되게 매운 맛이 나는 청양고추야. 채권은 맛이 순해. 두부 같은 거지. 그런데 매운 고추랑 순한 두부를 섞으면 무슨 맛이 나겠어? 고추를 60%, 두부를 40% 섞으면?

 고추 60%? 고추 맛만 나지, 너무 매워!

 마찬가지로 주식은 변동성이 심하고, 채권은 안정적인데 둘을 섞으면 주식의 움직임만 나타나는 거야. 주식과 채권이 60대 40으로 섞였는데, 실제 움직임은 주식의 영향을 90% 넘게 받아. 채권은 움직임 자체가 작으니까. 수익률 관점에서는 6040으로 섞었는데, 위험의 관점에서는 9010인 거지.

정리하자면, 안전하게 나름 분산투자를 한다고 해도 NTSX나 SWAN은 미국에만 투자가 돼 있어. 그래서 미국이 나빠지면 위험해. 또 주식하고 채권에 분산했는데, 둘 다 안 좋은 시기가 있어. 게다가 위험이 큰 주식에 60%나 투자를 하는 건 안전한 것 같지도 않아. 이런 문제를 어떻게 해결할지, 대책이 없을지 고민되는 거지.

미국이 나빠지면(NTSX, SWAN) 어떡하지?

주식과 채권이 같이 나빠지면 어쩌지?

위험한 주식이 60%, 안전한 채권이 40%인 게(AOR) 적정한가?

계절에 상관없는 올시즌 포트폴리오

 이런 고민에 대해서 해결책을 제시해 본 사람이 레이 달리오(Ray Dalio)라는 분이야. 레이 달리오는 전 세계에서 가장 큰 헤지펀드를 운영하는 사람이거든? 투자 쪽에서는 워런 버핏 못지 않게 유명한 인물이야.

원래 투자는 경제흐름을 읽고 그 흐름에 맞게 선택해야 돼. 내가 처음에 코스톨라니의 달걀 보여줬잖아? 경기랑 금리가 어떠냐에 따라서 주식이나 채권, 부동산 예금에 그때그때 투자하잖아. 레이 달리오가 그런 식으로 '타이밍에 맞는 투자를 해야 한다, 계절에 맞는 투자가 필요하다'고 하니까 누가 물어본 거야. '우리 같은 일반인한테는 그런 것도 어렵다고. 지금 금리가 높은지 낮은지, 경기가 좋은 건지 나쁜 건지 어떻게 알겠냐고. 더 쉽게 투자할 방법은 없느냐고' 물어본 거지.

누가 그걸 물어봤냐면, 토니 로빈스(Tony Robbins)라는 사람이야. 자기계발 쪽에서 유명한 사람인데, 이 사람이 『머니』(알에이치코리아, 2015)라는 돈에 관한 책을 쓰면서 레이 달리오한테 물어본 거야. 경제상황에 따라서, 계절에 따른 투자를 하라고 하는데, 계절을 구분하기가 막상 어렵다는 거지. 진짜 계절처럼 1년에 4계절이 있고, 서너 달마다 바뀌면 쉬운데 투자할 때 계절은 석 달 있다가 바뀔 때도 있고, 3년이 지나도록 안 바뀔 때도 있고, 언제 다음 계절로 바뀌는 건지, 그걸 어떻게 알아챌 수 있는 건지 어렵다는 거지. 그래서 이런 질문을 한 거야.

좋을 때건 나쁠 때건, 어떤 경제 환경에서건 실적이 좋을 것이라고 절대적으로 확신하려면 어떤 종류의 포트폴리오를 마련해야 하는가?

계절에 상관없이 그냥 사계절 내내 놔둬도 되는 방법이 없냐는 거지. 여기에 대한 전통적인 답변 중 하나가 '영구 포트폴리오'였어. 전에 내가 보여줬던 거 있지. 그냥 1/4씩 투자하는 거. 그랬을 때도 연 7% 정도로 우상향했잖아? 그걸 한 단계 더 발전시켜서 봄하고 가을은 짧더라, 그리고 여름이 겨울보다 길더라, 그러니까 주식에 60, 채권에 40 투자하자는 6040이 된 거고. 그런데 레이 달리오가 이 6040 포트폴리오에 문제점이 있다고 지적한 거야. 아까 얘기한 문제들, 주식과 채권이 같이 나빠질 수도 있고, 변동성이 큰 주식을 60%나 들고 있으면 위험이 크다는 얘기를 한 거지. 그래서 주식의 비중을 좀 더 줄여야 하고, 그 대신 주식과 채권 말고 다른 자산을 조금씩 섞어넣을 필요가 있다고 얘기를 해. 주식과 채권이 같이 안 좋을 때가 가끔 있는데, 그때 가만히 보면 금하고 원자재 가격이 올라간대.

원자재?

물건 만들거나 생산할 때 꼭 필요한 원료 같은 것들 말해. 구리나 철, 원유 같은 것들. 아니면 옥수수나 콩 같은 것들도 있어. 옥수수나 콩이 우리가 먹는 음식만 되는 게 아니거든. 이게 동물 사료로 쓰이니까 옥수수나 콩이 없으면 소나 돼지도 없어져. 그리고 바이오 에탄올이라는 연료로도 만들거든. 그래서 되게 중요한데, 이런 것들에 투자하는 걸 원자재, 상품(commodity)이라고 해.
주식하고 채권이 같이 나빠지는 대표적인 경우 중 하나가 스태그플레이션이라고 했잖아? 물가가 급등하는 인플레이션. 그런데 말 그대로 물가가 오른다는 것은 물건의 가격이 오른다는 거야. 석유값이 오르고, 각종 원재료나 금속, 광물 같은 원자재의 가격이 오른다는 거지. 그래서 물가가 급등할 때 주식이나 채권은 나빠지지만, 금이나 원자재는 좋아져. 그래서 여기에도 조금 투자를 해줘야 한다는 거지.

그래서 레이 달리오가 제시한 게 '올시즌(all season) 포트폴리오'야. 봄, 여름, 가을, 겨울 상관없이 모든 계절에 안심하고 투자할 수 있는 포트폴리오라는 거지. 그게 이렇게 구성이 돼.

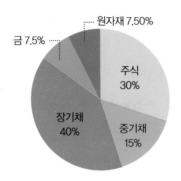

주식에는 30%만 투자해. 60%는 너무 많다는 거지. 그리고 채권에는 55%를 투자해. 이걸 장기채랑 중기채로 나누는데, 장기채는 돈을 갚는 만기가 많이 남아 있는 채권(보통 20년 이상)이고, 중기채는 중간 정도 되는(7~10년) 채권이거든. 장기채에 40%, 중기채에 15% 투자해서 채권에는 총 55%를 투자하는 거지. 그리고 나머지 15%는 금하고 원자재에 각각 7.5%씩 투자하라는 거야. 그래야 주식하고 채권이 같이 안 좋은 때를 대비할 수 있다고. 이렇게 투자를 하면 어떤 계절이 오든 큰 걱정 안 하고 안전하게 갈 수 있다고 해서 올시즌 포트폴리오라고 이름 붙였어.

오호~!

실제로 이렇게 투자했을 때 결과가 어떠냐. 레이 달리오가 이걸 백테스트 해봤어. 그랬더니 결과가 이렇게 나왔대.

1984년부터 2013년까지 30년간 백테스트를 해봤는데, 수익률이 9.72%가 나와. 그리고 30년 중에 손실이 난 건 딱 4년뿐이야. 나머지 26년은 모두 수익이 났어. 4년 손실 났을 때도 평균 손실이 2%가 안 돼. 손실이 나도 적게 난 거지. 최악이 언제였냐면 2008년 금융위기 터졌을 때거든? 그런데 그때 손실이 4%도 안 돼. 2008년에 주식시장은 난리 났거든. 거의 40%가 빠졌어. 그런데 올시즌은 4%밖에 손실이 안 난 거지. 2008년에 손실을 4%로 막았다는 건 엄청난 거야.

수익률 9.72%면 세금을 내더라도 당신이 목표한 8%는 나와. 그러면서도 최악이 연 4% 손실이다? 물론 MDD랑 저 최악의 손실은 달라. 최악의 손실은 연도별로 끊은 거라서, MDD는 이것보다 더 클 수 있어. 쉽게 말해 2008년에 4% 빠졌지만, 2009년에도 추가로 2%가 빠졌다면, 최악의 해는 2008년에 4% 빠진 거지만, MDD는 2008년부터 2009년까지 이어진 6%가 되는 거지. 어쨌든 당신이 각오하는 MDD 40%보다는 훨씬 마음고생이 덜하지. 자산배분투자에서 6040이 오래된 전통적인 포트폴리오라면, 올시즌은 최근에 뜨고 있는 포트폴리오야.

 핫(hot)하네?

 응. (웃음) 올시즌도 직접 백테스트 해 볼 수 있어. 포트폴리오 비주얼라이저에 아예 '레이 달리오 올시즌(Ray Dalio All Seasons)'이라는 항목이 따로 있어서 그냥 선택하면 바로 백테스트가 가능해.

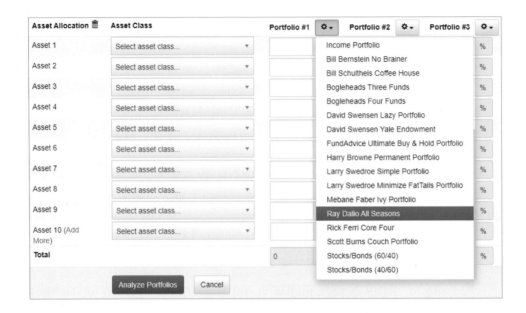

 오호~!

 백테스트 할 때 자산 항목을 주식에 얼마, 채권에 얼마 일일이 선택하지 않아도 포트폴리오(Portfolio) 옆에 톱니바퀴 버튼을 누르면 미리 구성된 포트폴리오를 검증해 볼 수 있어. 저기서 레이 달리오 올시즌(Ray Dalio All Seasons)을 선택하면 거기에 맞게 자산 항목하고 비율이 정해져.

내가 말했던 1/4씩 투자하는 영구포트폴리오 있지? 그게 원래 저기 중간에 있는 '해리 브라운 영구 포트폴리오(Harry Browne Permanent Portfolio)'야. 맨 아래쪽에 '주식채권 6040(Stocks/Bonds 60/40)'이라고 있잖아? 그게 6040이고. 중간에 보면 여러 재미있는 포트폴리오도 많아. 어쨌든 이 중에 레이 달리오 올시즌(Ray Dalio

All Seasons)을 선택해서 백테스트 해 보자고. 진짜 레이 달리오의 말대로 9% 정도 수익률이 나오고, 손실은 4%를 안 넘어가는지. 물론 달리오가 거짓말을 했을 것 같지는 않지만, 투자할 때는 누구도 맹신해서는 안 돼. 항상 내 손으로 확인을 해 보고 검증하는 습관을 갖는 게 좋아.

레이 달리오 올시즌(Ray Dalio All Seasons)을 선택하면 앞에서 얘기한 것처럼 자동으로 주식 30%, 장기채 40%, 중기채 15%, 원자재 7.5%, 금 7.5%를 투자하는데 결과는 이렇게 나와. 원자재에 대한 데이터가 2007년부터 시작되니까 2007년부터 2020년까지만 백테스트를 할 수 있는데, 수익률(CAGR)은 7.28%에 MDD(Max. Drawdown)는 -14.75%야.

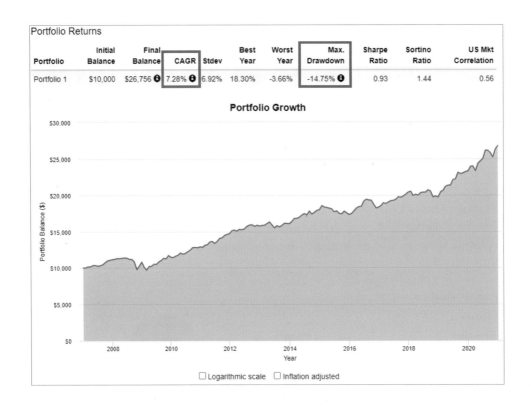

Portfolio Returns

Portfolio	Initial Balance	Final Balance	CAGR	Stdev	Best Year	Worst Year	Max. Drawdown	Sharpe Ratio	Sortino Ratio	US Mkt Correlation
Portfolio 1	$10,000	$26,756 ❶	7.28% ❶	6.92%	18.30%	-3.66%	-14.75% ❶	0.93	1.44	0.56

 수익률이 레이 달리오가 보여준 결과보다 낮아. 그런데 그건 테스트 기간에서 생기는 차이라고 보면 돼. 레이 달리오가 테스트한 30년 기간에는 1980년대와 1990년대도 들어가 있는데, 그때는 경제전반적으로 수익률이 높았어. 이자율도 높고 투자수익률도 높았지. 포트폴리오 비주얼라이저가 테스트한 2007년부터는 수익률이 과거보다 못해.

그래서 수익률이 낮게 나온 것으로 보이고, 저기서 최악의 해(Worst Year)를 보면 (-)3.66%야. 레이 달리오는 최악의 해가 2008년으로 (-)3.93%라고 나왔는데, 비슷하지만 오히려 양호해. 레이 달리오가 백테스트 결과를 좋게 포장하거나 부풀리지는 않았다는 거지.

실제 연간 수익률(Annual Returns) 자료를 보면 최악의 해가 2008년이 아니라,

2015년이 나와. 레이 달리오가 백테스트한 건 2013년까지였는데, 그 뒤로 2015년이 더 안 좋았지.

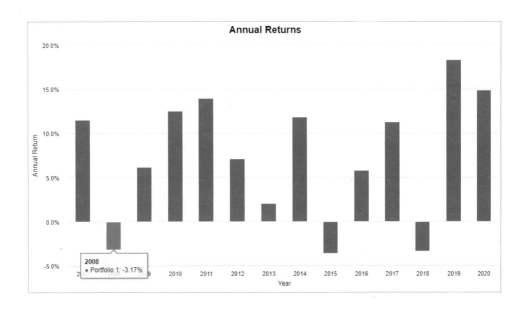

그래 봐야 역시 (-)4%를 넘지는 않았어. 포트폴리오 비주얼라이저 결과로는 2008년에 손실이 3.17%야. 레이 달리오의 결과보다 오히려 좋지. 실제 ETF로 투자했을 때의 결과도 확인해 보자고. 지금 본 건 이론상으로 주식, 채권, 원자재, 금에 저렇게 나눠서 투자했을 때 각 자산 가격이 어떻게 움직였는지를 보여주는 거고, 실제 우리가 투자를 할 때는 모든 주식이나 채권을 다 살 수는 없고 ETF를 사서 투자해야 하니까. 그래서 포트폴리오 비주얼라이저에서 자산을 선택하는 '백테스트 자산배분(Backtest Aseet Allocation)' 말고 투자상품을 선택하는 '백테스트 포트폴리오(Backtest Portfolio)'를 선택해서 확인해 보자고. 마찬가지로 포트폴리오 선택 버튼에서 '레이 달리오 올시즌(Ray Dalio All Seasons)'을 선택해. 그럼 투자 포트폴리오를 이렇게 구성해서 보여줘.

 주식 30%는 VTI(뱅가드 주식시장 ETF: Vanguard Total Stock Market ETF)라는 ETF에,

장기채 40%는 TLT(아이쉐어 20년 장기채 ETF: iShares 20+ Year Tresury Bond ETF), 중

기채 15%는 IEF(아이쉐어 7-10년 장기채 ETF: iShares 7-10 Year Tresasury Bond ETF),

원자재 7.5%는 DBC(인베스코 DB 원자재 추종: Invesco DB Commodity Tracking), 금

7.5%는 GLD(SPDR 골드 쉐어: SPDR Gold Shares)라는 ETF를 사서 1년에 한 번씩 리

밸런싱을 해주는 거야. 그러면 결과가 이렇게 돼.

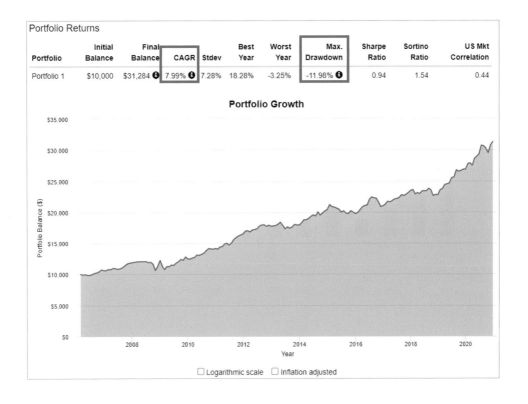

Portfolio Returns

Portfolio	Initial Balance	Final Balance	CAGR	Stdev	Best Year	Worst Year	Max. Drawdown	Sharpe Ratio	Sortino Ratio	US Mkt Correlation
Portfolio 1	$10,000	$31,284 ❶	7.99% ❶	7.28%	18.28%	-3.25%	-11.98% ❶	0.94	1.54	0.44

보면 수익률(CAGR) 7.99%에 MDD(Max. Drawdown)는 −11.98%야. 수익률이 AOR에 뒤지지 않으면서도 MDD는 훨씬 낮게 나와. 최악의 해가 (−)3.25%지. 이 정도 마음고생은 다른 포트폴리오들에 비하면 고생도 아니지. 심지어 이렇게 직접 ETF를 구성한 다음의 결과를 보면 2008년에도 이익이 났어. 2008년 수익률이 3.15%야. 남들 피눈물 흘릴 때, 조용히 웃을 수 있지. 마음고생이 적으니까 가성비가 좋은 투자방법이야.

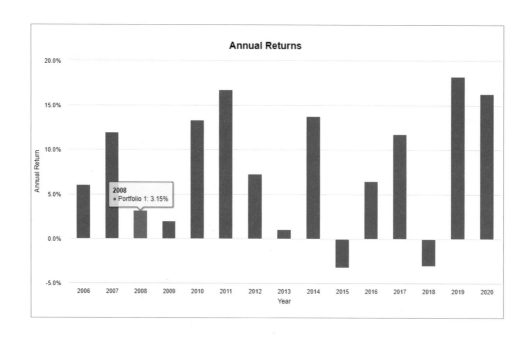

Annual Returns

2008
• Portfolio 1: 3.15%

아까 우리가 봤던 세 가지를 한번 같이 비교해 볼게. 포트폴리오 선택화면에서 봤던 해리 브라운 영구 포트폴리오(Harry Browne Permanent Portfolio)랑 주식채권 6040(Stocks/Bonds 60/40) 그리고 레이 달리오 올시즌(Ray Dalio All Seasons) 이 세 가지를 같이 선택해서, 실제 ETF로 포트폴리오를 짰을 때 결과가 어떤지 보자고.

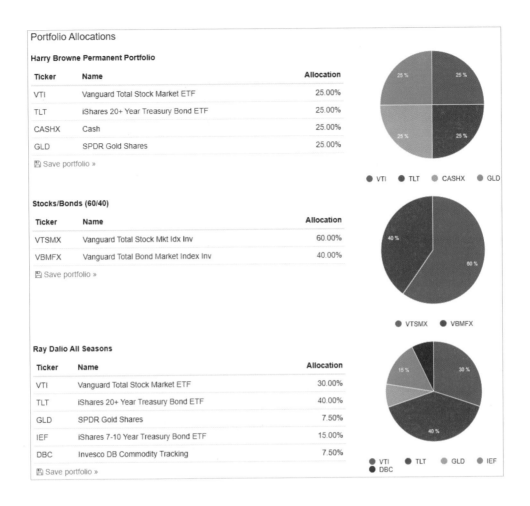

Portfolio Allocations

Harry Browne Permanent Portfolio

Ticker	Name	Allocation
VTI	Vanguard Total Stock Market ETF	25.00%
TLT	iShares 20+ Year Treasury Bond ETF	25.00%
CASHX	Cash	25.00%
GLD	SPDR Gold Shares	25.00%

🖫 Save portfolio »

Stocks/Bonds (60/40)

Ticker	Name	Allocation
VTSMX	Vanguard Total Stock Mkt Idx Inv	60.00%
VBMFX	Vanguard Total Bond Market Index Inv	40.00%

🖫 Save portfolio »

Ray Dalio All Seasons

Ticker	Name	Allocation
VTI	Vanguard Total Stock Market ETF	30.00%
TLT	iShares 20+ Year Treasury Bond ETF	40.00%
GLD	SPDR Gold Shares	7.50%
IEF	iShares 7-10 Year Treasury Bond ETF	15.00%
DBC	Invesco DB Commodity Tracking	7.50%

🖫 Save portfolio »

세 가지 포트폴리오가 ETF로 저렇게 구성이 되고 투자 결과는 다음과 같아.

Portfolio Returns

Portfolio	Initial Balance	Final Balance	CAGR	Stdev	Best Year	Worst Year	Max. Drawdown	Sharpe Ratio	Sortino Ratio	US Mkt Correlation
Harry Browne Permanent Portfolio	$10,000	$28,665 ❶	7.36% ❶	6.83%	16.19%	-3.01%	-12.63% ❶	0.92	1.64	0.42
Stocks/Bonds (60/40)	$10,000	$31,626 ❶	8.07% ❶	9.35%	21.83%	-20.20%	-30.72% ❶	0.76	1.14	0.99
Ray Dalio All Seasons	$10,000	$31,284 ❶	7.99% ❶	7.28%	18.28%	-3.25%	-11.98% ❶	0.94	1.54	0.44

Portfolio Growth

— Harry Browne Permanent Portfolio　— Stocks/Bonds (60/40)　— Ray Dalio All Seasons

☐ Logarithmic scale　☐ Inflation adjusted

2006년부터 15년간 투자한 결과인데, 해리 브라운 영구 포트폴리오(파란선)는 수익률(CAGR) 7.36%에 MDD(Max. Drawdown) -12.63%. 주식채권 6040(빨간선)은 8.07%에 -30.72%, 레이 달리오 올시즌(노란선)이 어떻냐면, 수익률이 7.99%니까 6040하고 거의 차이가 안 나지? 그런데 MDD는 -12%가 안 돼. 성과는 같은데 마음고생은 훨씬 덜 한 거지.

표의 맨 우측에 있는 미국 시장지수 상관관계 지표(US Mkt Correlation)를 보면 6040은 0.99로 미국 주식시장과 상관관계가 무척 높게 나옵니다. 그에 반해 올시즌(All Seasons)은 0.44에 지나지 않습니다.

만약 레이 달리오가 알려준 방법대로 투자를 하고 싶으면 레이 달리오한테 돈을 직접 맡길 수도 있어. 레이 달리오가 헤지펀드를 운영한다고 했잖아? 전 세계에서 제일 큰 브리지워터(Bridgewater)라는 헤지펀드거든? 거기에 올웨더(All Weather)라는 상품이 있어. 이게 올시즌하고는 조금 달라. 4계절에 대비하는 거랑 모든 날씨에 대비하는 거랑 약간 차이가 나지.

The All Weather Story

How Bridgewater Associates created the All Weather investment strategy, the foundation of the 'risk parity' movement

BRIDGEWATER

One Glendinning Place
Westport, CT 06880
GET DIRECTIONS

+1 (203) 226 3030

RESEARCH & INSIGHTS	In the News
	The COVID-19 Shock and New Investment Paradigm
PRINCIPLES & CULTURE	Newsletter Signup
	Job Openings
PEOPLE	Investment Careers
	Technology Careers
WORKING AT BRIDGEWATER	
DIVERSITY & INCLUSION	

올웨더는 좀 더 손이 많이 가고 정교하게 운영을 해서, 올시즌보다 수익률이 좀 더 좋아. 그러니까 여기에 돈을 맡기면 좋은데, 문제가 하나 있어.

 어떤 문제?

 돈이 많아야 돼. 브리지워터가 부자들 돈만 받는데, 적어도 1,000억은 있어야 돼.

 하하하.

 그래서 국민연금 같은 정부기관이나 단체들 돈을 주로 받아서 투자하고 개인은 진짜 부자들만 맡길 수 있어. 10억 정도 들고 가봐야 만나주지도 않아.

그래서 올시즌 포트폴리오에 맞춰 투자하려면 아까 백테스트 하면서 봤던 5개 ETF(VTI 30%, TLT 40%, IEF 15%, DBC 7.5%, GLD 7.5%)를 내가 비율대로 직접 사서 투자하고, 1년에 한 번씩 리밸런싱 해줘야 하거든. 5개 사서 1년에 한 번씩 조정하는 거니까 해 볼 수도 있어. 그런데 은근히 귀찮기는 할 거야. 거기다가 매달 일정 금액을 투자하는 사람은 매달 5개씩 비중 맞춰 사야 되고.

정리하면 올시즌이 AOR하고 비교했을 때, 수익률은 비슷하지만 마음고생이 덜하고 안정적이다. 그리고 레이 달리오가 운영하는 올웨더는 올시즌하고는 약간 다른데, 부자가 아니면 안 받아준다. 그러니 올웨더는 따라 할 수 없고, 올시즌을 따라 하되 직접 5가지 ETF를 사야 한다. 자, 그런데 적은 돈으로, 쉽게, 올웨더(올시즌이 아닌)에 투자하는 방법이 있어!

 응? 어떻게?

작은 돈으로도 전 세계 최고 헤지펀드처럼 투자하는 방법

 적은 돈으로도 살 수 있는 올웨더 ETF가 있어!

 진짜?

 브리지워터에서 일했던 사람들이 나와서, 브리지워터의 투자방식(올웨더)을 따라 하는 ETF를 새로 만들었어. RPAR이란 ETF인데, 이걸 그냥 사면 올웨더에 투자하는 효과를 얻을 수 있어. 거기다가 이 RPAR에는 장점이 하나 더 있어.

무슨 장점?

 한번 생각해 봐. 올웨더에 레버리지를 쓰면 좋을까, 나쁠까?

 음…… 좋을 것 같은데?

 레버리지를 써서 안 좋아지는 경우는 어떨 때라고 했지?

 올랐다 떨어졌다 하면서 변동성이 클 때! 그런데 이건 별로 손해 안 나고 꾸준히 오르잖아!

 맞아! 자산배분을 한 AOR이 개별주식보다는 안정적인 편이어서 레버리지를 쓴 NTSX 성과가 괜찮았잖아? 그런데 올웨더는 AOR(6040)보다 더 안정적이잖아. 레버리지 쓰는 데 더 적합하지. 그걸 해주는 게 RPAR이야. RPAR도 NTSX나 SWAN 처럼 레버리지를 써서 올웨더에 투자해 줘. RPAR 자산배분 비중을 보면 이렇게 돼 있어.

	2/28/21 Allocation	Current Target Allocation[1]	Long-Term Target Allocation	2/28/21 Allocation
RPAR Risk Parity ETF	**119.3%**	**120.0%**	**120.0%**	
Global Equities	24.8%	25.0%	25.0%	
Commodity Producers	14.9%	15.0%	15.0%	
Physical Gold	17.4%	17.5%	10.0%	
Treasuries	42.2%	42.5%	35.0%	
TIPS	19.9%	20.0%	35.0%	

RPAR Risk Parity ETF — Asset Allocation — EVOKE | ARIS

2/28/21 Allocation: TIPS 20%, Global Equities 25%, Commod. Producers 15%, Gold 17%, Treasuries 42%

2021년 2월 말 기준

상단에 투자 합계를 보면 100%가 아니라 120%야. 즉, 20%만큼 레버리지를 써서 투자한다는 거지. 그 안에서 투자 비중을 보면 우리가 봤던 올시즌하고는 확실히 좀 달라. 오른쪽 '장기 목표 자산(Long-Term Target Allocation)'이 목표로 하는 자산 배분 비율인데 25%가 글로벌 주식이야. 전 세계 주식에 투자하되 비중이 30%보다 작아. 그리고 채권에 70%를 투자하는데, 절반은 TIPS야.

그게 뭐야?

'Treasury Inflation Protected Securities'의 약자인데 우리말로 '물가연동채권' 이라고 해. 원래 채권은 이자가 고정되어 있다고 했잖아? 이자율이 정해져 있으니까 은행 이자율이 올라가면 매력이 떨어지고, 은행 이자율이 내려가면 미리 정해진 높은 이자를 주니까 매력이 높아진다고. 그런데 TIPS는 물가가 오르면 이자율도 올라가고, 반대로 물가가 떨어지면 이자율도 떨어져. 주식하고 채권이 모두 안 좋을 때가 있다고 했잖아?

스태그플레이션?

 맞아. 물가 급등할 때. 그런데 물가연동채권은 물가가 급등할 때 거기에 연동해서 이자율이 올라가. 그니까 스태그플레이션이 생겨도 채권가격이 안 떨어지고 방어가 되는 거지. 스태그플레이션에 대비해서 TIPS에 투자를 한 거야.

그다음으로 금에 10%를 투자하고, 원자재에 15%를 투자해. 그래서 다 합하면 120%가 되는데, NTSX처럼 채권선물을 이용해서 20% 레버리지를 쓰는 거야. 이게 지금 수익률이 얼마나 나오냐면, 사실 만들어진 지가 얼마 안 됐거든? 2019년 말에 만들어져서 이제 2년도 안 됐어. 그 기간 동안의 수익률은 6040이나 올시즌하고 비교해 보면 다음과 같아.

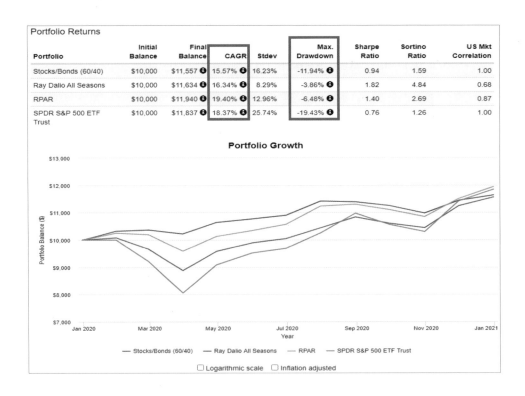

주식채권 6040(파란선)은 수익률이 15% 넘고, 레이 달리오 올시즌(빨간선)은 16%

나오는데, RPAR(노란선)은 레버리지 써서 19%가 나와. 최근에 미국 주식 SPDR

S&P500(이하 SPY, 초록선)이 많이 올라서 수익률이 18% 나왔는데, RPAR이 더

나온 거지. 그런데 MDD는 6%밖에 안 돼. 저 그래프에서 2020년 3월이 코로나

19 때문에 주식시장이 폭락했을 때야. 그때 SPY가 20%나 떨어졌거든? 6040도

12%가 떨어졌고. 그런데 RPAR은 6%밖에 안 떨어졌어. 짧은 기간이기는 하지만

RPAR이 SPY나 6040보다 수익률은 높고, MDD는 낮았어.

올시즌이 백테스트에서 8% 정도 수익률 나왔잖아? 세금 내면 당신이 목표로 하는

수익률 8%보다는 낮아질 거야. 그런데 RPAR은 레버리지를 써서 수익률이 높아지

니까 세금 내더라도 8% 정도 수익을 기대해 볼 수 있지 않을까 싶어. 원하는 수익

률을 달성하면서도 MDD는 훨씬 여유가 있는 선택이지.

자산배분 ETF의 비교

AOR 말고 추가로 봤던 세 가지를 같이 한번 비교해 보자고. AOR(iShares Core

Growth Allocation ETF)이랑 NTSX, SWAN, RPAR의 실제 결과야. 아직 만들어

진 역사가 짧아서 길게는 비교하지 못 하고 2020년부터 1년 4개월 정도 비교한

결과야.

Portfolio Returns

Portfolio	Initial Balance	Final Balance	CAGR	Stdev	Best Year	Worst Year	Max. Drawdown	Sharpe Ratio	Sortino Ratio	US Mkt Correlation
NTSX	$10,000	$13,394 ❸	24.51% ❸	19.52%	24.85%	7.28%	-14.63% ❸	1.20	2.27	0.98
SWAN	$10,000	$11,752 ❸	12.87% ❸	9.08%	15.87%	1.42%	-5.06% ❸	1.34	3.10	0.75
RPAR	$10,000	$11,743 ❸	12.80% ❸	11.99%	19.40%	-1.65%	-6.48% ❸	1.03	1.98	0.80
iShares Core Growth Allocation ETF	$10,000	$11,738 ❸	12.77% ❸	14.25%	11.41%	5.35%	-13.50% ❸	0.89	1.36	0.99

Portfolio Growth

(차트: Portfolio Balance ($) 세로축 $8,000~$14,000, 가로축 Jan 2020 ~ May 2021)

— NTSX   — SWAN   — RPAR   — iShares Core Growth Allocation ETF

이 기간 동안 수익률은 NTSX(파란선)가 24.51%로 제일 높아. 연 수익률이고, 1년 4개월 동안에는 거의 34% 올랐어. 넷 중에 레버리지를 가장 많이 쓰는데, 그 기간에 미국 주가가 많이 오르니까 성과가 좋았지. 나머지 셋은 수익률이 거의 비슷해. 셋 다 13%가 조금 안 돼. 그런데 MDD는 SWAN(빨간선)하고 RPAR(노란선)이 AOR(초록선)의 절반 수준이야.

그래서 나는 이 네 가지를 가지고 핵심자산을 구성하면 괜찮을 거라고 봐. 무난하게 AOR에 넣거나, 아니면 좀 공격적인 걸 원하면 NTSX, 무슨 일이 터질지 모르니 더 안전하게 가고 싶으면 SWAN, 주식하고 채권뿐만 아니라 다양한 자산에 분산해서 가고 싶으면 RPAR. 이걸 다 같이 놓고 비교를 해 보면 이렇게 돼.

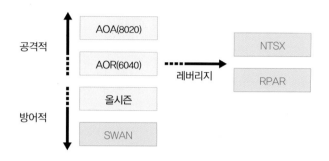

AOR이 가장 전통적이고 무난한 기준이 될 거야. 20년 수익률을 봤더니 8% 정도에 MDD가 20% 정도니까. 그런데 여기서 '나는 MDD가 더 커도 감당이 돼. 그리고 미국 주식이 장기적으로 잘될 것 같아'라는 생각이 들면 8020인 AOA에 투자하는 거지. 수익률이 11.5%까지 나오고 MDD는 막상 AOR에 비해 크지도 않았어. 아니면 NTSX도 좋지. 주식이 강세고 자산배분을 통해 MDD를 버텨낼 수 있다고 생각하면 레버리지를 쓴 9060으로 수익을 높이는 거야. 이렇게 AOR보다 공격적으로 가고 싶다면 AOA나 NTSX로 갈 수 있어.

반면에 '주식이 앞으로 어떻게 될지 모르니 수익보다 안전을 더 추구하고 싶다. 미국이 앞으로도 계속해서 잘나갈지 모르겠다'라는 생각이 들면 올시즌을 생각해 볼수 있지. 6040하고 비슷한 수익을 목표로 하면서 MDD를 낮추는 거야. 그런데 올시즌은 내가 여러 종류의 ETF를 직접 사서 구성해야 한다는 번거로움이 있으니까, 그 대신에 하나의 ETF로 구성된 데다가 레버리지 효과까지 있는 RPAR을 선택하는 것도 좋지. 그런데 만약 RPAR마저도 불안하고, 조만간 뭔가 큰일이 터질 것 같다는 불안감이 있으면 SWAN이 있고.

그래서 나는 당신이 지금 보고 있는 이 다섯 가지(AOR, AOA, NTSX, RPAR, SWAN)를 가지고 핵심자산을 구성했으면 좋겠어.

하나, 둘, 셋, 넷, 다섯…… 어, 다섯 개네?

당신이 투자하기로 한 1,000만 원 가지고 200만 원씩 5군데 투자할 수도 있고, 만약 좀 더 공격적으로 투자해서 수익률을 높이고 싶다면 NTSX나 AOA의 비중을 높이는 거지. 사실 내 취향으로는 전통적인 AOA나 AOR보다는 새로 등장한 세가지 NTSX, RPAR, SWAN이 좀 더 매력적으로 보여.

어, 나도 그래. 그 세 가지가 뭔가 좀 더 발전된 것 같고 특색도 확실해서 관심이 더가네. 수익률이 더 높거나 아니면, 같은 수익률에 위험이 더 낮아 보이니까.

경험 삼아서라도 저 세 가지를 섞어서 가져가 보면 어떨까 싶어. 실제 투자하고 나서 어떻게 움직이는지, 우리가 예상하고 기대했던 결과가 나오는지, 아니면 전혀예상 밖의 결과를 얻게 될지 보는 거지. 결과가 예상과 달라졌을 때 그 이유가 뭔지 분석하고 공부해 보면 그게 또 더 발전할 수 있는 계기가 되니까.

자, 지금까지 핵심자산에 어떤 걸 담으면 좋을지, 당신한테 추천할 만한 ETF들을 봤어. 다음으로 내 자산 중 몇 %를 핵심자산에 담을 것인가를 생각해 보자고. 1,000만 원 모두를 핵심자산에 담을지, 아니면 8:2로 800만 원은 핵심자산에 투자하고 나머지 200만 원은 주변자산으로 굴려 볼지. 이런 비중을 정해야 해.

앞에서 개념적인 부분은 설명을 했어. 핵심자산하고 주변자산 MDD를 알고 내가 허용할 수 있는 MDD 수준을 정하면 비중을 계산할 수 있다고 했잖아? 이런 수학식 풀었지?

$$(핵심자산 \ MDD \times 핵심자산 \ 비중) + (주변자산 \ MDD \times 주변자산 \ 비중) < 허용가능 \ MDD$$

단, 주변자산 비중은 '1 - 핵심자산 비중'

 응. MDD가 높은 자산은 조금만 투자하는 거.

 맞아. 기본적인 개념은 저 식으로 풀면 돼. 그런데 구체적으로 비중을 정하려고 하면 좀 더 복잡해져. 지금 우리가 투자하려는 핵심자산이 꼭 하나는 아니잖아. 여러 ETF에 나눠서 투자할 수 있단 말이야. 그리고 주변자산도 마찬가지로 하나만 투자하는 게 아니라 여러 개로 구성해 볼 수 있고. 그럼 저 수학식만으로는 변수가 너무 많아져서 복잡해져. 그래서 어떤 자산에 얼마씩 투자할지를 좀 더 고민해서 정해야 하는데…… 그런데 사실 여기에 대한 답을 내가 줄 수는 없어! 당신이 찾고 정해야 돼.

 음…….

 금융상품의 특성은 얘기해 줄 수 있어도, 살아가는 방법에 간섭할 수는 없다!

이게 좀 무책임하게 들릴 수도 있지만 어쩔 수 없어. 내가 최근에 봤던 글 중에 인상 깊은 게 있었어. '의사들은 어떻게 죽는가?'라고 해서 켄 머레이(Ken Murray)라는 미국 의사가 자기 블로그에 올렸던 글이 있는데, 이게 유명해져서 잡지에도 실렸거든. 다음이 그 내용 중 일부야.

내용을 보면 의사들도 죽잖아? 의사들도 병에 걸려서 죽을 수 있지. 그런데 만약 의사가 암에 걸리면 어떻게 할 것 같아?

 치료 받겠지.

 그러겠지? 그런데 오히려 안 받는대.

 응? 왜?

 의사들도 병에 걸려 죽지만 다른 사람들하고 좀 다른 부분이 뭐냐 하면, '얼마나 많은 치료를 받느냐'가 아니라 '얼마나 적게 치료를 받느냐'가 포인트인 거야. 쉽게 말해서, 의사는 일반인들보다 치료를 오히려 적게 받는다는 거지. 많은 사람들이 의사는 병에 걸리면 가장 좋은 치료를 받을 수 있다고 생각하잖아? 내가 걸린 암에 대해서 누가 제일 치료를 잘 하는지, 어떤 병원이 좋은지 정보를 구하기도 쉽고. 또 예약하고 진료하는 데 있어서도 아무래도 같은 의사면 좀 더 수월할 테니

506

까. 켄 머레이의 글에도 암에 걸린 의사가 나오는데, 미국에서 되게 유명하고 권위 있는 톱급이래. 그런데 그 의사는 암 판정 받고 나서 치료도 안 받고 그냥 집에 갔대. 진단 받은 다음 날 병원에서 짐 싸가지고 그냥 집으로 간 거야.

 왜? 무슨 이유가 있는 거야?

 이유가 뭐냐 하면 의사가 환자에게 해줄 수 있는 건, 환자가 걸린 병에 대해서 어떤 약이 있는지, 어떤 치료법이 있는지, 어떤 수술을 받을 수 있는지 알려주는 거야. 예를 들어 이 약을 먹으면 어떤 증상이 얼마만큼 호전될 거다, 지금 당신의 병은 5년 뒤 생존할 확률이 5%인데, 이 수술을 받으면 그 확률을 30%까지 높일 수 있다 등 그 병과 관련된 예후를 알려줄 수는 있지. 하지만 그 사람한테 '어떻게 인생을 살아야 하는지'에 대해서는 얘기해 줄 수 없어. 남은 인생을 어떻게 살아가야 할지는 삶에 대한 가치관에 따라 환자 스스로 정해야 하는 거니까.

예를 들어 수술을 받지 않으면 6개월밖에 살지 못할 확률이 높아. 수술을 받는 경우에는 잘하면 5년까지 살 수 있어. 그런 치료에 대한 확률은 의사가 말해줄 수 있지. 하지만 이 확률만으로 수술을 받을지, 말지를 정할 수 있는 건 아냐. 받지 않고 6개월 안에 죽느니 더 오래 살 가능성을 위해 당연히 수술을 받아야 하는 게 아닌가 생각할 수 있지만, 그건 삶의 기간(양)만 생각하는 거야. 삶의 질도 생각해야지. 만약 수술을 받지 않으면 남은 6개월을 그냥 내가 원하는 대로 살 수 있다고 한다면? 그냥 진통제만 처방 받아서 아픔을 덜 느끼게 하면서 일상생활을 누리는 거야. 집에서 가족들과 함께 지내고, 친한 친구나 사랑하는 사람들을 만나면서 6개월을 보내는 거지. 그런데 수술을 받으면 5년을 더 살 수 있지만, 그 5년을 계속 병원에 누워만 있어야 돼. 수술하는 과정에서 장기를 도려내는 바람에 정상적인 식생활이 어렵고 후유증에 시달리며 살아야 된다면? 그럼에도 수술을 받을지는 환자 본인이 정해야 하는 거지. 가족과 일상을 함께하는 6개월을 선택할 것이냐, 병원에 누워서 치료를 받는 5년을 선택할 것이냐는 의사가 정해줄 수 없잖아? 환자 자신이 남은 삶을 어떻게 채워넣을지 스스로 정해야지. 의사가 약과 치료법, 수술에 대해서는 얘기할 수 있지만, 그 사람의 삶에 대해서는 얘기할 수 없는 거야.

의사가 정해줄 수 없는 또 한 가지는 수술비에 대한 가치야. 치료를 받기 위해서는 많은 돈이 필요해. 수술비가 얼마인지는 의사가 얘기해 줄 수 있겠지만, 그 돈의 가치가 어느 정도인지는 사람마다 생각이 모두 다를거야. 환자가 억만장자라면 수술비에 대한 부담이 없겠지. 돈 생각 안 하고 의사결정해도 될 거야. 그런데 만약 내가 수술을 받았을 때 나머지 식구들의 생계가 위험한 상황이라면? 집을 팔고 빚을 내야만 수술을 받을 수 있다면? 그런 상황에 대한 고려는 의사가 할 수 없는 거고, 환자 스스로 판단해야 돼. 결국 병에 대한 판단은 의사가 하지만, 삶에 대한 의사결정은 환자 스스로 해야 하는 거야. 의사한테 그것까지 정해달라고 할 수는 없는 거지.

대부분의 의사들이 죽을 병에 걸렸을 때 치료를 받지 않는 이유가 삶의 질이 떨어진다는 것을 알기 때문이래. 수술을 받으면 살아 있는 시간은 늘릴 수 있지만, 그 시간을 고통스럽게 보내야 한다는 걸 알기 때문에, 그게 자신이 원하는 삶의 방식 혹은 죽음의 방식이 아니기 때문에 다른 선택을 하는 거지.

 응. 그럴 수 있겠네.

 의사가 약이나 치료법에 대해서는 얘기할 수 있지만, 그 사람이 어떻게 살아야 할지는 정해줄 수 없는 것처럼, 투자도 마찬가지야. AOR이 어떤지, NTSX가 어떤지,

RPAR이나 SWAN이 어떤지, 그런 상품들의 과거 수익률이 어땠고 MDD가 몇 %였는지는 설명해 줄 수 있어. 하지만 삶을 어떻게 살아야 한다고는 얘기 못 해. 투자결과가 우리 삶에 큰 영향을 미친단 말이야. 어떤 상품에 투자할지는 자신이 어떤 사람인지, 어떤 삶을 추구하는지와 연결되어 있어.

어느 정도 MDD를 견뎌낼 수 있는지, 자산가격이 하락하고 손실이 났을 때 삶에 어떤 영향을 받는지, 그냥 손실을 무시하면서 크게 신경 쓰지 않고 살아갈 수 있는 성격인지, 아니면 그것 때문에 스트레스를 받아 직장생활이나 가정에 불화가 생길지는 자기가 스스로 판단해야 해. ETF에 투자해서 1,000만 원의 손실이 발생할 확률은 같지만, 1,000만 원의 손실이 삶에 어떤 영향을 미칠지는 사람마다 모두 다르거든. 1,000만 원을 잃는 게 별게 아닌 사람도 있고, 그걸로 인해 삶을 포기하고 싶은 고통에 빠지는 사람도 있어. 꼭 부자와 가난한 사람의 차이가 아니야. 두 명 모두 전 재산이 2,000만 원이라고 하더라도, 절반인 1,000만 원을 잃었을 때 느끼는 고통은 다 달라. 스스로 상상해서 판단해 볼 수밖에 없어.

이건 꼭 그 사람의 성격이나 성향으로만 결정되는 게 아니라, 현재 그 사람이 처해 있는 상황에 따라서도 달라지는 거야. 이제 갓 사회생활을 시작했을 때 가진 돈의 절반을 잃는 것과 직장생활을 은퇴하고 노후자금의 절반을 잃는 것은 같은 사람한테도 그 시기에 따라 다르게 느껴질 수 있어. 결혼하기 전 혼자 살 때 돈에 대한 생각과 결혼 후 자식이 생겼을 때 갖게 되는 생각도 다르고. 예를 들어서 두 가지 상품이 있다고 생각해 보자. A라는 상품하고 B라는 상품이야. A(수익)는 기대수익이 20%로 크지만 MDD도 커서 40%나 돼. 오래 기다리면 20% 수익이 나지만, 중간에 40%까지 빠질 수도 있어. 반면에 B(안정)는 수익률이 5%로 낮지만, MDD도 10%밖에 안 돼.

	수익률(CAGR)	MDD
A(수익)	20%	-40%
B(안정)	5%	-10%

 이렇게 A라는 상품과 B라는 상품의 특성을 알려주는 것까지가 내가 할 수 있는 일이야. 그리고 나면 A와 B 중 어디에 투자할지는 투자하는 사람이 정해야 되는 거지. 무조건 수익률이 높다고 해서 A를 선택하는 게 맞다? 아니야. 상황에 따라 달라. 또 그 돈이 어떤 돈이냐에 따라서도 다르고. 같은 사람이더라도 갑자기 보너스로 받은 여윳돈으로 투자할 때랑 석 달 뒤에 올려줄 전세금으로 투자할 때는 다르지. 집주인이 전세금을 1,000만 원 올려달래. 그래서 석 달 뒤에 줘야 하는데, 그 석 달 동안 투자를 하려고 해. 그럼 A랑 B 중 어디에 투자해야 할까?

 B에 투자해야겠지.

 그치? 석 달 뒤에 줘야되는 돈인데 수익 내보겠다고 A에 투자했다가 만약 MDD 40%가 터져버리면?(MDD가 터진다는 표현은 원래 말이 안 되지만, 자산가격의 폭락이 발생한다는 의미로 표현한 것이다) 기다리면 회복하고 20% 수익이 난다고 해도, 지금 기다릴 수가 없는 상황이잖아. 안 그러면 전셋집에서 쫓겨나! 그럼 수익이 높더라도 MDD가 큰 상품에 투자할 수가 없지.

1년 뒤에 아이가 대학에 입학해. 지금 고3인데, 내년에 대학 가니까 대학등록금을 마련해야 돼. 이 돈은 A와 B중 어디에 투자해야겠어?

 그것도 안정성으로 가야 할 것 같은데?

그렇겠지. 전세기간이 언제 끝나는지, 보증금을 언제 올려줘야 하는지, 아이들은 언제 대학에 입학하는지 등 이런 것들에 따라서 어디에 투자할지가 달라지는데, 그런 사정을 모두 아는 사람은 자기 자신뿐이잖아. 언제쯤 결혼하고, 언제쯤 아이를 가질지까지 남한테 정해달라고 하는 건 말이 안 되지. 그러니까 핵심자산에 몇 %를 투자할지, 어떤 자산을 핵심자산으로 구성할지는 스스로 정할 수밖에 없어.

사람들이 나한테 '회계사님, NTSX하고 RPAR 중에 어떤 게 더 좋아요?' 이런 식의 질문을 한단 말이야. 그럼 뭐라고 답을 하겠어? '자가세요, 전세세요?', '미혼인가요, 기혼인가요?', '지금 사귀는 사람과 결혼 할 거예요? 언제요?' 이런 걸 되묻는 수밖에 없지. 이상하지? 자기 사생활을 되물어 오니까. 그러니 '스스로 정하셔야 합니다'라는 답을 할 수밖에 없다고. 너무 뻔한 대답이고, 무책임한 답변으로 들리겠지만 그게 사실이야. 그 사람의 삶을 내가 책임져줄 수 없기 때문에 당연히 무책임하게 들리는 거야. 책임져 줄 수 없는 사람에게 책임져 줄 수 없는 질문을 하니까, 무책임한 답변을 할 수밖에 없어.

스스로 판단하는 게 기준을 알고 조금만 연습하면 어렵지 않아. 물론 처음에는 잘못된 판단을 내릴 수도 있지만, 스스로 왜 그런 판단을 내렸는지 기억하고 있다면 거기서 배우는 게 생겨. 몇 가지 더 연습해 보자고. 만약 지금 20대 사회초년생이라면 A(수익)와 B(안정) 중에 어떤 상품이 더 좋을까?

 당연히 A가 낫겠지.

 그렇지? 아무래도 오랜 기간 투자할 수 있고, 아직은 충분히 기다려볼 수 있으니까. 사회생활을 막 시작하는 단계에서는 자신이 벌어들인 소득만으로 충분히 생활이 가능하니까 중간에 40% 손실이 나더라도 버티고 기다릴 수 있을 거야. 그러면서 고수익을 얻어가야지. 하지만 은퇴를 앞둔 60대라면?

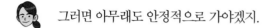 그러면 아무래도 안정적으로 가야겠지.

맞아. 특히 투자 수익으로 생계를 유지해야 하는 상황이라면 안정적인 현금흐름을 만드는 게 중요해. 직업은 어떨까? 내 직업이 공무원인 경우와 자영업자인 경우를 비교해 봐. 공무원이라면 A와 B 중에 뭐가 더 좋을까?

공무원? 공무원은…… A? 아무래도 고정적으로 받는 돈이 있으니까.

맞아. 일해서 버는 소득이 안정적이니까, 경제위기가 와서 투자금에 40% 손실이 나더라도 회복될 때까지 버틸 수가 있지. 투자자산이 흔들려도 근로소득이 안전하게 버텨주는 거야. 반면에 자영업자는 어떨까?

자영업자는 소득이 들쑥날쑥하니까 좀 안정적으로 투자해야 될 것 같아.

그렇지. 자영업자는 경기가 나빠지면 생활비도 못 벌거나, 아니면 가게 임대료랑 직원 월급도 못 주는 적자상태가 될 수도 있어. 그럴 때 투자자산도 40%나 빠져 있으면, 어쩔 수 없이 그걸 팔아서 생활비에 충당하거나 월급을 줘야 할 수 있어. 기다리면 오를 거라는 걸 알아도 못 기다리고 팔아야 하는 거지. 이런 식으로 자신의 상태나 상황에 맞춰서 스스로 판단해야 하는 거야. 투자를 잘하기 위해서는 자신을 잘 알아야 한다고 하는 이유도 이런 것들 때문이야.

자산배분에서 고려해야 할 것들

 결국 핵심자산에 얼마나 투자할지 비중을 정하는 건 스스로 할 수밖에 없는데, 대신에 그걸 정할 때 어떤 것들을 고려해야 하는지는 얘기해 줄 수 있어. 환자가 암 치료를 받을지 말지는 스스로 정해야겠지만, 그때 고려해야 할 것들이 뭐가 있는 지는 얘기해 줄 수 있잖아. 치료가 성공할 확률이나 성공했을 때 얼마나 오래 생 존할 수 있는지, 이런 치료의 예후들도 고려하지만, 그것 말고도 치료를 받기 위한 비용을 고려해야 한다고 얘기해 줄 수 있겠지. 또 치료를 받고 나면 어느 정도의 일상생활이 가능한지, 결국 치료에 성공하더라도 계속 병원생활을 해야 하는 건 아닌지도 중요한 고려사항일 거고. 마찬가지로 자산배분을 할 때 고려해야 할 것 들이 뭐가 있는지 볼 텐데, 이건 내가 좀 고민해서 정해본 거야. 어디 책이나 학교에서 배운 게 아니라, 내가 자금계획을 세울 때 실제로 이런 것들을 고려하더라고.

첫 번째는 '자금인출시점과 성격'이야. 언제 쓸 돈인지, 그리고 그 금액이 고정되어 있는지, 변동 가능한지를 생각해야 돼. 아파트에 청약했는데 당첨이 돼서 1년 뒤에 중도금이나 잔금을 치러야 되거나 아니면 아까 얘기한 대로 아이가 내년에 대학에 입학한다면? 이런 경우에는 지출시점이 정해져 있고, 금액도 정해져 있지. 이렇게 지출시점과 금액이 고정되어 있는 자금은 MDD가 낮은 자산에 투자하는 게 좋겠지? 1년 뒤에 잔금을 1억 내야 하는데, 하필 그때 MDD가 40% 터져서, 6,000만 원이 돼 있으면 아파트 못 사고 날리잖아. 아이 대학을 못 보낼 수도 있고. 그런 일이 생기면 안 되겠지.

만약 지출시점이나 지출금액 중 하나라도 변동이 가능하면 MDD가 높지만 수익률이 높은 곳에 투자해 볼 수 있어. 집을 사는데, 시기를 정하지 않고 '3억이 모이면 대출 받아서 사겠다'고 하면 MDD가 커도 되지. 금액은 정했더라도 시기가 정해진 건 아니라서 MDD가 크더라도 기다려서 높은 수익을 얻는 게 더 좋으니까. 반대로 지출시점은 정해졌지만 금액이 변동 가능하다면 마찬가지로 MDD가 커도 돼. 예를 들어 3년 뒤에 차를 바꿔야 돼. 바꿀 시기가 됐는데, 꼭 특정 차종을 사겠다고 정한 게 아니라면? 그럼 MDD가 높더라도 기대수익률이 높은 자산에 투자해서, 만약 3년 뒤에 결과가 안 좋으면 조금 작고 싼 차를 사고, 투자결과가 좋다면 크고 비싼 차를 살 수 있겠지. 물론 무조건 '그랜저를 살 거야'라고 정했다면 어쩔수 없겠지만.

그리고 저렇게 용도가 정해진 자금은 그냥 계좌를 따로 만들어서 별도로 관리하는 것도 좋아. 차 바꿀 돈, 집 살 돈, 노후 자금을 모두 한 계좌에 넣고 같이 투자하다 보면 뭔가 통제가 안 되고 계획이 다 무너지게 되는 경우가 많아. 그보다는, 용도에 맞게 계좌를 따로 분리하는 게 좋아. 1년 뒤에 아파트 잔금을 치러야 할 돈이라면 따로 계좌를 만들어서 RPAR이나 SWAN 같은 MDD 낮고 안전한 상품으로 굴리는 거지. 그리고 나머지 돈은 노후자금으로 MDD가 높더라도 높은 수익을 기대할 수 있는 상품에 투자하고.

우리가 그렇게 하고 있잖아.

맞아. 내가 옛날부터 차 바꿀 계좌, 집 살 계좌, 이준이랑 이담이한테 쓸 계좌, 노후 계좌 이런 식으로 다 분리해서 관리하는 이유가 이것 때문이야. 자동차 사는 계좌는 차를 굳이 바꾸지 않아도 되니까 MDD가 크더라도 높은 수익률을 노리고 좀 위험하게 굴리는 거지. 반면에 집 살 계좌는 훨씬 더 안전한 방법으로 투자하고. 이런 식으로 분리하는 거야. 이렇게 계좌를 분리하면, 고정지출도 MDD가 높은 자산에 투자해 볼 수 있어.

어떻게? 고정지출은 안전하게 투자해야 하는 거 아냐?

MDD를 고려해서 안전마진을 확보하는 거야. 예를 들어서, 1년 뒤에 아파트 잔금 1억을 치러야 하는데 그동안 수익도 놓치기 싫으면 MDD를 고려해서 그만큼 많은 돈을 계좌에 확보해 두면 돼. 만약 MDD가 20% 정도 되면 애초에 20% 정도를 더 투자하는 거야. 1억이 아니라 1억 2,000만 원 정도를(정확히는 1억 2,500만 원) 투자해서 20%가 빠지더라도 1억은 되게 만들어놓는 거야.

아하~!

그러면 필요한 자금을 확보하면서도 좀 더 높은 수익을 노려볼 수 있어. 만약 정말 중요한 돈이라면 과거 MDD보다 크게 여유를 확보해 놓는 게 좋아. 여태까지 MDD가 20%였던 상품이라면 거기에 1.5배인 MDD 30%를 각오하고 자금을 확보하는 거지.

1. 자금인출시점과 크기(고정 or 변동)

· 정해진 시기에 고정지출이 예상되는 자금은 MDD가 낮은 자산에 투자한다!

· 용도가 정해진 자금은 별도의 자산(계좌분리)으로 구분하는 것도 좋다.

· MDD(과거의 1.5배)를 예상하여 안전마진을 확보한 금액을 배분하는 것도 방법이다.

이렇게 용도가 정해진 자금은 계좌를 따로 만들고 그 성격에 맞게 투자하는 게 1순위야. 이 경우에는 핵심자산도 아니고 주변자산도 아닌, 특정자산이 되겠지.

두 번째로 고려해야 할 것은 자신의 현재 소득이야. 그 소득의 성격이 어떤지, 그리고 지출액과의 차이는 얼마나 되는지를 고려해야 해.

2. 현재 소득의 성격, 지출액과의 차이

· 장기간 안정적인 차익(소득 – 지출)이 예상된다면 MDD보다는 수익률에 목적을 둔다.

· 소득이 불안정하여 차익(소득 – 지출)이 마이너스일 가능성이 있다면 MDD를 우선해 연 단위 생활자금을 확보한다.

내가 지금 꼬박꼬박 벌어들이는 소득이 내 지출을 넘어서면? 월 300만 원씩 버는데 지출은 200만 원씩 하고 100만 원이 남는 상황이야. 그러면 어떤 투자를 할까?

MDD 크더라도 수익률 높은 자산!

 맞아. MDD가 터져서 투자자산이 폭락하더라도, 내가 지금 버는 돈 가지고 계속 버티면서 기다릴 수 있으니까. 그 자산을 깨서 생활비에 충당할 일이 아직 없기 때문에 값이 떨어졌을 때 억지로 팔 필요가 없어. 기다리면 돼. 그러니 MDD보다도 수익률이 중요하지. 그런데 만약 내 소득이 불안정하다면? 어떨 때는 300만 원을 버는데, 또 어떨 때는 100만 원밖에 못 벌어. 아니면 계속 마이너스야. 은퇴하고 나서 연금이 월 100만 원씩 나오는데 생활비는 200만 원씩 나가. 그럼 어떻게 해야 될까?

 그럼, 안 되지. 안전한 데 투자해야겠네.

 그치. 100만 원밖에 못 버는 달에는 생활비를 충당하기 위해서 100만 원을 깨서 써야 하는데 하필 그때 MDD가 터져서 폭락한 상태면 헐값에 팔아야 하니까. 은퇴하고 나서 매달 돈을 꺼내 써야 하는 경우에도 폭락한 가격으로 팔아야 돼. 이렇게 어떤 이유로든 투자자금을 꺼내 써야 될 상황이 있다면 안정적인 자금이 필요하지. 그렇다고 해서 전 재산을 MDD 낮고 수익률 낮은 자산에 다 묶어둘 필요는 없어. 그러기엔 너무 아까우니까.

그래서 내 생각엔 6개월에서 1년 정도 필요한 자금을, 마찬가지로 별도계좌로 관리하는 게 좋아. 그 자금만 MDD가 낮은 자산으로 굴리고, 나머지 돈은 수익률 높은 자산에 투자하는 거지.

그리고 마지막으로는 투자에 대한 이해도를 고려해야 돼. 자기가 투자에 대해서 얼마나 잘 아느냐에 따라 핵심자산이나 주변자산에 대한 투자비중이 달라져. 지난번에 핵심자산은 믿을 수 있는 자산이어야 한다고 했지? 믿을 수 있어야 기다릴 수 있다고. 믿을 수 있으려면?

 잘 알아야 되지.

 그런데 만약 내가 투자에 대한 지식이 부족하다, 잘 아는 자산이 없다, 그럴 때는 시장 전체를 사버리는 ETF에 투자할 수 있다고 했잖아.

 AOR!

 맞아. 그리고 추가로 NTSX나 RPAR, SWAN도 가능하고. 이렇게 핵심자산만 투자해도 돼. 주변자산 가져갈 필요 없이 그냥 핵심자산만 가지고 조금은 오래 걸리더라도, 천천히 부자가 되는 길을 선택해도 돼.

만약 주변자산에도 투자하고 싶다면, 그건 부자가 되는 시간을 단축할 가능성을 열어두는 자산이면 좋아. 핵심자산으로 천천히 부자가 되는 것은 확보해 두고, 주변자산에서 만약 운이 잘 따라준다면 좀 더 빨리 부자가 되는 거지. 그렇다고 해서 주변자산을 마구잡이로 아무데나 투자해서는 안 돼. 매주 10만 원씩 복권을 사도 되지만, 그것보다는 확률이 높은 방법을 선택하는 게 좋겠지. 그러려면 자산에 대해 조금씩 공부하며 알아가야 돼.

3. 투자에 대한 이해도

· 투자자산에 대한 이해도가 낮다면 자산배분 ETF를 핵심자산으로 구성하라!

· 이해도가 낮은 자산은 일단 공부 목적의 주변자산으로 접근하되 MDD가 소득의 일정배

수(예를 들어 3개월 투자액) 이하가 되도록 유지한다!

· 서둘러서 잘되는 경우가 드물다. 핵심자산에 담으려면 경기사이클(3~5년)은 한 번 이겨 내고 판단하자!

잘 아는 자산이 없다면 자산배분 ETF를 핵심자산으로 놓고서, 공부하고 싶은 자산은 주변자산으로 시작하는 거야. 이때, 최소한 그 자산의 MDD가 어느 정도 수준인지는 알아야 돼. 핵심자산과 주변자산 비중을 수학식으로 정할 때 MDD 가지고 계산했잖아. 그래서 비트코인 같은 경우에는 MDD가 100%라고 생각하고 투자한다고. 앞에서는 이걸 비율로 계산해서 전체 MDD가 내가 허용할 수 있는 비율을 넘지 않도록 정한다고 했는데, 이걸 비율로 생각하기보다는 금액으로 생각하는 게 좋아.

왜 금액으로 생각하는 게 좋으냐면, 예를 들어서 당신이 가진 돈이 1,000만 원이라고 할게. 그런데 당신이 버는 돈은 한 달에 100만 원이고 전체 자산 1,000만 원 중에 20%인 200만 원을 주변자산에 투자했다가 전부 날렸다고 가정해 볼게. 그럼 200만 원을 잃은 건데, 200만 원이면 내가 다시 두 달 열심히 일해서 모으면 돼. 아깝긴 하지만, 회복 못 할 수준은 아니지. 그래서 잘 모르는 주변자산, MDD가 100%인 주변자산에 1,000만 원 중 20%를 투자해도 돼. 다 날려도 두 달이면 다시 버니까.

그런데 내가 지금 가진 자산이 10억이라면 어떨까? 10억을 모았는데, 지금 버는 돈은 한 달에 100만 원이야. 이 상황에서 재산의 20%를 날리면 어떻게 될까? 10억의 20%면 2억인데, 그 2억을 내가 다시 일해서 벌려면?

 안 되지. 엄청 오래 걸리지.

20년은 걸린다고. 이러면 안 되겠지? 내가 가진 자산이 1,000만 원일 때는 20% 날려도 되지만, 10억일 때는 안 된단 말이야. 그래서 비율이 아니라 금액으로 정하는 게 좋고, 그 금액은 자산을 기준으로 하지 말고, 소득을 기준으로 했으면 좋겠어. 잘 모르는 자산에 투자할 때는 공부 삼아 투자하는 거고, 지금 투자하는 금액은 수강료라고 생각해도 돼. 그러니 다 날리더라도 부담 없는 수준에서 시작하는 게 좋지. 3개월 투자액 정도가 어떨까 싶어. 3개월 월급이 아냐! 월급이 300만 원인데, 그중 200만 원은 생활비로 쓰고 100만 원만 투자한다면, 이 100만 원을 기준으로 석 달치 투자액인 300만 원 정도만 공부 삼아 시작하는 거지. 만약 월급을 기준으로 석 달치 월급인 900만 원을 투자했다가 날리면, 다시 그 금액 투자하기 위해서 9달이나 걸려. 총 월급이 아닌, 순 투자액을 기준으로 정해야 돼.

내가 투자할 수 있는 금액이 월 100만 원이고, 3개월 치인 300만 원까지를 손실한도로 정했어. 그런데 그 자산의 MDD가 50%라면? 그럼 600만 원까지는 공부 삼아 투자가 가능해. 600만 원 투자했다가 50% MDD가 터지더라도 300만 원이니까. 이렇게 허용가능한 MDD를 소득의 일정배수로 정해두고, 공부해 보려는 자산의 MDD를 알면 주변자산에 대한 투자금액을 정할 수 있지. 그리고 나머지 돈은 핵심자산으로 굴리는 거야.

이렇게 처음 투자해 보는 자산은 주변자산으로 시작하되, 그걸 공부해가면서 '이제는 잘 알겠다, 자신이 있다' 하면 핵심자산으로 담는 거지. 그런데 핵심자산에 담을 정도가 되려면, 내가 보기에 최소한 한 번의 사이클은 겪어봐야 돼. 자산 가격이 오르고 떨어지는 사이클이 있거든? 경기가 오르고 내리는 사계절에 따라 좋고 나쁜 자산이 다 달라졌잖아. 배우자 고를 때도 최소한 사계절은 겪어보고 정하라고 하듯이, 핵심자산도 최소한 사계절은 겪어봐야 이 자산이 실제 경기변동이나 금리, 물가에 따라 어떻게 반응하는지 알 수 있고, 어떻게 기다리며 투자해야 하는지 최소한의 느낌이 와. 주식이 좋은 여름에 몇 달 투자 해 보고서는 '주식에 대해 알겠다' 생각하면 큰 착각이지. 겨울을 한 번은 겪어봐야 한다고.

2020년에 동학개미 열풍 불 때 들어와서 1년 투자해 보고서는 '오, 주식이 이렇게 하면 수익이 나네. 이거구나! 왜 진작에 시작하지 않았을까? 지금이라도 늦지 않았으니 투자금을 늘려서 제대로 한번 승부를 해 보자' 했다가 큰코다친다고! 경기사이클을 다 경험해 보려면 최소한 3년에서 5년은 투자를 해 봐야 돼. 그 정도 기간은 투자를 한 다음에 MDD도 잘 견뎌내고 기대했던 수익률도 달성하면 그때서야 핵심자산으로 끌고 와볼 수 있는 거지. 그럼 핵심자산으로 옮겨서 조금씩 늘려가는 거야.

마지막으로 다시 한 번 강조하는 건 MDD야! 사람들이 수익률만 계산하고 신경 쓰는데, 수익은 운의 영향을 많이 받아. 통제하기도 힘들어. 그보다는 MDD에 더 신경을 써야 해. 주변자산을 담더라도 거기서 생길 수 있는 최대 손실이 내 삶을 흔들리게 해서는 안 되지.

4. 중요한 건 MDD다

· 어떤 자산에 대해 안다고 하기 위해서는 최소한 MDD는 예상할 수 있어야 한다!
· 자산의 MDD와 소득의 MDD를 함께 고려해서 삶의 바닥을 다져야 한다!

어떤 자산에 대해서 조금은 알겠다고 말하려면, 최소한 MDD가 어느 정도 될지 예상할 수 있어야 돼. 예를 들어 비트코인에 투자하려면 비트코인 MDD가 어느 정도일지 예상을 해야 돼. 비트코인이 MDD가 얼마나 될까?

 되게 높을 것 같아.

그치? 되게 높을 것 같지? 그런데 '되게 높을 것 같다'에서 끝나면 안 돼.

 제대로 알아야 되네?

 잘 모르면 100%라고 생각하고 각오해야지. 내가 그래서 계속 비트코인에 투자하는 데 MDD 100%라고 생각하고, 다 잃어도 되는 금액만 투자했다고 하잖아. 비트코인이 아무리 전망이 좋다, 디지털 금(Gold)이다, 미래를 바꾼다 얘기해도 막상 내가 거기에 대해서 잘 몰라. 직접 투자해서 한 번의 사이클을 겪어보지도 않았고, MDD도 예측이 안 돼. 그러니까 공부 목적에서 MDD를 100%로 각오하고 주변자산에 담아보는 거지. 다 날려도 몇 달 벌면 되는 돈만큼이야.

자산의 MDD뿐만 아니라 소득의 MDD도 생각하자

 우리가 지금까지 자산의 MDD만 봤는데, 소득의 MDD도 한 번 생각해 봐야 돼. 월에 1,000만 원씩 벌던 사람의 소득이 월 300만 원으로 줄어들면 인생이 되게 힘들어져. 한때 잘나가던 연예인들이 망가지는 이유가 이런 부분이야. 한 달에 200만 원 벌던 사람이 300만 원을 벌게 되면 여유롭게 사는데, 1,000만 원 벌던 사람이 300만 원 벌게 되면 파산한다고. 그래서 자산의 MDD뿐만 아니라, 소득의 MDD도 같이 고려해야 돼.

내가 투자한 자산에 대해서 MDD 50%를 각오한다고 해 보자. 투자금의 50%가 손실 나더라도 나는 버틸 수 있다고 생각했는데, 그때 동시에 소득도 50% 줄어버리면? 그럼 버티기가 힘들어. 아까 말한 공무원처럼, 자산 가격이 폭락하더라도 내 소득은 안정적으로 유지가 되면 괜찮아. 잘릴 위험도 없고 월급도 끊기지 않아서 소득의 MDD가 작으면 그걸로 버티는 거지. 그런데 내가 자영업자야. 코로나19가 닥치니까 소득이 반토막 나는 거야. 소득의 MDD가 50%가 넘는 거지. 보통 안 좋은 일은 겹친다고 하잖아? 자산과 소득 모두 50% 줄어들었을 때 내가 버틸 수 있을지 생각해 봐야 해. 우리 주말에 같이 본 영화 있잖아?「노매드랜드」!

 응. 우울하고 슬펐어.

 이 영화에서 주인공의 삶이 힘들어진 게, 자산 MDD랑 소득 MDD가 동시에 터져버렸기 때문이야. 주인공은 2008년 금융위기가 왔을 때, 대출받아서 사놓은 집이 60%까지 떨어질 줄은 예상 못 했던 거지. 갑자기 자산에서 60% 손실이 터지니까 집을 팔아도 대출금을 못 갚는 상황이 돼서 집을 뺏겼어. 그 상태에서 직장이라도 계속 유지가 되면 소득이 줄어들지 않고 계속 버텼을 텐데, 자신이 다니던 공장도 망해서 문을 닫아버린 거야. 그래서 하루아침에 집 뺏기고 직장 잃게 돼서 트럭에서 사는 노매드(유목민)가 된 거지.

그러니 자산하고 소득의 MDD를 같이 고려해야 돼. 소득이 줄어들어 MDD가 터질 때 자산이 버텨줘야 되고, 자산에서 MDD가 터질 때는 소득이 버텨주는 게 좋아. 그런데 둘이 한꺼번에 터질 수도 있거든. 거기에 대한 대책도 있어야 돼. 소득의 MDD가 큰 사람은 자산 일부를 MDD가 낮은 자산으로 구성해서 최소한의 바닥을 확보해 놔야 되지.

실제 나 같은 경우는 소득의 MDD가 큰 편이야! 클 수 있어. 내가 일을 하고, 사업을 해서 벌어들이는 소득은 크게 떨어질 가능성이 있거든. 그래서 자산에서 MDD를 좀 확보해 놓고(MDD가 낮은 자산을 갖춰놓고) 있는 거야.

자, 여기서 숙제 나갑니다!

 헉~!

핵심자산을 어디에 얼마씩
배분할지 정해오기!

 일단 당신이 투자하기로 한 1,000만 원 중에서 주변자산에 투자할 돈이 있을까? 주변자산 투자해 보고 싶은 거?

 응…… 아직은 없어.

 내가 보기에도 그래. 앞으로 여러 자산에 대한 공부를 해가면서, 새로 투자하는 돈 중에 일부를 주변자산에 조금씩 넣더라도, 일단 지금 가진 돈은 전부 핵심자산에 넣는 게 좋을 것 같아. 그래서 우선은 지금 가진 1,000만 원을 핵심자산으로 해서 구체적으로 어떤 자산에 투자할지 당신이 고민해서 정해봐!
'아, 머리 아파! 그냥 AOR에 1,000만 원 다 넣을래! RPAR에 전부 투자할래!' 이렇게 해도 돼. 답을 맞추는 숙제가 아니야. 그냥 당신이 정하는 게, 그게 자기 답이 되는 거야. 하지만 소중한 돈이니까 충분히 고민을 해서 정하겠지. 그 과정이 공부가 되는 거야. 어떻게든 어떤 자산에 얼마씩 투자할지를 정해서 와보세요. 자, 오늘은 여기까지 합시다!

 고맙습니다!

두 번째 과제, 핵심자산 구성하기

두 번째 과제를 받았다. 나에게 주어진 1,000만 원을 어디에 얼마씩 배분해서 투자할지 정해보라는 것. 음, 1,000만 원이라…… 어떤 ETF에 얼마씩 배분해야 할까? 배운 내용들을 다시금 떠올려보며, 따로 필기해 둔 수업노트를 차근차근 훑어보았다. 나에게 지금 이 돈은 자금인출 시점이 따로 정해져 있지 않기에 장기투자가 가능하다. 마음고생도 40%까지는 감당할 수 있을 것 같아서 수익률이 높은 곳에 비중을 두고 싶다. 그래서 NTSX에 일단 40%(400만 원)를 투자하기로 정했다. 대신에 경제상황이 언제 어떻게 변할지 모르기 때문에, 이에 대한 대비로 SWAN에 20%(200만 원) 정도 투자하는 것도 필요해 보인다. 마지막으로 NTSX나 SWAN이 모두 미국에만 투자되기에 미국 경제가 나빠질 경우를 대비해서 전 세계를 투자대상으로 하는 RPAR에 나머지 40%(400만 원)를 투자할 계획이다.

그리고 매달 들어오는 수입 중에서 일단 100만 원씩을 추가로 투자해 보려 한다. 추가로 투자하는 100만 원은 NTSX에 30%, SWAN에 20%, RPAR에 30%를 투자하고, AOA에 20%를 투자하기로 정했다. AOA는 위험성이 있더라도 좀 더 높은 수익률을 위해 공격적으로 투자해 보고 싶은 마음에 선택했다. 일단 매달 100만 원씩을 투자해 보고, 여유가 생기면 좀 더 투자금액을 늘려가 볼 생각이다.

정해진 정답은 없다고 하니, 이렇게 내 상황에 맞게 스스로 정해보았다. 과제를 하기 전에는 어렵고 막막하게만 느껴졌는데, 스스로 고민하고 해결해 가는 과정에서 많은 것들을 생각해 보게 되었다. 지금 나의 재정상태나 소득에 대해서도 돌아보게 되고, 미래의 목표에 대해서도 구체적으로 생각해 보게 되는 좋은 시간이었다.

포트폴리오 간의 상관관계를 확인하라

아내에게는 여러 개의 자산배분 ETF 중 그냥 원하는 대로 선택해 보라고 했지만, 여러 가지 포트폴리오를 선택할 때는 포트폴리오 간의 상관관계를 확인해 보는 것이 좋다.

상관관계는 4일차 사경인의 생각(오랜 역사를 지닌 6040의 시대는 끝난 걸까?)에서 설명한 것처럼 가격의 움직임이 같은 방향을 보이는지(+1), 반대로 움직이는지(-1), 아니면 전혀 영향을 받지 않고 독립적으로 움직이는지(0)를 나타내는 것이다. 불확실한 미래에 대비하기 위해 여러 개의 포트폴리오를 구축하고 분산했는데, 만약 그 포트폴리오들의 상관관계가 1이어서 같은 방향으로 움직인다면 분산의 의미가 없다.

내가 아내에게 권한 5가지 ETF(AOR, AOA, NTSX, RPAR, SWAN)를 살펴보자. 만약 이중에서 AOR과 AOA, NTSX 세 가지 ETF에 1/3씩 투자하기로 한다면 어떻게 될까? 아마도 분산의 의미가 크게 없어질 것이다. 세 가지 모두 미국 주식의 비중이 높기 때문에 미국 주식의 가격이 오르면 좋은 결과를 얻고, 미국 주식의 가격이 내리면 나쁜 결과를 얻을 것이다. 세 가지 ETF의 상관관계가 높아서 결국 분산투자의 효과를 크게 보기 힘들어진다는 얘기다.

일단 세 가지 ETF의 미국 주식시장에 대한 상관관계를 확인해 보자. 포트폴리오 비주얼라이저에서 세 가지 ETF에 100% 투자하도록 설정하고 상관관계를 확인해 보면 다음과 같다.

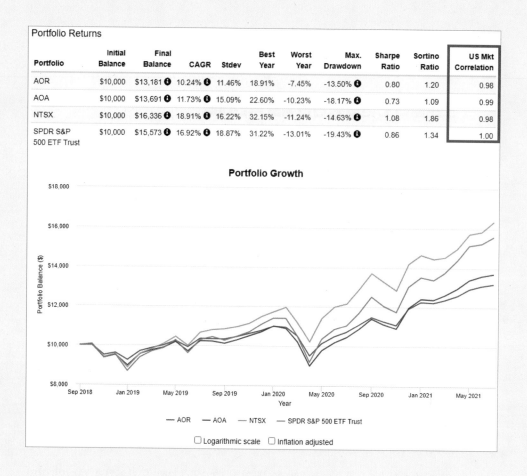

Portfolio Returns

Portfolio	Initial Balance	Final Balance	CAGR	Stdev	Best Year	Worst Year	Max. Drawdown	Sharpe Ratio	Sortino Ratio	US Mkt Correlation
AOR	$10,000	$13,181 ⓘ	10.24% ⓘ	11.46%	18.91%	-7.45%	-13.50% ⓘ	0.80	1.20	0.98
AOA	$10,000	$13,691 ⓘ	11.73% ⓘ	15.09%	22.60%	-10.23%	-18.17% ⓘ	0.73	1.09	0.99
NTSX	$10,000	$16,336 ⓘ	18.91% ⓘ	16.22%	32.15%	-11.24%	-14.63% ⓘ	1.08	1.86	0.98
SPDR S&P 500 ETF Trust	$10,000	$15,573 ⓘ	16.92% ⓘ	18.87%	31.22%	-13.01%	-19.43% ⓘ	0.86	1.34	1.00

NTSX 출시 이후에 맞추다 보니 짧은 기간의 비교가 되었지만, 세 ETF의 미국 시장에 대한 상관관계(US Mkt Correlation)가 0.98, 0.99, 0.98로 사실상 1에 가깝다. 결국 이렇게 구성한 포트폴리오는 그저 미국 주식시장의 움직임을 따라 수익률이 결정되도록 한 것이나 다름 없다. 미국 주식시장이 하락하면 세 가지 ETF 모두 손실을 입게 될 것이다.

각각의 ETF가 미국시장과 가지는 상관관계뿐만 아니라, 각 자산들 사이의 (AOR과 AOA, AOR과 NTSX, AOA와 NTSX) 상관관계도 확인해 볼 수 있다. 포트폴리오 비주얼라이저의 메뉴 중 '자산 분석-자산 상관관계(Asset Analytics - Asset

Correlations)'를 선택하면 된다.

티커(Tickers) 항목에 비교를 원하는 ETF의 티커를 스페이스로 구분하여 입력하

고, 시작일과 종료일을 선택한 다음 상관관계 보기(View Correlation)를 클릭하면

된다.

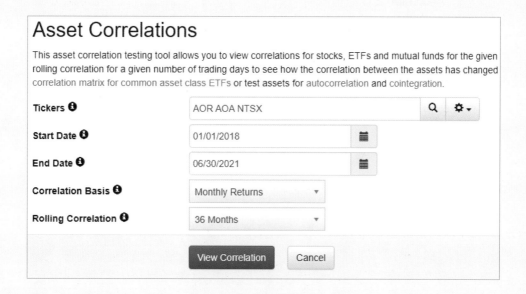

그럼 다음과 같이 각 자산 간의 상관관계를 매트릭스 형태로 확인할 수 있다. 투자 비중만 다를 뿐 같은 자산에 투자하는 AOR과 AOA는 상관관계가 1.00으로 나오고, 전 세계 주식과 채권이 아닌 미국 주식과 채권에 투자한 NTSX 역시 AOR이나 AOA와의 상관관계가 0.96으로 무척 높게 나온다. AOR과 AOA가 전 세계 주식과 채권에 투자한다 하더라도 그 안에서 미국 주식과 채권이 차지하는 비중이 어차피 높기 때문에 상관관계가 높게 나온다.

Correlation Matrix		Rolling Correlations			
Name		**Ticker**	**AOR**	**AOA**	**NTSX**
iShares Core Growth Allocation ETF		AOR	1.00	1.00	0.96
iShares Core Aggressive Allocation ETF		AOA	1.00	1.00	0.96
WisdomTree U.S. Efficient Core Fund		NTSX	0.96	0.96	1.00

그럼 RPAR이나 SWAN의 상관관계는 어떨까? 우선 NTSX와 함께 세 가지 자산의 미국시장에 대한 상관관계를 확인해 보면 다음과 같다.

Portfolio Returns

Portfolio	Initial Balance	Final Balance	CAGR	Stdev	Best Year	Worst Year	Max. Drawdown	Sharpe Ratio	Sortino Ratio	US Mkt Correlation
NTSX	$10,000	$13,926 ❶	24.71% ❶	18.39%	24.85%	11.54%	-14.63% ❶	1.28	2.41	0.98
RPAR	$10,000	$12,307 ❶	14.84% ❶	11.38%	19.40%	3.07%	-6.48% ❶	1.24	2.41	0.79
SWAN	$10,000	$12,109 ❶	13.60% ❶	8.61%	15.87%	4.50%	-5.06% ❶	1.49	3.47	0.75
SPDR S&P 500 ETF Trust	$10,000	$13,642 ❶	23.01% ❶	21.21%	18.37%	15.25%	-19.43% ❶	1.07	1.78	1.00

RPAR 0.79, SWAN 0.75로 확실히 NTSX나 AOR보다 미국 시장에 대한 상관관계가 상대적으로 낮다. RPAR은 금이나 원자재에 대한 투자가 미국 주식에 대한 상관관계를 낮췄고, SWAN은 상승장에서는 미국 주식과 상관관계가 높지만, 하락시에 옵션을 포기함으로써 독립된 움직임을 보인다. 그럼 아내에게 권했던 다섯 가지 ETF 간의 상관관계는 어떨까?

Correlation Matrix	Rolling Correlations

Name	Ticker	AOR	AOA	NTSX	RPAR	SWAN
iShares Core Growth Allocation ETF	AOR	1.00	1.00	0.95	0.83	0.74
iShares Core Aggressive Allocation ETF	AOA	1.00	1.00	0.95	0.80	0.72
WisdomTree U.S. Efficient Core Fund	NTSX	0.95	0.95	1.00	0.83	0.85
RPAR Risk Parity ETF	RPAR	0.83	0.80	0.83	1.00	0.84
Amplify BlackSwan Gr&Trsry Cor ETF	SWAN	0.74	0.72	0.85	0.84	1.00

확실히 상관관계가 1에 가까웠던 AOR, AOA, NTSX에 비해 RPAR과 SWAN 은 다소 낮은 상관관계를 보여주고 있다. 이 때문에 AOR, AOA, NTSX 셋은 하나 의 자산군처럼 인식하고, 여기에 RPAR과 SWAN을 추가하는 것이 좀 더 바람직한 구성으로 보인다. 이러한 내용을 설명하지는 않았지만 다행히 아내는 NTSX 40%, SWAN 20%, RPAR 40%라는 최종선택을 했다. 그럼 마지막으로 이 포트폴리오와 미국 주식(SPY)과의 상관관계를 확인해 보자.

RPAR과 SWAN에 분산을 했음에도 미국 주식시장과는 0.93이라는 높은 상관 관계를 보인다. RPAR이 출시된 지 얼마 되지 않아 18개월밖에 살펴보지 못했기 에 충분한 데이터는 아니지만 그래도 미국 주식시장의 등락에 여전히 많은 영향을 받고 있다는 것을 알 수 있다. 만약 미국 주식시장의 장기적인 상승을 예상하고 믿 는다면 상관관계가 높아도 상관없다. 하지만 이런 상태가 불안하여 낮추고 싶다면 주변자산은 미국 주식시장과 상관관계가 낮은 자산들로 구성하는 것이 좋다.

실전! 나의 첫 투자 숙제 **핵심자산으로 투자 포트폴리오 구성하기**

나의 핵심자산			
투자금		전체 자산에서 핵심자산 비율	
핵심자산 구성			

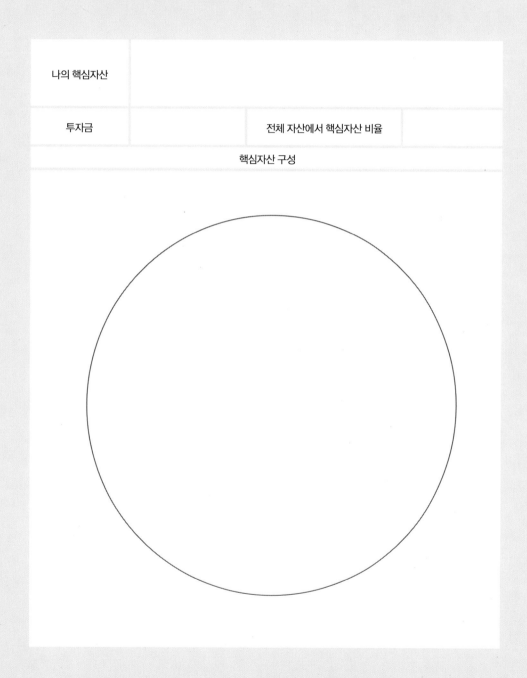

7일차 투자의 세계에서 살아가는 방법은 스스로 정해야 한다 ● 533

공부와 투자를
항상 연결하라

☑ 아내가 스스로 선택한 핵심자산 구성

☑ 주변자산은 얼마까지 투자해 볼 수 있을까?

☑ 주변자산을 고를 때도 원칙과 기준을 세워보자

☑ 주변자산을 확장해 가는 톱다운 어프로치

☑ 내 자산구성은 어느 때 최악의 결과를 가져오는가?

아내가 스스로 선택한 핵심자산 구성

 자, 우선 숙제한 거 확인해 볼까요? 어떻게 투자할지 정했어요?

 일단은 1,000만 원이라는 돈이, 나 같은 경우에는 자금인출시점이 따로 정해진 건
아니니까 특별자산으로 둘 필요는 없을 것 같고 전부 장기투자가 가능해. 그리고
MDD도 40%까지는 감당할 수 있으니까, 수익률 높은 곳에 투자하고 싶어.
그래서 일단 수익률이 높은 NTSX에 40%. 그리고 어떤 상황이 터질지 모르니까,
거기에 대비하기 위해서 SWAN 20%. 미국에만 투자하게 되면 불안감이 있으니까
올웨더 RPAR에 40%.

 음…

 왜? 별로야?

 아니, 되게 잘 짠 것 같아! 진짜로!

 그리고 더 생각해 본 게, 한 달에 100만 원 정도는 계속해서 추가로 투자할 수 있
을 것 같거든. 그래서 그 추가하는 돈은 NTSX에 30%, SWAN에 20%, RPAR에
30%, AOA에 20%!

 AOA가 추가됐네?

응, 추가하는 돈은 어느 정도 잃어도 되는 돈이라서, 조금 더 공격적으로 투자해 보고 싶어.

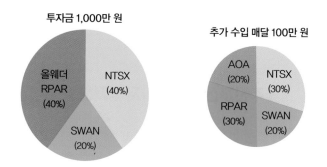

투자금 1,000만 원

올웨더 RPAR (40%)
NTSX (40%)
SWAN (20%)

추가 수입 매달 100만 원

AOA (20%)
NTSX (30%)
RPAR (30%)
SWAN (20%)

 응, 좋아. 나보고 정해보라고 해도 아마 이 정도 비율일 것 같아. 어차피 당신 말대로 장기로 투자할 수 있는 돈이니까. 물론 인생에 무슨 일이 생길지 모르지만, 지나갈 때까지 버틸 수 있다면. 그럼 나도 AOA나 NTSX에 비중을 좀 더 둘 것 같아. 그런데 걸리는 부분은 그렇게 되면 미국에만 집중된다는 거지. MDD를 버티는 건 각오를 하는데, 미국이 앞으로도 계속 좋을지는 모르니까. 게다가 주식하고 채권에만 몰리는 것도 안심하기에는 부족하고.

 응. 나도 올웨더 쪽에 관심이 가는 게 원자재나 금 같은 데도 투자를 하고 싶더라고. 그리고 전 세계에 고르게 투자를 하니까. 물론 많이 오르면 좋겠지만, 어쨌든 잃지 않는 게 중요하니까. 골고루 분산투자를 하는 게 맞지 않을까 생각했어.

 맞아. 최근 10~20년만 보면 미국이 좋았고, 주식이 좋았는데. 그전을 살펴보면 미국보다 다른 나라들이 좋았을 때도 많았고, 또 주식보다 원자재나 금이 더 좋았을 때도 많았으니까. 오히려 미국 주식이 20년을 넘어 30년, 40년 계속 좋아질 거라고 기대하는 게, 내가 보기엔 확률이 더 낮은 기대야. 그래서 RPAR을 NTSX랑 맞춰서 40% 가져가는 건 좋은 선택이야. 그리고 세상에 무슨 일이 생길지 모르니까 SWAN 20% 채운 것까지 밸런스가 아주 좋은 구성이야.

주변자산은 얼마까지 투자해 볼 수 있을까?

 이렇게 핵심자산을 어떻게 구성할지 정하고 나면, 이제 주변자산에 투자하는 것도 생각해 볼 수 있어. 당신이 아직은 투자해 보고 싶은 주변자산이 없다고 했지만, 차츰 욕심도 생기고 투자를 배워가다 보면 공부 삼아서라도 한번 투자를 해 보고 싶어지는 자산이 생길 거야. 그럼 그때 주변자산에 투자할 수 있는 최대금액도 정해 볼 수 있어. 지난번에 핵심자산하고 주변자산 비중을 MDD 가지고 정했지? 이런 식으로 풀었잖아.

전체 MDD = (핵심자산 MDD × 비중) + (주변자산 MDD × 비중)

그래서 만약 내가 허용할 수 있는 MDD가 30%인데, 핵심자산의 MDD가 50%짜리라면 일단 주변자산을 MDD 0%짜리로 채워서 주변자산 MDD를 0으로 만들고, 핵심자산 투자비중은 '핵심자산 MDD 50%×비중=전체 MDD 30%'가 돼야 해서, 60%까지 투자할 수 있다고 했잖아.

전체 MDD 30% = (핵심자산 MDD 50% × 비중) + (주변자산 MDD 0% × 비중)

= (핵심자산 MDD 50% × 비중) + 0

$$\downarrow$$

핵심자산 비중 = 60%

 잠깐만요

물론 이때 주변자산을 MDD가 0이 아닌, 10%인 자산으로 채워도 됩니다. 이 경우 핵심자산의 비중이 A라면, 주변자산의 비중은 (1- A)가 되는데 이를 위 식에 대입해서 이렇게 풀어볼 수 있습니다.

전체 MDD 30% = 핵심자산 MDD 50% × A + 주변자산 MDD 10% × (1 − A)

0.3 = 0.5A + 0.1 − 0.1A

0.2 = 0.4A

A(핵심자산 비중) = 50%

SWAN의 MDD를 10%라고 가정하면, 굳이 전체 자산의 40%(핵심자산 비중 60%)를 MDD가 0인 예금에 묶어둘 필요 없이, 50%를 SWAN에 투자하고 나머지 50%를 MDD 50%인 자산으로 채우면 됩니다.

 응, 그랬지.

 자, 그럼 저 방정식 가지고 당신이 주변자산에 투자할 수 있는 최대비중을 계산해 보자고. 일단 당신은 MDD 40%까지 허용한다고 했지? 그리고 지금 투자비중은 NTSX 40%, SWAN 20%, RPAR 40%로 가져가고. 그럼 일단 핵심자산 MDD가 얼마나 나오는지 보자고.

NTSX는 9060포트폴리오인데, 9060을 백테스트 해 보면 MDD가 40%까지 나왔어. SWAN은 채권에 90%를 투자하고 나머지 10%만 선물옵션에 투자하는데, 최근 2년 동안은 MDD가 5% 정도였지만, 옵션을 다 날릴 수도 있다고 봐. 그래서 MDD는 10%로 잡을게. RPAR도 데이터가 2년밖에 없는데, 대신에 올시즌의 과거 데이터를 보면 MDD가 12% 정도까지 나왔어. RPAR은 레버리지를 20% 정도 더 써서 투자하니까 MDD를 15%라고 해 볼게. 그럼 당신 핵심자산에서 계산되는 MDD는 (NTSX 40%×비중 40%)+(SWAN 10%×비중 20%)+(RPAR 15%×비중 40%)=24%가 나와. 사실 이건 NTSX랑 SWAN, RPAR이 모두 동시에 바닥을 찍어야 나오는 값이니까 실제 그렇게 될 확률은 낮아. 그런데 과거에 MDD가 40%까지 나왔다고 해서 앞으로도 40%라고 생각하는 것도 사실은 너무 안일한 생각일 수 있으니까 과거 MDD를 최댓값으로 안일하게 선택하는 대신에 그것들이 동시에 발생한다는 보수적인 가정을 할게.

구분	투자 비중	개별 MDD	가중 MDD
NTSX	40%	40%	16%
SWAN	20%	10%	2%
RPAR	40%	15%	6%
합계	100%		24%

 그럼 합계 MDD는 24%로 결국 당신이 허용할 수 있다고 했던 MDD 40%에 비해 16% 정도 여유가 있어.

 오~ 그러네!

 그럼 이 상태에서 당신이 투자해 보고 싶은 주변자산이 생겨. 예를 들어 비트코인에 투자해 보고 싶다고 가정할게. 그럼 비트코인에 대해서 잘은 모르더라도 한 가지 질문에 대해서는 답을 해야 돼. 비트코인의 MDD가 몇 %냐는 거지.

되게 높을 것 같아.

 만약 비트코인 MDD가 50%다. 그럼 절반이 떨어지더라도 거기서 생기는 손해가 지금 당신이 가지고 있는 MDD 여유 16%를 넘어가지 않도록 해야 돼. 쉽게 말해서 32%까지만 투자를 해야 거기서 50% 손해가 생겨도 전체 자산 대비 16%로 손실을 막는 거지. 그런데 내 생각에 비트코인은 MDD를 100%로 잡고 접근하는 게 좋아. 아예 없어져 버릴 수도 있다고 생각하면 자산의 16%까지만 투자할 수 있지. 사실 비트코인에 16%를 투자하면 핵심자산은 84%만 투자가 되고, 그럼 핵심자산에서 생기는 MDD가 아까 계산한 24%보다 낮아져. 핵심자산 MDD가 24%인데 투자비중이 84%로 낮아졌으니까(24%×84%=20.16%). 그런데 거기서 생기는 MDD는 여유로 조금 놔둔다고 생각해야 돼. 실제 당해 보면 당신이 예상했던 MDD를 견디기가 힘들거든. 어쨌든 쉽게 생각해서, 당신이 허용할 수 있는 MDD에서 핵심자산에 포함된 MDD를 빼면 주변자산으로 가능한 MDD가 나와. 그럼 그걸 넘지 않는 선에서 주변자산 투자를 해 볼 수 있는 거지.

강의 초반부터 계속 MDD를 강조하는 것도 이런 이유 때문이야. 당신이 허용할 수 있는 MDD를 정하고, 핵심자산에서 나오는 MDD를 예상해서 주변자산에 최대 투자 가능한 비율을 정하는 거지. 그러려면 내가 투자하려는 자산의 MDD가 얼마인지를 알아야 하고. 그렇게 최소한 자산의 MDD를 예상해 보는 거, '이 자산이 만약에 떨어지면 어디까지 떨어질 수 있지?'를 생각해 보는 게 투자의 시작점이 될 수 있는 거야.

그런데 대부분의 사람들은 반대로 '이게 오르면 얼마까지 오를 수 있지? 와~ 그렇게만 올라주면 내 인생도 피겠구나'만 생각해. 소위 말해서 '행복회로'만 돌리는 거야. 그러면 무리를 해서라도 투자하고 싶어지지. 자연스럽게 '최상의 경우'를 생각해 보면서 공격적인 투자를 하는 거야. 내가 일부러 MDD를 떠올리며 최악의 경우를 대비하도록 하려는 게 그런 걸 바로잡고 싶어서이기도 해.

말 나온 김에 처음 강의 시작할 때 얘기했던 거 다시 한번 떠올려볼게. 두 달 전 강의 시작할 때 투자의 정의라는 게 이렇다고 했어.

이익을 얻기 위하여 어떤 일이나 사업에 자본을 대거나 시간이나 정성을 쏟음

그러면서 가성비를 얘기했지? 수익을 얻기 위해서는 돈만 투자하는 게 아니라 시간이나 정성을 쏟아야 하고 마음고생을 하게 된다고.

$$투자의 \ 가성비 = \frac{수익}{돈, 시간, 마음고생}$$

 돈에 대한 가성비는 수익률로 계산이 돼. 같은 돈을 투자해서 큰 수익을 내거나, 적은 돈을 투자해서 같은 수익을 내면 수익률의 차이로 나타나니까. 그런데 추가적으로 적은 시간을 투자하고, 마음고생을 적게 하면서 같은 수익을 낼 수 있는지도 생각해 봐야지. 그래서 MDD를 강조했지. 마음고생을 덜 하고 수익을 내기 위해. 특히나 MDD가 크면, 투자를 계속해서 이어나가기가 싫어지고 중간에 포기하게 되니까.

그리고 나머지 하나! 시간도 생각해 봐야 돼. 내가 지금 당신한테 자산배분 ETF를 추천해주고, 핵심자산을 그걸로 구성하라고 한 이유 중 하나가 뭐냐 하면, 바로 시간이야! 자산배분 ETF는 투자하기 위해 큰 시간을 투자할 필요가 없어. 그냥 당신이 정한 비율대로 사면 끝이야. 어떤 ETF가 더 좋을지, 아니면 주식이나 채권, 원

542

자재 중에서 어떤 것에 투자하는 게 좋을지, 그런 것들을 살피고 고를 필요가 없어. 그만큼 시간이 절약되지. 리밸런싱도 알아서 해주기 때문에 그냥 사서 들고만 있으면 끝이야! 내가 직접 자산배분을 구성하면 수수료를 조금 아낄 수 있지만, 내 생각엔 차라리 수수료 조금 내고 시간을 절약하는 게 좋아 보여. 게다가 가격이 크게 변하지도 않기 때문에 자주 들여다보지도 않게 돼. 주식투자하고 나면 시간 날 때마다 계좌 들여다보고, 얼마나 올랐나 보게 되거든. 그것만 해도 은근히 시간 많이 뺏겨.

핵심자산에 투자한 ETF들이 시간하고 마음고생을 줄여주는 것들이네.

맞아. 그래서 당신한테 자산배분 ETF로 핵심자산을 구성하라고 한 거야. 이만한 가성비를 찾을 수가 없거든.

주변자산을 고를 때도 원칙과 기준을 세워보자

이렇게 핵심자산을 구성했으면, 이제 선택사항으로 주변자산에 투자를 해봐도 돼. 아까 말한 대로 투자비중은 MDD를 바탕으로 정하면 되는데, 어떤 자산을 공부하고 투자해 보는 게 좋을지 한번 생각해 볼게. 물론 이것도 답이 정해진 건 아냐. 자주 언급했던 비트코인을 해봐도 되고, 심지어 복권을 사겠다고 해도 틀린 답은 아니니까. 대신에 당신 같은 초보 투자자들한테 몇 가지는 얘기해 주고 싶어. 첫 번째는 MDD가 100%를 넘어가는 자산은 투자하지 않기!

응? 100%를 넘어? 어떻게? 투자해서 다 잃으면 100% 아냐? 그걸 어떻게 넘어?

 넘을 수 있어. 아까 비트코인 투자할 때, 잘 모르니까 일단 MDD를 100%라고 잡고 다 잃어도 되는 범위까지만 투자하라고 했잖아? 그런데 MDD가 100%를 넘는 자산이라면 주변자산에 10%를 투자했는데, 20%, 30%를 잃을 수도 있어. 그러니 그런 자산에는 투자하지 않는 게 좋아.

 어떤 건데?

 파생상품!

 들어보기는 했어.

 저번에 말했던 선물, 옵션. 밭떼기!

 응!

 선물이나 옵션은 내가 투자한 돈보다 더 많이 잃을 수도 있어. 선물은 계약금만 내고 거래를 해. 밭떼기 할 때 계약금만 걸잖아.

 맞아!

 배추를 당장 사는 게 아니라, 나중에 사기로 약속을 한 거라서 일단은 계약금만 내. 계약금만 내고 투자를 하는 거야. 배추 10,000포기를 포기당 1,000원씩 총 1,000만 원에 사기로 계약을 하면서 계약금을 10% 내는 거야. 결국 밭떼기 계약을 하면서 내가 투자한 건 계약금 100만 원이지. 그런데 추수할 때가 돼서 배추 가격이 1,000원에서 100원으로 폭락해 버리면? 그럼 나는 배추 10,000포기를 1,000만 원에 사서 100만 원 받고 팔아야 되거든. 900만 원을 손해 보는 거야. 결국 계약금 100만 원을 투자해서 손실은 900만 원이 돼. 투자금 100만 원만 날리는 게 아니라 9배를 날리는 거지.

 음…… 그런데 나중에 배추를 사야 하니까, 전체는 1,000만 원 투자한 거 아니야? 계약금 100만 원만 내는 게 아니라 나중에 900만 원 더 줘야 하잖아?

 맞아. 밭떼기는 그렇게 하지. 그런데 선물거래는 실제로 배추를 사는 게 아니라 차액만 정산해. 선물거래하는 투자자들이 진짜로 배추가 필요한 게 아니거든. 배추 가격이 오를 것 같으니까 투자해서 돈 벌고 나오는 게 목적이지. 실제로 김장 담글 사람들이 아냐. 그래서 배추가격이 오르면 오른 만큼 돈을 받고 끝내고, 떨어지면 떨어진 만큼 추가로 돈을 내고 끝내. 결국 저렇게 되면 1,000만 원 주고 배추를 사는 게 아니라 900만 원을 뺏기고 끝나(물론 선물거래에서 실물인도를 하는 것도 가능하지만, 대부분 실물인도까지 이루어지지 않고 차액정산 하는 것이 일반적이다).

파생상품의 정의가 원래 뭐냐 하면, 원금 이상을 잃을 수 있는 상품이야. 그러니까 아직 파생상품에 대해서는 주변자산으로도 담지마. MDD가 계산이 안 되고, 100%를 넘어설 수 있어. 그리고 '신용'이나 '미수'라는 말이 들어가는 상품도 마찬가지야. 쉽게 말해 빚내서 투자하는 건데 MDD가 100%를 넘어갈 수 있어. 파생, 신용, 미수 세 단어가 등장하면 일단은 무조건 도망가!

크크크. 그런데 우리가 투자한 것(NTSX, SWAN, RPAR)도 선물이나 옵션투자되고, 레버리지 쓴다고(빚내서 투자하는 거라고) 했잖아? 그건 괜찮아?

 응, 괜찮아. 자산배분 ETF가 파생상품에 투자해서 레버리지 효과를 얻기는 하는데, 그건 자산의 일부를 파생상품에 투자한 거고, 거기서 투자원금이 넘는 손실이 생겨도 당신은 원금 이상 손실 안 봐. 만에 하나, 그런 일이 생기면 ETF 만든 회사가 책임지거나 망하는 거지, ETF를 투자한 사람이 돈을 더 뱉어내는 일은 없어. MDD가 100%를 넘어가지 않아. 레버리지나 파생이 절대 해서는 안 되는 투자라는 건 아냐. ETF를 운영할 정도의 고수들은 그걸 잘 활용해서 수익률을 높이지. 다만 당신이 직접 그걸 사용해도 되는 수준이 되려면 한참 멀었으니까 일단은 쳐다도 보지마!

 네! 알겠습니다. (웃음)

 물고기 중에 복어 있잖아. 복어는 맹독이 있어서 잘못 먹으면 죽어. 하지만 복어요리 전문점에 가서 맛있게 먹을 수 있어. 자격증을 가진 전문 요리사가 손질한 거라 믿고 먹을 수 있지. 하지만 당신이 직접 해 보겠다고 하면 말려야 하지 않겠어? 마

546

찬가지로 파생이나 레버리지는 전문자격을 가진 ETF의 펀드매니저한테 맡겨서 투자해야지, 초보자가 직접 투자할 상품은 아냐.

추가로 하나를 더 얘기해 볼게. 주변자산에 담을 것들을 생각해 볼 때, 이걸 한번 따져 봤으면 좋겠어. 그 시장이 제로섬(zero-sum)인지, 플러스섬(plus-sum)인지!

 제로섬, 플러스섬?

 제로섬은 말 그대로 합계가 0이란 얘기야. 쉽게 말해, 누가 100원을 벌면 누군가는 100원을 잃게 돼 있어. 누군가 돈을 벌면, 딱 그만큼 다른 사람이 잃게 돼 있어서 합치면 0이 되는 거야. 예를 들어 당신이랑 나랑 둘이서 고스톱을 치는 거지. 거기 서 내가 10,000원을 따면, 당신은 10,000원을 잃은 거잖아. 결국 둘이 딴 것과 잃 은 것 합치면 0이지. 고스톱을 4명이서 쳐도 결국 딴 돈과 잃은 돈 합하면 0이 돼. 이런 게 제로섬이야. 플러스섬은 이익이랑 손해를 다 합쳐봤더니 0이 아니라 플러 스가 되는 거야. 그럼 제로섬과 플러스섬 중 어디에 들어가서 투자하는 게 좋을까?

 플러스!

 그렇지? 제로섬에서는 누군가 딴 만큼 내가 잃어. 만약 내가 따려면 누군가 잃 어줘야 돼. 다 같이 부자가 될 수는 없고 경쟁이지. 그런데 플러스섬은? 상대방도 플러스고, 나도 플러스가 될 수 있어. 이론상으로는 모든 사람이 다 플러스가 되는 것도 가능해. 이왕이면 플러스섬에 투자하는 게 좋겠지? 특히 초보자들은 제로섬 시장에 들어가면 안 좋아! 제로섬에서 누군가 번 만큼 누군가 잃게 되는데, 누가 잃겠어? 잘 모르는 초보자들이 고수의 밥줄이 되는 거지.

그런데 플러스섬이 되는 경우가 있어? 어떤 게 그렇게 돼?

 이 시장이 플러스섬인지, 제로섬인지 구분하는 게 되게 헷갈리거든? 금에 대해 투자하는 건 제로섬일가, 플러스섬일까? 뭐일 것 같아?

 금? 음…… 플러스섬!

 자, 이걸 어떻게 구분하는 게 좋냐면, 이건 내가 혼자 고민하다가 혼자 낸 결론이라서 완벽하지는 않을 수 있어. 검증된 것도 아니고. 그런데 초보자들한테는 이렇게 구분하는 게 유용할 것 같아. 어떻게 구분하냐면, 내가 그 자산을 전부 다 갖는다고 상상해 봐. 전 세계에 있는 금을 모두 내가 갖는 거지. 그 상태에서 팔 수는 없어. 팔아버리면 내가 다 갖는 상태가 안 되니까. 계속 내가 다 가지고 있어야 돼. 팔지 않고 내가 전부 다 갖고 있는데도 나한테 돈이 들어오면, 그건 플러스섬이야! 만약 내가 전부 다 붙들고 있는 상태에서 추가로 들어오는 돈이 없다, 그럼 그건 제로섬이야!

 아…….

 부동산은 플러스섬일까, 제로섬일까?

 음…… 플러스섬!

 왜?

안 팔아도 빌려주고 세를 받을 수 있잖아!

 맞아! 바로 그거야! 내가 전 세계에 있는 땅을 다 갖고 있다면, 그걸 팔지 않더라도 돈을 받고 빌려줄 수 있잖아. 어쨌든 사람들이 땅에 발을 딛고 살아가거나, 집을 지으려면 내 땅을 빌려서 써야 하니까. 땅을 팔지 않아도 돈이 들어와. 그래서 플러스섬이야. 그러니까 부동산시장은 초보자들이 뛰어들어도 괜찮은 시장이야. 다 같이 부자가 될 가능성이 열려 있는 거지. 임대소득만큼 자금이 유입되니까. 그럼 주식은 어떨까?

 주식? 음…….

 당신이 삼성전자 주식을 다 가지고 있어. 팔지는 못하고 계속 갖고 있는 거야. 그 상태에서 돈이 들어올까, 안 들어올까?

 그래도 배당은 들어오잖아!

 맞아. 배당이 들어와. 회사가 번 돈을 배당으로 나한테 준다고. 그래서 주식시장도 플러스섬이야. 물론 증권사한테 수수료 주고 나라에 세금 내는 만큼은 마이너스가 되는데, 그런 것보다 배당이 더 커. 이런 식으로 판단해 보면 돼. 비트코인은 플러스섬일까, 제로섬일까?

 음…… 제로섬 아닌가?

나도 제로섬에 가깝다고 봐. 내가 비트코인에 대해서 깊이 알거나 전문가는 아니니까 아직 결론을 내릴 수는 없는데, 지금까지 살펴보고 공부한 범위에서는 플러스섬이라는 근거를 못 찾겠어. 내가 전 세계 비트코인을 다 갖고 있다? 그 상태에서 팔지 못하면 돈을 벌 수 있나? 그걸 누구한테 빌려주고 이용료를 받을 수 있나?

암호화폐가 기존의 중앙화된 금융거래를 대체하게 된다면, 금융회사들이 챙기고 있는 송금수수료나 환전수수료, 이자 등을 코인 소유자들이 분배 받을 수도 있습니다. 하지만 그 수수료가 기존의 금융회사들보다 훨씬 낮아야 대체가 가능할 것이고, 암호화폐 간의 경쟁도 생겨날 것이기에, 개인적으로는 많은 기대를 하고 있지 않습니다.

비트코인을 내가 독점해 버리면 그건 암호화폐로써의 가치가 없어져 버리는 거 아닌가? 그래서 비트코인은 아직 제로섬에 가깝다고 봐. 초보자들한테는 추천하고 싶지 않지. 차트를 볼 줄 알고, 수급이나 심리를 분석할 수 있는 선수들한테 다 뺏길 수 있어. 그럼 이제 아까 물어본 걸 다시 물어볼게. 금은 어떨까? 전 세계에 있는 금을 당신이 다 가지고 있어. 팔면 안 돼. 그 상태에서 돈이 들어올까, 안 들어올까?

 음…… 안 들어올 것 같네? 제로섬인가?

 내 생각도 그래. 모든 금을 내가 다 가지고 있는 상태에서 그걸 빌려주고 돈을 받을 수 있나? 결혼식 들어갈 때 잠깐 끼우라고 빌려줘? 돌잔치 할 때 잠깐 끼우라고? 글쎄, 갖는 게 아니라 잠깐 끼우고 돌려줘야 하는데, 이용료를 내면서까지 빌려야 하나? 그러진 않을 것 같아. 돌이 된 아이한테 금반지를 주는 건, 나중에 급한 일이 생기면 팔아서 비상금에 보태라는 의미도 있는데, 소유하지 못 하면 그게 큰 의미가 있나? 그래서 내 생각에 금투자는 제로섬이야. 사람들이 금이 안전자산이라고 하고, 안전한 투자라고 생각하는데 사실 금투자는 쉬운 투자가 아냐. 막상 살펴보면 MDD도 엄청 커!

 아, 그래?

 다음의 표가 금가격 변동이야. MDD가 60%가 넘어. 1년에 126%가 오를 때도 있었고(best year), 30% 넘게 떨어진 해도(worst year) 있어. 변동성이 커! 당신이 투자하기로 한 RPAR에 금도 들어가 있기는 해. 그런데 그건 포트폴리오 차원에서 접근하는 거고. 금만 따로 투자하는 건 초보자한테는 별로 권하고 싶지 않아.

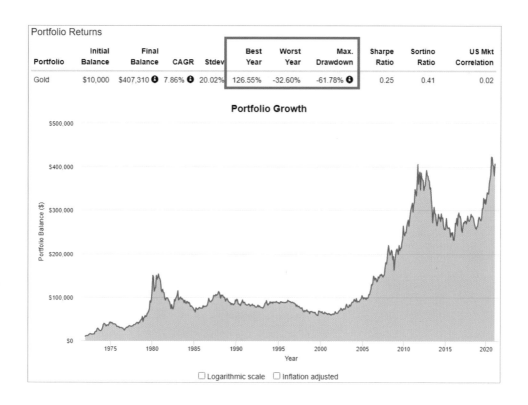

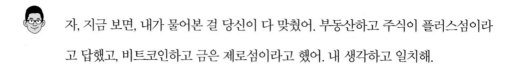 자, 지금 보면, 내가 물어본 걸 당신이 다 맞췄어. 부동산하고 주식이 플러스섬이라고 답했고, 비트코인하고 금은 제로섬이라고 했어. 내 생각하고 일치해.

어, 그러네?

어떤 기준으로 판단하라는 건지 알겠지? 그렇게 구분한 다음, 플러스섬인 시장에서 투자를 시작하고 공부하는 게 좋아. 제로섬은 투자에 대한 공부가 좀 더 된 다음에 관심을 갖자고.

주변자산을 확장해 가는 톱다운 어프로치

마지막으로 주변자산에 담을 만한 것들을 공부해 나가는 방향을 좀 알려줄게. 이걸 보통 톱다운 어프로치(Top-down approach)라고 해.

톱다운?

원래 주식투자 공부할 때 쓰는 방법인데, 위에서부터 아래로 내려가면서 분석하고

공부해 나간다고 해서 톱다운이라고 해. 가장 꼭대기에 있는 게 경기분석이야. 만약 주식에 투자한다면 경기가 좋아질 때 해야 할까, 나빠질 때 해야 할까?

주식? 경기가 나빠질 때!

응? 나빠질 때 투자를 해야 돼?

그때가 싸니까!

어…… 주식은 싸게 사야 한다는 소리를 내가 평소에 너무 많이 했구나? 싼 주식을 사는 것과 나빠질 주식을 사는 것은 달라. 경기가 나빠질 때 싼 주식을 사면 앞으로 더 싸질 거야. 경기가 좋아질 것 같을 때 주식에 투자하는 게 좋지. 경기가 살아나는 여름에 주식이 좋다고 했잖아.

아, 맞다, 맞다! 쌀 때 사야 된다는 생각만 했네.(웃음)

그래서 경기분석은 지금 주식에 들어가도 좋을지, 오히려 경기가 나빠지고 이자율이 떨어질 테니 채권에 투자할 시기가 아닌지, 아니면 그냥 예금에 넣어두는 게 안전한 건 아닐까, 이런 걸 판단하는 거야. 지난번에 얘기했던 코스톨라니의 달걀에서 경기에 따라 계절을 구분하고, 어디에 투자하는 게 좋은지 봤잖아. 그런 식으로 경기분석을 먼저 하는 거야. 만약 지금 경기가 나빠지는 시기라서 주식투자에 뛰어들 때가 아니라면 무슨 종목을 살지 고민할 필요도 없는 거지. 그래서 가장 먼저 하는 게 경기분석이야.

경기상황이 주식에 투자해도 나쁘지 않다고 판단되면, 그다음으로는 산업분석을 해. 앞으로 어떤 산업의 전망이 좋겠냐는 거지. 반도체 회사들이 돈을 많이 벌 것 같은지, 아니면 자동차회사나 건설, 유통, 바이오, 철강 이런 식으로 어떤 산업이 괜찮을지 공부하고 분석하는 거야.

어떤 산업에 투자할지 정했으면 마지막으로 종목을 선택하는 거지. 반도체 업종에 많은 회사들이 상장돼 있는데, 그중에서 어떤 회사에 투자할지, 바이오 회사들 중 누가 제일 좋아보이는지를 분석하고 고르는 거야. 이렇게 '경기분석 – 산업분석 – 종목분석'을 거쳐 내려오면서 투자할 범위를 좁혀가는 거야.

만약 첫 단계 경기분석에서 지금은 주식이 아니라 부동산에 투자할 때라고 정했으면, 부동산 중에서도 어떤 유형의 부동산에 투자할지 정하겠지. 상가에 투자할지, 아파트나 빌라에 투자할지를 정하는 거야. 만약 아파트에 투자하기로 정했다면 마지막 단계로 어떤 아파트, 어느 지역에 있는 무슨 단지를 살지 정할 거고. 이런 식으로 내려가면서 범위를 좁혀가.

각 단계별로 공부해야 될 것도 달라. 경기분석 단계에서는 주로 거시경제에 관한 공부가 필요해. 금리나 물가, 환율, 경기변동 같은 걸 공부해야지. 산업분석은 어떤 제품이나 서비스를 보고 소위 '가치사슬'이라는 걸 파악해야 돼. 그 산업 내에

서 공급자는 누구이고, 소비자는 누구인지. 원재료는 주로 뭘 사용하고 원재료 가격추이는 어떤지, 제품가격은 무엇에 영향을 받는지 살피지. 그리고 전방산업이나 후방산업과의 연계도 살피고, 전체 시장규모나 점유율의 변화를 보는 거야. 산업이 성장하기 위해 필요한 핵심요소, 또 이익이 증가하기 위한 트리거(방아쇠)가 무엇인지 등등 여러 가지를 분석해. 종목분석을 할 때는 개별기업에 대한 분석을 하게 되는데, 그때 회사의 재무제표를 많이 이용해. 재무제표를 분석하고 그걸 바탕으로 기업에 대한 가치를 평가해서 싼지 비싼지 파악하는 거지. 그러기 위해서는 회사의 비즈니스 모델에 대해서도 분석해야 하고. 이렇게 각각의 단계별로 필요한 공부들이 많이 있어.

공부를 할 때는 그저 '아, 많이 배웠다. 모르는 걸 많이 알게 됐네'라고 끝내지 않았으면 좋겠어. 투자에 대한 공부는 똑똑해졌다는 느낌을 받기 위한 게 아니라 결국에는 돈을 벌어야 하니까 하는 거잖아. 그래서 공부를 했으면, 그것을 항상 투자랑 연결지어 생각하는 습관이 필요해.

예를 들어 경기분석을 공부해서 금리나 물가, 환율 같은 거시변수에 대한 공부를 했으면 그걸 이용해서 투자를 할 수 있어야 돼. 지난번에 예를 들었던 계절투자랑 연결하는 거지. 여러 거시변수를 살피고 경기를 분석해 봤을 때 이제는 여름으로 넘어가면서 주식이 좋아질 것 같아, 그러면 주가지수 ETF를 사는 거지. 겨울이어서 채권이 좋아질 것 같다면 채권 ETF를 사는 거고. 그런 식으로 유망한 자산군에 대한 투자로까지 연결지어야 돼. 환율을 공부한 다음에 환율의 약세나 강세를 내다볼 수 있게 됐다면 거기에 적합한 투자방법이나 투자상품을 찾는 거고. 미국 경기는 좋지 않을 것으로 예상되지만 신흥국의 경기가 좋아진다거나, 중국이 좋아질 거라 생각되면 해당 국가에 투자하는 ETF를 찾아서 매수하는 거지. 이렇게 경기에 대한 거시분석을 공부하면 자산군 ETF를 주변자산으로 담아볼 수 있게 돼.

내가 아직 산업분석을 하거나 종목분석을 할 실력은 안 되지만, 그래도 거시경제는 공부를 해서 경기분석은 할 수 있는 수준은 됐어. 주식이 좋아질 거라는 생각은 들지만 그 안에서 어떤 산업이 좋아지고, 어떤 종목이 유망할지는 아직 몰라. 그 정도 단계라면 거기에 맞춰서 주식 전체에 투자하는 ETF를 사면 돼. 이렇게 경기분석만 할 수 있는 수준이라면 자산군 ETF 중에 골라서 투자하면 되지.

만약 산업분석에 대한 공부를 하거나, 아니면 자신이 몸담고 있는(일하고 있는) 업종에 대한 전망이 밝아 보일 때는 업종 ETF를 통해서 업종에 투자하면 돼. 앞으로 반도체업이 좋아질 것 같은데, 그 안에서 어떤 회사가 좋아질지는 모르는 수준이라면 반도체 ETF를 사는 거지. 업종에 대한 공부를 업종 ETF에 대한 투자로 연결짓는 거야.

종목분석까지도 할 수 있는 만큼 공부가 됐다, 회사 재무제표도 뜯어볼 수 있고 가치평가를 통해 주가에 대한 판단도 할 수 있다면 개별종목에 대한 투자가 가능해. 삼성전자나 POSCO, 셀트리온처럼 개별주식을 매수하는 거지. 거시경제에 대한 공부가 되면 자산군에 대한 투자가 가능하고, 업종에 대한 공부를 하면 업종투자, 재무제표나 가치평가에 대한 공부가 되면 종목투자가 가능해져. 이렇게 내가 하는 공부랑 실제 투자를 연결지어 접근했으면 좋겠어.

핵심자산은 일단 자산배분 ETF에 투자한 다음에, 이렇게 하나씩 공부해 가면서 내가 투자할 수 있는 주변자산을 만들어가는 거야. 경기분석을 해봤더니 조만간 인플레이션이 예상되고, 원자재에 대한 전망이 좋아보이면 원자재 ETF에 대한 MDD가 어느 수준인지 확인하고, 지금 내가 감당할 수 있는 MDD에 여유가 얼마나 되는지 파악해서 주변자산으로 원자재 ETF를 사보는 거야. 80%는 자산배분 ETF에 두고 20%만 원자재 ETF를 사보는 식이지.

아니면 내가 지금 철강회사에 다니고 있는데 요새 업황이 심상치 않아, 회사에 일감도 많아지고 주야교대로 정신없이 돌아가, 밀려드는 주문을 소화하기도 힘들어, 그럼 철강 ETF의 MDD를 확인해 보고 내가 허용할 수 있는 범위에서 주변자산으로 철강 ETF를 담아보는 거야. 이런 식으로 공부를 해나가면서 거기에 맞춰 조금씩 투자해 보는 거지.

공부를 해나가다가 내 능력 밖이다, 너무 어렵고 벅차다 싶으면 그 수준에 맞는 투자를 하면 돼. 아예 자산배분 ETF에 모두 맡기고 주변자산은 들고 가지 않는 것도 괜찮아. 그건 자신의 수준에 따른 선택이니까. '그냥 투자공부할 시간에 나는 음악과 예술에 대한 공부를 할래, 나는 운동할래, 나는 아이들과 시간을 보낼래, 나는 여행을 다닐래'도 충분히 괜찮은 선택이라고 봐. 꼭 전 국민이 주식공부를 해야 하는 건 아니거든. 핵심자산에 대한 공부는 필수적으로 했으면 하지만 그 이상의 공부들은 선택사항으로 남겨도 돼.

경기분석, 산업분석, 종목분석이 공부와 분석이 계속 필요한 투자라면, 꼭 그럴 필요가 없는 방법이 바로 자산배분투자야. 그냥 AOR이나 RPAR 같은 걸 꾸준히 사모으기만 하는 투자지. 이렇게 분석이 필요 없는 '무분석' 투자도 있지만 다른 한편으로는 '수급분석'이라는 영역도 있어.

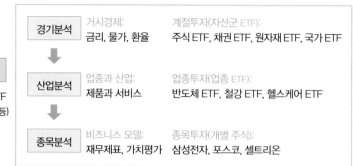

경기분석	거시경제: 금리, 물가, 환율	계절투자(자산군 ETF): 주식 ETF, 채권 ETF, 원자재 ETF, 국가 ETF
산업분석	업종과 산업: 제품과 서비스	업종투자(업종 ETF): 반도체 ETF, 철강 ETF, 헬스케어 ETF
종목분석	비즈니스 모델: 재무제표, 가치평가	종목투자(개별 주식): 삼성전자, 포스코, 셀트리온

무분석
자산배분 ETF
(AOR, RPAR 등)

수급분석
투자심리
(행동경제학)

 수급은 수요와 공급을 합쳐서 부르는 말인데, 우리가 사고팔려고 하는 모든 것들의 가격은 이 수요와 공급으로 정해진다는 거야. 그게 자산군 ETF든, 업종 ETF든 아니면 개별 주식이든, 비트코인이든 결국에는 모두 사려는 사람의 수요와 팔려는 사람의 공급으로 가격이 정해지는 거니까 이걸 분석하고 예측할 수 있다면 뭐든지 투자가 가능하다는 거지. 뭐가 됐든 사려는 수요가 팔려는 공급보다 많으면 가격이 올라갈 거라는 거야.

수급분석은 보통 차트라고 해서, 가격이 어떻게 움직였는지, 거래량이 어땠는지를 보면서 분석하는 것을 말해. 보다 근본적으로는 사람들이 사고팔려고 하는 생각이 왜 생겨나는지, 투자심리나 행동경제학을 공부하기도 하고. 이런 분석을 전문으로 하는 사람들을 흔히 '트레이더'라고 불러. 트레이딩을 할 줄 하는 사람은 어떤 자산이든 거래만 되고 가격에 대한 자료만 있으면 사고팔 수 있지.

당신은 지금 공부가 안 돼 있으니까 제일 왼쪽의 자산배분 ETF에서 시작한 거야. 거기서 시작해서 공부를 해나가면 점점 투자할 수 있는 영역들이 확장되는 거지. 저걸 꼭 순서대로 공부해야 하는 건 아냐. 경기분석을 해야만 산업분석을 할 수 있고, 그러고 나야 종목분석을 할 수 있는 건 아니거든. 사실 나도 종목분석을 위주로 많은 공부를 했고, 거기서 좋은 결과를 얻었어. 경기분석이나 산업분석은 그냥 상식 정도만 가지고 있지. 톱다운(Top-down) 분석을 전혀 못 하지만 수급분석만 잘해서 돈을 버는 사람도 있고. 그러니까 공부 순서가 꼭 정해져 있는 건 아냐. 당신이 먼저 뛰어들고 싶은 분야, 관심이 생기는 영역이 있으면 그걸 먼저 공부해도 돼. 그래서 당신도 관심이 더 생기는 부분이 있으면 그걸 먼저 공부해도 되고, 아니면 그냥 순서대로 접근해 나가도 돼. 추가로 어떻게 공부를 더 해나갈지는 같이 고민을 해 보자고.

 당신이 잘하는 거, 나도 그걸 빨리 배우고 싶은데?

 지금 당신한테는 더 급한 게 있어.

 응? 어떤 거?

내 자산구성은 어느 때 최악의 결과를 가져오는가?

 지금 구성한 포트폴리오 있잖아? 당신이 투자하기로 한 NTSX, SWAN, RPAR. 이게 어떨 때 문제가 생길까? 포트폴리오를 구성한 다음에는 항상 고민해 봐야 하는 게, 지금 내가 가진 자산이 어떨 때 최악의 결과를 얻게 되냐는 질문이야. 최악의 경우는 어떨 때 생기고, 그걸 막을 방법이 없는지 고민을 해 봐야 돼. 당신이 구성한 핵심자산은 어떨 때 최악의 결과를 얻을까?

 돈이 급하게 필요할 때?

뭐, 그럴 때도 안 좋긴 하겠지만, 거기에 대해서는 별도자산을 빼놓는 방법으로 대비를 하자고 했잖아. 의외의 사고로 돈이 갑자기 필요할 때를 대비해서는 보험을 가입해뒀고. 그거 말고 다른 문제점이 뭐가 있을까?

 다 외국 자산인 거?

 오~ 맞아! (진심으로 놀랬음) 알아차렸네? 조금 더 정확하게 표현해 보면 지금 투자하는 ETF들을 전부 뭘로 사지?

 달러!

 달러로 환전해서 사야 하지? 나중에 팔면 전부 달러로 받아. 그런데 달러 가격이 떨어져 버리면 어떡하냐는 거지. 환율이 떨어져서 달러가치가 떨어질 수 있다고. 예를 들어볼게. 당신이 1,000만 원을 가지고 미국 ETF를 사는데 환율이 달러당 1,000원이야. 그럼 1,000만 원을 환전하면 10,000달러가 돼(10,000,000÷1,000/$=$10,000). 그렇게 10,000달러만큼 ETF를 샀는데 이게 20% 오른 거야. 12,000달러가 된 거지. 20%가 올라서 12,000달러에 판 다음 다시 우리 돈으로 바꿔야 하지? 그런데 그때 가서 보니 환율이 달러당 500원으로 떨어져버린 거야. 그럼 12,000달러를 우리 돈으로 바꿨을 때 600만 원밖에 안 돼($12,000×500/$=6,000,000).

 엄청 손해네? 400만 원이나 손해 봤는데?

그렇지. 20%가 올랐는데도, 40%를 까먹은 거지. 환율이 50%나 떨어져서 그래. 이렇게 환율이 떨어지는 게(달러가치가 하락하는 게) 당신한테는 지금 가장 위험하지. 지금 당장 달러환율이 500원이 되는 일은 상상하기 어려워. 가능성이 낮아. 그런데 지금 우리는 20년, 30년을 투자하기로 했잖아. 30년 뒤에는 환율이 어떻게 돼 있을지 몰라. 달러당 500원이 될 수도 있어(실제로 30여 년 전인 1990년 초에는 환율이 600원대였다). 그럼 내 기대에 비해서 자산이 반토막 나게 돼. 그러니까 이럴 위험은 없는지, 환율이 어떻게 정해지고 어떨 때 하락하는지 환율에 대한 공부가 필요해. 물론 환율에 대해 공부한다고 해서, 30년 뒤의 환율을 맞출 수는 없어. 하지만 환율이 주로 어떤 것의 영향을 받아 변하는지, 무엇을 살펴야 하는지 알 수 있고, 또 환율이 떨어질 위험에 대비할 수 있는 방법은 없는지 찾아볼 수 있지. 이런 것들을 공부해 나가는 거야.

그런데 공부는 나중에 하더라도 지금 당장 문제가 되지는 않아? 그럼 저기(자산배분 ETF)에만 투자할 게 아니라 다른 것에도 분산해야 하는 거 아냐?

지금 당장 문제가 되는 건 아냐. 어차피 2~30년 투자할 거잖아? 지금 당장 돈이 필요한 게 아니라 나중에 필요한 거고. 오히려 당장에는 환율이 떨어지는 것도 좋아. 그럼 당신이 달러를 싸게 사서 더 많이 투자할 수도 있으니까. 나중에 돈 찾을 때 환율이 크게 떨어지면 문제지만, 지금 돈을 투자할 때는 환율이 떨어져도 나쁠 게 없지. 그러니까 당장 당신이 정한 포트폴리오를 바꿀 필요는 없어. 앞으로 천천히 공부해 나가면 되니까 당장 겁먹지는 마. 대신 공부할 필요가 있다는 것은 알아야지.

그래도 당장 그런 얘기를 들으니까, 걱정은 되네.

 그럼 간단하게 한번 얘기해 볼게. 쉽게 말해서 환율은 그 나라 힘이 세지면 올라가. 미국의 힘이 세지면 미국 돈인 달러가 비싸지는 거야. 미국 경제가 좋고, 미국 회사들이 돈을 잘 벌어. 그럼 사람들이 미국에 투자하고 싶겠지? 그런데 미국에 투자하려면 달러가 필요해. 미국 주식이나 미국 채권을 사려면 달러로 사야 하니까. 그래서 미국에 투자하기 위한 달러를, 사람들이 필요로 하고 갖고 싶어하니까 달러가 귀해지고 비싸지는 거야. '미국 주식 사게 달러 좀 주세요' 하니까 비싸지는 거지. 이렇게 달러값이 올라가면 당신은 걱정할 필요가 없어. 달러로 투자해 놓았는데, 그 달러가 비싸지는 거니까. 그런데 반대로 미국의 힘이 약해지면 달러 가격이 떨어지고 문제가 되는 거지.

 그러겠네.

 그런데 환율은 상대적이야. 두 나라 돈을 바꾸는 비율이 환율인데, 우리가 달러 환율이라고 부르는 건 사실 원화 대비 달러 환율이야. 즉 우리 돈인 원화랑 미국 돈인 달러를 몇 대 몇의 비율로 바꿔주냐는 거야. 그래서 미국의 힘이 강해지는지도 봐야 하지만, 한국의 힘이 강해지는지도 봐야 해. 만약 미국이 10%만큼 강해지는데, 한국이 20% 강해진다면 오히려 한국에 비해 미국은 상대적으로 약해지는 거야. 그럼 환율은 떨어져. 반대로 미국이 10%만큼 약해지는데, 한국이 20% 약해진다면 미국이 상대적으로 더 강해지는 거고 환율은 올라가. 사실 미국이나 한국의 경제가 나빠질 확률은 크지 않아. 좀 느리게 성장하더라도 계속 성장해 나가겠지. 앞으로 나가는 속도가 느려질 수는 있지만, 아예 뒷걸음치지는 않을 거야. 결국 환율이 나빠지는 건 미국 경제가 좋아지는 것보다 한국 경제가 더 좋아질 때지. 30년 뒤에 봤더니 미국보다 한국이 훨씬 더 빠른 속도로 발전해 있을 때, 환율이 500원까지 떨어질 수 있어.

만약 미국보다 한국이 훨씬 더 발전하게 된다면 두 가지 문제가 생겨. 첫 번째로, 미국이나 전 세계에 투자할 게 아니라 그냥 한국에 투자했다면 결과가 훨씬 좋았겠지. 한국이 훨씬 더 발전한다면 한국 주식이 더 많이 올랐을 테니까. 두 번째로 환율까지 낮아지는 거지. 한국 주식이 아닌 미국 주식을 사서 덜 오른 데다가, 한국 돈으로 바꾸려고 봤더니 환율도 낮아져서 큰 손해인 거야. 투자수익도 안 좋은데 환율도 떨어져서 엎친 데 덮친 격이 되는 거지.

그러네. 그렇게 되면 괜히 후회되겠는데? 그냥 한국 주식에만 투자할 걸 괜히 다른데 투자했다고.

그런데 가만 생각해 보면 좀 웃긴 걱정이야. 지금 뭘 걱정하고 있냐 하면, 한국이 너무 좋아질까 봐 걱정하는 거잖아. 한국이 너무 좋아지고 발전하면 그것만으로도 만족스럽지 않을까? 어차피 우리가 일을 하고, 돈을 벌고 경제활동을 하는 건 한국에서 하잖아. 그런 한국경제가 좋아지면 내가 일을 해서 버는 돈이 많아질 거라는 얘기이고, 우리나라가 살기 좋아질 거라는 게 돼. 그럼 너무 큰 걱정을 할 필요는 없는 거지.

그리고 한 가지 더! 한국이 너무 좋아질까 봐 걱정이라면 주변자산을 한국 주식에 투자하면 돼. 핵심자산은 달러 ETF로 이루어져 있으니까, 주변자산은 한국 주식으로 구성하면, 한국경제가 너무 좋아져서 환율이 떨어질 때 주변자산인 한국 주식이 많이 오르겠지. 언제 내 자산이 위험해질 수 있는지 고민해 봤더니 달러가치가 낮아질 때야. 그럼 언제 달러가치가 낮아지는지 공부해 보니 미국보다 한국경제가 훨씬 발전할 때야. 그럼 그럴 때를 대비해서 주변자산을 한국 주식에 투자하는 거지. 아니면 아예 외환선물거래로 위험을 피하는 방법도 있어. 이런 걸 '헷지(hedge)'한다고 표현하는데 어쨌든 내가 처한 위험을 파악하고 거기에 대한 대비책을 만들어가면서 내 자산을 지키고 불려나가는 거지. 그러기 위해서 환율이나 경제에 대한 공부가 필요한 거고. 물론 쉬운 내용은 아냐. 지금 잠깐 짧게 얘기하는데도 마구 헷갈릴 거야.

 어, 맞아! 어려워~! (웃음)

 앞으로 천천히 공부해 나가면 되니까 너무 겁먹지는 말고. 우리 첫 번째 수업은 여기까지입니다. 당신의 핵심자산을 어디에 투자하고, 어떻게 배분해야 할지 정했으니까 1차적인 목표는 달성했어. 그리고 이 부분이 전체 투자에서 가장 중요한 기본이 되는 부분이고. 투자를 위해 공부해야 할 기초분량이 100이라면 사실 10%밖에 안 배웠어. 하지만 그걸로 당신이 얻을 수 있는 수익률의 50% 이상은 채워져. 공부량은 10%지만, 수익에서 차지하는 비중은 50% 이상이니까 가장 효율 높은 공부를 한 거지. 그동안 잘 듣고 따라와 줘서 고마워요.

 제가 고맙죠. 두 번째 공부는 또 언제 할까요? 다음 수업이 기다려지는데요?

 조만간 시작합시다. 그때까지 NTSX, RPAR, SWAN 잘 모아가세요.

 감사합니다~!

도전하길 정말 잘했다

오늘로 남편과 함께하는 마지막 수업이 끝났다. 시원섭섭할 줄 알았는데, 그런 마음보다는 정말 유익했다는 생각과 함께 남편의 시간만 허락한다면 바로 이어서 다음 강의도 계속 듣고 싶다는 바람이 앞선다. 내가 공부를 계속 더 하고 싶어할 줄이야.

지금까지 배운 내용들이 투자에 있어서 아주 중요한 기본이라고 남편이 말했다. 핵심자산을 어떻게 배분하고, 어디에 투자할지 중심을 잡았으니 앞으로는 공부를 더 해나가면서 투자할 수 있는 영역들을 점점 확장시켜 나갈 수 있겠다. 하지만 내가 자산배분투자 외에 경기분석이나 산업분석, 종목분석, 수급분석까지도 해낼 수 있을까? 환율 얘기를 잠깐 들은 것만으로도 어려운데, 과연 가능할지 모르겠다. 지금 당장은 자산배분 ETF만으로도 충분하겠지만, 그래도 이왕에 공부를 시작했으니 하는 데까지는 도전해 보고 싶다.

돌이켜 생각해 보면, 처음 수업을 듣기 전에도 과연 잘 듣고 이해할 수 있을지, 배우고 나서 내가 실제로 내 돈을 가지고 투자할 수 있을지 의문이었다. 하지만 걱정과 다르게 잘 해냈으니, 나머지 역시 겁먹지 않고 천천히 배워나가면 될 것 같다. 배우는 과정에서 느껴지는 즐거움이 나에게는 큰 힘이 된다. 공부 순서가 꼭 정해져 있는 것은 아니라고 하니, 내가 관심이 생기는 분야부터 먼저 시작해서 조금씩 확장해 가고 싶다. 어차피 운동이든, 영어든, 투자든 평생을 함께해야 할 테니 조급하게 생각하지 않고 천천히 배워나가고 싶다.

처음 남편에게 책을 같이 써보자는 제안을 받았던 때가 기억난다. 주식투자를 배워보고 싶다고 얘기하고 나서 며칠이 지난 다음, 친한 언니와 카페에서 차를 마시던 중에 남편으로부터 책을 써보라는 메시지를 받았다. 나보고 책을 써보라니! 사실 처음에 남편은 나 혼자서 책을 한 권 써보라고 했다. 자신은 아무리 쉽게 쓰려 해도 자꾸만 내용이 어려워진다며, 초보자가 직접 써야 진짜 초보자의 눈높이에 맞춘 책이 될 것 같다고, 배운 내용을 바탕으로 직접 책을 써보라고 했다. 남편이 쓴 책 한 권과 내가 쓴 책 한 권을 묶어서 출간하자는 것이었다. 메시지를 읽고서는 갑자기 심장이 두근거리고 머릿속이 새하얘졌다. 어떻게 하면 남편의 제안을 거절할 수 있을지 핑계를 찾기 시작했다. 아는 게 없어서 따로 조용히 가르쳐달라고 한 거였는데, 갑자기 책을 써서 출간하라니! 글을 제대로 써본 경험이 있는 것도 아니었기에, 남편에게 좋은 시너지가 되기는커녕 오히려 나 때문에 피해를 받을 것 같아 걱정이 앞서 며칠 동안은 잠도 제대로 못 잤다.

분명 남편의 제안은 여러모로 거절하기 힘든 좋은 생각이었다. 투자를 배우는 것에 더해, 내 이름의 책을 내는 것은 정말 인생에 있어서 손에 꼽을 소중한 경험이자 도전이 될 것이다. 배우는 과정에서 세상을 바라보는 시야가 넓어질 것이고, 책을 써서 작가가 되는 경험이 인생의 전환점이 되어 또 다른 나를 발견할지도 모른다는 생각에 설레기도 했다. 정말 소중하고 고마운 기회였지만, 그래도 책을 쓴다는 것은 쉽사리 받아들일 수 있는 제안은 아니었다. 밤잠을 설쳐대는 내 모습에 안되겠다 싶었는지 남편이 내 눈높이에 맞는 강의를 하고, 나는 그 내용을 녹화해 그대로 타이핑하기로 했다. 거기에 중간중간 내 소감을 조금씩만 더하기로 했다.

원고의 마지막 장을 채워가는 지금, 여러 감정들이 떠오르면서 '도전하길 정말 잘했다!'는 생각에 흐뭇해진다. 수업 시간 외에도 틈틈이 남편과 많은 대화를 나누었고, 부부가 함께 공감할 수 있는 것들도 훨씬 더 많아졌다. 같은 방향을 바라보며 함께 걸어가는 동안 남편과 한층 더 가까워졌다는 것을 깨달았다. 결혼 후 지금까지 남편이 발전하고 성장해 가는 모습은 옆에서 바라보는 나에게 좋은 자극이 되어 왔는데, 비로서 나도 발을 맞춰 조금씩 따라가기 시작했다.

남편은 항상 말해왔다. '사경인의 아내'라거나 '두 아들의 엄마'라는 삶도 충분히 훌륭하지만, '이지영'이라는 사람으로 살아가는 걸 잊지 않았으면 좋겠다. 두 아이가 자랐을 때 '나를 잘 키워줘서 감사해요'라는 말보다 '나도 엄마처럼 살고 싶어', '나도 아빠처럼 살고 싶어'라는 말을 듣고 싶다고 한다. 나라는 사람이 무엇을 좋아하고, 무엇을 하고 싶어 하는지, 어떨 때 재미와 기쁨을 느끼는지, 가장 행복할 때가 언제인지, 나에게 집중하고 싶어졌다. 내가 행복해야 우리 가족도 결국 행복할 수 있을 테니까.

그래 한번 계속 해 보자! 이 책에 내가 기여한 부분이 얼마나 되는지는 모르겠다. 사실 분량으로 따지자면 부록 정도도 되지 않을 것이다. 하지만 투자에 대해 아무것도 모르던 내가, 8번의 수업을 듣는 동안 느꼈던 감정과 생각들이, 나와 비슷한 초보투자자들에게 조금이나마 공감이 되고 위로가 됐으면 좋겠다. 나 같은 사람도 하는데, 당신들은 분명 더 잘 할 수 있을 거라고 용기를 주고 싶다. 제대로 된 투자를 하기 위해 섣부른 욕심은 내려놓고, 자신에 대한 메타인지를 늘려 자신에게 맞는 수준의 투자를 시작했으면 좋겠다. 그렇게 천천히 부자가 되기를 바란다. 내가 그랬던 것처럼, 투자에 대한 방향뿐만 아니라 인생의 방향에도 좋은 변화가 생겨났으면 좋겠다. 다시 한 번, 열과 성을 다해 강의를 준비하고 가르쳐준 남편에게 진심으로 감사를 전하고 싶다.

사경인 회계사님! 존경하고, 감사하고, 사랑합니다!

첫 단추를 잘 채우기 위한 수업을 마치며

세 달 동안 이루어진 8번의 강의가 끝났다. 대중을 대상으로 해오던 강의를, 아내 앞에서 해야 한다는 게 사실 쉬운 일은 아니었다. 누군가에게 1:1로 오랜 시간 강의를 해 보는 것 자체가 처음 있는 일이었다. 하지만 시작하길 참 잘했다는 생각이 든다.

아내는 얼마 전 '정말 이 내용만 가지고 책을 써도 충분해?'라고 질문했다. '주식투자 가르쳐줘'라는 요구로 시작했던 강의에, 아내가 기대했던 개별주식투자에 관한 얘기는 시작도 하지 않았기 때문이다. 사람들이 무얼 원하는지는 잘 알고 있다. 그리고 '주식투자로 1년에 20% 정도 수익을 내는 것'이 얼마나 어려운지도 잘 알고 있다. 나 역시 그러한 목표를 가지고, 지금까지는 운이 좋게 목표를 달성해 왔지만 앞으로도 계속해서 그러한 결과를 지속할 수 있을지는 의문이다. 내가 거쳐온 길과 고민, 공부했던 내용들을 강의를 통해 사람들에게 전하고 있지만 그 강의를 듣는 모든 사람들이 같은 결과를 앞으로도 달성할 수 있을지도 의문이다.

강의료를 받지 않았지만, 오히려 최고의 강의를 하고 싶게 만드는 아내였기에 가장 전하고 싶었던 마음속 진실을 풀어낼 수 있었다. 투자를 처음 시작하려는 사람에게 당장 해줄 수 있는 마음속 조언은 간단하다. 일단 안전하게 분산해서 투자하는 방법을 배워라. 주된 핵심자산을 AOR처럼 쉽고 안전하게 투자할 수 있는 자산배분 ETF로 구성하는 게 먼저다. 그런 다음에 나머지 주변자산을 공부해 가며 투자해 보라. 주식이든, 채권이든, 금이든, 암호화폐든 말리지는 않겠다. 경기 사이클이 반복되는 충분한 기간을 두고 비교해 보면, 어떤 투자방법이 자신에게 더 적절한지 비교하고 선택할 수 있을 것이다.

　이런 얘기를 처음 하는 것은 아니다. 주변 사람들이 주식투자를 가르쳐달라고 하면, 차를 한잔 마시며, 술자리에서, 메신저 채팅을 통해 전했던 얘기다. '어떤 종목 사야 돼? 뭐 좀 괜찮은 정보 없나?'라는 질문을 돌려서 '나도 주식 좀 가르쳐주라'고 했던 사람들의 급한 마음에는 그저 '아, 그럼 AOR 사면 되는 거야?', 'NTSX 사라고?'밖에 남지 않았다. 책을 읽는 독자도 그럴 수 있다. '결국 그거 사라는 얘기를 왜 이렇게 길게 한 거야?'라고 생각할 사람들에게는 아내의 걱정대로 이 책이 '별 내용 없는 책'이 될 것이다.

　질문을 준 주변 사람이, 뭘 사야 되는지 결론에만 급급해하는 것이 느껴져서 '급하게 욕심내지는 마. 꾸준하게 투자해서 천천히 부자 되는 방법이니까'라고 하면 '한 6개월 정도만 투자했다가 뺄 여윳돈인데, 다른 건 없나?', '저는 큰돈이 없어서요. 1년에 8% 수익 나봐야 얼마 되지도 않네요'라는 답변이 돌아온다. 괜히 어설프게 알려줬다는 후회와 함께 '그래, 한번 봐보자. 좋은 거 생기면 알려줄게'라며 마무리한다.

　지난주에 고향 친구가 제주 출장을 와서 집에 들렀다. 오랜만에 회포를 푸는데, 내가 쓴 전작 『진짜 부자 가짜 부자』를 얼마 전에 읽었다며 책에 개인적인 얘기가 많이 등장해 놀랐다고 했다. 수십 년 알고 지낸 친구인데, 책을 읽는 몇 시간 동안 새로 알게 된 것이 더 많은 것 같다며 많은 얘기를 나누었다. 나는 이런 게 책의 힘이라고 생각한다. 누군가 나의 얘기와 나의 생각을 온전하게 집중해서 들어주는 것은 막상 우리 일상에서 쉽게 접하기 힘든 경험이다. 물론 좋아하는 스포츠팀에 대한 얘기나 정치 얘기, 뉴스에 나오는 가십거리나 드라마에 관한 얘기는 얼마든지 충분히 나눌 수 있다. 하지만 어느 누가 '산술평균과 기하평균의 차이', 'MDD의 의미와 중요성', '균형복원포트폴리오'에 대해 인내심을 갖고 들어주겠는가? 투자에 대해 얘기하려 하면, 그저 '꿈의 신약이 임상만 통과하면', '이번 신작게임이 출시만 되면', '다음 선거에서 그 후보가 당선만 되면' 같은 얘기 정도는 해줘야 주목받지 않겠는가?

혹여 오해가 있을까 봐 얘기하지만 저런 '~만 되면'이라는 얘기를 폄하하는 것이 아니다. 이런 시나리오 분석과 가정을 통한 투자는 개별주식투자를 할 때 반드시 필요한 부분 중 하나다. 자신이 생각하는 투자 아이디어를 명확히 하고, 매수와 매도 의사결정 기준을 세우는 것은 훌륭한 접근법이다. 다만, 이는 많은 조사와 연구, 공부가 필요한 높은 수준의 투자방법이다. 드리블 하는 방법도 모르고, 축구장을 한 번 왕복할 체력도 없으면서 포메이션과 선수기용, 감독의 전술과 전략을 논하는 것은 그저 관중석이나 TV 브라운관 뒤에 있을 때나 가능한 얘기다. 답답한 마음에 '내가 뛰어도 저것보다는 잘하겠다'며, 진짜로 운동장에 뛰어들 수 있겠는가? 만약 운동장에 플레이어로 나섰다면 그때 필요한 건 화려한 전술과 전략이겠는가, 아니면 기초 체력과 드리블이겠는가?

그저 술자리에서 안주 삼아 주식투자에 대한 얘기를 나눈다면 얼마든지, 가치투자와 경제적 해자, 기술적 반등과 돌파, 테슬라와 돈나무 언니(ARKK라는 액티브 ETF를 운용하는 아크인베스트 CEO 캐서린 우드의 별명)에 대해서 얘기해도 된다. 그저 당신이 방청객이며 응원단일 때는 말이다. 하지만 당신의 소중한 돈을 가지고 직접 플레이어가 되어 게임에 참가하겠다면 얘기가 달라진다. 우선은 재미없는 달리기 훈련을 하고, 기초체력부터 쌓은 다음, 드리블을 배워야 한다. '그런 것 가지고 책을 써도 될까'라고 생각하는 그 별거 없는 내용부터 배워야 한다. 아내의 우려와는 반대로 그런 것이야말로 책으로, 강의로, 공부로, 재미가 좀 없더라도 진지하게 배워야 할 기초들이다. 그렇게 제대로 배울 수만 있다면 그것이야말로 시작이 반이 된다!

아내와는 앞으로도 나머지 반을 채워나가는 공부를 해나갈 것이다. 지금까지 왔던 반에 비해서는 훨씬 많은 시간이 필요하고, 힘든 시간이 될 것이다. 그 과정도 계속해서 책으로 써서 대중에게 공개할 수 있을지는 모르겠다. 책을 출간하는 것은 어느 한 사람의 의지와 노력만으로 이루어지는 것은 아니다. 아이디어가 활자화되고, 책으로 제본되어 독자의 손에 쥐어지기까지 많은 사람의 생계와 관련이 있고, 그런 차원에서는 작가의 역할이 10분의 1밖에 되지 않는다. 첫 번째 수업이 아내의 걱정대로 상업적인 최소한의 기준을 넘지 못한다면, 두 번째, 세 번째 수업은 아내와 나만의 수업으로 끝이 날 것이다. 하지만 굳이 나와 아내의 책이 아니더라도 시중에 좋은 코치가 되어줄 나보다 훌륭한 스승들이 많다. 나는 그저 첫 단추를 잘 채워주는 유치원 선생일 뿐 학식과 연구 성과가 풍부한 대학교수가 아니다. 부디 첫 단추를 잘 채운 독자들이 계속해서 좋은 결과를 얻고, 투자로 인해 삶이 풍부해지는 경험을 해나가길 바란다. 그리고 무엇보다, 나에게 직접 주식투자를 배우고 싶어 했던 내 주변의 수많은 지인과 친인척들에게, 이 책이 오해를 풀어주고 서운함을 달래주는 계기가 되기를 바란다.

이 책의 내용이 바로, 내 인생에 가장 소중한 선물이 되어준 아내에게 줄 수 있는 사랑이다.

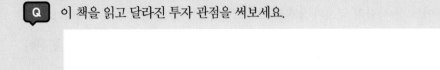

실젠! 나의 첫 투자 숙제 **달라진 투자에 대한 관점을 써보자**

Q 이 책을 읽고 달라진 투자 관점을 써보세요.

Q 앞으로의 자산 포트폴리오 계획(핵심자산과 주변자산 비중 및 구성)을 써보세요.

Q 앞으로의 투자 계획을 써보세요.

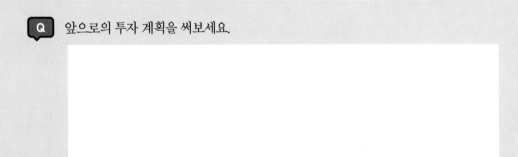

사경인의 친절한 투자 과외

MEMO

574

사경인의 친절한 투자 과외

초판 1쇄 발행 2021년 10월 27일
초판 7쇄 발행 2024년 8월 30일

지은이 사경인, 이지영
펴낸이 김선준

편집이사 서선행
책임편집 최한솔
편집3팀 오시정, 최구영
마케팅팀 권두리, 이진규, 신동빈
홍보팀 조아란, 장태수, 이은정, 유준상, 권희, 박미정, 이건희, 박지훈
표지 디자인 김혜림   **본문 디자인 및 조판** 두리반   **일러스트** 이상경
경영관리팀 송현주, 권송이

펴낸곳 페이지2북스 **출판등록** 2019년 4월 25일 제 2019-000129호
주소 서울시 영등포구 여의대로 108 파크원타워1. 28층
전화 070) 4203-7755 **팩스** 070) 4170-4865
이메일 page2books@naver.com
종이 (주)월드페이퍼 **인쇄·제본** 한영문화사

ISBN 979-11-90977-41-8 03320